炎黄文化研究

第十六辑

●中华炎黄文化研究会 ●黄帝陵基金会 ●炎帝陵基金会 主办

主编 赵德润

大象出版社

图书在版编目(CIP)数据

炎黄文化研究.第十六辑/赵德润主编.—郑州:大象出版社,2013.9
ISBN 978-7-5347-7810-0

Ⅰ.①炎… Ⅱ.①赵… Ⅲ.①中华文化—研究
Ⅳ.①K203

中国版本图书馆 CIP 数据核字(2013)第 213526 号

炎黄文化研究　第十六辑
赵德润　主编

出 版 人　王刘纯
责任编辑　成　艳
责任校对　马　宁　张迎娟
装帧设计　王翠云　美　霖

出版发行　大象出版社(郑州市开元路 16 号　邮政编码 450044)
发行科　0371-63863551　总编室　0371-63863572
网　　址　www.daxiang.cn
印　　刷　河南省罗兰印务有限公司
经　　销　各地新华书店经销
开　　本　787×1092　1/16
印　　张　16.5
字　　数　324 千字
版　　次　2013 年 12 月第 1 版　2013 年 12 月第 1 次印刷
定　　价　30.00 元
若发现印、装质量问题,影响阅读,请与承印厂联系调换。
印厂地址　郑州经济技术开发区经北一路 30 号
邮政编码　450016　　　　电话　(0371)66781503

编辑委员会

目　　录

文献整理与研究

探索与争鸣

中华学人

学术访谈

要对话，不要对抗

◇许嘉璐

非常高兴，再次踏上澳大利亚的土地与多国学者在一起探讨“文明对话与中华文化精神”。这次活动是由中华炎黄文化研究会发起和主办或联合主办的第七届“21 世纪中华文化世界论坛”，也是首次在南太平洋地区和一所优秀的大学一起举办，其象征性的意义非同一般。前六届论坛的举办，已经证明，就中华文化能不能在历史的新阶段为人类未来做出贡献，以及可以贡献些什么进行研讨，是多国学者所乐于参与的。这是因为，不同文明间的对话是不同国家、不同地域、不同信仰、不同文化间消除隔膜和误解，抛弃偏见和歧视，促进交流与合作，最终达到彼此和睦相处的最好甚至是唯一的方法与途径。

从 20 世纪末起，不同文明间的对话开始受到国际社会的重视；现在，这种对话已经形成了一股潮流，对话的广度和深度日见其增，阻止对抗、提倡对话的声音越来越强。中华炎黄文化研究会在 21 世纪初即置身于这种对话的潮流中，随后炎黄国际文化协会也加入其中。我相信，这次在美丽的澳大利亚又有了拉筹伯大学成为合作者，论坛一定会产生应有的积极作用。

人类正处在危机之中，地球正处在危机之中。作为一般人或政治家，看到的或说起的，往往局限于经济的、环境的、资源的、社会的危机，而且总以为采取技术或经济手段就可以走出困境，却没有看到或者有意回避了人类的文化危机。实际上，文化的危机才是最根本的，这个问题不解决，其他问题都不能彻底解决，甚至会饮鸩止渴。文化的问题，人心的问题，只能用人文社会科学的方法解决。

人与人、群体与群体、人类与自然之间的关系只有三个选项：隔绝、对抗、对话。连三岁小孩子都知道，隔绝是不可能的，除非人类全体自杀；对抗是不可取的，人类自古以来的历史，特别是发生在科技和经济最为发达的欧洲的两次世界大战的历史，以及仍然起源于科技和经济最为发达的国家之间的冷战结束以后直至今天仍在此起彼伏的战乱与动荡，还有人类对大自然残酷的摧残与压榨，就是对人类自身最好、最严厉的惩罚与告诫，沿此以往，人类也必然灭亡；留给人类的只有对话，不同层次、不同领域之间的不断对话，唤醒麻木的心灵，遏制无限度的贪欲，呼吁停止相互杀戮，才能挽救人类，才能让我们的子孙生活在安宁幸福之中。我们理应发出这样的声音：要对话，不要对抗；要和平，不要战乱！

对话，是一对一、几对几、群体对群体之间真诚的交谈。对话，意味着多元，意味着对文化单极化主张和努力的拒绝和彻底否定。对话的前提是承认、平等、尊重和包容。人类的祖先为我们创造了多元的文化，因为多元，所以可以对话、需要对话，世界也因此而精彩，并不断在异质文化之间的接触、冲撞和交融中得到持续发展、前进的动力。

由于众所共知的历史原因，也因为人类与生俱来的对陌生事物的怀疑、恐惧、排斥的习性，所以两个多世纪以来，在流行于全球的希伯来－希腊罗马－盎格鲁撒克逊文化以外的所有文化都不大为人们所了解。中国，作为人口占世界人口五分之一的国家，其文化之不被了解、理解，被误解和扭曲尤显突出。这并不奇怪。这也就是中华炎黄文化研究会坚持不断举办国际论坛的原因。作为一批奉献于人类学术事业的学者，我们无意于所谓价值观输出和渗透，因为从学理上看，向自己文化范围之外的地方介绍自己的文化，是义务，是责任，是善意，是彼此之所需。中国人的历史经验也证明了这一点。中国的佛教是从印度传入的，古印度到中国弘法的佛教僧侣，远远多于中国赴印度取经的高僧大德，他们把向中国介绍佛教视为自己对佛的虔诚；基督教传教士，从四百年前开始不断把福音输入中国，使得基督教、天主教在中国立足，成为现在中国五大宗教中的成员，这些传教士成为中西文化交流的使者；好莱坞的“大片”、百老汇的歌舞至今还在不断涌入中国。中国人对这些最终都采取了接纳、包容、吸收的态度，结果是中国受益了，发展了自己的文化和经济。一个很现实的例子是，现在全中国学习英语的人达到三亿多，竟然相当于美国和英国人口之和。因为我们需要了解世界，需要了解西方，以便从中吸取我们所缺、所需的文化营养。难道其他文化就不需要了解有着五千年“超稳定”（汤恩比语）历史的中国经验吗？对中华文化的拒绝，吃亏的将是拒绝者自身。

本次论坛的主题自然会引发这样的讨论：在当今世界，中华文化能够给不同文明对话和人类未来奉献些什么？在接下来的时间里将有许多学者就此发表自己研究的心得。我想说，中国人对文化多样化的主张、对开展文明对话的努力、要把中华文化介绍给世界的真诚而善良的愿望，就是中国人价值观的体现，也是对世界和睦、和谐、和平的奉献之一。

（作者：许嘉璐，第十届全国人民代表大会常务委员会副委员长、中华炎黄文化研究会会长）

文明对话与文明冲突

◇林祥雄

"观乎天文，以察时变。观乎人文，以化成天下。"这是被中国现代学术界称为"天书"之《易经》对人类文化所下的定义。从东方人的宇宙观出发，通过观察天象，推断与了解时序变化。

西方人的宇宙观对文化的解读则更为深入。"文化是人类在其生活过程中通过工作与劳动所体现出来的知识、信仰、艺术、道德、法律、习俗所产生的精神文明与物质文明的综合整体"，"文化是人类在历史上某一时间段的物质与精神的基础上所发生、发展与创造社会精神生活形式的总和……"，"文化是人类在社会历史实践生活过程中所创造的物质财富与精神财富的总和……"。

总之，社会与文化息息相关，俯瞰人类历史的兴败与沉浮，莫不与文化有着密切的关系。一个有着深厚与渊博文化沉淀的民族与国家，它的落后与贫困是短暂的；相反地，一个没有文化与历史的民族与国家，它的繁荣与富有也是短暂的。

文化对于人类犹如人体内的血液，更是灵魂的精灵。人在短暂的生命中创造了无限的空间与历史。文化升华到智慧时，不但可以改变自己的生命，更可改变人民大众的命运，甚至推动社会与时代的变迁。

在人类文化历史长河中，巴比伦文明、古希腊文明、古埃及文明及古罗马文明等都在岁月中被"蚀腐"殆尽了；而东方的中华文明，虽亦历尽烽火摧残、铁蹄蹂躏、外族入侵及改朝换代，可是，中华文化的坚韧生命力与"海纳百川，有容乃大"的气度，使其在"兼容并蓄"的吸纳与糅合、会通与融合之下，以汉文明为主体逐步壮大和丰富起来。

今天，中国古代圣贤先知们的著作、至理名言，不但教导并引航了炎黄子孙自强不息，取得了令世人刮目相看的成就，而且也争取了21世纪人类大舞台的更多的话语权。

季羡林先生曾这么描述："19世纪德国伟大诗人兼思想家歌德在1827年与爱克曼谈话时大大地赞扬中国小说、中国文化、中国人的思想感情和道德水平。因此，他认为西方人应该向中国人学习。"近代西方伟大艺术家毕加索也曾对东方一代宗师张大千表示了对东方艺术的欣赏与赞扬。

中国的东方绘画的写意创作，启发了西方19世纪以后的印象派以及许多现代主义的创作。儒家的人文主义与道德观，逐渐影响了西方人的思想感情。

《孙子兵法》更成了美国西点军校必修课本。尤有甚者，以孔子、老子为代表的轴心时代诸子百家著作，近年正在加快深入到西方人的精神世界。中西医学的互补与结合，更为人类健康带来喜讯。越来越多的西方有识之士从中国古代伟大圣贤的学说中寻找新的文化元素，以便补充、壮大、丰富自己的文化。

人类起源的历史表明，地球村的居民从“诞生”到有了文化，几乎是在同一时间段“迸溅”出来的。人类的文化本来是一体的，但却因居住与生存的空间有别，地理环境、水源气候有异，造成了生息作业、习俗传统等文化方式的种种差异，不同地方的人们在文化的创造与表达上迥然有别。同时，山川地理相隔，无际海洋阻挠，交通、通信不便，也使得人与人的往来与沟通遭遇长时段的隔绝，并因此导致了非理性的抗拒。21 世纪的今天，高端科技迅速发展，人们不但探索外太空与宇宙的奥秘，更破解了人类生命基因。电子信息技术，穿越了千山万水，把人类紧密地联系在一起。东西方文化的碰撞、互补与结合，符合文化发展的需求。东西方文明若能跨越传统文化族群与疆界而相互结合，取长补短，会通兼容，则将有望为未来地球村的全体人民创造美好的和谐互爱的生存空间。

今天，我们强调人类文明的对话及多元一体的文化发展规律，以抗拒过时的西方所提出的“文明冲突”论，是为了地球村人民的安居乐业并兼爱、互敬与和谐共处于大一统的世界里。我们深知这条漫长的人类文明“长征”路途并不好走，崎岖、曲折、颠簸。但，我们相信当今世界有良知、有学问、有智慧的知识分子、专家、学者大有人在！

我们更坚信，任何事情只要把人民放在首要考虑的位置，“为生民立命”，则将会感动、感化更多人与我们并肩牵手踏上这人类文明征途！

“路曼曼其修远兮，吾将上下而求索。”

2012 年 11 月 8 日凌晨于岛国

（作者：林祥雄，炎黄国际文化协会会长）

《炎黄文化研究》与文化走出去战略

◇王震中

《炎黄文化研究》是中华炎黄文化研究会与陕西黄帝陵基金会和湖南炎帝陵基金会共同主办的一个综合性学术文化丛刊。它最早是在20世纪90年代以《炎黄春秋》增刊的形式出现的，十年间编辑出版了十辑。到2004年，中华炎黄文化研究会将它办成完全独立的学术文化丛刊，由轩辕黄帝故里所在地的河南省的大象出版社惠予出版。自2006年起，又把由中华炎黄文化研究会一家办刊改为由中华炎黄文化研究会与陕西黄帝陵基金会和湖南炎帝陵基金会三家合办。

我们知道，“炎黄文化”这一概念可分为广义与狭义两个层面，狭义的炎黄文化指的是传说中的炎黄时代所创造的文化，而广义的炎黄文化不但包括炎黄二帝及其时代所创造的文化，也包括炎黄子孙所创造的文化。广义的炎黄文化实际上与中华传统文化具有同一性。1991年，在中华炎黄文化研究会成立大会上，莅临大会的中共中央政治局常委李瑞环同志在他的讲话中就指出：“中华炎黄文化也可以说是中华民族文化。它博大精深，源远流长，影响深远。在当今世界上，凡是炎黄子孙，不管走到什么地方，只要他良知未泯，都不能不为辉煌灿烂的中华民族文化而感到自豪。”（见王仁民主编：《炎黄颂》，中国经济文化出版社，2003年，第1—2页）由于有这样的认识，我们中华炎黄文化研究会自成立之日起，在研究和弘扬炎黄以来几千年的中华传统文化、振奋民族精神、增强民族凝聚力、建设民族的精神文化家园、增进海峡两岸骨肉同胞联系、加深海内外炎黄子孙的相互理解和友谊、开展世界各民族的文化交流、使中华炎黄文化为世界文明做出新贡献等方面，开展了一系列活动，做了许多有益的事情，诸如举办国内、国际学术研讨会，举办有七届“21世纪中华文化世界论坛”，组织出版《中华文化通典》、《炎黄汇典》等各种图书，创办《炎黄春秋》和《炎黄文化研究》这两个刊物等，就是围绕上述目的而展开的。

《炎黄文化研究》自创刊以来，得到学术界同人的有力支持，也产生了良好的影响。说到学术界同人的支持，许多著名的学术大家和活跃在第一线的知名学者都在《炎黄文化研究》上发表了自己的文章。例如，许嘉璐的《中华文化与异质文化》、《儒家文明与基督教文明的对话》，袁行霈的《国学的当代形态与当代意义》，张岂之的《民族复兴与文化责任》、《论中华文化的“会通”精神》，汤一介的《走出“中西古今”之争融会“中西古今”之学》、《儒学伦理的出发点》，丁伟志的《再论传统文化的性质与作用》，方克立的《关于和谐文化研究的几点看法》，林祥雄的《人类文明的反思》，季羡林的《〈中印文化交流史〉序言》，李学勤的《“列国汉学史书系”序》，陈高华的《〈元代文化史〉绪论》，陈祖武的《谈〈四库全书〉》，傅璇琮的《〈长安学丛书〉序》，瞿林东的《中国修史传统与中国文明传承》，钱逊的《“马克思主义与中华传统文化相结合”刍议》，宁可的《关于文化的随想》，杨曾文的《中国佛教的和谐理念及其在当代的意义》，李伯谦的《考古学视野的三皇五帝时代》，石兴邦的《中华龙的母体和原型是“鱼”——从考古资料探“中华龙”的起源和发展》，许顺湛的《中原第一城——黄帝时代的郑州西山古城》，张文彬的《中国近年重要考古发现及其文化价值》，王蒙的《关于文化建设与文化发展的思考与建议》、《老子的思想对治国理政的参考》，马凯的《让中华民族的盛大节日更加丰富多彩》，鲁谆、王俊义、王才的《文化自觉与中华文化的当代价值》，鲁谆的《费孝通学术风范永存》，赵德润的《名士直言一甲子——中央文史研究馆六十年》，乐黛云的《会通古今中西文化的先行者王国维》，张立文的《儒家文明在世界文明对话中的地位和价值》，吴荣曾的《从古文献中寻找虞舜历史》，方光华的《“国学”或“古典学”视野下的中国思想史研究》，罗琨的《“人文初祖”考略》，阎纯德的《汉学试论》，郝春文的《敦煌与敦煌学漫谈》，刘志琴的《饮食与伦理》，王岳川的《发现东方与新世纪中国文化前景》，池田知久的《孔子的宗教批判》，吉田笃志的《大禹九州传说的形成过程》，王震中的《古史传说中的“虚”与“实”》、《中国史前文化中的符号与文字：文字的起源》等。而且这些学者在《炎黄文化研究》上发表的论文并不止于上面列举的这些，有许多是发表了多篇。由于有这么多高质量的学术论文刊载于《炎黄文化研究》，使得该刊的学术水准受到广泛赞誉，其影响也是持续的。

《炎黄文化研究》的办刊宗旨，就是取广义的炎黄文化概念，弘扬中华人文始祖——炎黄二帝的功业，研究中华优秀传统文化的传承与创新，团结凝聚海内外炎黄子孙，促进中华民族在新世纪的伟大复兴。因此，在栏目的设计上，有“专论”、“炎黄二帝及其时代”、“中华文明探源”、“民族文化与地域文化”、“文物与考古”、“思潮与学派”、“探索与争鸣”、“祭祀文化”、“服饰文化”、“文化丛谈”、“文献整理与研究”等；为了加强与海外的交流，设了“海外中华文化研究”、“中西文化交流”等；为了及时了解文化研究领域的成果与动向，设有“书评与书跋”、“学术动态”等；为了介绍对中华文化做出突出成就与贡献的老一辈学人，还特设了“中华学人”一栏。诚然，每辑根据稿源的情况，有的栏目有所变化。总之，这些栏目的设立践履和体现了我们的办刊宗旨，并能反映研究会及研究领域的学术研究成果，也可看出《炎黄文化研究》的特色。

改革开放以来的三十多年，海内外对于民族文化的热忱和寻根祭祖的热忱，持续不断。《炎黄文化研究》对建设海内外华人的精神文化家园，也发挥着它应有的功能。“有祖大家祭”是《炎黄文化研究》秉持的原则，允许不同的观点看法争鸣，但不失和气。对于学术文章，采取学术问题学术性地对待。只要有利于建设精神文化家园，有利于中华民族凝聚力的增强，有利于对中华优秀传统文化的弘扬，有利于学术课题的解决或学术研究的推进，我们都欢迎，并给予有力的支持。当然，我们也很注意学术规范，以确保本刊的质量和声誉。

当今世界，全球化正在深刻改变人类社会的经济、政治生活，影响着人们的观念与文化生活。全球化进程中，多样化的价值观既有冲突、蜕变，亦有文化认同需求。全球化呼唤文明之间的对话，需要我们的文化走出去。在文化走出去战略中，《炎黄文化研究》应发挥什么样的作用，做出什么样的贡献，这是我们这些办刊人值得深思的问题。我们研究、弘扬炎黄文化也即弘扬中国优秀的传统文化，对于海外华人而言，它有民族凝聚力的作用；而对于西方文化而言，它有文化交流、对话、借鉴的作用，也有共同繁荣、共同为人类文明添砖加瓦的功能和作用。

在文化走出去和文化认同中，我们可以用两面镜子反省和反观国内现实中某些丑陋的现象，使现实文化得到净化和升华。这两面镜子，一面是中华优秀的传统文化，一面是西方现代文明行为所折现出的包括中华传统文化在内的人类文明精神。这在某种意义上也可以说是国际视野下的孔子所说的“礼失而求诸野”。近来，中华炎黄文化研究会许嘉璐会长以文明礼貌为例，指出在历史上中国被称为礼仪之邦，中华礼文化是重要的优秀传统文化，然而在当今世界，在我们的现实生活和行为中，时不时地就可以看到一些丑陋的不文明行为、失礼丢人的举动和所作所为，为此，他提出可以在下一届的“21 世纪中华文化世界论坛”上对这些加以讨论，对种种丑陋“失礼”现象进行必要的抨击。确实，今日国人的现实生活中，礼失去得太久太多，甚至到了令人发出中华礼文化还在不在中国这样的呼唤！对照上述两面镜子，反观今日的中国文化，使我们多了一个思考世界与中国的视角，我们殷切希望中外文化工作者和研究者，在这方面有所作为。

我们常说，要想真正了解一个民族，必须了解它的文化，特别是其传统文化。《炎黄文化研究》就是了解中华文化的窗口。我们现在虽然还做不到出版英文版的《炎黄文化研究》，但我们却可努力做到：第一，尽可能地多刊载海外学者的来稿。第二，多介绍国外汉学研究的进展和学术动态，让国人多了解这方面的情况。第三，及时地刊载有关中华传统文化的国际学术研讨会的综述文章，无论这种研讨会是在国内还是在国外举办的，我们都会予以关注，加以报道。也希望举办方多供稿，共同做好这一工作。第四，将《炎黄文化研究》历年的各类文章，陆续转载在中华炎黄文化研究会的网站和其他相关的网站上，拓展展示的平台，扩大影响。

总之，文化走出去是文化发展的必然趋势，作为弘扬中华文化的综合性学术文化丛刊《炎黄文化研究》，必将乘着中国文化大发展的东风，一步一个脚印，推动对中华传统文化研究的深入，并尽可能做到：研究与现实相结合，海内与海外相结合，弘扬与传播相结合，学术上的“象牙塔”与走进民间相结合，古史传说和民间调查相结合，地上材料与地下材料相结合，历史与创新相结合，使我们对中华传统文化的研究与时俱进，大放异彩，为人类文明做出自己的贡献。

（作者：王震中，中国社会科学院历史研究所副所长、中国殷商文化学会会长、中华炎黄文化研究会副会长）

葛天氏与葛天氏之乐

◇周书灿

葛天氏是传说中的远古时期的氏族部落首领。《吕氏春秋·古乐》记载:“昔葛天氏之乐,三人操牛尾投足以歌八阕。”高诱注:“葛天氏,古帝名。”高氏引张揖曰:“葛天氏,三皇时君号也。”显然,葛天氏之乐的传说,早在先秦时期已经流传。然值得注意的是,战国时期的文献如《庄子·胠箧》及上博简《容成氏》等文献中所列“古帝王”,尚未提到这位远古时期的乐舞发明者。迄东汉时期,班固在《汉书·古今人表》中将葛天氏列为从传说中的太昊帝宓羲氏与炎帝神农氏之间上上圣人之一,其顺序依次为:女娲氏、共工氏、容成氏、大廷氏、柏皇氏、中央氏、栗陆氏、骊连氏、赫胥氏、尊卢氏、沌混氏、昊天氏、有巢氏、朱襄氏、葛天氏、阴康氏、亡怀氏、东扈氏、帝鸿氏。晋代学者皇甫谧根据其所搜集到的各种远古传说,在《帝王世纪》开篇言及:“及女娲氏没,次有大庭氏、柏皇氏、中央氏、栗陆氏、骊连氏、赫胥氏、尊卢氏、混沌氏、皞英氏(《初学记》脱此一世)、有巢氏、朱襄氏、葛天氏、阴康氏、无怀氏,凡十五世,皆袭庖牺之号。”至唐代司马贞作《三皇本纪》,更综合前人所编排的“三皇”传说,置于传说中的“五帝”之前,第一次补写《三皇本纪》附入《史记》:“燧人氏、大庭氏、栢皇氏、中央氏、卷须氏、栗陆氏、骊连氏、赫胥氏、尊卢氏、混沌氏、昊天氏、有巢氏、朱襄氏、葛天氏、阴康氏、无怀氏,斯三皇以来有天下者之号。”然而值得注意的是,司马贞作《三皇本纪》乃综合此前破绽百出、歧疑丛生的各种传说而成。司马贞在《三皇本纪》中曾讲到,三皇以来的古史人物,“载籍不记,莫知姓、王年代、所都之处”,“无怀之前,天皇已后,纪年悠邈,皇王何升而高,但古书亡矣,不可备论”。尽管如此,司马贞仍然确信,“图纬所载,不可全弃”。司马贞对待炎黄以前的古史传说,所采取的态度是当信则信,当疑则疑,显然他的这一历史观念有助于科学地破解史前时期的诸多千古之谜,对于今天科学深入地探讨葛天氏传说的发生及其演变,具有重要的启发意义。

一、先秦时期嬴姓葛国在宁陵县一带,属皋陶集团

应劭《风俗通义·佚文·氏姓》说:“葛氏,葛天氏之裔,子孙氏焉。夏时葛伯,嬴姓国也,亦为葛氏。”《姓纂》十、《通志·氏族略》、《路史·前纪七》、《合璧

事类》续十四、《翰苑新书》后七、《秘笈新书》别三等文献均有类似记载。显然，较早的文献揭示出，葛氏应至少有两个独立的来源，二者之间未必存在什么关联。随着时间的推移，后世学者往往将葛天氏之后的葛氏与以夏商周时期嬴姓葛姓之后的葛氏混二为一，从而造成古国、古族及其地望问题上的一系列混乱，兹颇有必要进行一番辨正。

先秦时期葛国史迹见于《左传》、《孟子》等上古时期的文献。

《左传》桓公十五年："邾人、牟人、葛人来朝。"

《左传》僖公十七年："齐侯好内，多内宠，内嬖如夫人者六人：长卫姬生武孟，少卫姬生惠公，郑姬生孝公，葛嬴生昭公，密姬生懿公，宋华子生公子雍。"

《孟子·滕文公下》："汤居亳，与葛为邻。……汤始征，自葛载。"

根据以上记载可知，葛为商汤之前就已经存在的嬴姓古国，历经商、西周时期，一直延续至春秋时期。该葛国地望，杜预为《左传》作注曰："葛国，宁陵县东北。"《汉书·地理志》陈留郡宁陵县，注引孟康云："葛伯国，今葛乡是。"《元和郡县志》宋州宁陵县下云："故葛城在县北十五里，古葛伯国。"夏商周时期的嬴姓古国葛国，地望在今河南宁陵县一带，古代记载并无二致。尽管清代以后，有学者对以上观点产生过怀疑，如王夫之以为："此葛盖所谓葛峄也，今兖州之峄县。"（《船山全书》第五册《春稗疏》，岳麓书社，2011 年，第 32 页）沈钦韩以为："葛城在归德府宁陵县北十五里，古葛伯国然疑此，亦泰山旁小国也。"（《春秋左氏传地名补注》，第 78 页。《清经解续编》第三册，卷 598，上海书店，1988 年）杨宽先生也曾据以上推测："与邾、牟之君同时来朝的葛君不可能远在河南宁陵北……当为泰山旁之小国。"（《西周列国考》，《杨宽古史论文选集》，上海人民出版社，2003 年，第 229 页）但在今天看来，以上推测均缺乏足够的文献和考古学证据，难为定说。就目前所掌握的材料，尚难以彻底推翻杜预以来先秦葛国在今河南宁陵县一带的说法。

嬴为上古时期东方氏族重要的姓之一。王符《潜夫论·志氏姓》说："梁、葛、江、黄、徐、莒、蓼、六、英，皆皋陶之后也。"然许慎《说文·女部》则说："嬴，帝少皞之姓也。"段玉裁为《说文》作注，强之疏通："伯翳嬴姓，其子皋陶偃姓，偃、嬴语之转耳。"徐旭生先生说："段说甚是，偃、嬴原来当是一字。皋陶与少皞同姓，足证他们属于同一氏族，而前人出生较后人为后。"（《中国古史的传说时代》，广西师范大学出版社，2003 年，第 62 页）童书业先生进一步推测："皋陶盖为淮夷族之祖，亦东方民族之祖先神也。"（《春秋左传研究》，上海人民出版社，1980 年，第 28 页）根据以上分析可知，夏商周时期宁陵一带的嬴姓古葛国的早期历史，与传说中的葛天氏，似难以建立起什么联系。

二、葛天氏的族属与地望蠡测

综前所论,葛天氏至迟于唐代已归入传说中的三皇古史系统,然而由于远古时期文献材料的极度贫乏,有关葛天氏的族属及地望问题,犹如一团迷雾,难以揭秘。然汉唐时期的学者将葛天氏编排至传说中的炎黄以前的古史体系,毫无疑问。相对于数量众多、早已失传的古老氏族、部落,葛天氏应是中华民族最早的先民之一。战国时期文献《世本·氏姓》所列传说中的有熊氏之后有瞻葛氏。瞻葛氏与远古时期的葛天氏有无渊源关系,尚缺乏直接可靠的文献证据。如果以上假说能够获得文献和考古学材料的有力支持,则可推测,随着时间的推移,葛天氏的后裔很可能直接融入以炎黄为源头的华夏族中,成为华夏民族的重要源头之一。

就文字推测,葛天氏似与藤本植物的"葛"有某种关联。葛属豆科多年生草本植物,茎可编篮做绳,纤维可织葛布,根可提制淀粉,又供药用。《诗·周南·葛覃》:"葛之覃兮,施于中谷。"《王风·采葛》:"彼采葛兮,一日不见,如三月兮。"周代王城及周南一带,均有葛类植物生长,葛或为当时人们重要的生活、生产资料。今河南长葛地名起源,可以追溯至春秋早期。《春秋·隐公五年》:"宋人伐郑,围长葛。"杜注:"颍川长社县,北有长葛城。"《水经·洧水注》:"(洧水)又东径长社县故城北,郑之长葛邑也。《春秋·隐公五年》,宋人伐郑,围长葛是也。……长社县北有长葛乡。"顾祖禹《读史方舆纪要》卷四十七《河南二·许州长葛县》说:"在州北五十里。春秋郑地,隐五年宋人伐郑,围长葛。又曰繻葛。"春秋初年长葛得名是否与传说中的葛天氏有某种关联,明代以前的文献中未有明确记载。迄明正德十二年车明理撰写的《长葛县志》、清乾隆十二年阮景咸撰写的《长葛县志》均载"长葛为古葛天氏之墟,其得名实始见于春秋,迄至于今盖已两千余岁矣";民国19年长葛县志记载:"长葛,盖葛天氏故址也,后人思永其泽,故名曰长葛。"至今流传着大量与葛天氏相关的民间传说,留存着大量相关遗迹、祭祀仪式,古乐歌舞"葛天之乐"。尽管以上记载时代较晚,但以上传说或当有更早的发生、衍变过程,尚不能彻底否定。

三、关于葛天氏之乐

前引《吕氏春秋·古乐》记载:"昔葛天氏之乐,三人操牛尾投足以歌八阕。"以前,已有不少学者从不同角度对葛天氏之乐作过较为深入的研究,并提出不少有价值的学术见解。如有的学者推测,葛天氏之乐既是一组原始乐舞,又是一场关于农业丰产祭祀的巫仪。"三人操牛尾",表现的是一种巫术,它存在于世界各地都曾有过的祭礼——"杀牛祭"中。(孙文辉:《古乐〈葛天氏之乐〉的文化阐释》,《文艺研究》1997年第2期)有的学者则肯定地说,"八阕"产生的时代在成汤灭葛伯国后,即夏末商初(公元前1562年—前1561年)。从内容上来看,前两阕的主题从一个侧面说明了中华民族在长期历史过程中的互相融合、互相交流的事实……后面几阕都是关于农事、生产、生活的题材,表达了葛伯国人民的勤劳、善良,也表现了他们的生存状态和最早的生命意识。(王敏:《葛天氏音乐考》,《河南师范大学学报》2006年第5期)亦有学者以为,葛天氏让人们活动筋骨,疏阴导滞,创造了乐舞《葛天氏之乐》。葛天氏之乐反映了人们保护大自然的自发意识和对生活的热诚。(李玉洁:《葛天氏之乐反映的古代风俗》,《商丘师范学院学报》2011年第4期)总之,学术界对葛天氏之乐的解释,仁者见仁,智者见智,存在不少差异。尤其后两种观点的提出者,坚持以夏商周时期的嬴姓葛国为葛天氏之后所建的国家,因而疑点颇多,很值得继续一辨。

总体而论,笔者赞同《葛天氏之乐》是与农业生产活动有关的乐舞。葛天氏之乐言及“三人操牛尾”之仪式,则当时牛很可能已经用于农业生产。中国先民驯服牛的历史颇为悠久。《初学记·居处》引《世本·作篇》:“胲(亥)作服牛。”《山海经·大荒东经》记载:“王亥托于有易,河伯仆牛。有易杀王亥,取仆牛。”根据以上记载推测,早在商代之前,人们已经将牛驯服。甲骨文记载:“贞㞢于王亥叀三百牛。”(《后》上28.1)“贞㞢于王亥卌牛,辛亥用。”(《前》4.8)商人祭祀王亥一次要用40头牛,甚至300头牛,足以说明牛的饲养在商代已颇为普遍。《尚书·酒诰》记载,周初商人亡国后,失去土地,“肇牵牛车远服贾”,说明至迟于西周初年,牛已经被人们用于交通。然相关资料表明,牛用于农业耕作则明显要晚得多。早在20世纪50年代初,徐中舒先生曾对牛耕发生的时代与地域进行过一番考察。徐先生认为,春秋战国之际,也可以说是牛耕的孕育时期,纵有牛耕,也不是普遍的事。巴、蜀恰是西方牛耕传入东亚大陆必由的途径,春秋战国之际,秦、晋始有了牛耕,宋代以来的学者对于牛耕有种种推断,不是所据的材料不可靠和不完全,就是根据许多错误的见解作推论,春秋以前的牛耕说都不可信,汉武以前,牛耕虽然已经出现,在关中地区也还没有相当的基础,但实际上是不普遍的,所以汉初的粮食问题就非常严重。(徐中舒:《论东亚大陆牛耕的起源》,成都《工商导报·学林》副刊第24期,1951年12月23日)根据徐先生的研究,葛天氏之乐产生的时代似不可能早于春秋战国之际。

艺术源于生产、生活,是对生产、生活的写实。《吕氏春秋》是吕不韦召集门客于秦始皇统一六国前夕完成的一部著作。秦国自商鞅变法以来,积极推行耕战政策。“牛耕是秦始皇统一六国的经济基础。中国如果没有牛耕,统一的封建王朝是不会那么早出现的。”(徐中舒:《论东亚大陆牛耕的起源》,成都《工商导报·学林》副刊第24期,1951年12月23日)战国晚期的秦人以开始推行的牛耕为主题,结合一系列农业生产活动,编排成乐舞,期盼风调雨顺,适时耕作,五谷丰登,并假托远古时期的葛天氏,这就是“葛天氏之乐”发生的真实背景。

(作者:周书灿,苏州大学社会学院教授,博士生导师)

炎帝文化蕴含的官德思想及其时代价值

◇张雄飞

强调为政以德，重视官德建设，是中华传统伦理文化的重要内容。尽管强调为官之德见字于商周时期，但其孕育、萌芽与发端最早可上溯至原始社会时期。炎帝神农氏作为原始社会的部落首领，在率领部族先民改造客观世界和管理部族活动中，展现出了朴素的官德思想，为中华传统官德思想的形成与发展奠定了弥足珍贵的启蒙思想基础，对当代官德建设具有借鉴价值和启示意义。

一、炎帝文化蕴含着“务实为民”的朴素官德理念

综合分析有关炎帝神农的资料，可以发现炎帝神农氏在领导和管理部族活动的整个过程中，都是务实为民的。炎帝以民为本，以天下先的君子仁德，广受历代百姓的爱戴，成为了一种民族精神理念的符号象征。

史籍记载的炎帝功绩无一不是炎帝务实为民的奋斗结果。炎帝始作耒耜，教民耕种——为民食奋斗；遍尝百草，发明医药——为民疾（疗疾）奋斗；日中为市，首倡交易——为民通（互通有无）奋斗；治麻为布，制作衣裳——为民衣奋斗；弦木为弧，剡木为矢——为民防（防御）奋斗；作陶为器，冶制斤斧——为民器（利器）奋斗；削桐为琴，练丝为弦——为民乐（音乐）奋斗；建屋造房，台榭而居——为民居奋斗。一言以蔽之，炎帝进行的创造发明，均从解决衣、食、居、用等民生基本问题入手，目的是改善原始先民的生存条件，提高原始先民的生活质量，与民生福祉息息相关。

流传至今的传说故事大多是传颂炎帝“以民为本”的崇高思想风范的。我们祖先通过他们的认识、记忆、语言记录传递下来，历经千百年的口口相传、加工整理乃至创新重铸的炎帝传说故事，宣扬了炎帝可贵的民本思想。譬如：《神农盗谷》讲述了炎帝神农历经万难，跋山涉水，上天盗谷，终让人间吃上稻谷的故事，尽管带有神话色彩，口吻夸张，却铭刻着后来者对炎帝神农的敬仰之情。《神农尝草》所述炎帝神农亲自嚼尝马鞭草的叶、茎、根，确认其有祛风、解毒、止痛的作用，由此开始尝百草，为民疗疾的故事，充分体现了始祖炎帝爱民之情。同时，《天降嘉禾》、《万华岩》、《神农犁》、《王药断肠草》、《日中为市》、《木桩定时辰》、《麻与布的故事》、《神农琴》等有关炎帝的传说故事，都体现了炎帝为了

先民的创造精神和奉献意识，穿越时空地呈现出炎帝作为部落首领的典范作用、榜样力量以及人格魅力。

炎帝崇祀文化常是颂扬炎帝为民造福的圣德殊功的。综观古代典籍记载和现代考古研究，对炎帝祭祀的沿袭和发展的大致脉络基本上可以界定为源于黄帝，沿于秦，始兴于汉唐，盛于宋，频于明清，延续至今，经久不衰。尊崇炎帝神农，除从祭祀典礼的规制严谨可见，还可从祭文中寻找到注脚。自古以来，炎帝祭文，均离不开重颂炎帝功绩及精神，并诚表继承始祖精神、开创新局的拳拳之心。如：唐开元蜡祭神农氏祝文："……惟帝肇兴播植，粒此黎元。今时和岁稔，神功是赖……"明永乐初年成祖巩固帝位之后，祭文曰："……功被生民，百世永赖……"等等，不胜枚举。

二、炎帝文化蕴含着"清信恕勤"的朴素道德规范

神农炎帝时代作为母系氏族社会向父系氏族社会过渡的阶段，由于自然界的人化，人本身的社会化，以及社会关系的多样化与复杂化，天然的秩序开始升华为一种真正属于人的社会新秩序，进而逐步产生了原始氏族社会人们的道德需要、道德意识。此时的朴素道德行为规范主要体现在"清、信、恕、勤"四个方面。

所谓清，即清廉。炎帝的清廉，透过炎帝的丰功伟绩可见，炎帝作为神农部落的首领，他治理天下的唯一目的就是替部落百姓谋福祉，别的什么都没有。他是一个纯粹的公仆，是一位可亲、可敬、可佩的远古清廉始祖。同样贵为天子，炎帝与后来的帝王却有截然不同的装扮。历史上的帝王基本上都是峨冠博带、威风凛凛的尊贵模样，炎帝却布衣赤足，或手捧百草肩背药篓，或手握农具躬身耕作，一副与民同作、事必躬亲的形象。《越绝书外传·枕中第十六》也记载他"不忘其报，不贪天下之财"，堪称清廉典范。

所谓信，即诚信。从纵向的中华历史坐标看，上古炎帝时代是诚信美德伊始孕育孵化的时代。古人为我们描绘了炎帝时代的"诚信"社会图景。《庄子·盗跖》载："神农之世，卧则居居，起则于于……耕而食，织而衣，无有相害之心。"《商子·画策》云："神农之世，躬耕而食，妇织而衣，行政不用而治，甲兵不起而王。"《庄子·让王》载："昔者神农之有天下……其于人也，忠信尽治而无求焉。"《淮南子·主术训》说："昔者神农之治天下也，神不驰于胸中，智不出于四域，怀其仁诚之心。……养民以公，其民朴重端悫。不纷争而财足，不劳形而功成……是故威厉而不杀，刑错而不用，法省而不烦。"这都是在说：炎帝神农治理天下，有仁爱诚义之心，以公心取信族民，所以族民质朴、稳重、诚信，没有什么纷争，没有什么检察牢狱之事。特别值得一提的是，炎帝以"日中为市"，开展原始贸易，取信于民。以"日中为市"，把太阳当顶的正午定为交易的时间，原始先民因而

有了“守时”观。当“日中”之时,统一到一些确定的地点交易,原始先民开始有了“定点”观。至今许多乡镇还保留着赶圩的习俗,相传是从炎帝神农时代流传下来的。另外,考古发掘证实,炎帝时代出现了椢螺、贝壳等原始交换信用媒介。

所谓恕,即宽恕。《帝王世纪》云:“诸侯夙沙氏,叛不用命,炎帝退而修德,夙沙之民自攻其君,而归炎帝。”炎帝对不听从自己命令的氏族,并不是采取“诛”或“驱”等强暴办法,而是“教而不诛”,以“德”报怨,宽恕服众,然后使其归顺。因炎帝采取的是“至德之隆”的理念,所以仁爱宽恕之德服四方,活动范围“南至交趾(今岭南一带),北至幽都(今河北北部),东至旸谷(今山东东部),西至三危(今甘肃敦煌一带),莫不服从其化”,达大半个中国。

所谓勤,即勤勉。对于炎帝的伟大业绩,可以想见,在当时鸿蒙初开的困难环境下,若不经过长期的勤勉拼搏,是决不可能实现的。古史传说对此有许多记载:炎帝为发明医药,“遍尝百草,一日而遇七十毒”,“百死百生”,仍不退缩。炎帝每天坚持“仰观法于天,俯观法于地”,才发明了原始历法……总之,炎帝的每一件发明,无一不是通过“如切如磋,如琢如磨”反复勤奋实践而得到的。正如胡耀邦同志所言:“炎帝神农氏一生勤勤恳恳,克服许多艰难困苦,发明创造过很多东西,为后代的繁衍发展做了许多事情。”

三、炎帝文化蕴含着“内外兼修”的官德修养方法

炎帝的生平事迹,较好地展现了炎帝及其时代“内外兼修”的修德方法。

炎帝的内修,表现为以奉献、自省、垂范为行为准则,加强自己作为部族首领的自身修养。甘于奉献。《越绝书》说:“昔者神农之治天下,务利之而已矣。不望其报,不贪天下之财,而天下共富之;不以其智能自贵于人,而天下共尊之。”说明炎帝作为一位部落首领,尽管“智能自贵于人”,却“不望其报”;面对剩余产品,却“不贪”。《淮南子·修务训》说“神农憔悴”,“圣人之忧劳百姓甚矣”。又说他为了祛除百姓疾病之苦,不惜冒生命危险,亲“尝百草之滋味,水泉之甘苦”,经常“一日而遇七十毒”,终因误尝断肠草为民而死。至此,炎帝的奉献精神达到了极致。敢于自省。《商君书·更法篇》载“伏羲、神农教而不诛;黄帝、尧舜诛而不怒”。《明伦汇编·皇极典》曰:“时诸侯夙沙氏叛,不用命。箕文谏而杀之。炎帝退而修德,夙沙之民,自攻其君而归炎帝。”以上记载表明炎帝神农氏十分注意自省,当遇到问题时首先想的是自己的道德是否足以服众。勤于垂范。炎帝言传身教兼而有之,他在多方面给人以垂范。在工作上垂范。《白虎通义》:炎帝“制耒耜,教民农作”。《帝王世纪》:“炎帝……始教天下耕种五谷而食之,以省杀生。”在建制上垂范。据文献记载,炎帝对古代建典立制做出了贡献:“建官设制”。炎帝时代虽然还没有国家,但氏族和部落的管理制度已露端倪,有了专门的管理职务。《春秋命历序》载“神农始立州制形”。在分工上

垂范。据考古资料显示，在距今7000年左右，开始出现了较为明显的男女分工。男耕女织是几千年来中国农业社会的主要性别分工模式。从传说看，我国男女分工最早始于炎帝时代。

在加强自身修养的同时，炎帝注意对本部族先民的道德感化教育，以及与外部族的团结融合关系。史载炎帝“上观法于天，下取法于地。于是始削桐为琴，练丝为弦”。“神农琴”有规格和音调，“长三尺六寸六分，上有五弦，曰：宫、商、角、徵、羽”。炎帝制琴作乐的目的，不单纯是为了劳动之余的娱乐，更重要的是以乐匡正天下，和谐人心，教化民风。《杨子》云：“神农造琴以定神，禁淫僻，去邪欲。”另一方面，根据陕西省编撰的《炎帝志》记载，炎帝族还与“四夷”（东夷、北狄、西戎、南蛮族团）有着千丝万缕的联系，为中华民族的融合、形成与发展做出了不朽的贡献。《逸周书·尝麦》、《史记·五帝本纪》等书记载，炎帝、黄帝曾为争夺联盟领导权而在“阪泉（今河北涿鹿境内）之野”发生战争，黄帝“三战，而后得其志”。炎帝失利后，并未与黄帝为敌，而是“尊轩辕为天子”，加入到炎、黄、蚩三部族组成的华夏联盟集团，与黄帝、蚩尤族共同开创了华夏族的历史新局面。在这场战争中，炎帝表现出他宽厚仁慈的团结融合思想。

四、炎帝文化蕴含的官德思想的启示意义

涵盖炎帝官德思想在内的中华传统官德思想，虽然摆脱不了历史局限性，但经过批判的继承，可以增强当代领导干部的官德的民族传统文化的底蕴，促进今天干部队伍的思想道德建设。

其一，对领导干部学习和了解历史有帮助作用。“中华文化不断丰富、创新的发展，正是由于有炎黄二帝为体表的远古文化为源头的始基；中华文化的许多精髓，是从炎黄时代起一脉相承的。”包括炎帝官德思想的炎帝文化，是领导干部学习中华历史不可或缺的一部分。领导干部读一点历史，懂一些中华民族的发展史，理当包括上古史这一中华史发展的源头，这样有利于陶冶情操，开阔眼界，更好地服务人民，为民族和国家做贡献。

其二，对干部队伍建设有教育警示作用。一方面，炎帝面对万难，特别是自然环境和生存繁衍的严峻挑战，务实为民、心系天下、清信恕勤、奉献进取的一系列思想精神和美好品德，教育我们，在当今生活条件日益改善，生活面貌焕然一新的新时代，更加应该立足本职，开拓进取，为民谋利。另一方面，始祖炎帝因为圣德伟绩而流芳千古，备受爱戴，警示我们，只有不断加强自身修养，特别是为官之德的修养，为民生谋福祉，为民族做贡献，才能真正得到老百姓的拥护与爱戴，才能被历史和人民所铭记、所敬仰。

其三，对干部队伍建设有道德资鉴作用。读史可以明志，知古方能鉴今。譬如炎帝务实为民的官德理念，与我们党执政为民的理念是契合的。这说明中华

传统官德思想有着鲜活的时代资鉴价值，我们从中发掘、整合加以批判地吸收，可以为我们党员、领导、干部更好地“常修为政之德，常思贪欲之害，常怀律己之心”，不断提升服务能力和管理水平，提供更加深厚的历史文化蓝本。

（作者：张雄飞，炎陵县炎帝文化/炎陵文化研究会理事）

参考文献：

[1]曾雨农，曹敬庄.炎帝与炎帝陵[M].长沙：湖南人民出版社，2001.

[2]曹敬庄.炎帝传说故事[M].长沙：湖南人民出版社，2001.

[3]陕西省地方志编纂委员会.陕西省志·炎帝志[M].西安：三秦出版社，2009.

[4]周新发.炎帝春秋[M].长沙：岳麓书社，2003.

[5]周新发.炎帝祭文集[M].长沙：岳麓书社，2003.

[6]李先登.炎黄联盟的建立开启了中国古代文明起源时期[A].炎帝·姜炎文化与和谐社会[C].2006.

个人尊严、国家尊严、民族尊严与华人文化交流

◇葛承雍

民族尊严、国家尊严和个人尊严是当代华人文化中最有震撼力的声音之一，这三者是辩证结合的有机整体，没有无数个人的尊严，就没有国家的尊严，没有国家的尊严，就没有整个民族的尊严，就如中国丧失颜面，全体华人就没有尊严，在世界各地被人歧视、受人欺辱。要让国人与华人一道共享有荣耀的尊严，是学术界应纳入的视野与理论界应重视的议题。

尊严依据主体可以区分为个人尊严、国家尊严和民族尊严三大类。

个人尊严是一个人做人的内在价值、人格和精神等的综合体现，经常以自尊自爱、尊重他人和被他人尊敬的形式表现出来。

国家尊严既是无数国民个人尊严的集体性凝结，又是国家保护公民基本生存的义务。

民族尊严则是民族成员全体的形象集中，又是这个民族伦理精神、道德品质和整体素质的生动再现。

一

让人民生活得更有尊严，这是我们时代颇具人生意义的话语，2010 年 2 月 12 日中国总理温家宝公开提出："要让人民生活得更加幸福、更有尊严。"他进一步阐释"尊严"就是给人的自由和发展创造有利条件，让他们的才智竞相迸发①。随即他在政府工作报告中再次重申尊严的含义，第一次将尊严写入国家发展最终目的，从而引起海内外高度评价。

尊严不是一种恩赐和施舍，而是人民理所当然的权利与追求。每一个人的生活都和尊严密切相关，国家要保障民众的尊严，保护人民享有宪法和法律给予的自由与受尊严的权利。人人在法律面前完全平等，尊重他们的人格，使他们能够有尊严地生活。

---

① 《新华通讯》2010 年 2 月 27 日转发温家宝接受中国政府网、中新网联合专访。

尊严是与一个人的品质、人格和价值观密切相连的，人之所以成为人就是基本道德、价值观念、人格品质和主题意识的总和。它意味着人是不能被任意处置和被当作工具器物随意对待，不是一个螺丝钉被拧来拧去，不是一块砖被搬来搬去。人具有自己的内在价值和值得尊重的目的性意义，必须得到来自人自身和他人、社会的尊重与善待。尊严如同阳光、空气，为每一个人所需要，是不可或缺的东西，同时又具体表现在每一个人身上，体现在个人与他人、个人与社会、个人与国家的关系之中。

尊严不是历史积淀下来的符号，而是当代普通人生活方式中皆需知道的常识。尊严要从小学生时代就开始教育、培养和建立，要使所有的学生都知道"自尊"是最具有魅力的品质。如果人们在成长中以不体面甚至有失尊严的方式获得一种生存空间，失信人际、失其人格，就必然失去尊严的基础，就会进一步恶化整个社会的发展生态，没有任何个人能够逾越这一铁律。

我国的教育制度使得大多数青少年受到过委屈、压抑、难过、焦虑等情绪的困扰，有些时候公开侵犯隐私权，甚至让青少年觉得丢脸、无奈、愤怒，感觉没有人的尊严。未成年人的自尊心如玻璃般脆弱，需要成年人细心呵护，孩子柔弱的肩膀难以承受歧视之重，我们亟待改正用粗暴惩罚方式对待学生的教育制度。只有懂得尊重别人，才能赢得别人的尊重，树立起人的尊严。

我们要让每个人都知道个人要有尊严，首先要做到自尊、自重和自爱，然后才能受到他人的尊重和后人的尊敬。尊重自己是尊重别人的前提，一个连自己都不尊重的人，很难有对他人的真正尊重。自尊就是在任何时候都不能出卖自己的灵魂，无论如何都不能丧失自己的气节、品质和骨气。历史上许多志士先烈、爱国英雄以及一切值得歌颂的标志性人物都是将尊严、尊重、尊敬作为气度和品质的象征。

个人尊严是个人的精神生命和道德生命的集中体现，是个人道德人格、品格和人生价值的彰显。穷人的尊严是不因饥饿而食嗟来之食；富人的尊严是不因贪婪而取不义之财；仁人志士的尊严是不因卑微而委身于权贵；弱者的尊严是不因力单而为强暴所屈服。但是，现实的残酷和生存的困境，往往使更多的人在尊严受到侵犯的时候，不敢坚决挺身而出奋力维护自己的尊严①。面对专制强权习惯性隐忍是常见的社会心态，平等与人格尊严不受侵犯的意识并没有生根，苟活的心理酿成了许多软弱愚昧的悲剧。例如我们高校教师在学校高度行政化和学术官场化体系下，不惜讨好献媚行政官员，很难展现教师正面的尊严。即使校长也由政府任命，所有高校经费都要依靠政府拨款。在这个制约网络里，整个人格都被阉割了，还有自尊吗？

人活着，尊严为重，如果人连尊严都不顾的话，与行尸走肉又有何区别？人

① 王泽应：《谈谈尊严》，《光明日报》2011年8月2日。

的尊严更是社会的良心，人格、尊严决不能丧失，说起来容易做起来难，有人不顾羞耻违纪犯法，笑贫不笑娼，讥笑诚实向往暴富，不惜给社会带来一系列的负面效应。有人指出人的尊严是人性、人道、人权的集中表征，也是人格、人文精神和人之气节操守的凝结和证明，它意味着人是不能任意处置和被当作工具器物对待的，必须使人的尊严成为现代文明的标志①。

中国人过去作为落后、饥饿和贫穷的象征一直是外国人嘲讽的对象。直到现在，还存在这种因贫穷丧失尊严的故事。2011 年 11 月 28 日在京发布的《中国农民状况发展报告》中提及“中国农民的尊严感持续下降”。因为农民个体权利得不到保障，遭遇贫困时得不到及时救济，寻求救济时渠道又不畅通，尊严感自然越来越低。尊严下降是一切贫困人员无法享受社会福利及公共资源的体现。另外，贫困人员也会放弃自尊去做一些不顾耻辱甚至极端激烈的事情，社会没有给予他们应有的尊严，他们回报给社会的是更加难堪的场面。如果每个人活得有尊严，国家才有体面、正面的形象。

国家公布的法律全社会都必须遵守，但国家的尊严、国家权力的尊严，不能超越人的尊严，也不能建立在牺牲人的尊严之上。没有人的尊严，只有权力的尊严，只有统治者的尊严，这样的社会必定是黑暗专制的和非人道的。没有社会的公平与公正，也同样没有尊严的基础与权力。宪法将人的尊严放在优先保护地位，放在了国家尊严、集体尊严之上，这是人权历史上一次重大进步。新宪法规定人格尊严具有一种方向作用，使每个普通人知道自己应享有的尊严，不能随意丧失自尊或被侵犯尊严，人人都享有高于权力的尊严是我们始终不渝追求的目标②。

尊严教育必须渗透在国民教育中，特别是中国农村，没有农民文化素质的提升，即使出国打工劳作挣钱仍不能取得成功，也不会产生新式农民文化观。贫困地区普遍表现为人的精神生活贫乏，过去山民固有的“耕读文化”基本消失，与尊严息息相关的道德素养也得不到保障。我们从家庭教育到学校教育都是独裁式教育，将学生当成工具，当成光宗耀祖的接班人，最后反而培养造就出一批彻底放肆的反叛者，根本原因就是从不尊重学生的个人尊严，学生也不注意道德修养，没有自尊、自爱、自强的心理基础。我们要教育每一个学生，仅仅依靠金钱买不来幸福，买不来快乐，更买不来人的尊严，有自律意识地生活才有尊严。

尊严是社会成员互动的产物，很难通过自上而下的力量施加于社会。但是我们要有意识地增加尊严课程，让我们的孩子从小就知道尊严，知道追求与抗争、尊严与堕落、自由与规范、沉重与酸涩、美与丑、善与恶，得到真实的人性教育，要尊重个性、至情至性、有血有肉。一个没有个性的社会就不会有独立思考

---

① 王泽应：《人的尊严的五重内涵及其关联》，《哲学动态》2012 年第 3 期。

② 马岭：《人的尊严高于权力的尊严》，《河北法学》2012 年第 1 期。

精神，也不会带来整个社会的生命力与创造力。从文化逻辑上可以说，尊严与尊重是全体国民持久敬畏、坚守价值观和秉承精神的有机结合体，一个没有尊严和不被人尊重的国民，不可能是一个真正意义上的人。

二

国家作为道德的群体主体同样拥有自己的尊严，代表着一个国家的立国精神和建国之旨，国家对自己经历的风雨磨难与一个人一样，需要反思省心，特别是国家的公信是全社会诚信的基础与关键，一届政府如果言而无信就会带来一系列恶果，引发整个社会的信任危机，就会使得国家的尊严受到损害。

如果我们将“人祸报为天灾”，将“低劣报为低廉”，将自己的问题报为别人的影响，以及其他不负责任的搪塞敷衍，就会成为国家形象的诟病，令国家失颜、国人蒙羞。

国家对自己的国民不得仅视为一种服从工具，不得采取暴力手段强迫国民服从政府决定，特别是不能将国民分为三六九等，任何社会制度都不得对人有屈辱与贬低的规定与措施。国家对人的尊严要有明确的承认，坚持“以人为本”，对人的正当性、合理性有一种评价尺度①。2012 年 6 月中国政府发布的《国家人权行动计划(2012—2015)》明确指出“促进社会更加公正、和谐，努力使每一个社会成员生活得更有尊严、更加幸福”②。如果这个计划能落实尊重，就会让国民对自己的国家带着感恩、感动和敬畏的心态去尊敬它。

没有国家的尊严，国民自然也没有尊严，国家强大了，个人才会得到应有的尊严，才会保障起码的人格尊严。我们国家从改革开放以来注入了新的活力，从贫穷落后走向社会小康，从封闭愚昧走到自信开放，从备受欺凌走向独立自主，现在不仅重返世界舞台的中心，而且赢得了国家的尊严。特别是我们国家认识到快速发展是为了保证人的生活更美好，为了提高国民在全球的尊严，要让国家的荣誉和发展的成果与人民共享。这是一个了不起的认识，中国不仅站起来了，也富裕起来了，不仅独立了，也强大了。这是我们国家尊严的奠基。

历史反复证明，如果哪个国家安于现存的文化传统，不思变革和创新，最终都会导致自己的文化传统失守瓦解，因为固守只会导致僵化与停滞。文明古国都遇到过如此困境。近代以来我国曾经是一个国耻重重的弱国，各方面的压力使我们在许多方面仰人鼻息，做惯了二等公民的心态一直萦绕不散，在一些事务处理方面不时丧失尊严。我们需要对外来文化持以基本的宽容，既对其他民族尊重，也可吸收一切积极文明成果，随着国家和民族之间的交流传播树立起我们

① 马岭:《人的尊严高于权力的尊严》,《河北法学》2012 年第 1 期。

② 《国家人权行动计划(2012—2015)》,《光明日报》2012 年 6 月 12 日。

自己的尊严。一个国家要树立自己的尊严，既要排除数典忘祖的思维方式和自惭形秽的自卑心理，也不能有唯我独尊和夜郎自大的自负态度。尊严既是对自己高度认同的坚定，也是对别人高度包容的从容，尊严需要理性、科学的态度。

中国近年来经济表现不俗，但一些中国公司采取种种不正当手法获得利润，有些贪污腐败的行为甚至令国家蒙羞，不仅给中国经济带来了危害，而且严重伤害了中国的信誉和尊严，被国外评论为只顾眼前利益不顾长远利益的国家，影响了中国在世界崛起的辉煌国家的形象。我们经常看到国外一些报刊指责中国商家有时候不真诚、不守信、不道德，包括在知识产权上拒不承认的行为、拍卖会拒不付款的行为，都使中国人在世界上信誉度大为降低，都使中国人大失颜面，没有形成可敬可尊的力量，对世界和谐产生了消极影响。我们不能一概认为这是外国的抹黑阴谋论，而是需要真正反思。国家的尊严决不许被少数败类损坏。中国的地位已不需要自我夸大，外国人对中国人的尊重，归根结底，取决于中国人自己是否具备尊严的素质。中国人改善国际形象的关键，终归要靠自己的国家政治清明、经济繁荣、法制庇佑、社会民主、学术自由、永享权利……这才能赢得世界性的尊严。

一个国家是否强大，不仅体现在经济领域，也体现在意识形态的文化层次上，西方国家精英多把中国当作竞争对手，而不是合作伙伴，认为中国的威权国家资本主义模式不利于西方民主模式，从不自由、不透明到不信任，所以处处打压或贬低中国的崛起，甚至在国家尊严上泼脏水。尤其是西方一些大国一贯持有傲慢偏见的思维，不时给中国发出形形色色的非难，误报、误读、误判，对中国不仅歧视而且屡屡发出威胁，对这种社会制度上的敌对和东西文明冲突上的争执，需要我们不断努力与奋斗，逐步赢得国际值得尊重和尊严的历史地位。

如果说经济腾飞、国家强盛成就着科学尊严，那么有尊严的人文科学也能为国家增光添彩。我们希望中国是一个广受景仰的国家，因为国家受尊敬，人民就有尊严，特别是普受尊敬的国家如同世界碑林中的丰碑，一种文明的存在价值就在于它的国家的文化地位，一个国家被世界尊敬的最高价值就在于它的文化被广泛国际化。

三

民族尊严表现为一个民族的价值追求和道德认同，每个爱惜自己民族尊严的成员，都有共同的价值观，中华民族的尊严首先基于我们拥有绵延不断的悠久历史和灿烂辉煌的文化传统，因为人类都生活在一定的历史环境之中，所以我们民族能借助于民族历史和文化传统创造性地面向未来，这也是我们民族对自己文化长期保持的自信心、自豪感、自尊心。

鸦片战争以后，为了民族尊严，无数仁人志士和华人进行了不屈不挠的探索与奋斗，从戊戌变法到辛亥革命，都反映了中华民族不甘沉沦的自信、自尊，不愿陷入故步自封和落后挨打的境地。许多历史遗留的争端其实就是民族尊严之争，例如南海之争、钓鱼岛之争等历史宿怨的根源可以上溯到一个世纪之前，历史的耻辱与屈辱关联着民族的尊严。

民族的自尊有时易变为一种狭隘的“爱国主义”，维护一些极端的落后的固定习俗，这是需要注意的。中华民族一直提倡积极、善良、阳光的心态，人类的天性不是斗争、欺骗和伤害，我们更愿意选择爱心、责任和善良。中华民族依靠自己特有的魅力向世界证明，匡扶诚信、知恩图报、道德至上，都是我们自尊的美德基础，我们中华民族拥有几千年文明的历史积淀，有着自己不绝如缕、独具特色的文化传统，这是我们民族振兴和文化发展的基石与起点，也是我们民族尊严的历史财富与资本。

那么华人文化交流的内涵是什么？华人民族向世界展示的是什么？我想首先就是尊严，我们对外国维护尊严的事情了解较多，外国对我们维护尊严的事情了解较少，他们对我们的历史和今天的社会变化了解很少，我们对他们的历史基因和思维观念也了解很少。所以文化交流不仅要走出去，更要走进去。至于中国文化能否走出去、走进去，关键取决于中国文化能否为世界提供一种普世性的中国价值，没有民族尊严和道德目标的核心价值，文化就是一堆没有灵魂与精神感染力的产品，不可能赢得世界的尊重。

但从经济发展看，一个严峻的事实是，中国民间经贸活动中低劣假冒产品严重损坏了中华民族的形象，一些商户摒弃诚信和质量，靠行骗暴富，导致许多国家将低劣商品与中国人形象挂钩。中国一些企业不注意在海外的形象，成为不正当竞争的代名词①。新西兰的中国留学生申请留学材料造假被驱逐出境。……这些都使中国形象大打折扣，使我们的民族尊严受到挫伤。至于在国际上丢失文明礼貌的小事却显示着我们的素质低下。如何自律，遏制道德滑坡倾向，提高整个中华民族的良心守望与诚信信仰，将尊严作为民族精神坚持仍是一个长期而凝重的课题。目前中国在国外非法滞留者过多，无疑会影响华人的形象，而外逃的政府官员携带巨款，更使我们的民族尊严受损。一个民族不知屈辱、不知国耻、不知伤痛，就很难在世界之林中重振崛起。

从文化上观察，我们的文化作品还没有向世界展示出中华民族的良好形象，除了中国功夫（打打杀杀）、中国菜（吃吃喝喝）、中医药（扎扎捏捏）等符号性特点外，综合中华道德、宗教、历史等因素的文化没有体现，与“美流”、“日流”、“韩流”等相比，“华流”之势远未到来，中华文化远远没有讲述出“春天的故事”，中华民族也没有达到让世界普遍尊敬的地步。

---

① 李飞:《中国企业要注重海外形象》,《法制周末》2012 年 10 月 18 日。摘要见《文摘报》2012 年 10 月 25 日。

事关民族尊严必须要有一条底线。安徽黄山谭家桥景区为挣钱开发出"鬼子进村寻找花姑娘"的所谓"红色旅游娱乐项目",哈尔滨方正县为招商引资给日本开拓团建立纪念碑……这类事件的一再出现,亵渎了中华民族无数烈士的灵魂,这种为赚钱不顾国耻的丑陋行为令人愤慨,这种在民族伤口上撒盐、放弃自尊、数典忘祖、自甘堕落、低俗媚俗的历史追溯,使我们民族自尊丧失殆尽。如果我们自己不尊重自己的文化,对种种丑化、糟踏我们文化尊严的人事置之不理,全世界肯定没有人会尊重我们的民族。

要使民族尊严真正成为社会经济的稳定器、加速器,除了依靠教育引导、制度完善、文化浸润,还要营造一种社会环境,坚守主流价值,让丧失自我尊严的人付出更加昂贵的代价,名誉扫地,内心愧疚,迫使个人约束自己的行为。一个国家、一个民族,如果没有国民素质的提高和道德良心的力量,决不可能成为一个真正强大的国家、一个受人尊敬的民族。

中华民族要赢得尊严,首先每个民族成员要自尊,一旦民族尊严受到侵犯,有尊严意识的每个民族成员都会挺身而出,捍卫民族的尊严。我们的民族是一个伟大的民族,有着自信、自强、自立的悠久优秀传统,但是五千年来也积淀了许多弊端与包袱,一些人自卑自弃、自残自贱,不惜迷失目标,回避崇高,为金钱折腰媚俗,丧失特色与操守,导致西方国家对华人片面的傲慢、偏见与淡漠。东西方文化差异造成的文明冲突将是长期的。

在国际舞台上,西方是捷足先登者,中国是匆匆追赶的后来者,尽管中国海外移民从 18 世纪就有了规模,但中华文化只是零散存在于唐人街及某些方面,根本没有提升到民族尊严的高度上。易"受伤"的中国人要学习西方维护自己尊严的优点,学会树立中国在世界上受人尊重的地位。2012 年 6 月 18 日美国众议院全票通过《排华法案》道歉案①,这是美国以国家法律程序正式向曾被排斥和歧视华人的做法进行国家道歉,尽管 130 年后的道歉姗姗来迟,也不可能抹去历史上的罪孽与错误,但是宣示性道歉是对全世界华人地位的尊敬,是对华人历史功绩的肯定,美国 400 万华人最终赢得了曾被损害的尊严。华人需要继续积极地与西方主流社会对话,争取有尊严地参与国际文化交流,从整体上将中华文化中的优秀成分转化为人类文化共有的价值。

目前民族、宗教、种族的歧视在全球并没有消失,超越族群的博爱包容也不是处处皆是,相互理解和相互尊重也没有做到完全畅通,尊重他人信仰和尊敬人类友谊也不释然。欧洲许多国家出现极端排外主义、偏激民粹主义和反对文化多元化等一系列倾向,打着反对有色人种移民和民族主义的旗号,对华人和其他民族造成一些融入当地生活的阻碍,他们利用本国国民的优先权和反移民情绪,在某些方面屡屡"妖魔化"华人,特别是利用东西方观念差异丑化华人,例如吃

① 《美众议院就排华法案正式道歉》,《光明日报》2012 年 6 月 20 日。

变蛋皮蛋、家畜家禽下水，拔罐、刮痧等中医诊治，以及龙形象塑造等，严重损害了华人的民族尊严。即使图书宣传也都是以“藏独”、“疆独”为左右，中国的影视无法进入外国主流社会阵地，很多人对中国变化与文化一无所知，这是值得我们深思的。我们也要经得起偏见误会的考验，听得起刺耳但正确的批评，这是中华民族赢得尊严必须经历的国际洗礼。

尊严不是一个泛指名词，而是一个表征人类的动词。面对世界各国的经济竞争、民族文化竞争，代表国家、民族的尊严之争也必然伴随着政治经济文化一起涌现，我们必须以高度的文化自觉和民族自信，着眼于提高民族素质和塑造高尚人格，培养中华民族的“精神贵族”，体现我们民族整体的尊严。如果说尊严是一个民族的黏合剂，那么文化交流就是中华民族尊严展现的润滑剂、催化剂。

尊严是一个人、一个国家和一个民族的标志，更是凝聚民族的自信心与价值观，没有尊严的国家和民族无法形成强大持久的感召力，也无法赢得全世界的理解与尊重，更不会真正的崛起。

（作者：葛承雍，中国文物出版社总编辑、教授）

文化的转型、抉择与发展

——对中国17世纪以来文化演进历程的回眸与思考

◇王　杰

在中国历史上,曾出现过两次大规模的外来文化的传入:一次是汉唐时期印度佛教文化的传入;另一次是明清之际西方基督教文化的传入。自明朝中后期到清朝前期,大批西方传教士来到中国,他们在进行宗教活动的同时,也把西方的自然科学,如天文、地理、数学、物理、化学及诸多西洋器物等介绍到了中国,从而开始了大规模的西学东渐的过程以及中西文化的沟通与交流,使明清之际的知识分子从一种传统封闭的状态中解脱出来,但由于各种原因,这次大规模的外来文化传播并未引起中国文化结构的根本变革。到19世纪中叶,面对西方帝国主义物质、制度及精神层面的再次入侵和冲击,中国古老的文化传统不得不被迫做出调整,改变自己固有的发展轨迹和方向。一大批中国早期的先进分子,为了寻求救亡图存的道路,在学习西方先进科技知识和精神文明的同时,也开始了探索和寻求本民族文化发展的道路和方向,提出了中国文化发展的种种设想,为中国文化发展寻求正确的道路做出了可贵的探索。然而,由于时代的局限,他们没有找到一条适合中国文化发展的正确道路。尽管如此,他们在中国文化选择历程上的探索,却为找到科学的文化发展道路奠定了坚实基础。1940年中国共产党人提出的“民族的科学的大众的文化”在中国近现代史上产生了巨大影响,为中国的文化选择指出了一条正确的道路。

“会通以求超胜”到“中西文化会通”

明清之际,最早来中国从事传教活动的是明万历年间来华的耶稣会士利玛窦,他为了适应当时中国社会的需要,制订了一套适合中国实际情况的“合儒”、“补儒”及“超儒”的和平传教政策,即“在政治上拥护贵族统治;在学术上要有高水平;在生活上要灵活适应中国的风土人情”①。自此以后,西方来华传教者有

① [法]伊萨贝尔·微席叶:《耶稣会士书简的由来和现状》,《中国史研究动态》1980年第6期,第9页。

名可查者达65人之多。[①] 西方传教士对西方自然科学知识的介绍，使中国固有的文化结构和思维模式发生了重大变化，中国文化重道德伦理、重修身养性，轻自然科技等特点决定了中国文化自先秦以来几乎一贯不变的发展理路和格局随着西方科学知识的传入被打开了一个缺口，它使中国知识界在孜孜沉浸于儒家经典的同时，开始接触和吸纳西方的一些新知识、新思想、新领域，扩大和丰富了中国文化的内容和内涵。从明中后期到清中期，由于当时有一大批站在时代前沿的经世实学思想家的宣传、翻译、介绍与引进，西方机械、物理、测绘、历算等门类繁多的科学知识不断传入中国，据统计，至今能够搜集到的西方传到中国的科技书目约为1500种。但是由于当时这批西方传教士自身的传教目的和学术偏见，他们对欧洲文艺思潮以来的新思想、新成就讳莫如深，对当时西方最先进的自然科学思想，如哥白尼的太阳中心说、伽里略—牛顿的经典力学、笛卡儿的解析几何、波义耳的新元素说以及先进的实验法、归纳法、演绎法等大多只字未提，相反，他们都把中世纪的经院哲学大师托马斯·阿奎那奉为圭臬，他们介绍到中国的只是托勒密的地心说、欧几里德的几何学、亚里士多德的四元素说等，因此，有的学者认为中国知识界所能接触到的还只是西方中世纪的科学思想体系，不可夸大当时西方科学思想对中国文化的影响。这种观点总的来说是不错的，但还不尽全面。且不说在当时中国知识界研习西学已成为一种时尚，我们也不可低估了当时西方科学思想对中国思想文化的影响。尽管如此，当时西方科学的传入，使明清之际的知识分子从一种传统封闭的状态中解脱出来，突破陈旧保守的思维模式，为"中国的知识和文化带来了一场前所未有的新刺激"[②]。徐光启、李之藻针对晚明出现的种种弊端，极端重视西方自然科学的征实精神，他们响亮地喊出了"欲求超胜，必须会通；会通之前，先必翻译"[③]的口号，他们甚至准备用10年左右的时间对"有益世用"的图书"渐次广译"[④]，试图以西学来开启民智，纠中国学术之弊，以挽救明王朝的社会政治危机。明清之际的思想家在继承徐光启、李之藻自然科学观的基础上，积极吸收西方自然科学成果，对西学采取了欢迎的态度。黄宗羲在经世实学思潮的社会文化背景下，对西方自然科学成果给予了极大关注，并积极投身到这一科学活动的推广和传播中，撰著了大量自然科学著作，如《授时历故》、《大统历推法》、《开方命算》、《测图要义》等。方以智

---

① 参见梁启超：《中国近三百年学术史》，北京：中国书店，1985年3月第1版，第31—39页。

② 何哲：《清代的西方传教士与中国文化》，《故宫博物院院刊》1983年第2期，第21页。

③ 徐光启：《治历疏稿二·历书总目表》，王重民辑校：《徐光启集》下册，北京：中华书局，1963年，第374页。

④ 李之藻：《请译西洋历法等书疏》，《李文藻文稿附》，《(增订)徐文定公文集》卷6，上海慈母堂铅印本，1999年。

更是对西方自然科学推崇备至，他把研究自然事物的学问称为“质测之学”，得出了“泰西质测颇精”①、西学“详于质测”②的结论。他还在自己的著名自然科学著作《通雅》、《物理小识》中广泛介绍了物理、化学、历算、医学、水利、火器、仪表等西方自然科学知识及工艺技术。特别值得一提的是明清之际的著名自然科学家王锡阐、梅文鼎，他们在借鉴、吸收西方自然科学知识的同时，积极开展天文学与数学的研究工作，他们对中、西之学均采取实事求是的科学态度，主张“去中西之见”，“务集众长以观其会通，毋拘名目而取其精粹”，主张“兼采中西”③，主张“法有可采，何论东西？理所当明，何分新旧”④，对西学采取了“理求其是，事求适用”的价值取向。阮元在《畴人传》中对两人做了极高的评价，“王氏精而核，梅氏博而大，各造其极”。他们对西方自然科学思想在中国的传播和普及做出了极其重要的贡献。在明末清初的中西文化交流中出现的“会通以求超胜”论，尽管在实践中并没有达到预期的目的，但对中西学术的交流和发展起了重要的作用，对中国的科学技术融入世界科学技术的潮流中是一大推动。因此，“会通以求超胜”论在中西文化的交流中所起的作用是积极的，在发展中国的科学技术方面也有着进步意义。

历史进入到19世纪中叶，世界格局发生了重大变化，现代化浪潮从欧美波及到整个世界。它打破了世界各国的隔绝状态，将各个国家和民族连为一体。这表明，人类历史正经历着一场深刻的革命变革。而在中国，由于清王朝腐败无能，社会危机四伏；太平天国运动则如火如荼，蓬勃发展；英、法联合发动第二次鸦片战争，“数千年来未有之强敌”⑤凭借洋枪洋炮打败了“天朝”军队。正是在这样一种局面下，要求改革的洋务派最早提出了自己的文化选择模式，即“中学为体，西学为用”。“中学为体，西学为用”这一用语的最早使用，见于1896年4月的《万国公报》，沈寿康在他所发表的《匡时策》一文中指出：“夫中西学问，本自互有得失，为华人计，宜以中学为体，西学为用。”1898年，著名的洋务派代表人物张之洞在《劝学篇》中，将“中学为体，西学为用”的思想加以解释和论证，使这一思想成为洋务派的理论纲领。这一思想在当时影响很大，成为当时的时代思潮。凡是讲西学、识事务者，无不对此论表示赞同。梁启超就曾经说过，“中学为体，西学为用”的口号，已经成为维新派的“流行语”⑥，举国上下都将此奉为

① 方以智：《物理小识》（于藻重订）康熙三年刻本。

② 方以智：《物理小识》自序。

③ 王锡阐撰，王云五主编：《晓庵新法·序》，上海：商务印书馆，中华民国25年12月初版。

④ 梅文鼎：《堑堵测量·郭太史本法》。

⑤ 李鸿章：《李文忠公全书奏稿》（影印本）卷24，上海：商务印书馆，1921年。

⑥ 梁启超：《清代学术概论》，北京：中华书局，1954年10月第1版，第71页。

至理名言。

“中体西用”论者所谓的“体用”，继承了中国传统文化的体用观，它含有“本末”、“主辅”的意义。在文化观上，“体”表示文化系统的主导思想、基本原理，“用”则表示在主导思想、基本原理支配下的具体文化。在“中体西用”者看来，体用并不是指单一的个体与其功能、作用的关系，而是指一个文化系统的指导思想、根本原则与在其支配下的各文化要素及其功能、作用的关系。任何一个文化系统，都有自己的主导思想和根本原则，如世界观、价值观、思维方式等，也有与之相协调的经济、政治制度。只要一个文化系统的指导思想和根本原则是健全的或基本健全的，就可以把外来文化中的某些要素拿来为我所用。在这方面，中国历史上有过成功的范例。然而，“中体西用”论者错误地把历史经验上升为吸收外来文化的通例，没有看到中国传统的文化系统的主导思想和根本原则这样的“体”与“西用”具有不兼容性，中国传统文化的“体”不能支配“西用”，因而随着西学的引进，不可避免地会与中学发生激烈的冲突。这就暴露出“中体西用”论的局限性。

对于“中体西用”论的局限性，许多学者都作了详细的论述。如张岱年先生指出，“中体西用”论在理论上的错误之一就在于把历史经验上升为吸收外来文化的通例和原则。实际上，它只有在一个先进的文化系统吸收来自落后的文化系统的文化要素或同等程度的两个文化系统相互学习的特定场合下才行得通；只有在被吸收的文化要素对原系统有可分离性、对接受系统有兼容性的前提下才行得通；只有在接受系统本身仍健全的情况下才行得通。错误之二就在于在各民族文化势将融会成统一的世界性文化（当然这并不排斥各民族文化仍具有民族特色）的近代仍强调以本民族文化为体、为本、为主。这种中西对立、体用二元的僵固思维方式是不合时代潮流的。张岱年先生对“中体西用”论的批评是深刻的，道破了“中体西用”论的要害。

清朝末年，康有为、梁启超、严复等人再次提出了“中西会通”的主张，他们提出了“泯中西之界限，化新旧之门户”①的口号，不仅从观念上突破了“中体西用”的定式，而且在实践中也突破了“中体西用”的模式，进一步发展了由徐光启、李之藻等提出的“会通以求超胜”的思想。康有为“会通中西”的思想虽然具有较大的积极意义，其目的是提倡学习西方以推动维新变法。康有为明确主张，中国变法应以日本明治维新为榜样，认为近学日本、施行变法，是一条使中国走向富强之路的快捷方式，必定可以收到事半功倍的成效。他一再强调，学习日本的明治维新，不仅是中国变法的非常适宜的方法，而且是现实唯一可行的道路。由此可见，维新派变法的总纲领就是以明治维新为模式，引导中国像西方资本主义那样，走上君主立宪的道路。与这种政治上的选择相适应，维新派提出“会通

① 汤志钧编：《康有为政论集》（上册），北京：中华书局，1981年2月第1版，第295页。

中西"的真实目的，就是要大力倡导资本主义的文化和学术。其后，梁启超、谭嗣同等人进一步发展了康有为的思想。他们的言论与康有为相比，更是大胆无所顾忌。他们把倡导西学、批判传统旧学的消极因素发挥得淋漓尽致，比他们的老师康有为有过之而无不及。梁启超大力宣传在中国实行变法过程中学习西学的必要性和可行性，斥责以"圣人之道"为标榜的汉学、宋学和八股词章之类的旧学是侵蚀中国的蠹虫。他极力论证广泛地翻译西方的学术著作，深入学习西学，对于挽救中国具有重要的意义。他除了借助"西学中源"说来论证学习西学的重要性和必要性之外，还坚持中西"会通"、中西"并用"的观点，强调中学和西学是相济而成、缺一不可的治国良方。梁启超论证中西"会通"的出发点和落脚点是要说明西学是有价值的。因而，在梁启超看来，是否倡导西学，关系着国家的命运和前途、兴衰和成败。谭嗣同坦诚、直率地表达了他对西学的认识。他不仅深刻地解剖了自己对西学从反对到推崇的认识转变过程，而且公开地向"中体西用"说论战。他借助中国古代的"性善论"来说明"道"的普遍性，指出它并非"中国私有"和"圣人独有"①，而是古今中外普遍存在的。他的论证从根本上动摇了"中体西用"说的根基。他最后得出结论：学西法，不仅不是离经叛道，而是名副其实地复兴"圣人之道"。谭嗣同的观点虽然比较粗糙，但他还是鲜明地表述了他崇尚西学的观点。严复在当时堪称为"中国西学第一"②，是维新思潮中最激进、最能反映新思潮及时代精神的人。他与儒学传统没有太深的联系，因而在论述西学的先进性时不像康有为、梁启超那样需要借助和采用今文经学的学理形式。严复借助于生物有机论来说明中西文化的结合问题，指出肢解地学习文化是错误的学习方法，在实践中也是不会有成效的。他以"体用不二"的观点反驳了"中体西用"论，指出正确的中西文化结合模式的本质内容是：全方位结合、立足中国、择其善者。由此可见，中西文化会通的观点，到了严复这里，更上了一个台阶，有了更丰富的内容。

"东方文化"论与"全盘西化"论的冲突

五四运动前后，在中国思想界流行着一种观点，即认为东方文化主静，西方文化主动；东方文化注重精神文明，西方文化注重物质文明。持这种观点的"东方文化"论者把第一次世界大战的悲剧视为西方文化破产的标志，认为只有东方文化才能拯救世界。"东方文化"论是新文化运动中出现的一种观点，在当时社会上产生了重要影响。

"东方文化"论的首创者是辜鸿铭和杜亚泉。早在第一次世界大战之前，辜

---

① 蔡尚思、方行编：《谭嗣同全集》，北京：中华书局，1981 年 1 月第 1 版，第 197 页。
② 蔡元培：《五十年来之中国哲学》，《最近之五十年》，上海：申报馆，1923 年，第 1 页。

鸿铭就主张用孔孟之道来解决中国问题和世界问题。第一次世界大战之后，辜鸿铭更是鲜明地主张用中国文化来拯救世界，他认为，西方文化已经破产，能拯救世界的唯有中国文化。辜鸿铭、杜亚泉在辛亥革命以后思想就逐渐落伍，代之而起的是新一代的“东方文化”论者。新一代的“东方文化”论者主要是梁漱溟、张君劢、章士钊等人。他们虽然在观点上不尽相同，但有一点是相同的，即看到了西方资本主义制度的缺陷，主张用“东方文化”去改造世界。可以说，“东方文化”论是对第一次世界大战反思的结果。持这种观点的人一致认为，第一次世界大战标志着西方文化的破产，振兴东方文化是一剂拯救西方文化的良方。如章士钊主张“以农立国”①的观点，在章士钊看来，中国唯一可以避免走西方道路的办法就是走以农立国的道路，固守中国原有的发展模式。他认为，中西方文化的根本区别就在于立国之本的不同。中国是以农为本，西方是以工为本。章士钊十分推崇这种以农立国的社会，并将其说成是“贵平均之传统社会主义”。张君劢虽然同样是“东方文化”论者，但他的观点与早期的辜鸿铭、杜亚泉不同，也与章士钊不一样。张君劢不反对民主，提倡发展个性，解放思想。他认为，科学的作用并不是万能的，如科学对人生观就无能为力，因为人生观的特点是主观的、直觉的、综合的、自由意志的、单一的。他批评西方近三百年来由于过度相信物质和理智，遂酿成第一次世界大战的悲剧，他主张在经济上纠正西方那种“偏重工商”的政策，在价值观上要摒弃西方的那种功利思想，实行一种“社会主义”②理想，即安于孔子所推崇的“寡均贫安”的社会，拒绝走西方那样的富强道路。梁漱溟是“东方文化”论的杰出代表，他不赞成中国走西方近代民主政治的道路，指出中国未来的发展，既不能走西方近代民主政治的道路，也不能走俄国共产党所探索出来的社会主义道路，唯一所能走的道路是乡村自治或乡村建设，这是中国自己的道路。他之所以能得出这样一个结论，是由于他对中西文化及其哲学在本质上的差异作了探讨，找出了中国民主化不可能成功的深层次原因。这些原因是：第一，民主政治是多数人的政治，权力操控在多数人手里，但中国的民主运动，只是少数知识分子的热心推动，大多数人并不关心。第二，中国的物质条件不适合搞民主政治。清末民初以来，政局纷乱，人民的生活极其简陋，根本无心过问政治，且中国国土广大，交通又不发达，所以普通老百姓对国家政治感觉淡漠。尤其是生活在农业社会的中国人，过着一种老死不相往来的生活，对外界的事情知道甚少，对别人的事情也漠不关心，根本无法像西方民主社会那样进行选举。此外，中国的工商业很不发达，根本无法像西方社会那样产生出在民

---

① 章士钊：《在上海暨南大学商科演讲欧游之感想》，《章士钊全集》(四)，上海：文汇出版社，2000 年，第 195 页。

② 张君劢：《再论人生观与科学并答丁在君》，《科学人生观》，济南：山东人民出版社，1997 年，第 112—113 页。

主政治中起主要作用的中产阶级。第三，中国不能走民主政治道路的最重要原因还在于中国的民族精神条件不适合。中国人缺乏积极争取权力的精神，尚礼让而不愿竞争，互相尊重、信任而不善于互相监督、牵制，重义轻利而不着重于物欲的满足。他认为，中国文化与西方文化相比较，显现出一种独特的文化精神。中国文化以意欲自为、调和持中为根本精神，因而在这种精神指导下的中国人遇到问题不是去积极地解决，不愿意改造现实，而是随遇而安，寻求一种精神上的满足。根据中国的文化精神，中国不适宜于走西方民主政治的道路，而应该创造自己独特的政治制度。

可见，"东方文化"论者大都是一些留恋"工场手工业的行会制度与农村的宗法经济"①的小资产阶级的思想代表，他们的思想中既有一些合理的因素，也有较大的局限性。从"东方文化"论的合理因素来看，首先，"东方文化"论者注重揭示了中国文化的特点，如梁漱溟通过把中国文化与西方文化、印度文化的比较，提出了一些很有见地的关于中国文化与西方文化、印度文化差异的观点，从而揭示了中国文化精神的独特之处。其次，"东方文化"论者从第一次世界大战中看到了资本主义文明所陷入的危机，分析和揭露了资本主义社会的固有矛盾，这在客观上有利于社会主义思想在中国的传播。从"东方文化"论的局限性上来看，它夸大了西方文化的危机，对当时兴起的新文化运动嗤之以鼻，对新文化派所倡导的民主和科学大泼冷水。"东方文化"论者企图以东方文化去拯救世界的理想与现实相去甚远，根本不可能实现。在文化观上，他们所宣扬的是一种东方文化中心主义，这与欧洲中心主义一样是十分荒谬的。在方法论上，他们将不可分离的东西分离开来，将不可调和的东西硬往一起拼凑，实际上具有很大的主观随意性。从总体上来看，他们的思想落后于现实，相当守旧，具有旧文化卷土重来的性质。

与"东方文化"论者不同，20 世纪初，在中国思想界还出现了一股"全盘西化"论的思潮。"全盘西化"论从 19 世纪末到 20 世纪初在中国就开始萌发了。到了 20 世纪 30 年代，"全盘西化"论被正式提出来，其主要代表人物是胡适和陈序经。

胡适认为，中国事事不如人，不但物质上、机械上、政治制度上不如人，而且道德上、知识上、文学上、艺术上、音乐上、体魄上也不如人，只有承认了不足，才能死心塌地地向人家学习。② 既然如此，中国在政治、经济、文化方面都应该西方化。需指出的是，胡适的文化观前后期也是不尽相同的。后期他用"充分世

① 马克思、恩格斯著，成仿吾译：《共产党宣言》，北京：人民出版社，1978 年 11 月第 1 版，第 51 页。

② 胡适：《请大家来照照镜子》，《胡适选集》，天津：天津人民出版社，1991 年第 1 版，第 228 页。

界化”①的观点对前期“全盘西化”的观点作了一些改良。“全盘西化”论的另一位代表人物陈序经则主张“百分之百”的“全盘西化”。他认为,对于已经落后的中国文化来说,最要紧的是充分认识到文化的时代性和普遍性,不能以中国文化的特殊性为理由,走复古和倒退之路。他主张为了中国的进步和发展,与其走中西文化折中调和的道路,倒不如实行彻头彻尾的“全盘西化”。尽管都主张“全盘西化”,胡适与陈序经在“全盘西化”的观点上还是有差别的。虽然胡适表示自己完全拥护陈序经的“全盘西化”的观点,但陈序经批判胡适在“全盘西化”问题上不够彻底,有折中调和的倾向。概括地讲,胡适是一种“策略”的“全盘西化”论,而陈序经则是“百分之百”的“全盘西化”论。在胡适那里,“全盘西化”与“充分世界化”是同义的,其中包含着“矫枉必须过正”的意思。他并没有把“全盘西化”作为一个真正能实现的目的,而是作为一种行动的“策略”,其真正的目的在于实现“中国本位文化”。很显然,胡适的文化理论中包含着一个不能自圆其说的矛盾。一方面,他认为,西方文化处处都比我们强,由于文化发展遵循着“优胜劣败”的规律,且不能肢解地去选择某种文化,因而中国除了“全盘西化”外,不可能会有其他的出路;另一方面,胡适又不完全否认文化的民族性,这种文化的民族性是一种“文化惰性”,因而在中国实行“全盘西化”并非那么容易。中国人不但在理智上不愿意接受“全盘西化”的主张,而且事实上也不可能完全实行这一方针。由此可见,在“全盘西化”论上,胡适与陈序经的观点确有差异,两人之间展开的争论,其目的也在于各自强调自己观点的正确性。然而,虽然胡适与陈序经在“全盘西化”的观点上存在着差异,但他们的观点在本质上是一样的。他们的“全盘西化”观点,归根到底是一种“欧洲中心主义”的思想,即认为欧洲文化是其他一切文化发展的标准,所谓世界化、现代化,说到底就是西化。

20 世纪 80 年代在中国出现的“全盘西化”论,可以说是 20 世纪二三十年代“全盘西化”的翻版。“全盘西化”论者主张全方位地引进西方文化,其中包括哲学、政治、经济、文化等学说以及社会制度,用以冲击中国现有的一切。1988 年出现的电视政论片《河殇》把否定中国传统文化的观点推到了极端,成为新“西化”论者宣传“全盘西化”达到登峰造极的标志。新“西化”派鼓吹民族虚无主义,把中华民族的文化说成是“已经夭亡了”、“孕育不了新的文化”,是只能走向“自杀”的“黄土文化”,中华民族几千年的历史只有愚昧落后,宣扬“欧洲中心”论。这个时期的“全盘西化”论者在文化上的主张与在政治上的目的是一致的,他们在政治上诋毁我国的传统文化,歪曲中华民族的历史,目的是妄图否定社会主义制度、否定共产党的领导,使中国像西方那样走多党制和私有制的道路。新

① 胡适:《充分世界化与全盘西化》,《胡适选集》,天津:天津人民出版社,1991 年第 1 版,第 368 页。

“西化”派“全盘西化”的主张，与当年胡适、陈序经的“全盘西化”论是一脉相承的，有些观点上也十分相似。但是，在中国人民经过许多年的艰苦奋斗，建设了社会主义新中国之后，新“西化”派不尊重历史事实，不顾中国的现实情况，老调重谈，一味地主张“全盘西化”，只能干扰中国的现代化进程，破坏中国安定团结的政治局面。

总而言之，在中国近现代的文化论争中，“全盘西化”论一直是比较突出的一种观点，其极端的倾向性不仅在理论上是错误的，而且在实践上也会对中国的发展带来较大的危害。

“中国本位文化”向“民族的科学的大众的文化”的创造性转化

“中国本位文化”论产生于20世纪30年代，也是在中国文化论争中不可忽视的一个重要派别。1935年1月10日，陶希圣、王新命、何炳松等十位教授在《文化建设》月刊上联名发表了《中国本位文化建设宣言》，正式打起了建设中国本位文化的旗号。他们要求恢复中国固有文化，反对“全盘西化”。在他们看来，中国文化的发展，既不能复古，因为历史是不会重演的；也不能模仿英美，因为英美的社会性质与中国的不一样，英美是工业社会，而中国则是处在从农业社会向工业社会过渡的时期；同样，也不能模仿苏俄和意德；唯一可行的道路就是建设中国本位文化。

何谓“中国本位”？“中国本位文化”论者解释道，中国是中国，不是任何一个地域，因而有它自己的特殊性。同时，中国是现在的中国，不是过去的中国，自有其一定的时代性。所以我们特别注意于此时此地的需要，就是中国本位的基础。“中国本位文化”论一提出，立刻引起一场争论。在这场争论中，除了胡适等少数人不同意“中国本位文化”的观点外，其他人都原则上接受或附和这种观点。“中国本位文化”论的提出与中国当时的时代背景有密切联系。1931年九一八事变之后，中华民族的危机日益加重，引起了许多中国人的深刻反思。为什么中国近代以来总是处在被动挨打的境况？为什么中国的民族自救运动总是以失败而告终？中国的出路究竟在哪里？对于这些问题的关注和思考，必然会引发文化方面的争论。而“中国本位文化”论在文化论争中占上风也就不难理解了，因为人们情绪化的反应比较强烈，民族的复兴和文化的创造成为人们的迫切要求。也正是在这样一种时代背景下，“全盘西化”论渐渐失去了人心，而带有民族主义色彩的“中国本位文化”论则传播较广，影响较大，成为当时占主导地位的舆论。

“中国本位文化”论者一再宣称他们崇尚“不守旧不盲从”、“淘汰旧文化”和“开拓新道路”的方针，竭力否认他们自己的观点具有保守性，然而其文化保守主义的倾向还是难以掩盖。他们强调“中国本位文化”建设之所以急需，是因为中国正面临着现实的危机。这种危机来源于思想界的“西化”理论，它导致中国失去了自身的文化特征，在现代世界中“已经没有了中国”。他们认为，中国因为盲目“西化”，中国自身的文化特征已经荡然无存，这些特征中自然包含传统习俗文化，而这正是“中国本位文化”建设所需要有选择地保存的重点。由此可见，“中国本位文化”论者尽力做出不偏不倚的姿态，在提法上似乎也有较多的合理性，但其合理性背后所掩盖的不合理性，就在于这种理论的政治倾向性和理论上的折中调和。正因为如此，“中国本位文化”论受到了“全盘西化”论者的猛烈抨击。他们指出，“中国本位文化”论者所谓的“中国特征”，政治上不过是封建专制，而封建政治已经成为中国民族的桎梏。“中国本位文化”论者将这些东西又捡了起来，美其名曰“中国特征”，难道我们现在真的需要这样做吗？他们认为，我们现在不必忙于保存什么所谓的“中国特征”，而应当使我们的文化充分“欧化”、“近代化”，因为只有使中国充分“欧化”、“近代化”之后，我们才有必要谈保留“中国特征”。胡适指出，所谓的“中国本位”，走的其实是晚清洋务派和维新派“中体西用”的老路；他们所主张的对于中国固有文化“去其渣滓，存其精英”和对于世界文化“取长舍短，择善而从”，其实是最时髦的折中论调，具有浓重的民族主义色彩。

与“中国本位文化”论者不同，20 世纪 40 年代，中国共产党人提出了建设“民族的科学的大众的文化”的思想，指出了中国文化发展的正确方向，在中国文化道路的选择上做出了不朽的贡献。“民族的科学的大众的文化”论，继承了中国近代文化论争中的积极因素，吸收了徐光启、严复、李大钊、蔡元培、杨昌济等人主张中西文化辩证综合的思想，特别是吸收了鲁迅先生提出的“民族的大众的革命文化”的思想，在众多关于中国文化发展道路选择理论中一枝独秀，显示出独特的理论魅力。

“民族的科学的大众的文化”论的源头，主要是 20 世纪初的五四新文化运动。鲁迅是五四新文化运动的先驱、积极倡导者和主将，对中国的民主革命和现代文学做出了巨大的贡献，给人们留下了丰富宝贵的精神遗产。毛泽东在《新民主主义论》中，对鲁迅为中国新文化的发展所立下的丰功给予了高度的评价，认为“鲁迅的方向，就是中华民族新文化的方向”①，鲁迅的伟大，不仅因为他是“代表全民族的大多数，向着敌人冲锋陷阵的最正确、最勇敢、最坚决、最忠实、最热忱的空前的民族英雄”，而且因为他作为中国封建社会的先觉者，最早从现代意义上彻底反思本民族的历史，深刻批判封建意识形态及其统治制度。在文化方面，他对封建统治和封建礼教的批判达到了空前激烈的程度，极为深刻地揭露了中国几千年封建专制统治和封建礼教的吃人本质。鲁迅的伟大，还在于他率先明确提出了改革和开放的原则，大力倡导“汉唐气魄”和“拿来主义”，以理

---

① 毛泽东：《毛泽东选集》第 2 卷，北京：人民出版社，1991 年 6 月第 2 版，第 698 页。

性的眼光审视蜂拥而至的西方文化，既揭穿了西方列强“攻弱小以逞欲”的文化霸权主义用心，又敢于正视中国本土文化的危机，打破“中国文化中心主义”的美梦；既能够看到西方强大、科学进步的关键在于人的发展，又能看到“欧美之强”的背后隐藏着“文化偏至”，提醒中国人在发展中避免走上“物质至上”、“科技至上”的歧途，呼吁要注重物质文明和精神文明并举。鲁迅主张发扬民族的主体精神，独立自主地引进外来文化，在此基础上，对引进的外来文化进行选择，吸取其精华，剔除其糟粕，即以本民族为主体，对外来的文化和本民族的传统文化加以消化、加工、吸收、选择，创造出适合本民族文化精神的新文化。

毛泽东对鲁迅的这一文化观给予了高度评价。1940 年 2 月，毛泽东发表了著名的《新民主义论》，运用马克思主义的立场、观点和方法，对中国近代的文化论争作了高度概括和科学总结，并且把新民主主义文化或中华民族的新文化概括为“民族的科学的大众的文化”、“人民大众反帝反封建的文化”①。毛泽东的这一概括吸收了中国近代以来文化论争中各种观点的积极因素，特别是注意吸收了鲁迅的文化主张，表达了新民主主义革命时期的先进文化的特征。毛泽东指出，1840 年以来中国新文化的社会性质，即以五四新文化运动为界，在此之前的文化，属于旧民主主义性质的文化；在此之后的文化，属于新民主主义性质的文化。“民族的科学的大众的文化”属于新民主主义性质的文化，是无产阶级领导的人民大众的反帝反封建的文化。这一文化主张吸收了以往文化论争中的文化主张的优点，因而明显地优于以往的文化主张。但是，也应该看到，这一文化主张由于受到社会条件的制约，不可避免地会带有一些局限性。这种局限性表现在：第一，《新民主主义论》中的“文化”一词，是在狭义上使用的，即指观念形态的文化，而以往的文化论争中所使用的“文化”一词，是广义上的文化。这样，物质文化、制度文化就被无形地排除在讨论的范围之外了。第二，《新民主主义论》对近百年的文化论争作了精辟的阶级分析，在这一方面堪称典范。然而，如何处理文化论争中政治倾向与学术是非的关系问题，《新民主主义论》也没有给出科学的答案。第三，《新民主主义论》主张“大量吸收外国的先进文化”，认为对中国传统文化应该“剔除其封建性的糟粕，吸收其民主性的精华”，这是完全正确的。但是，如何处理文化的政治倾向、阶级性与文化的科学性、艺术性的关系，这个问题也没有很好地得到解决。总之，《新民主主义论》提出的“民族的科学的大众的文化”在中国近现代史上产生了巨大影响，为中国的文化选择指出了一条正确的道路。

（作者：王杰，中共中央党校哲学部教授）

① 毛泽东：《毛泽东选集》第 2 卷，北京：人民出版社，1991 年 6 月第 2 版，第 708—709 页。

泛化文化空间视角下
炎黄文化旅游资源开发的模式与策略

◇莫志斌　朱可鑫

炎黄二帝既是中华民族的人文初祖,又是华夏文明的发起源头。自炎黄二帝起始传承至今的炎黄文化不论在时间层面还是在空间层面都呈现出独特的历史文化风貌。以炎黄二帝为文化主题的祭祀活动、文化遗址、故事传说及其他文化载体显示了我国上古时期军事、政治、科技、农业等诸多领域所取得的非凡成就。可以毫不夸张地说,正是以炎黄为标志的文化精神和文化习惯的历史传承,才造就了延续五千年的中华民族及其民族个性。可见,炎黄文化资源是我国最为宝贵的文化遗产资源,对炎黄文化资源的保护和开发对于传播炎黄文化的核心价值观、提升中华民族的凝聚力、加强中华民族的认同感和自豪感有着不可替代的作用。党的十八大以来,在"文化兴国"战略的指导下,如何更为有效地开发炎黄文化资源,使之成为先进的文化生产力,进一步促进社会主义精神文明和物质文明建设,成为当下学界和业界讨论的重要话题。本文以文化空间理论为研究视角,在剖析炎黄文化资源特性的基础上,以文化旅游为立足点,分析了炎黄文化旅游资源开发的思路与框架,给出文化空间开发的若干策略。

一、文化空间理论的缘起与发展

"文化空间"简单地从字面理解即文化的空间,或文化的展示空间。而文化有广义和狭义之分。学界所普遍认同的广义文化是指人类所创造的物质文明与精神文明的统称。狭义的文化专指与精神领域相关的意识形态及其制度。① "文化空间"中的文化隶属于狭义文化的范畴。该概念的正式提出源自 1997 年在摩洛哥马拉喀什举办的"国际保护民间文化空间研讨会"。在该次研讨会上,"文化空间"被定义为"文化空间的人类学概念是一个集中了民间和传统文化活动的地点,但也被确定为一般以某一周期(周期、季节、日程表等)或是一个事件为特点的一段时间。这段时间和这一地点的存在取决于传统方式进行的文化活

① 胡惠林主编:《文化产业概论》,太原:山西人民出版社,2004 年。

动本身的存在"①。对比广义与狭义的文化概念发现,"文化空间"中的文化以"民间和传统文化活动"为载体,并不包括物质文明;且"文化空间"的概念侧重点为狭义文化展示的地点。因此,"文化空间"的概念更多的是从狭义文化和地理的角度进行交叉,探讨在特定地点和时段内的精神文化现象。

我国于 2005 年在《国家级非物质文化遗产代表作申报评定暂行办法》中将"文化空间"界定为:"文化空间即定期举行传统文化活动或集中展现传统文化表现形式的场所,兼具空间性和时间性。"可见,这里的"文化空间"隶属于复合了文化性、地域性和时间性的非物质文化遗产的范畴。在该理念的指导下,文化空间和文化表现形式作为非物质文化遗产的两大内容被广泛接受。

随着研究的不断深入,文化空间与文化表现形式二者之间出现了一定的融合。文化空间和文化表现形式如同一对互为前提的因素,以"你中有我,我中有你"的方式广泛存在着。即文化空间是文化表现形式存在的空间;文化表现形式是在文化空间内的特定形式。文化空间和文化表现形式虽然在内容上有所差别,但在本质上都以精神性的文化内涵作为本体而存在。所以,两者高度统一,密不可分。并且,单纯地对文化空间进行探讨会使得研究缺少文化形式的佐证;单纯地对文化表现形式进行分析会因为不能突出时间与空间的特性,不能探究文化内涵本身而显得研究流于形式。

因此,目前学界和业界都对文化空间的概念进行了泛化,既关注文化空间概念中的精神本体,又关注游离于本体之外的外部空间及表现形式;既关注文化空间的地理因素,又关注文化空间的"隐喻性空间"要素。其结果是"文化空间"的研究范畴类似被层层拨开的"洋葱",精神文化本体居于"洋葱"的内核,起到至关重要的决定作用;空间因素居于"洋葱"的中间层;文化表现形式要素居于"洋葱"的最外层。具体形式如图 1 所示。

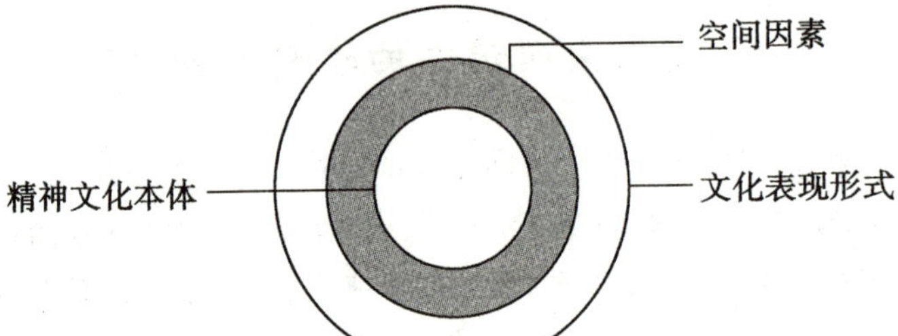

图 1　文化空间的洋葱模型

① 张晓萍、李鑫:《基于文化空间理论的非物质文化遗产保护与旅游化生存实践》,《学术探索》2010 年第 6 期。

二、炎黄文化旅游资源的文化空间特性及开发思路

1. 炎黄文化旅游资源的文化空间特性

洋葱模型将精神文化本体和文化表现形式都囊括到文化空间的范畴中来，丰富了文化空间的内涵。该模型除了将原有的表象性空间进行定位以外，还将“隐喻性空间”的文化属性和文化本质进行了定位。应用洋葱模型对炎黄文化旅游资源进行分析，可从文化表现形式的时间性、空间因素的空间性和精神本体的文化性三个方面进行分析。

文化表现形式的时间性分析。文化空间在直观上所体现的是人类社会的空间因素，但这一空间因素必须通过文化表现形式的演变进化而体现其与时间的对应性，即文化空间以时间为轴，通过文化表现形式的变化得以延续和发展。所以，单纯的空间地理坐标毫无意义。对于炎黄文化旅游资源来说，文化空间的时间性通过祭祀、民俗等多种文化表现形式体现了炎黄文化传承的动态性和连续性。从回顾的角度看，在开发炎黄文化旅游资源时要充分尊重历史，还原历史真实的一面。从发展的角度看，在开发时要将炎黄文化与现阶段文化需求相结合，通过炎黄文化与社会现实的相互映衬，使得炎黄文化在普通游客的心中从神坛实现向现实生活的回归。

空间因素的空间性分析。空间研究一直是探讨目的地社会关系和人文活动的重要领域，空间形态可以较好地反映文化旅游的要素构成和结构关系。① 对于炎黄文化旅游资源来说，空间因素就是历经五千余年历史积淀以炎黄二帝为文化内涵的客观存在，主要以大遗址、祭祀场所和历史遗迹为主。它们形成了炎黄文化在人文传承方面的文化景观组合，并且随着历史的发展，自成体系，逐渐完善。这一系列文化景观的组合，具有稀缺性、排他性和极高的文化价值属性。

精神本体的文化性分析。炎黄二帝作为中华民族的文明初祖，其本身已经演化为凝聚中华民族的象征符号。它的坚韧不拔、勇往直前、勇于献身和血浓于水的文化属性已经深深融入到中华民族的民族血液之中，成为了中华民族区别于世界其他族裔的根本特征。炎黄文化本体作为一种精神凝聚力在当下中国的和谐社会主义建设中尤为重要。综观世界上任何国家和民族的发展史都会发现，人心散国必散，人心聚国必兴。② 炎黄精神文化本体的重要存在价值就在于对国民民族自强情感的感召，以及对国家自我认同感的加深。

---

① 侯兵、黄震方、徐海军:《文化旅游的空间形态研究》,《旅游学刊》2011 年第 3 期。

② 刘学谦:《精神凝聚力研究》,《学术研究》1998 年第 7 期。

2. 炎黄文化旅游资源的开发思路

炎黄文化旅游资源的开发是建立在资源保护的基础上，通过科学的实施规划和管理达到文化资源可再生、可持续性发展的开发效果。总的来看，对炎黄文化旅游资源进行开发是为了获得一定的社会效益和经济效益。但两者之间存在一个前提关系，即在实现炎黄文化旅游开发社会效益的基础上，追求经济效益的最大化。这也是炎黄文化资源开发的思路所在。

文化旅游作为一种实现社会效益和经济效益的手段，既有其发展性的一面，又有破坏性的一面。在对炎黄文化旅游资源进行开发的过程中要切实解决好以下两大矛盾：首先，要解决好大众文化旅游所引发的大众文化与炎黄历史文化之间的矛盾；其次要解决炎黄文化现代化的展示手段与历史传承之间的矛盾。

第一对矛盾体现了文化景观的文化属性与大众文化消费习惯、消费心理和文化认知水平之间的固有矛盾。举例来说，炎黄文化资源在专家眼中是中华文明的源头，其礼仪、祭祀、考古遗址的文化遗存是中华民族的宝贵遗产。但在大众游客的眼中，其历史文化价值很可能大打折扣。炎黄文化的历史积淀很可能并不是游客感兴趣的、可感知的文化存在。因此，在进行炎黄文化的旅游开发中应尽量借鉴现代人通俗易懂且易于接受的文化表现形式，力求满足普通游客“求异、求奇、求少、求美”的心理诉求。

第一对矛盾的解决方案引发了第二对矛盾的产生，即炎黄文化的现代化展示方式与历史传承之间的矛盾。使用现代化的展示方式必须以炎黄文化的历史传承性和真实性为判断标准，目的在于塑造炎黄文化的体验氛围和更好地传播文化理念。切忌为了传播效果使用现代化的展示方式，而失去了炎黄文化本体的精神属性。总的来看，在进行炎黄文化旅游资源开发的过程中应以社会效益为首要原则，并着力解决开发中容易产生的两对矛盾。

三、炎黄文化旅游资源的开发模式及策略

1. 炎黄文化旅游资源开发模式

炎黄文化旅游资源的文化价值属性、空间属性和时间属性决定了在开发过程中要充分考虑炎黄文化资源的开发手段和旅游消费者的文化消费能力之间的关联，建立起双方共赢的开发模式。炎黄文化空间在类型上，可分为祭祀文化、演艺文化、遗址与文化遗存、民俗文化等四个大类，其中祭祀礼仪和故事传说的内涵属于洋葱模型的精神本体层面，而本身属于文化表现形式的层面；文化遗存属于空间因素层面；地方民俗属于文化表现形式层面。现依据泛化文化空间的洋葱结构构建开发模式如图 2 所示。

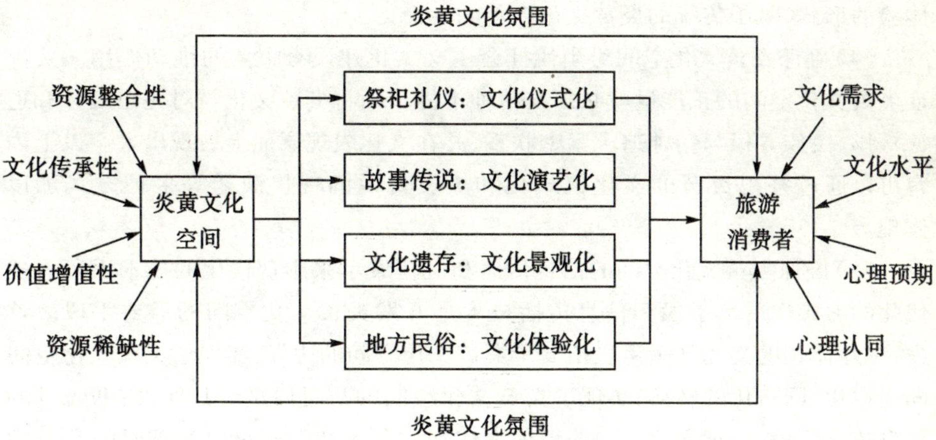

图2　炎黄文化资源开发模式

2. 炎黄文化旅游资源开发策略

（1）确保炎黄文化空间在时间分布上呈现连续性和在空间分布上呈现整体性。对于泛化的文化空间来说，在一定的历史条件下，文化表现形态呈现出发展演变的态势。确保炎黄文化空间在时间上的连续性意味着不能割断历史片面地展现炎黄文化的载体，必须全面、客观地展示在各个历史发展时期炎黄文化发展的主要成果。在空间分布上呈现整体性意味着在进行炎黄文化资源规划的时候，必须按照文化功能的能级进行分类，确定不同的文化功能分区，以满足游客的旅游需求。此外，在进行旅游规划时，需将各个炎黄文化资源统筹考虑，发挥各个文化资源之间的协同效应，使之发挥“1 +1 >2”的整体协同效应。

（2）确保炎黄文化空间中“文化景观”的历史真实性。泛化文化空间的层级体系是一个完整的文化传播系统，文化的活态性和流动性决定了它必然与当地生活空间以及特定的物质载体交相呼应，成为一种虚实结合的“文化景观”。在这种“文化景观”中除了有游客可以用视觉、触觉、味觉、嗅觉感知到的文化遗址和各种文化遗存外，还包括后天塑造的各种文化氛围。对于炎黄文化旅游产品来讲，不但要保证可感知的文化景观的真实性，还要保证所塑造的文化氛围的拟真实性。

（3）确保炎黄文化空间满足消费者的心理诉求。人是文化空间的主体和灵魂。对人的精神世界的满足是文化旅游永恒的主题。在进行炎黄文化旅游产品设计的时候，要充分考虑到消费者的实际情况。消费者的文化消费需求、心理预期、心理认同和知识结构共同决定了炎黄文化旅游产品消费能力的大小和消费水平的高低。因此，炎黄文化旅游产品的设计应从消费者调研开始。在进行旅游产品设计的时候，需将游客、当地居民、炎黄文化资源有机联系在一起，变游客被动式的消费为主动式的文化体验消费，增加游客与旅游产品的互动，增加文化体验的趣味性。此外，还应该进一步发掘炎黄文化的价值，创新消费者炎黄文化体验的形式，赋予传统的炎黄文化以新的生命力。

(4)确保炎黄文化空间对当代社会主义文化建设有重要的推动作用。要保证炎黄文化空间的正能量就必须在精神本体层面将炎黄文化与对先祖缅怀和道德宣扬、民族寻根与精神追求紧密联系，并在文化表现层面上表现出来。以上内容可以通过祭祀炎黄的文化仪式化和炎黄传说的现代演艺等多种方式加以体现。

(5)确保炎黄文化空间的信息传播和文化展示采用现代化的技术手段。现代化的多媒体展示手段和信息传播技术是开发炎黄文化空间的重要手段。首先，多媒体化的文化展示手段拓展了炎黄文化空间的边界，实现了炎黄文化空间向虚拟化、网络化的转换，实现了炎黄文化空间的与时俱进。其次，借助先进的信息传播手段，炎黄文化空间的精神本体和文化表达形式可以突破时间和空间的限制，在世界范围内有效传播，利于炎黄文化扩大其影响力。

(6)打通炎黄文化空间的价值链，通过炎黄文化衍生品，创造更高的文化价值。大型实景歌舞展演、网络游戏、电视剧、流行小说、炎黄工艺美术品和休闲养生的出现使得文化空间的价值链变得更加丰富，进而通过旅游产业价值链的延伸，获得更多的经济利益。

(7)举办高级别的炎黄文化研讨会。通过举办高级别的炎黄文化研讨会，一来可以扩大炎黄文化研究在学术界的影响力，吸引更多的有识之士加入到炎黄文化的研究中来，形成新的研究力量和研究成果；二来可以通过研讨会，搜集炎黄文化保护与开发的各种思路，为开发炎黄文化空间提供新的理论与实际经验借鉴。

（作者：莫志斌，湖南师范大学历史文化学院教授；朱可鑫，湖南师范大学历史文化学院讲师）

参考文献：

[1]朴松爱，樊友猛. 文化空间理论与大遗址旅游资源保护开发[J]. 旅游学刊，2012(4).

[2]周武忠，李义娜. 论旅游商品设计中的文化资源整合[J]. 东南大学学报(哲学社会科学版)，2012(3).

[3]管宁. 地方文化资源产业元素开发探究[J]. 贵州社会科学，2011(11).

“八佾舞于庭”*

——春秋战国之际“乐崩”现象论析

◇雷永强

随着殷周鼎革，为巩固“小邦周”的统治，周公“制礼作乐”，在乐制上分采“风”、“雅”、“颂”以备之，唯《雅》、《颂》得登“大雅之堂”，成为专用于朝贺、宴享和宗庙祭祀的宫廷乐舞；并采《风》观俗，为燕乐之用，使整个社会于祭祀、享乐等诸多方面各有甄别，从而营造了一个“民神不杂”、“无相夺伦”，且为后儒所称道不已的“郁郁乎文哉”（《论语·八佾》）的成周盛世。

然自平王东迁洛邑以降，诸侯蜂起，周天子大权旁落，其天下“共主”的地位发生了动摇。与之相应，“礼乐征发自天子出”渐渐让位于“礼乐征发自诸侯出”（《论语·季氏》），并进而发展至“陪臣执国命”和大夫专权。覆巢之下，焉有完卵！当“礼坏”之际，依附不在，“乐崩”即成为不可避免的事实。由于郑声陵夷雅乐，新声日炽，雅乐渐趋式微。西周粲然明备的礼乐文化，到了春秋战国之际则呈现出“周文疲弊”的历史局面。

一、“三家以《雍》彻”——雅乐的僭用

与礼制一样，周代乐制亦存在着一套严格的等级规定。在重大的政治、外交、军事场合里，乃至于日常生活的仪节之中皆有音乐的等级配奏规定。如祀天神“奏黄钟、歌大吕、舞《大夏》”；祭地示“奏太簇、歌应钟、舞《咸池》”（《周礼·春官·大司乐》）；举行大飨时“两君相见，揖让而入门，入门而县兴。……客出以雍彻振羽”（《仲尼燕居》第二十八）；诸侯宴使臣时，可用小雅《鹿鸣》、《四牡》、《皇皇者华》。周公“制礼作乐”就是将这种与礼相对应的用乐等级规定固定化、程序化，于雅乐典礼的每一步，包括乐舞名目、乐队的排列、乐师的行进路线以及乐工、乐器的使用规模等方面皆有着严格规定，决不允许越制使用。如在舞队上要求“天子用八，诸侯用六，大夫用四，士用二”（《左传·隐公五年》）。

---

* 本文系国家社科基金资助项目“先秦儒家乐教文献的生成与思想演进”（编号：12CZX032）的阶段性研究成果。

在乐器摆放上则规定“正乐县(通“悬”)之位,王宫县,诸侯轩县,卿大夫判县,士特县”(《周礼·春官·大司乐》)。这些用乐上具体的等级规定,完全是由宗周社会森严的宗法制度所决定的。

但随着周天子地位的沉沦,社会动荡,一些王室贵族渐次败落,同时有一些出身社会下层的人士由于军功等原因而步入上层,爆发式地显贵起来。由于政治礼遇的提升,这些人在个人享受等方面亦有着爆发式的追求。原来用乐的种种等级限制,现在被愈来愈多的新贵所打破和僭越,公卿甚至大夫、士也用起了天子之乐,《左传·襄公十一年》载:晋侯为了奖赏大夫魏绛“和诸戎狄,以正诸华,八年之中,九合诸侯”的功绩,“以乐之半赐魏绛”,“魏绛于是乎有金石之乐”。然据周代乐制之规定,以魏绛这样的大夫身份,是不配享用如此高规格的乐舞的。又《礼记·郊特牲》载:“大夫之奏《肆夏》也,由赵文子始也。”根据周代乐制,天子、诸侯于大祭、大飨、大射之时方奏《肆夏》,平时天子燕居时“行以《肆夏》,趋以《采荠》”,而赵文子却行天子《肆夏》之乐的排场,是对周天子用乐等级规定的明显挑战。在鲁国,季孙氏、叔孙氏、孟孙氏三家大夫对乐制的僭越则更为严重,“三家者以《雍》彻”(《论语·八佾》),他们在祭祀完自己的宗庙后,居然像周天子一样和着《诗经·雍》的乐歌来撤去祭品。叔孙氏甚至在自家的私人宴会上明目张胆地按照天子的规格举乐:“八佾舞于庭。”后季孙氏专权,更是将鲁国宫廷的乐工据为己有,《左传·昭公二十五年》载:“将禘于襄公,万者二人,其众万于季氏。”当王室要禘祭鲁襄公时,只剩下了两个舞者。针对季孙氏这种僭礼败乐之举,孔子怒不可遏,曰:“是可忍也,孰不可忍也!”足见宗周礼乐于春秋时代崩坏之严重。

春秋时期的礼乐崩坏还表现为其与“祀”的生活样态失去了内在的关联,而徒流于形式,使人们对传统礼乐精神亦缺乏最起码的了解,故渐次与宗周礼乐传统发生了断裂,以至于后来者与传统发生了疏离、隔膜。如《左传·襄公四年》载:“穆叔如晋,报知武子之聘也。晋侯享之,金奏《肆夏》之三,不拜。工歌《文王》之三,又不拜。歌《鹿鸣》之三,三拜。韩献子使行人子员问之……对曰:‘《三夏》,天子所以享元侯也,使臣弗敢与闻。《文王》,两君相见之乐也,臣不敢及。《鹿鸣》,君所以嘉寡君也,敢不拜嘉?《四牡》,君所以劳使臣也,敢不重拜?《皇皇者华》,君教使臣曰……臣获五善,敢不重拜?’”根据宗周乐制,《三夏》、《文王》皆不是卿大夫所能配享的,所以穆叔不拜。但《鹿鸣》、《四牡》、《皇皇者华》则与穆叔之身份相符,故穆叔重拜、三拜。由是观之,作为周之屏藩的诸侯国晋国居然已与宗周礼乐传统发生了断裂,上至晋侯,下至行人,对于传统周乐的礼规已浑然不知,变得疏离起来。传统雅乐的“悬置”在一定意义上推动了春秋战国之际的“乐崩”趋势。

二、"天子失官,学在四夷"——雅乐文化的下移

公元前520年出现的"王子朝奔楚"事件是我国先秦史上一次最大的文化迁徙活动,亦可谓是一次大规模的雅乐下移运动。据史书载,这次为争夺王位而发生的战争,历时四年,王子朝兵败,便率领召氏之族、毛伯得、尹氏固等旧宗族"奉周之典籍以奔楚"。王子朝奔楚,使周人典籍、雅乐一并移入了当时被视为蛮夷之地的南方楚国。从此,楚国大行雅乐教化之风,成为与宋、鲁相并立的文化中心。又《汉乐·礼乐志》载:"春秋时,陈公子完奔齐。陈,舜之后,《招乐》存焉。"陈,舜之后代妫满的封国,"陈公子奔齐"在某种意义上推动了《韶》乐由传统政治、文化中心向诸侯国的传播。雅乐文化的传播,推动了雅乐由"王国文化"向"诸侯文化"的转化,即"文化下移"。

雅乐文化下移的另一表现形式就是王官之乐不断走向民间。当是时也,王室衰微,为宫廷所专有的乐舞教育和乐舞演奏机构分崩离析,部分乐人、乐工出于避乱、逃死而流转到民间社会。如鲁哀公时,以"践天子礼"的鲁国江河日下,其宫廷乐队的乐师们就纷纷逃出红墙大院,避祸民间:"太师挚适齐,亚饭干适楚,三饭缭适蔡,四饭缺适秦,鼓方叔入于河,播鼗武入于汉,少师阳、击磬襄入于海。"(《论语·微子》)这些技法高超的乐师们避入民间,但演奏雅乐似乎是他们的专长,他们奔走于河汉乡野之间,仍须借奏雅以谋生,将演奏水平较高的宫廷雅乐带至民间,使黔首百姓能够聆听那些本为王室贵族所专用的宫廷雅乐。但在保守者看来,雅乐的民间化就是"非礼"而"乐崩"的一种表现。

这种"文化下移"运动推动了雅乐文化的传播,使庶众都有了享受音乐的可能,大大促进了各诸侯国音乐的兴盛。即使是偏居西方的秦国,其民间音乐活动也相当普及和活跃。《史记·李斯列传》载:"夫击瓮,叩缶,弹筝,搏髀,而歌呼呜呜快耳目者,真秦之声也;郑、卫、桑间,《昭》、《虞》、《武》、《象》者,异国之乐也。"这里不仅器乐发达,乐器多样化,而且能于西秦之地欣赏到中原各国之乐,真实地反映了其时音乐文化交流的盛况。但是,雅乐的下移,表明周公以来的乐制已面临着严峻的挑战,其与礼渐渐地分离开来,使固有的乐制规定走向了崩溃的边缘。

三、"竽也者,五声之长者也"——"金石之声"的衰微

在"乐崩"的过程中,诸多物质性的因素,如乐器的发展更新,曾经起过关键性的作用。在宗周社会,所谓的"八音"之乐主要是指制作乐器的八种材料——金、石、土、革、丝、木、匏、竹,其中有五种是用来制作打击乐器,匏、竹两种材料是用于吹奏乐器,唯有丝是用于弦乐,而丝弦之乐(琴、瑟、筝等)在周代也仅限于

击奏，还不会擦弓发声。据《周礼·大司乐》所记，周代几乎没有丝弦乐器。音乐史家杨荫浏先生对《诗经》中所提及的乐器进行了统计，结果发现其中有打击乐器二十一种，吹奏乐器六种，而弹弦乐器则仅为两种。关于这一点，也从地下考古中获得佐证。从西周的墓葬和窖藏发掘中大都只见钟磬而不见有丝弦乐器出现。可见，宗周时期之乐器主要是演奏“金石之声”的打击乐器，即以钟、鼓、磬为主的打击乐。古人崇尚其象思维模式，认为“鼓似天，钟似地，磬似水，竽笙箫管龠似星辰日月，鞉柷敔拊鞷椌楬似万物”（《荀子·乐论》）。这里，吹奏之乐、丝弦之乐在金石雅乐中只是伴奏乐器，完全节制于打击之乐。郭沫若先生在深入研究西周乐器后云：“三《颂》中祭祀乐器无琴瑟，《风》、《雅》中虽见琴瑟的使用，而是用于燕乐男女之私，足见这类乐器传统不古，没有资格供奉宗庙鬼神，也就如一直到今天二胡琵琶还不能进文庙一样。”①郭氏所论甚确。

但时至春秋战国之际，丝弦乐器如筝、琴、瑟、筑等很快兴盛起来，谓之“丝弦之声”。尽管这一时期的丝弦乐器主要还是以敲击弹奏为主而不完全是擦弦发声，但丝弦之声在演奏上更为灵活轻便，于听觉上则更为婉转清澈、细腻柔美，表现力极强，故越来越受到世人的青睐。而且，此时亦出现了一大批善于演奏丝弦乐器的艺术家，他们促进了丝弦乐器的推广，如伯牙、师涓、师旷、师文、师襄以及伯牙的老师成连等皆琴技高超，享誉一时。“丝弦之声”盛行也为考古发现所证实。如信阳长台关一号楚墓出土木瑟三件、彩绘锦瑟一件，木瑟残损，弦数不清，锦瑟二十一弦，二号墓也出土木瑟三件，都是二十五弦。曾侯乙墓出土了五弦琴和十弦琴各一张，另有二十五弦的木琴十二件。

伴随丝弦乐器的推广，吹奏乐器亦取得长足进展。曾侯乙墓出土了横吹之笛两件，即古代所谓的篪。笛由竖吹进化到横吹，对管乐的筒声结构是一个大的改进，其音响效果良好，于是也很快流行起来。同时，笙（竽）乐器在春秋战国阶段亦有所发展和改进，“南郭先生”的故事也从侧面说明了齐宣王、齐滑王时代“管乐”的盛行。近年在湖南长沙浏城桥出土有十管的笙（竽），曾侯乙墓亦出土了十二管、十四管、十八管等几类乐器共五件。

上述弦乐器与管乐器可合称为“丝竹之声”或“管弦之声”，其在战国时代几乎取代“金石之声”而成为器乐的总名。而管弦之乐的崛起，亦大大改变了原来金石雅乐的乐队组合结构，“笙奏”不再只是原来庙堂演奏中钟鼓之声的配角了，竽（笙）在乐队中的地位愈发变得特殊而重要，摇身一变而成为乐队之“先”，具有领奏的性质：“竽也者，五声之长者也，故竽先则钟瑟皆随，竽唱则诸乐皆和。”（《韩非子·解老》）至此，钟鼓已失去了原来“天”、“地”的显要地位，只能在整个乐队中“随”之而已。当丝竹之声于上层社会和民间底层皆得以广泛流

① 郭沫若：《十批判书·后记》，《郭沫若全集·历史编》第二卷，北京：人民出版社，1982年，第459页。

行的时候,以“金石之声”为内容的雅乐则渐趋式微,并最终黯然退场。

四、“不平则鸣”——“不平”审美观对“中和”审美观的冲击

自周太史伯提出“以他平他谓之和”(《国语·郑语》)的音律结构形式美理论以来,历经晏婴、师旷、季札、医和、子大叔、单穆公、伶州鸠的引申,到孔子提出“乐而不淫,哀而不伤”(《论语·八佾》)的音乐审美观,“中和”审美价值在先秦即成为士精英阶层的主流思潮。

《国语·周语下》载:“声不和平,非宗官之所司也。”说明掌管宗周乐教的“宗官”于祭祀、宫廷宴飨等庄重场合中“所司”皆为“平和”的雅乐。但不可否认民间依然存在着“非宗官之所司”的“不平”音乐形式,二者共生、互动。在特定的历史时期,由于采风制度的推行,或者音乐文化自身的流动性,这些带有新的气息的音乐又必然以“新声”的形式回归庙堂。据《韩非子》载,卫灵公在朝晋的途中,于濮上“夜分而闻鼓新声者而说之”,让乐官师涓“扶琴而写之”,并献给晋平公,而这种新声即是一度流入民间的商音,现在又重新回到朝堂之上。但这种源自民间的新声俗乐自然少不了其自身的“野”性,传统的礼制于其似乎失去效用,正如顾颉刚所言:“春秋末叶,新声起了。新声是有独立性的音乐,可以不必附歌词,也脱离了礼节的束缚。”①由于摆脱了周礼的羁绊,新乐“不平则鸣”的审美趋向日益挑战着以“中和”为审美标准的传统雅乐。

事实上,这种“不平”的新乐虽然“听之不和,比之不度”,但就音乐本身而论,绝非不美。若立足于政治说教,仅是“无益于教”罢了。《左传·襄公二十九年》载,吴国公子季札至鲁国,叔孙穆子“请观于周乐。使工……为之歌《郑》,曰:‘美哉!其细已甚,民弗堪也,是其先亡乎!’”这里,“其细已甚”的《郑》乐,较之“直而不倨,曲而不屈,迩而不逼,远而不携,迁而不淫,复而不厌,哀而不愁,乐而不荒,用而不匮,广而不宣,施而不费,取而不贪,处而不底,行而不流,五声和,八风平,节有度,守有序”的“至矣哉”的《颂》声,亦不失其美!这种“其细已甚”的音乐,后世多称之为靡靡之音。其多取于“不平”的音乐审美观,虽“不用度量”,却能够唤起人们的感性体验,并达致内心的愉悦。以至于齐宣王直言“寡人非好先王之乐也,直好世俗之乐耳”。情欲乃人之本性,以“情”、“欲”为本的“不平”审美观的重要特征即在于追求“人性”的自由和“音乐的解放”,在于是否以最能表现世俗“真情”的艺术来满足大众正常的审美要求。但若对“情”、“欲”过分依赖与放纵,则易于使人“逞淫心”,往而不返。先秦文献中那种筑高台,铸巨钟,甚至“为地室而县(悬)”(《左传·成公十二年》),“以钜为

① 顾颉刚:《论诗经所录全为乐歌》,《古史辨》第三册,上海:上海古籍出版社,1982年,第608页。

观”的“不平”审美取向，不断地冲击着“乐而不淫，哀而不伤”的“中和”审美观，“这两种审美态度的对立，造成了中国审美文化从先秦以来就一直存在的文化焦虑和文化痛苦”①。

五、“听郑卫之音，则不知倦”——从娱神到娱人的世俗化转向

宗周以前社会的礼乐文化是以娱神为主要社会功用，其中原始图腾的意味还十分浓厚，其文化内涵主要是通过供物奉神（礼文化）和歌舞娱神（乐文化）来实现；到了周代，天帝思想稍逊，道德思想渐起，祖先神的地位大大提高，而祖宗神地位的抬高，正是人文精神的萌动。随着周公制礼作乐的完成，《大武》、《大夏》等六代“大舞”成为国乐国舞，发挥着“以和邦国，以谐万民”（《周礼·春官·宗伯》）的社会功用。在这里，被奉礼之人（祖先的人格神）和奉礼之人（主祭者和助祭者）都以严格的宗法等级来区分，礼乐文化亦作为标分宗法等级的文化载体（物质载体和精神载体）而存在，而区分此种宗法等级的途径正表现在对礼和乐的占用及使用上。而随着宗教的坠落，“祀”的地位亦不断下坠，原来祭祖、祀神的雅乐变成了娱人的音乐存在形式。无论是新声之兴起，还是雅乐的僭用，皆出于人自身欲望的膨胀。这种享乐欲望的进一步扩充，从另一个侧面又表现为人性的解放，使乐成为“为人而存在”的情感表达方式，于是，那种“神是以听”、“先祖是听”的祭祀用乐渐渐退回人间，实现了音乐由娱神到娱人的世俗化转向。而这种转变，一方面可见之于春战之际的乐器铭文及乐辞《诗》的娱人转化，另一方面就是女乐、倡优以及侏儒在各种正式场合中的普遍采用。

（一）“以夏以南，以乐我心”——雅乐的娱人转向

先秦时期，九鼎大吕，国之重器。而钟吕乐器铭文正是古乐的“活化石”，它真实地反映了先秦音乐的发展轨迹。西周时期的乐器铭文多在于追孝、祈福及娱神，呈现出礼仪性强于音乐性的特征。但到了春秋战国之际，其乐器铭文则呈现出娱人的世俗化转向：

1. 宴乐功能

用乐我嘉宾及我正卿。（邾公釛钟，春秋，《集成》1.102）

至于父兄，以乐君子。（敬事天王钟，春秋晚期，《集成》1.081）

用宴以喜，用乐父兄诸士。（子璋钟，春秋晚期，《集成》1.116）

以乐以康，嘉而宾客。其以鼓之，夙暮不忒。（越王者旨於赐钟，战国早期，《集成》1.144）

2. “自作”器的风气盛行

余諆子择厥吉金，自乍龢钟。（□巢钟，春秋，《考古》2000 年第 6 期）

---

① 叶明春:《中国古代音乐审美观研究》，北京:人民音乐出版社，2007 年，第 27 页。

邾大宰欉子□自作其□钟。（邾大宰钟，春秋，《集成》1.086）

王子婴次自作□钟。（王子婴次钟，春秋晚期，《集成》1.052）

麋侯自作龢钟用。（麋侯镈，战国早期，《集成》1.017）

3. 自娱功能

余毕恭畏忌，铸辞龢钟二堵，以乐其身，以宴大夫，以喜诸士。（邾公牼钟，春秋晚期，《集成》1.149）

我以夏以南，中鸣媞好，我以乐我心。（□□钟，春秋，《文物》1989 年第 4 期）

4. 对音律和音质美的追求

楚王领自乍铃钟，其律其音。（楚王领钟，春秋晚期，《集成》1.053）

俾鸣攴好，用享以孝。（齐鲍氏钟，春秋晚期，《集成》1.142）

以人为娱乐对象，并将其铸于乐器，替换了原来的祈福及娱神铭文，表明春秋之时其中宗教与神学色彩的消退，亦暗示了神人角色的转换。把审美主体还原为自身，“我”一变而成为主词，即是对“人”本身的发现，于是对声色娱乐的追求就变成了一种正当的合理要求。而“以乐其身”、“我以乐我心”即证明了作为礼器之乐器的娱人转向，铸钟奏乐完全是为了“我”自身。既然是为了“我”的享乐，那么，对乐器的音质必然会提出更高的要求，故讲究“中鸣媞好”，“其音其律”，“俾鸣攴好”。如果没有这种娱乐追求为动力，在乐器制作上就不会精益求精，就不会出现像战国晚期那样具有中国音乐里程碑意义的曾侯乙墓编钟。乐器之改进，音阶亦得以完善，它打破了传统五声音阶的桎梏，使周初所禁用的商音再度盛行，出现了与雅乐相对的新音乐——“郑卫之音”，真实地反映了雅乐的世俗化进程。

（二）“左抱郑姬，右拥越女”——女乐、倡优、侏儒的混用

随着乐舞由娱神到娱人的世俗化转向，女乐、倡优、侏儒之类渐渐混入传统的乐舞表演，她们以其美色、独特的身体特征及专门的艺术特长，给人们更多的艺术享受和审美快感，使新声俗乐后来居上，占据了先前雅乐的位置，加速了传统雅乐的崩溃。

由于上层社会的享乐倾向，女乐亦渐趋职业化。各诸侯国亦于宫廷中大兴蓄养女乐之风。于是那些来自郑、卫、三晋、中山等地的女乐“则鼓鸣瑟，跕屣，游媚贵富，入后宫，遍诸侯”（《史记·货殖列传》），推动了新声的传播。相传楚庄王在生活中常常是“左抱郑姬，右拥越女”，一直熏染于这种俗乐新声之中，故终能“一鸣惊人”。

除了蓄养女乐之外，倡优亦备受欢迎。他们以音乐歌舞为长，专供贵族后宫娱乐消遣。据《晏子春秋》载，晏婴谏齐景公云：“今君左为倡，右为优；谗人在前，谀人在后，又焉可逮桓公之后乎？”可见其时蓄养倡优风气之盛。另据《史记》载，齐鲁夹谷之会上，齐有司居然请奏“宫中之乐”，结果是“倡优侏儒为戏而前”。(《史记·孔子世家》)倡优一般用于“房中乐”,难登大雅之堂,而这里却出现于两国会盟的正式场合,使那有着严格等级规定的雅乐已经让位于倡优侏儒之戏,足见礼乐的崩坏之重。

总之,在宗周社会严格的雅乐制度之下,祭祀中的歌舞娱神往往通过巫觋来实现,朝堂之会则以奏雅为主,归于瞽宗。且雅乐以娱祖为目的,讲求“肃雍和鸣”,中正平和。但随着时代的发展,天命渐次坠落,人文精神胜过了神性,乐舞之功能由娱神而娱人。于是女乐、倡优在祭祀、朝乐等正式场合下皆粉墨登场、纷然杂陈,“而优人于歌舞调戏外,且兼以竞技为事矣”。① 其表演风趣滑稽,以人的生理缺陷为乐事,以插科打诨为笑料,因而深得主人们的宠爱,“俳优、侏儒,固人主之所与燕也”(《韩非子·难三》)。那严肃、一成不变的雅乐与之相比则显得呆板,缺乏生气,因此,在长裙曳地、倾身扭腰、舞姿婀娜的女乐和精通各地民间歌舞而又滑稽幽默的倡优之乐的交互浸淫之下,雅乐的生存空间不断萎缩,并最终退出了历史的舞台。

(作者:雷永强,河南科技大学马克思主义学院副教授)

① 王国维:《宋元戏曲史》,上海:商务印书馆,1933年,第2页。

王船山《黄书》与近代尊黄思潮的兴起

◇王兴国

王船山（本名夫之，1619—1692，湖南衡阳人）的《黄书》，是一本政治理论著作，书中对黄帝的事功和品德给予了很高的评价。由于此书中蕴含了极为丰富的民族主义思想，所以到了清代末年的反抗满洲贵族的革命斗争中，成了当时掀起的一股尊黄思潮的酵母。探讨《黄书》与近代尊黄思潮的关系，既可以了解王船山思想对近代中国的影响，也可以进一步了解近代中国尊黄思潮的来龙去脉。

一

《黄书》之名的由来，既包含有称颂汉民族的始祖黄帝轩辕氏事功的意思，又包括称颂其具有“黄中”美德的意思。

船山在该书“古仪”中说：“自昔炎裔德衰，轩辕肇纪，闵阽危，铸五兵，诛铜额，涤飞沙，弭刃于涿鹿之野，垂文鼓弦，巡瑞定鼎，来鹳梦弼，建屏万邦，而神明之胄骈武以登天位者，迄于刘汉，五姓百十有七后，岂不伟与！”①所谓“闵阽危，铸五兵，诛铜额，涤飞沙，弭刃于涿鹿之野”，指黄帝对蚩尤的战争。据有关史料记载：“蚩尤兄弟八十一人，并兽身人语，铜头铁额，食沙石子，造立兵杖刀戟大弩，威振天下，诛杀无道，不慈仁。”②黄帝乃征师诸侯，与蚩尤战于涿鹿之野，并取得了胜利。

船山认为，黄帝的行迹表明，他“所以焘冒（荫庇）天下者，树屏中区，闲摈殊类而止”。就是说，黄帝一心以荫庇天下为己任，保卫华夏之疆土，以防止异民族的侵犯为最高职责，所以他没有“私神器（国家社稷）以贻曾玄之心”③。也就是说，黄帝没有家天下的思想。船山认为，黄帝的“树屏中区，闲摈殊类”的做法，是符合他自己提出的“三维”原则的。船山这“三维”，出自《黄书·原极》篇：“夫人之于物，阴阳均也，食息均也，而不能绝乎物。华夏之于夷狄，骸窍均也，聚析均也，而不能绝乎夷狄。所以然者何也？人不自畛以绝物，则天维裂矣。

① 《船山全书》第12册，长沙：岳麓书社，1992年，第504页。

② 《史记·五帝本纪·索隐》，北京：中华书局，1982年第2版，第4页。

③ 《船山全书》第12册，长沙：岳麓书社，1992年，第504页。

华夏不自畛以绝夷，则地维裂矣。天地制人以畛，人不能自畛以绝其党，则人维裂矣。是故三维者，三极之大司也。”①这里讲的“绝”有断绝之意，“畛”有界限、区分之意。所谓“人不自畛以绝物，则天维裂矣”，是说人如果不划清与动物的界限，“天维”就会断裂。所谓“华夏不自畛以绝夷，则地维裂矣”，是说华夏民族如果不划清与夷狄的界限，“地维”就会断裂。天地以界限制约人，人如果不能与朋党划清界限，那么人维就会断裂。所以三维是掌管天、地、人这三极的最高主管。船山的这种“畛”的思想，与他在《读通鉴论》中所说的“天下之大防”思想相通：“天下之大防二：中国、夷狄也，君子、小人也。”②这里的“防”有防守、防备的意思。防守就是要防止对方侵入自己的领土，也就是要坚守双方固有的界限。有的论者说，船山这种强调划清华夏和夷狄界限的思想带有“极端种族隔离主义色彩”③。这一论断值得讨论。首先，所谓种族隔离主义是指现代的一种极端的种族主义思想，一般泛指资本主义国家对白色人种和有色人种、欧洲人和非欧洲人等种族集团强制实行的分离，其最极端的表现是纳粹主义。将这种帽子戴在王船山头上，有厚诬古人之嫌。其次，船山的民族主义思想的立足点，是基于华夏民族的自我保护立场：保护本民族的独立和团结，保护本民族的传统文化。所以他认为只有那些能够保卫自己族类的人，才能成为君长：“是故智小一身，力举天下，保其类者为之长，卫其群者为之邱。故圣人先号万姓而示之以独贵，保其所贵，匡其终乱，施于孙子，须于后圣，可禅，可继，可革，而不可使夷类间之。”④船山既反对夷狄侵略华夏族，也反对华夏族主动攻击夷狄，他认为民族之间要和平共处：“故王者之于夷狄，暴则惩之，顺则远之，各安其所，我不尔侵，而后尔不我虐。”⑤

船山还特别称颂黄帝的道德，即所谓的“黄中”。在《黄书》的“后序”中，他说：“述古继天而王者，本轩辕之治，建黄中，拒间气殊类之灾，扶长中夏以尽其材，治道该矣。”这里的“黄中”一词，出自《周易·坤》：“君子黄中通理，正位居体，美在其中，而畅于四支，发于事业，美之至也。”朱熹注：“黄中，言中德在内。”可见，“黄中”讲的是一种内在美德，有了它，就可以抗拒异民族所造成的灾难，扶植中土人士充分地展示其才华，从而达到完备的治道。这种“黄中”美德也就是汉民族的民族正气。所以王船山接着说：“故仁以自爱其类，义以自制其伦，

---

① 《船山全书》第12册，长沙：岳麓书社，1992年，第501—502页。

② 《船山全书》第10册，长沙：岳麓书社，1988年，第502页。

③ 邓乐群：《〈黄书〉与辛亥革命》，《南通师范学院学报》(哲学社会科学版)2001年第4期。

④ 《船山全书》第12册，长沙：岳麓书社，1992年，第503页。

⑤ 《船山全书》第10册，长沙：岳麓书社，1988年，第286页。

强干自辅，所以凝黄中之絪緼也。今族类之不能自固，而何他仁义之云云也哉！”①这就是说，要使汉民族的族类能够稳固地团结起来，就必须继承黄帝的事业，将汉民族的美德（黄中）凝聚起来并且充分地发挥出来。

正是基于对黄帝的这种认识，所以船山充分肯定黄帝在中国历史上的重要地位。他说，古代的轩辕黄帝，对上继承伏羲和炎帝的治绩，对下影响周代的统治，“敦亲贤，祚神明，建万国，树侯王，君其国，子其民，修其徼圉，差其政教，顺其竞綵，乘其合，稍其离，早为之所，而无夸大同。然后总其奔奏，戴其正朔，徕其觐请，讲其婚姻，缔其盟会，系以牧伯，纠以州长，甥舅相若，死丧相闻，水旱相周，兵戍相卫，仕宦羁旅往来，富贵相为出入，名系一统，而实存四国。”就是说，黄帝实行的是禅让制度，此时虽“建万国”，但却是为了屏卫中央王国，因此各诸侯国均能听命于黄帝，拥戴其正朔，按时进行朝聘，举行盟会，各诸侯国相互之间也是来往密切，互相帮助。这就是三皇、五帝时代的“寓涣散于纠缠，存天地之纯气戒其割裂，故气应以正而天报以合，数千年之间，中区之内訚訚如也”。就是说，当时的各诸侯国之间表面上看来似乎是涣散的，而实际上却是相互缠绕很紧密的，它保存了天地之纯气以防止其割裂，所以数千年之间社会上始终保持着一种和悦的状态。船山接着说，秦、汉以后，国家“合极而乱，乱极而离，离极而又合”②，所以他作《黄书》的目的，就是要“哀其所败，原其所剧，始于嬴秦，沿于赵宋，以自毁其极，推初弱丧，具有伦脊。故哀怨繁心，于邑填膈，矫其所自失，以返轩辕之区划”③。可见，船山通过总结历代离合的经验教训，认识到秦宋以来，国家都是自毁其“极”，即“三维”，所以其衰弱是有道理的。他希望最高统治者能够通过痛苦的反思，矫正自己的失误，以达到轩辕黄帝所谋划的理想社会。

二

由于船山的《黄书》突出地强调黄帝“树屏中区，闲摈殊类”，所以在清代末年民族主义思想兴起之后，辛亥志士便将《黄书》视为民族民主革命的旗帜，从而掀起了一股尊黄的高潮。最早重视《黄书》所宣传的民族主义思想者是章太炎，他在自订年谱的光绪二十三年（1897 年）30 岁条中说：“康氏（有为）之门，又多持《明夷待访录》，余常持船山《黄书》相角，以为不去满洲，则改政变法为虚语，宗旨渐分。”④在这里，章氏将是否推崇《黄书》作为改良派与革命派的分水岭。但宋恕则没有这么极端，他在 1897 年 7 月的一封信中说：“明季遗老之书，

① 《船山全书》第 12 册，长沙：岳麓书社，1992 年，第 538 页。
② 《船山全书》第 12 册，长沙：岳麓书社，1992 年，第 534—535 页。
③ 《船山全书》第 12 册，长沙：岳麓书社，1992 年，第 539 页。
④ 《船山全书》第 16 册，长沙：岳麓书社，1996 年，第 803—804 页。

尚有王船山先生之《黄书》一种可与《待访录》同印行世，惜敝箧中无之。诸公可于王船山遗书中检出，与此录同印，实为莫大功德。船山之识稍逊梨洲，就此书论，其文章雅炼则胜梨洲。要之，均非陋儒所能窥其底蕴，吾辈固不可不力任表章之责。”①1901年，章太炎又在《亡国二百四十二年纪念会叙》一文中指出：“自永历建元，穷于辛丑，明祚既移，而炎黄姬汉之邦族，亦因以澌灭。……岂不以讦谟定命，国有与立，抑其秩序无乃凌猎。衡阳王而农有言：‘民之初生，统建维君，义以自制其伦，仁以自爱其类，强干善辅，所以凝黄中之细缊也。今族类之不能自固，而何仁义之云云。’悲乎！言固可以若是。”②这里，章氏就直接引用了《黄书》中的重要言论，以宣传其民族主义思想。1902年，章氏又在《訄书·原人篇》中说：“观于《黄书》，知吾民之皆出于轩辕。”③后来，章太炎在《得友人赠船山遗书二通》的诗中说：“一卷《黄书》如禹鼎，论功真过霍嫖姚。”④禹鼎相传为陕西省岐山县出土文物，鼎腹内壁有207字铭文，记录了周王朝与南淮夷、东夷之间的关系以及西周军制等重要资料。霍嫖姚即霍去病，是汉武帝时的一位大将军，因战功封为大司马骠骑将军。他多次率军与匈奴交战，将匈奴杀得节节败退。章氏将《黄书》比禹鼎，是肯定其记载了黄帝的功绩；将船山比作霍去病，是肯定其宣扬夷夏之辨的功绩。上述情况表明，在清末对《黄书》的推崇中，章太炎是起了领导潮流作用的。

近代尊黄思潮的兴起，其最鲜明的标志是1903年《黄帝魂》一书的出版。此书的编辑是黄藻，字菊人，湖南善化（今长沙）人。他曾参与自立军起义，失败后遁居上海。“喜谈革命，谈不能自休，时而骂人，时而流涕；无可与谈，辄寂寞自写论文，或抉择同时辈流之论文，以湘音讽之。”⑤《黄帝魂》就是他“收摄近十年来新闻杂志及各种新撰述之精魂”⑥。所以此书的版权页上标注撰述者为“黄帝子孙之多数人”，编辑者则为“黄帝子孙之一个人”。此书出版于黄帝纪年四千六百十四年（1903年）十二月六日，初版时收文29篇，1911年再版时增至45篇⑦。此书采用黄帝纪年，扉页刊印黄帝像，在像的上方标有“世界第一之民族主义大伟人黄帝”，下方标有“中国民族开国之始祖”，并配有对黄帝的“赞”。在

---

① 《船山全书》第16册，长沙：岳麓书社，1996年，第804页。

② 《黄帝魂》，上海东大陆图书印译局，1903年，第5页。

③ 章太炎：《訄书·原人篇》，《章太炎全集》（三），上海：上海人民出版社，1984年，第24页。

④ 《船山全书》第16册，长沙：岳麓书社，1996年，第800页。

⑤ 章士钊：《疏黄帝魂》，《章士钊全集》第8卷，北京：文汇出版社，2000年，第183页。

⑥ 《黄帝魂例言》，《黄帝魂》卷首，第1页。

⑦ 《黄帝魂》的目录只有44篇，所以一般介绍此书的资料均说是44篇，其实还有一篇《祝北京大学堂学生》未上目录，此文在《满学生与汉学生》之后，作者为张继，所以实际收文应为45篇。

收入此书的45篇论文中，据章士钊在《疏黄帝魂》中的分析，有章太炎的论文7篇，黄藻的论文7篇（不含其《黄帝魂例言》），章士钊的论文6篇（不含其《黄帝魂叙》），秦力山的论文5篇，此外，邹容2篇，张继2篇，谭嗣同1篇，杨毓麟1篇。其他均为当时报刊论文，作者姓名不详。

此书篇首，有章士钊以“黄中黄”的笔名所写的《黄帝魂序》。序称：“乃者，胡氛弥漫，中原陆沉，卖身鬻祖，相处百年。鞭策之毒，屠剑之惨，盗入主室，横施无忌。呜呼！复仇之训，剿夷之祖，亦既照人耳目。吾虽不欲祝吾黄帝，诵吾黄帝功德，以稍纾其痛苦，又乌可得？今《黄帝魂》一书之所以集，正穷迫无聊，欲吾兄弟共诵功德，以纾其痛苦者也。然而谋痛苦之所以纾，而不谋痛苦之所以去，非计也。书中宏议具在，方法井然，举而行之，惟吾同胞。”①这就清楚地说明，此书出版的目的，就是要通过共诵黄帝的功德，既纾民族之痛，又谋解痛之方。

综观此书的内容，实际上已经揭示了往后兴起的尊黄思潮的基本内涵。其一，是尊黄帝为始祖。此书在黄帝像下明确地标明“中国民族开国之始祖”。其二，以黄帝为国魂。黄藻在《黄帝魂例言》中说：“是编所取，皆吾黄帝子孙痛极思呻之言，哀弦激楚，绝无忌避，而又言之井然，读之可泣可歌，可兴可发。意者黄帝在天之灵，实式凭之，故以黄帝魂名篇，亦日本人所谓大和魂之义也。”其三，使用黄帝纪年。此书开篇即为刘师培的《黄帝纪年说》。文中明确指出，采用黄帝纪年是为了对抗改良派以孔子纪年，“黄帝者，乃制造文明之第一人，而开四千年之化者也。故欲继黄帝之业，当自用黄帝降生为纪年始”。其四，鲜明的汉民族主义和排满的倾向。如刘师培说：“当汉族不绝如线之秋，欲保汉族之生存，必以尊黄帝为急。黄帝者，汉族之黄帝也。”②章太炎则在《驳康有为书》中说：“今日固为民族主义之时代，而可溷殽满汉以同薰莸于一器哉？”又说：“今以满洲五百万人临制汉族四万万人而有余者，独以腐败之成法愚弄之锢塞之耳，使汉人一日开通，则满人固不能宴处于域内。”③

正是由于《黄帝魂》的深刻影响，所以在1904年至1905年之间，尊黄思潮十分高涨。当时一些进步报刊，如《江苏》杂志、《国民日日报》、《二十世纪之支那》等分别刊登黄帝肖像，并公开使用黄帝纪元。尊黄帝为始祖、为国魂的论述层出不穷。1904年，刘师培追踪《黄书》，发表《攘书》，旨在攘除清王朝，再造华夏。同年，《江苏》杂志第7、8期的《民族精神论》指出：“我支那民族居庞大广漠之土，自纪元前四千年以来，率魁梧奇特之众，突焉出现于东方，干戈之所至，威

① 《黄帝魂叙》，《黄帝魂》卷首，第1页。

② 《黄帝魂》，第1—2页。

③ 《黄帝魂》，第211—215页。

灵之所及,无坚不摧,无险不破,故远溯我黄帝轩辕之旧辙,犹确乎灼灼其可证。"[①]1905 年,黄节在《国粹学报》上连载《黄史》,表彰岳飞、文天祥、史可法、张煌言、郑成功等历代汉族爱国英雄。同年,许之衡在该刊第 6 期发表《读〈国粹学报〉感言》,文中有"国魂与国学"一节:"国魂者,立国之本也。……各国自有其国魂。吾国之国魂,必不能与人苟同,亦必不能外吾国历史。若是则可为国魂者,其黄帝乎?近日尊崇黄帝之声,达于极盛。以是为民族之初祖,揭民族主义而倡导之,以唤醒同胞之迷梦,论诚莫与易矣。"[②]这类言论,在当时的报刊上俯拾即是。在尊黄排满思潮的影响下,当时不少革命者纷纷以"黄"字命名,如陈天华笔名思黄,秦力山笔名巩黄,章士钊笔名黄中黄、黄藻名黄帝子孙之一人,等等。这些情况表明,船山的民族主义思想,特别是其《黄书》在辛亥革命的前期,的确发挥了巨大的启蒙作用。

三

在中国历史上,曾经出现过两次尊黄思潮。第一次是西汉时期。西汉初期,由于秦末汉初的战乱,广大人民急需休养生息,统治者曾经奉行"黄老之学"。"黄"即黄帝,"老"指老子。黄老之学最突出的特点,是主张清静无为。对此,《史记》中多有记载。如《曹相国世家》说胶西有盖公,善治黄老言,曹参任齐相,厚币请之。"盖公为言治道贵清静而民自定"[③],曹参用黄老术,相齐九年,齐国安集,大称贤相。又如,《儒林列传》说:"孝文帝本好刑名之言。及至孝景,不任儒者,而窦太后又好黄老之术,故诸博士具官待问,未有进者。"[④]等等。正是由于实行了黄老之术,所以出现了史称"文景之治"的太平景象。到了汉武帝,由于国力强大,逐步放弃无为而重视有为,他不仅实行罢黜百家,独尊儒术的文化政策,而且特别推崇黄帝,从而导演了中国历史上的第一次尊黄思潮。其具体表现有以下几个方面:

其一,宣传得黄帝宝鼎。元鼎四年(公元前 113 年)汉武帝曾经得到一个宝鼎,齐人公孙卿说,这是黄帝所铸之鼎。当年黄帝采首山铜,铸鼎于荆山下。鼎铸成之后,黄帝乃仙化登天。公孙卿又说,齐人申功曾受黄帝言,"无书,独有此鼎书。曰'汉兴复当黄帝之时。汉之圣者在高祖之孙且曾孙也。宝鼎出而与神

---

① 张枬、王忍之编:《辛亥革命前十年间时论选集》第一卷下册,北京:生活·读书·新知三联书店,1960 年,第 841 页。

② 张枬、王忍之编:《辛亥革命前十年间时论选集》第二卷上册,北京:生活·读书·新知三联书店,1963 年,第 49 页。

③ 《史记》,北京:中华书局,1982 年第 2 版,第 2029 页。

④ 《史记》,北京:中华书局,1982 年第 2 版,第 3117 页。

通，封禅。封禅七十二王，唯黄帝得上泰山封。'申功曰：'汉主亦当上封，上封则能仙登天矣。'"①汉武帝刘彻正是高祖的曾孙。《史记·孝武本纪》的这一段记载，带有浓厚的迷信色彩，它虽然符合了汉武帝想成仙的思想，但也反映了汉初统治者一贯尊崇黄帝的传统。如果说，汉初的几位统治者尊"黄老之术"还只停留在思想范畴的话，那么获得黄帝的宝鼎则是有了实物的证明："汉兴复当黄帝之时。"因为公孙卿说过："今年得宝鼎，其冬辛巳朔旦冬至，与黄帝时等。"②既然与黄帝之时相同，那么汉武帝当然就是黄帝式的圣帝了。

其二，尊黄帝为帝王纪元之始。据杨宽先生考证，春秋以前之著作，如《尚书》、《诗经》，其涉及前代之事，仅上溯及禹、稷等止，春秋时期的铜器，其上溯之人物与《诗》、《书》同，皆止以禹为最高、最古之帝王，黄帝、尧、舜非所及。《论语》、《墨子》、《孟子》亦唯盛称尧、舜、禹、稷之道，黄帝亦尚非所及。战国时期的一些历史著作及《吕氏春秋》等秦汉著作开始有了关于黄帝的记载③。司马迁为了适应汉代中央集权"大一统"的时代需要，在《史记》中"依《世本》、《大戴礼》，以黄帝、颛顼、帝喾、唐尧、虞舜为五帝"。所以在《五帝本纪》中，司马迁特别强调"天下有不顺者，黄帝从而征之"，因而达到了"万国和"④的理想政治局面，其目的正是为了适应汉王朝"大一统"的需要。

其三，用五德终始说来论证汉朝统治的合理性。五德终始说是战国时期的阴阳家邹衍所主张的历史观念。"五德"是指五行木、火、土、金、水所代表的五种德性。"终始"指"五德"的周而复始的循环运转。邹衍常常以这个学说来为历史变迁、皇朝兴衰作解释。秦始皇统一六国后，根据邹衍"水德代周而行"的论断，以秦文公出猎获黑龙作为水德兴起的符瑞，进行了一系列符合水德要求的改革，以证明其政权的合法性，遂成为五德终始说的第一个实践者。"汉兴，高祖曰'北畤待我而起'，亦自以为获水德之瑞。"⑤"北畤"为黑帝之祠。刘邦尝问秦时上帝祠何帝？侍从说，四帝，有白、青、黄、赤帝之祠。刘邦说，我听说天有五帝，为何只有四祠呢？侍从回答不了。刘邦说，我知道了，乃是等我来建立黑帝祠，以成其五之数。此祠便是北畤。⑥ 到了汉文帝时，贾谊曾提出"色尚黄"的建议，但未被采纳。到了汉武帝太初元年（公元前 104 年），改正朔，并且以土德为汉朝之瑞。司马迁在《五帝本纪》中说："有土德之瑞，故号黄帝。"汉武帝以土德为瑞，正是为了用五德终始说论证汉王朝统治的合理性。

---

① 《史记》，北京：中华书局，1982 年第 2 版，第 467—468 页。
② 《史记》，北京：中华书局，1982 年第 2 版，第 1393 页。
③ 《古史辨》第 7 册，上海古籍出版社，1982 年，第 189—191 页。
④ 《史记》，北京：中华书局，1982 年第 2 版，第 1—6 页。
⑤ 《史记》，北京：中华书局，1982 年第 2 版，第 1260 页。
⑥ 《史记》，北京：中华书局，1982 年第 2 版，第 1378 页。

其四，首开黄帝陵的祭祀。元封元年（公元前110年）汉武帝北巡朔方，还祭黄帝冢于桥山。武帝曰："吾闻黄帝不死，今有冢，何也？"或对曰："黄帝已仙上天，群臣葬其衣冠。"①这样，汉武帝便在中国历史上首开帝王祭黄帝陵的举措。至今，黄帝陵仍在陕西省黄陵县的桥山。

中国历史上第二次尊黄思潮，就是本文所述的近代尊黄。这次尊黄思潮是辛亥革命前形成的，它对于近代民族主义思想的高涨，起了十分重要的作用。对此，孙中山1905年在东京留学生欢迎会上的演说中谈了他亲身的体会："鄙人往年提倡民族主义，应而和之者，特会党耳，至于中流社会以上之人，实为寥寥。乃曾几何时，思想进步，民族主义大有一日千里之势，充布于各种社会之中，殆无不认革命为必要者。虽以鄙人之愚，以其曾从事于民族主义，为诸君所欢迎，此诚足为我国贺也。"②正是在民族主义思想蓬勃兴起这种大好形势下，以孙中山、黄兴为首成立了中国同盟会，为辛亥革命的成功，作了组织上和思想上的准备。必须指出，汉代的尊黄思潮，是将黄帝作为整个中华民族的始祖而尊重的，而近代的尊黄则将黄帝说成只是汉族的始祖。这种做法，虽然是为了反对满州贵族的统治，进行民主革命的需要，但其狭隘民族主义的倾向是无法否认的。正是有鉴于此，所以当辛亥革命成功后，孙中山就在1912年元旦临时大总统就职宣言中庄严宣告："国家之本，在于人民。合汉、满、蒙、回、藏诸地为一国，即合汉、满、蒙、回、藏诸族为一人，是曰民族之统一。"③孙中山的这一宣示，正好符合了中华民国成立后，国内各民族大团结的需要。杨昌济则在1914年船山学社成立之后的日记中指出："学社以船山为名，即当讲船山之学。船山一生卓绝之处，在于主张民族主义，以汉族之受制于外来之民族为深耻极痛。此是船山之大节，吾辈所当知也。今者五族一家，船山所谓狭义之民族主义不复如前日之重要，然所谓外来民族如英、法、俄、德、美、日者，其压迫之甚非仅如汉族前日所经验，故吾辈不得以五族一家，遂无须乎民族主义也。……余前在日本东京高等师范学校听其西洋历史讲义，谓中国人与罗马人同，惟宝爱其文化，虽外人入主其国，苟不伤其文化，即亦安之。私心揣测，谓日人不怀好意，颇有继满洲人入主中国之思想，此吾国人所当深念也。"④杨昌济的这段话既指出了船山的狭义民族主义（即包含有大汉族主义在内的民族主义）已经过时，又明确地指出了国内虽然已"五族一家"，但国外还面临着帝国主义列强的侵略危险，所以民族主义仍有其存在的价值。这样，杨氏便将王船山等人反复强调的传统民族主义，转化为现代爱国

---

① 《史记》，北京：中华书局，1982年第2版，第473页。

② 张枬、王忍之编：《辛亥革命前十年间时论选集》第二卷上册，北京：生活·读书·新知三联书店，1960年，第127—128页。

③ 《南京临时政府公报》第一号。

④ 《杨昌济集》，长沙：湖南教育出版社，2008年，第512页。

主义。

通过以上简略的分析可以看出，中国历史上的两次尊黄，虽然产生的时代不同，目的也不尽一致，但是它们都极大地提高了黄帝的历史地位，并且为中国境内各民族在炎黄子孙的伟大旗帜下的融合，起了重大的促进作用。

（作者：王兴国，湖南省社会科学院研究员、船山学社社长）

论当代中国儒学发展前景的两大问题

◇李英华

当前,儒学可谓是中国学术界的一大显学。所谓心性儒学、生活儒学、教化儒学、民间儒学等交相辉映,呈现出一种前所未有的活力。但更引人注目的是宗教儒学(即儒教)和政治儒学。如果这两种儒学能够得到社会乃至政治上的认同与接受,不仅将极大地改变(或强化)儒学的性质,而且将极大地改变当代中国的学术生态和中国社会政治的思想信仰状况。如果这是好事,笔者自然乐观其成,但实际上,笔者对这两个问题不无忧虑,因而不能不保持独立的思考与批判的意识。本文谨就这两个问题提出商榷,并对中国宗教信仰和政治文明建设问题提出一些探索性的思考和认识。

一、儒学发展的宗教维度及其限度问题

在中国近代学术史上,康有为先生是第一个企图把儒学(尤其是孔学)转化为宗教的代表人物。1898 年,他向光绪皇帝上奏《请尊孔圣为国教立教部教会以孔子纪年而废淫祀折》,提出孔教救国论:尊孔子为教主,定孔教为国教,以孔子配天,人人敬天和祭祀孔子,以此挽救人心、匡扶信仰。此后(尤其是辛亥革命以后),康有为在《中华救国论》(1912)、《孔教会序》(1912)、《孔教会章程》(1912)、《以孔教为国教配天议》(1913)等多篇文章中反复强调"孔教救国论"。其中,《孔教会章程》规定:"人人皆宜祭天"、"凡奉孔教者,当祀上帝,以孔子配享";"凡从孔教之家,皆祀祖先;其旧奉杂神者,皆宜改奉天神,而以孔子祀之。"①《孔教会章程》还详细地制定了孔教会的组织与制度,文繁不引。

20 世纪 70 年代末,任继愈先生提出"儒教"论。但主要是以贬义的、批判的角度提出的。20 世纪 90 年代以来,由于传统文化愈来愈受到国人的重视,也由于宗教问题成为学界探讨的重要内容,儒教问题遂成为学界讨论的热点。但众说纷纭,莫衷一是。张岱年先生总结说:"对于宗教,可以有不同的理解。对于儒学,也可以有不同的理解。因而对于儒学是否宗教,可以有不同的观点。根据

① 康有为:《孔教会章程》,《康有为全集》第九集,北京:中国人民大学出版社,2007 年,第 349 页。

对于宗教的一种理解,可以说儒学不是宗教;根据对于宗教的另一种理解,也可以说儒学也是宗教。对于儒学也可以或褒或贬。有人断言儒学是宗教,含有贬义。有人承认儒学是宗教,含有褒义。我希望学术界同人对于这类问题采取宽容的态度,要尊重不同的意见。"①进入 21 世纪后,儒教问题得到了更加广泛而深入的讨论。2005 年冬,广东从化举办了"第一届全国儒教学术研讨会"。蒋庆先生在会上宣读《关于重建中国儒教的构想》一文。论文指出,儒教不是一个学派,而是一个具有独特文化自性的自足的文明体。儒学是儒教的教义系统与思想体系,其价值渊源则是儒经。儒学与儒教的关系相当于基督教神学教义系统和思想体系与基督教的关系,故儒学只是儒教的一个具体学理内容。儒教的历史长于儒家,夏、商、周三代即有儒教。面对今天西方文明的全方位挑战,必须全方位地复兴儒教,以儒教文明响应西方文明,才能完成中国文化的全面复兴,从而才能为中国的崛起奠定深厚的文化根基。论文还指出,儒教在中国的历史上有四大功能:一、解决政治秩序的合法性问题,为政治权力确立超越神圣的价值基础与历史文化的价值基础;二、解决社会的行为规范问题,以圣人教化所体现的道德确立国人的日常生活轨则;三、解决国人的生命信仰问题,以昊天上帝天道性理安顿国人的精神生命;四、解决国人的情志慰藉问题,以冠婚丧祭吊恤等礼制化解人生的焦虑与痛苦。论文认为,这四大儒教功能在今天仍未过时,在新的历史条件下,可用儒教来解决中国的政治合法性问题、社会规范问题、生命信仰问题与情志慰藉问题。论文特别引人注目的,还在于它提出了比较周详的"中国儒教会"的组织化、制度化与社会化的设想,包括十个方面:儒教的政治形态、儒教的社会形态、儒教的生命形态、儒教的教育形态、儒教的慈善形态、儒教的财产形态、儒教的教义形态、儒教的传播形态、儒教的聚会形态、儒教的组织形态。② 论文引起与会学者的热烈讨论,但主要是质疑和否定的声音。然而,仅隔五年,不少学者认同和接受了儒教是宗教的观点。其中一个标志性事件是,2010 年 12 月 22 日,郭齐勇等十位学者联名发表《尊重中华文化圣地,停建曲阜耶教教堂——关于曲阜建造耶教大教堂的意见书》(以下简称《意见书》)③。他们呼吁政府宜尽快承认儒教的合法地位,赋予儒教与佛道回耶等宗教平等的身份,努力培育包括儒教在内的中国各宗教和谐相处的宗教文化生态。值得注意的是,

---

① 张岱年:《儒学与儒教》,载《文史哲》1998 年第 3 期。

② 蒋庆:《关于重建中国儒教的构想》,见蒋庆:《再论政治儒学》,上海:华东师范大学出版社,2011 年,第 247—248 页。

③ 本意见书由郭齐勇、张祥龙、张新民、蒋庆、林安梧、颜炳罡、韩星、陈明、康晓光、王瑞昌等十位学者联署发起。事情的起因是郭齐勇等先生近闻曲阜孔庙附近正在建造一座高达四十余米、容众三千余人的哥特式耶教大教堂。他们深感震惊和忧虑,特郑重呼吁有关各方尊重中华文化圣地,立即停建该耶教教堂。

该《意见书》把儒学定性为儒教，又把儒教视为与佛道回耶等宗教具有平等身份的宗教实体。《意见书》具有强烈的针对性、现实性与忧患意识，蕴含深刻的文化意义。这是应当肯定的。《意见书》发起之日即有十位学者签名。笔者不清楚，最后究竟有多少学者签署这份《意见书》。但可以断言，已有越来越多的学者接受了儒教是宗教的观点，并要组建实体化的儒教组织。这就是儒学发展的宗教维度问题。

笔者认为，可以适当强调儒学所固有的宗教性精神，但不宜过分夸大它的宗教色彩，以致从根本上改变它的人文精神特性，从而把儒学变成了一种宗教学说或宗教实体。① 从梁漱溟、熊十力等第一代现代新儒家直到以杜维明、刘述先等为代表的第三代现代新儒家，②均强调儒家的人文精神特性，而不赞成儒教是宗教论。试以杜维明先生为例，他说："儒学本身不是宗教，但富有强烈的宗教性格，这性格不表现在对上帝的礼赞，而表现在以天地万物为一体的胸襟。"③"借用一个吊诡的方式，儒家既不是一种哲学又不是一种宗教，正因为儒家既是哲学又是宗教。"如果仅把儒家当作一种哲学，那么儒家的体验精神就会被忽略了；如果仅把儒家当作一种宗教，那么儒家的学术精神就会被贬低了。因此，儒家"只能在哲学与宗教的交汇处与共通处找到安心立命的'场所'"④。总之，儒学（或儒教）是人文学说，而不是宗教学说。儒学的"宗教性"是指精神上的内在超越性，而不是指制度化、实体化的"宗教"本身。儒学的这一根本属性不能改变也不宜改变。这就是儒学发展的宗教限度问题。

为了更好地说明儒学具有宗教性，而自身又不是宗教这一问题，我们需要追溯儒学与宗教之间的渊源关系。中国最早的宗教是原始宗教，主要表现为自然崇拜、鬼魂崇拜、生殖崇拜、图腾崇拜和祖先崇拜。⑤ 它是后来各种文化形态的重要源泉。夏朝建立后，原来自发而生的原始宗教就逐渐演变为一种自觉存在的宗教组织。与原始宗教相比，这种自觉性体现在从自然崇拜中发展出了上帝或天神崇拜，这反映了社会出现"君王"的实质；又从原始的祖先崇拜中发展出完备的宗教祭祀制度，突出了祭祖仪式的等级性和仪式性，这反映了人间的宗法等级制度。此时，这种宗教已经成为一种官方意识形态，是维护统治秩序的重要

---

① 有的学者认真地区分了儒学与儒教，认为儒学主要是伦理政治学说，而儒教则纯然是宗教，儒教的历史早于儒学，两者不宜等同，但也存在密切联系。这种说法较为严谨，但也值得商榷，详见后文。

② 这里所谓现代新儒家的"三代"划分，乃是学界的一般看法。笔者认为，严格说来，应该从康有为、梁启超算起。他们称得上是第一代现代新儒家。

③ 杜维明：《儒家的抗议精神》，《杜维明文集》第五卷，武汉：武汉出版社，2002 年，第 223—224 页。

④ 杜维明：《儒家心性之学——论中国哲学和宗教的途径问题》，《杜维明文集》第一卷，武汉：武汉出版社，2002 年，第 166 页。

⑤ 参见牟钟鉴、张践：《中国宗教通史》，北京：社会科学文献出版社，2000 年，第 4 页。

精神支柱。由此,我们可以给它作出明确的定义:

它是夏商周以来的中国原生宗教,它的核心信仰是“天”和“祖”,以“敬天”和“祭祖”为主要祭祀形式,辅之以社稷等自然崇拜及相应的郊社、宗庙等祭祀制度,而以六经和儒学,以及其他诸子百家学说中相关内容为理论表现的一种宗教体系——这就是天祖教。① 天祖教的组织形式寄寓于大、小两种传统。大传统就是整个国家的组织系统,从帝王到各级官吏以及宗祝卜史等神职人员,都担负着祭祀的职能。只有天子才拥有祭天的资格。小传统就是民间的宗族系统。它只能祭祀自己的祖先而不能祭天。但大约明末清初以后,在汉族农村流行树立“天地君亲师”牌位,焚香拜之。所以,天祖教的组织及其管理比较特殊。它或者是整个国家组织系统,或者是分散于民间的宗族系统。

从夏商周开始直到民国以前,天祖教是维护统治秩序的重要精神支柱,是古代中国的一种无形、无名的国教。② 所谓“无形”,是指它不像基督教、佛教、伊斯兰教等那样具有一种显而易见的特定的教团组织;所谓“无名”,是指在中国古代并不存在“天祖教”这一名称。但这都无碍于天祖教作为中国历史上的国教这一事实的客观存在。因为,它实实在在地表现为“敬天”、“祭祖”和“祭社稷”等各种具体的宗教活动,并形成了相应的郊社、宗庙等祭祀制度。天祖教有着浓厚的政治性、宗法性与伦理性色彩。在中国古代社会既适合于小农生产的经济基础,又适合于宗法制的社会政治环境,故有利于维护和巩固中国古代社会政治秩序。它一经产生,就与中国古代宗法社会相始终。在中华民族的形成过程中,曾出现三皇五帝及尧舜崇拜,特别是黄帝、炎帝崇拜,成为中华民族的人文始祖和中华文明的象征。故天祖教是中华民族凝聚力的重要精神纽带,是中华文明赖以形成和发展的主要宗教基础。

相对于佛教、基督教和伊斯兰教,天祖教具有如下几点基本特征:第一,信仰的独特性。主要表现在三个方面:其一,天祖教是原生型宗教,它的信仰是历史

---

① 对这种宗教,牟钟鉴称之为“传统宗法性宗教”,何光沪命名为“儒教”,张丰乾谓之“天祖教”,还有学者泛称“中国古代宗教”。笔者认为,以“天祖教”命名最为恰当。因为,这种宗教信仰的核心就是“天”与“祖”。“敬天”和“祭祖”就是这种宗教的最重要的宗教活动。根据“佛教”、“基督教”与“道教”等命名习惯,称为“天祖教”再恰当不过了。不仅名副其实,而且可以避免“儒教”与“儒学”之间的混淆与争辩。况且,“敬天”和“祭祖”是整个中国传统文化的根本特色,早在春秋末期孔子创立儒学之前,天祖教就已经确立了,并成为夏、商、西周的国教,周公以及其他先贤就已奠定了天祖教的基本内容与特色。儒家传统不能涵盖整个传统文化,故不宜称为“儒教”。同样,“传统宗法性宗教”这个命名也有局限性,它着重于描述一种宗法性特征,而未能直接揭示“敬天”和“祭祖”的核心,故不如“天祖教”之命名。

② 《国语·鲁语上》:“夫祀,国之大节也。而节,政之所成也。故慎制祀以为国典。”所谓“国典”,即国家典礼。这表明天祖教是载入国家典礼的“国教”,尽管古文献中没有出现“天祖教”这一名词。

地、自然地生成的,不存在也不需要什么人为的“入教”仪式;其二,天祖教的神灵信仰多从原始宗教的自然崇拜、祖先崇拜和英雄崇拜的对象中演化而来,表现出观念的连续性和信仰的多神性;其三,“天”的内涵大体也可分为三个层次,即自然之天、宗教之天与人文之天。由于这一特点,天祖教对后来其他宗教的创立(如道教)或传入(如佛教)表现出很大的包容与平和。这使得中国古人信仰天祖教,同时又可以信仰道教与佛教。第二,教义的两重性。天祖教没有专门的经典,它的教义寄寓于“六经”和前诸子时期的宗教思想,以及诸子百家的著作之中,而以儒家典籍为主导。它既包含宗教性又蕴含人文性。人文性与宗教性并不相互排斥,而是相互统一。人的生命本身即蕴含着深刻的伦理宗教意义。① 人的性命道德既是天赋的,又有待于人的自觉实现与弘扬。这在很大程度上决定了中国人文精神的特质。这种精神特质主要由天祖教和儒、道所决定。第三,信徒的普遍性。中国古人上至天子,下至庶民,普遍信仰天祖教。信徒不需经过特殊的“入教”仪式。由于信徒的文化水平不同,从而导致他们对“天”的内涵,以及对“敬天”、“祭祖”活动的理解和体验也存在差异。他们举行或参加祭祀活动的目的、层次与形式也有所不同。皇室(或朝廷)、地方官府和民间宗族家庭分别进行祭祀活动。国有郊社、太庙,族有宗祠,家有祖龛或牌位。第四,组织的宗法性。天祖教没有独立于社会生活的教团组织。宗、祝、卜、史都生活在社会宗法组织之中,受君权和族权的支配,表现出鲜明的宗法性色彩。特别是民间的宗族、家庭祭祀活动,更是一种宗法组织了。第五,政教思维的三维性。天祖教有三种主要的祭祀形式,即祭天、祭祖与祭社稷。祭天表明政权的天意合法性;祭祖表明政权的传统合法性;祭社稷则体现政权的民意合法性。由此形成或体现了一种政教思维模式的三维性,即重视“天命”(由“敬天”而来)、“民本”(由“祭社稷”而来)和“法古”(由“崇拜祖先”而来)。这种三维思维模式与价值观念具有深刻的内涵与意义。

特别值得指出的是,天祖教对儒学的形成和发展具有重要意义。它们之间存在一种源流、母子关系。天祖教孕育了儒学,儒学反过来丰富、深化了天祖教的内涵与意义。天祖教最隆重的祭祀礼仪包括祭天、祭祖和祭社稷。此外,还包含其他重要的祭祀活动(如祭日月、山川等)。天祖教的这些祭祀活动源于原始宗教,但又由儒家注入了一种自觉的人文精神。《礼记·郊特性》说:“万物本乎天,人本乎祖,此所以配上帝也。郊之祭也,大报本反始也”,“是以尊天而亲地也,故教民美报焉”。《荀子·礼论》讲:“天地者,生之本也;先祖者,类之本也。”这是中国人对万物和人生本源的基本观念。祭祀天地,以报天地化生之德;祭祀

① 《荀子·礼论》:“天地者,生之本也;先祖者,类之本也。”这是中国人对万物和人生本源的基本观念。杜维明也说:“身体是伦理—宗教价值在其中创生、保持以及体现的实存领域。身体不只是被作父母所赐的礼物……而且还是上天所赋知觉物的最高形式。”(《杜维明文集》第三卷,第595页)可见,人的生命(身体)即直观地体现了“天”和“祖”的重要意义。

祖先，以报父母养育之恩。天祖教这种“敬天祭祖”活动蕴含着重要的宗法、伦理和政治等教育功能。故《礼记·丧服小记》说：“别子为祖，继别为宗，继祢者为小宗。有五世而迁之宗，其继高祖者也。是故祖迁于上，宗易于下。尊祖故敬宗，敬宗所以尊祖祢也。庶子不祭祖者，明其宗也。”这表明了天祖教的宗法教育功能；《礼记·礼器》讲：“祀帝于郊，敬之至也；宗庙之祭，仁之至也；丧礼，忠之至也。”这表明了天祖教的伦理教化功能；《礼记·大传》说：“人道亲亲也。亲亲故尊祖，尊祖故敬宗，敬宗故收族，收族故宗庙严，宗庙严故重社稷，重社稷故爱百姓。”这表明了天祖教的政治教育功能。总而言之，郊社之礼敬天道以明人道，宗庙之礼尊祖先而重传统，社祭之礼重社稷而爱百姓。这是古代政教的根本内容。但天祖教毕竟是宗教，而儒学则是一种独特的人文学说。这种独特性表现为儒学创立后，由于它“敬鬼神而远之”的态度，获得了相对独立的地位，就不完全依赖于天祖教这一母体了。但天祖教的“敬天祭祖”在儒学中仍具有重要意义，儒学的“慎终追远”、“乐天知命”，以及“仁”、“礼”等核心词汇所体现的人文精神，实际上具有一种宗教性的超越意义。而且儒学与天祖教之间仍长久保持一种密切的关系，它们相得益彰、相互渗透，共同反映和维护中华文明的基本价值观念。五四以来，现代新儒家都很重视阐述“儒学的宗教性问题”，但都是从所谓“内在超越”的角度去论述，而没有注意到儒学与天祖教之间的密切联系。这种联系值得今后继续深入研究。

秦汉以后直至清末，“敬天法祖”仍是中国人的基本信仰。中国人把生命之本源汇于天祖，生命之依靠托于家族，生命之保障归于社稷。儒学阐释它，道教依附它，佛教、基督教、伊斯兰教等外来宗教也不得不适应它，各种民间宗教信仰也与它交叉融合。可见，天祖教是中国人的基本信仰，是古代中国的正大宗教，是中华文明赖以形成和发展的主要宗教基础。

二、儒学发展的政治维度及其适度问题

按传统观点，儒家思想学说主要阐述内圣外王之道。用现代语言讲，就是种伦理政治学说。可是，自五四以来，许多学者或者完全否定儒家思想，或者只是片面强调了儒家思想的伦理意义，而完全忽视或有意否定了它的政治价值。但正如周桂钿先生所说：“几乎讨论一切问题，孔子及其弟子都围绕着政治这个中心。可以说，春秋末期，孔子和弟子们所创立的儒学，就是以政治为中心的学说，就是关切社会的政治哲学。”①因此，当代中国儒学要想健全地发展，就不能不正视政治问题。这就是儒学发展的政治维度问题。

事实上，杜维明先生也指出，儒学的本性不仅关注个体的道德修养，而且指向社会政治的制度建构。因此，杜维明多年来都在思考关于儒家社会政治制度

---

① 周桂钿主编：《中国传统政治哲学》，石家庄：河北人民出版社，2001 年，第 17 页。

的建构问题。他清醒地意识到，在现实社会政治领域中，以道德理想转化政治这派儒家一直是失败的，并没有成功过。“王圣”的实践，而非“圣王”的观念，成了中国的政治现实。他认为，历代儒家学者存在两个误区：第一，一贯诉求道德与政治的直接贯通，出现“悬理以限事”的失误，最终可能导致“道德的暴政”；第二，单凭良知和义愤投身于严酷的政治斗争，最终导致一代文化的凋零与民族命脉的中衰。① 因此，如何吸取历史教训，走出这两个误区，是儒学发展所面临的一个重要问题。杜维明指出，“在儒家思想中开出一个民主政治的格局来，这似乎是儒家进一步发展的宿命”，“儒学发展的大的困难不仅是一个抽象的政治文化的问题，而(且)是一个具体的最基本的制度建构问题”。② 这的确是一个“最基本的问题”。然而，令人遗憾的是，杜维明对此问题只是点到为止，尚未提出一个“具体的最基本的制度建构”。

只要是有价值的真问题，总会有人去探索解决的。蒋庆先生明确提出了“政治儒学”这一概念。③ 他指出，中国今后政治发展的方向不是西方式的民主，而是吸收了某些西方民主正面价值又避免了西方民主弊端的具有中国文化特色的“王道政治”。蒋庆说，我们要用“王道政治”改造、超越民主政治，只有这样，才能克服近代以来中国政治文化的歧出与变质，才能寻回中国政治文化的自我，才能确立中国政治制度的自性，才能回归中国政治文化的特质，才能确立中国政治制度的文化身份。④ 他认为，王道政治问题是中国文化最根本的问题。中国政治文化建设必须把历史文化的合法性作为“政道”的一个重要内容突显出来。这是中国文化复兴的关键，是中国国家确立自身文明属性与文化身份认同的关键。⑤

---

① 参见胡治洪：《全球语境中的儒家论说——杜维明新儒学思想研究》，北京：生活·读书·新知三联书店，2004 年，第 116 页。

② 转引自胡治洪：《全球语境中的儒家论说——杜维明新儒学思想研究》，第 118 页。

③ 蒋庆：《政治儒学——当代儒学的转向、特质与发展》，北京：生活·读书·新知三联书店，2003 年。

④ 蒋庆：《再论政治儒学》，上海：华东师范大学出版社，2011 年，第 345 页。

⑤ 蒋庆用“三重合法性”批判“台独”势力。他强调只有“三重合法性”才能保证政治和社会秩序的相对稳定，避免出现大起大落和割断历史的危机。假如台湾的政治制度能按照这“三重合法性”建立，那么“台独”就不可能摆上桌面。即便少数人为眼前的私利而提出“台独”议题，历史文化的合法性会认为这是割裂历史传统而坚决反对，超越神圣的合法性会认为这是违背天道一统的不道德叛逆而加以制止。但是，台湾的体制是全面西化的，超越神圣的合法性和历史文化的合法性得不到具体的制度安排，台湾接受了西方的民主制度，同时也接受了西方民主制度的弊端：在解决合法性问题时“民意一重独大”。所谓“公投”，就是“民意一重独大”的产物。按照儒家“三重合法性”的思想，民意只能产生一届政府，不能产生国家。要从政治上抑制“台独”势力，就必须批判西方民主政治建立在“民意一重独大”上的“公投”理论，而当今世界上只有儒家“三重合法性”理论是批判“公投”理论的最有力武器。(见陈冰、陈寅：《以中国“家法”解释中国——蒋庆访谈录》)蒋庆的批判非常有力，同时也凸显了“三重合法性”的理论价值。

蒋庆的观点值得我们深思。笔者对他开辟"政治儒学"领域,提出"王道政治"理论,深表同情和敬意!但另一方面,对他希望重新把儒学恢复到古代"王官学"的地位,又不能不感到忧虑!这涉及儒学发展的政治适度问题。

回顾中国历史,我们不难发现,把一种思想学说上升到国家意识形态高度,这既有积极意义,也有消极作用。究竟应该如何评价这种利弊得失,显然不能一概而论,而必须深入不同历史时期进行具体问题具体分析。这需要深入研究,已不是本文的任务。这里只需明确一点,当历史发展到今天,如果再沿袭过去那种"罢黜百家,独尊某术"的思路,恐怕就显得过时了,其结果是既不利于政治的进步,也不利于学术的发展。我们需要牢记这一历史教训。① 而现实也提醒我们,这一历史教训仍具有深刻的现实意义。因此,在研究儒学和弘扬儒学时,我们应该抱有一种自知之明,即意识到儒学发展的政治适度问题。如果执着于恢复儒学的指导地位,过度强调中国政治制度的"中国特色",就有可能带来三点消极后果:一是不利于培育开放胸怀,不利于去借鉴和吸收人类政治文明中的具有普世价值的积极成果②,从而不利于促进当代中国政治文明的建设;二是不利于推动儒学和中华文化走向世界。儒家文化本身蕴含普世性的精神价值。如果过度强调它的民族特色,就会反过来影响、阻碍它走向世界,就会削弱、降低它的普世意义③;三是不利于促进当代中国的政治改革事业。我们应该清醒地意识到,当代中国社会还存在很多问题。而这些问题的根源所在,都与当前中国政治体制和政治文化有着密切关系。有的论者过度地为政治体制辩护,过度地强调"中国特色",或刻意否定人类文明中具有普世意义的优秀成果,就必然有意无意地忽视、回避或掩盖现实中的实质问题。而作为一个儒家学者、一个真正的学者,是不应该这么做的!否则,他就走向了儒家(或学术)的反面。这涉及衡量一个

---

① 参见周桂钿:《董学探微》,北京:北京师范大学出版社,2008年,第337—345页。

② 本文所谓"普世价值",是属于人类的基本价值、共享价值。对一些国家、民族来说,这种普世价值可能就是他们的核心价值;而对另一些国家、民族而言,则不一定是他们的核心价值,因为他们原有自己的核心价值。但普世价值作为人类的基本价值、共享价值,对这些国家、民族仍然是有意义的,不能因为自己有了核心价值而排斥、否定普世价值的意义;反之,也不能用人类的普世价值来排斥、否定本民族的核心价值。因此,任意滥用或刻意排斥"普世价值",均不符合中道原则,皆不利于促进中国政治文明建设。我们要使这两类价值相辅相成、相互促进、相互渗透和相互转化。只有如此,我们的核心价值才能保持旺盛的生命力,弥久而恒新。同时,也使我们的核心价值成为人类的普世价值,人类将因此而有望进入"大同世界"。

③ 人们常说,越是民族的,就越是世界的。此言不无道理。但反过来也可以说,越是世界的,就越有生命力。人类发展已到了一个新的历史时期,正所谓"世界潮流,浩浩荡荡。顺之则昌,逆之则亡"。我们不仅要"顺之",还要"辅助之",最好还能做到"引领之"。中国先哲所提倡的"和而不同"、"天下为公"和"保合太和"等精神理念,甚具普世意义,需要我们努力继承和发扬,以促进人类的和平发展。

儒者(或一个真正的学者)的标准问题。这是一个复杂的问题。其中重要一点,就在于学术精神上,能否体现“独立之精神,自由之思想”;在政治立场上,能否把握正大的全民族的发展方向,而不陷入狭隘的党派(或思想)的“门户之见”。

我们既可以继承和发扬儒家精神传统,以促进当代中国政治文明建设,也可以用儒家政治哲学中的真精神去批判、指出现实政治中的某些缺陷和不足。这样做是符合儒家传统的精神方向。但我们不适宜再“独尊儒术”。当然,这并不意味我们不需要国家意识形态。这里所谓“国家意识形态”,不是那种狭隘的靠行政力量推行的“独尊某术”的政治意识形态,而是整个社会、整个国家、整个民族的基本信仰与基本共识。这种基本信仰与共识体现了一个国家的共同价值观(或核心价值体系),体现了一个民族的民族精神。这种基本信仰与共识应该渊源于这个国家和民族的整个优秀传统,同时又能体现时代精神,并且吸收融会了人类文明中具有普世意义的精神价值。这种基本信仰与共识既靠公众知识分子(即具有强烈的人文关怀和批判精神、关心政治和公众福祉,并乐于承担社会责任的知识分子)的自觉提炼和阐扬,也靠全体国民的自发形成与认同。只有这两方面的有机结合,我们的国家意识形态才能真正深入人心、凝聚人心,我们的国家和民族才能真正安稳地、和谐地、自豪地屹立于世界民族之林。

然而,最令人焦虑与忧患的,正是因为当代中国社会缺乏这种基本信仰与共识。因此,中国儒学的发展方向应该是致力于增进上述基本信仰与共识,而不是执意恢复过去的独尊地位。基于此,笔者愿提出一个“三维合法性”概念①,希望有助于促进国人的政治共识。所谓“三维合法性”,是指从三个维度考量国家政权的正当性或正统性。“合法性”是一个政治概念而非法律概念。它的实质是民心向背问题、道义问题。这一问题关涉政权的正当性与稳定性,以及社会政治秩序的长治久安问题。“三维合法性”的提法是现代的,但其观念则古已有之。周公是夏、商、西周三代文化的集大成者,他确立了“三维合法性”思想观念:第一,“以德配天”。周公认为,夏、商末代帝王因为不注重修德而导致灭亡,所以周朝要想长治久安、享国久长,就必须修德,只有“敬德”,才能“配天”,从而解决了天道合法性问题。第二,“以民为镜”。周公认为,天意与民情是相通的,通过民情就可以了解上天的意志,因此,他告诫执政者以民为镜,高度关注民心向背

---

① 蒋庆先生提出“三重合法性”概念,并认为这一概念是由孔子创立的(参见蒋庆:《王道政治的特质、历史与展望——蒋庆先生谈王道政治三重合法性问题》,载“孔子2000网”)。对此,拙文不敢苟同。笔者提出“三维合法性”,乃是立足于天祖教和中国思想史。“三维合法性”孕育于天祖教,而由周公确立。诚然,周公不可能提出“合法性”这一现代术语,但却有这个思想。鉴于“三维合法性”这一术语显得不那么古典,笔者曾反复斟酌儒家传统关于“三本”、“三德”、“三正”、“三统”、“三纲”、“三重”、“三才”等名词术语,拟选其一代替“合法性”,但亦有不便之处。若勉强用之,笔者倾向于借用“三统”或“三本”名词。

问题，把政权建立于民意认可的基础之上，从而解决了民意合法性问题。第三，“以史为鉴”。周公告诫周朝统治者要以夏、商灭亡为鉴，努力发扬尧舜、文王以来的王道精神，做到敬天保民，明德慎罚，从而解决了文化传统的合法性问题。这就是周公的“三维合法性”思想观念。它对后世具有极大影响，①尤其是对儒家政治思想具有重要影响。孔孟等大儒都注重对周公“三维合法性”思想的继承和发挥。

据《论语》所载，孔子非常重视政权的合法性问题。《论语·子路》：“子路曰：‘卫君待子而为政，子将奚先？’子曰：‘必也正名乎。’”所谓“正名”，即合法性问题。这一问题是国家政权的头等大事，只有首先解决好这一问题，其他施政方针才能顺利得到贯彻执行，所谓“名正才能言顺”。孔子的“三维合法性”思想在《论语》中也有反映。第一，《论语·泰伯》说：“大哉，尧之为君也。巍巍乎，唯天为大，唯尧则之。”这句话表明了天道合法性。第二，《论语·八佾》说：“周监于二代，郁郁乎文哉！吾从周。”这句话蕴含一种寓意，即执政治国要注重继承传统。这就是历史文化的合法性。第三，《论语·颜渊》说：“子贡问政。子曰：‘足食，足兵，民信之矣。’”所谓“民信”，即表明了民意的合法性。对于孔子的“三维合法性”思想，董仲舒有更为精练的表述：“孔子作《春秋》，上揆之天道，下质诸人情，参之于古，考之于今。”（《天人三策·第三策》）所谓“上揆之天道”是天道合法性，“下质诸人情”是民意合法性，“参之于古，考之于今”是历史文化合法性。

《中庸》明确提出“王天下有三重”：“王天下有三重焉，②其寡过矣乎！上焉者虽善无征，无征不信，不信民弗从；下焉者虽善不尊，不尊不信，不信民弗从。故君子之道：本诸身，征诸庶民，考诸三王而不缪，建诸天地而不悖，质诸鬼神而

① “三维合法性”是西周之后先贤普遍的思维模式。例如，《国语·周语上》记载“宣王即位，不籍千亩”，于是虢文公谏说宣王要“修先王之绪”（代表传统）、“媚于神”（代表天意）与“和于民”（代表民意）。再如《左传·桓公六年》记载“少师归，请追楚师”。季梁进行劝止，要点有三：“忠于民”、“信于神”和“修其教”（代表文化传统）。此类例子不少。特别指出的是，春秋时期晋国公子重耳流亡国外十多年，表现出非凡的毅力，时贤均判断重耳即将取得晋国政权，而其根据就是“三维合法性”：一是“天启之”，二是“士从之”（或“民望之”），三是“姬出也”（即谓符合法统）。见《国语·晋语四》、《左传·僖公二十三年》）、《左传·僖公二十八年》、《左传·昭公十三年》等文献记载。真可谓“英雄所见略同”。

② 关于“三重”的含义，一般解释为“议礼，制度，考文”。这不合原意。首先，它不符合上下文语境。在原文中，“三重”与“议礼，制度，考文”之间并不是连贯的，而是隔着一段文字，其间并无逻辑的联系。其次，从上述引文所谓“上焉者”、“下焉者”来看，表明了不具备“三重”，就不可能“寡过”。而要想“寡过”，就必须把握好“本诸身，征诸庶民”等“三重”（即三个重点）。最后，从《礼记·礼运》所谓“是故夫政必本于天……故圣人参于天地、并于鬼神以治政也。……故君者立于无过之地也”，也旁证“三重”内涵指向下文，即“本诸身，征诸庶民”等句。这样才能做到“寡过”。

无疑，百世以俟圣人而不惑。”到底是哪“三重”呢？第一，“本诸身，征诸庶民”，表明民意合法性；第二，“考诸三王而不缪，建诸天地而不悖”，表明天道合法性；第三，“质诸鬼神而无疑，百世以俟圣人而不惑”，表明历史文化合法性。可见，《中庸》“王天下有三重”也反映了“三维合法性”思想。①

孟子对“三维合法性”义理作了更明确的发挥。首先，他说：“顺天者存，逆天者亡。”（《孟子·离娄上》）这表明了天道合法性。其次，他说“保民而王，莫之能御也”（《孟子·梁惠王上》）、“得天下有道：得其民，斯得天下矣”（《孟子·离娄上》）。这表明了民意合法性。最后，孟子自言“在我者皆古之制也”（《孟子·尽心下》），时人也称“孟子道性善，言必称尧舜”（《孟子·滕文公上》）。这表明在孟子看来，治国要取法尧舜，继承传统。这是历史文化合法性。

董仲舒对“三维合法性”既有精辟的概括，又有系统的论证。他说：“春秋之道，奉天而法古。”（《春秋繁露·楚庄王》）又说：“王者，民之所往。”②（《春秋繁露·灭国上》）简言之，“奉天”、“法古”、“民往”（即民心所向）概括了董仲舒的“三维合法性”思想。对此，董仲舒还给予了系统的论证：第一，屈君伸天，君权神授。董仲舒宣扬天神的至上性和权威性。他说“天者，百神之大君也”（《春秋繁露·郊祭》），“天者，群物之祖也”（《汉书·董仲舒传》），一方面强调《春秋》大义“屈君而伸天”（《春秋繁露·玉杯》），另一方面突出“君权神授”，“受命之君，天意之所予也”（《春秋繁露·深察名号》），“天立王以为民也。故其德足以安乐民者，天予之；其恶足以贼害民者，天夺之”（《春秋繁露·尧舜不擅移汤武不专杀》）。天神既是造物主，又是万物的主宰和君权的授予者。这就强调了“天”是君权来源的合法性根据。第二，复古更化，独尊儒术。董仲舒在《天人三策·第一策》中批判了当时嚣顽恶劣、积重难返的政治状况和社会风气，提出了“复古更化”的思想，并认为“更化”是“善治”的关键：“故汉得天下以来，常欲善治而至今不可善治者，失之于当更化而不更化也。”而“更化”的主要内容就是圣王之道和孔子之术，也就是他所提出的“独尊儒术”的建议。（《天人三策·第三策》）只有采用“孔子之术”作为国家指导思想，才能解决历史文化传统的合法性问题。第三，天意爱民，德主刑辅。董仲舒强调“为人主者法天之行”、“泛爱群

---

① 值得指出的是，蒋庆先生对《中庸》“三重”说的解释有不妥之处。他打乱了原文顺序，认为“建诸天地而不悖，质诸鬼神而无疑”代表天道合法性，“考诸三王而不缪，百世以俟圣人而不惑”代表历史文化合法性。我们需要深入地、准确地理解原文：所谓“鬼神”是先祖，象征传统；而“三王”则是圣王，象征天道（因其效法天道，与天道合一）。故按原文顺序即可阐发《中庸》“三重”说所蕴含的“三维合法性”思想。

② 董仲舒对“王”字的解释，也反映在许慎《说文解字》中：“王，天下所归往也。董仲舒曰：‘古之造文者，三画而连其中谓之王。三者，天地人也，而参通之者，王也。’孔子曰：‘一贯三为王。’”所谓“孔子曰”，大概不是孔子原话，而是董仲舒之后的今文学者所言，故把“孔子曰”置于“董仲舒曰”之后。“董仲舒曰”的内容见于《春秋繁露·王道通三》。但文字稍异。

生”(《春秋繁露·离合根》)。他认为“天常以爱利为意”,故“王者亦常以爱利天下为意”(《春秋繁露·王道通三》)。又说“王者承天意以从事,故任德教而不任刑”(《天人三策·第一策》)。在写给汉武帝的对策中,董仲舒反复强调“爱民”的重要意义:“爱民而好士,可谓谊主矣”(《天人三策·第一策》)、“为政而宜于民者,固当受禄于天”(《天人三策·第一策》)、“爱施兆民,天下归之”(《天人三策·第二策》)。这表明“爱民”是政权合法性的重要根据。

综上所述,中华政教文明形成了一种“三维性合法”的价值观念与思维方式,即由敬天而“奉天”,由尊祖而“法古”,由重社稷而“爱民”。这在中国传统政治哲学理论中分别体现为“天命论”(或天道论)、“经学论”与“民本论”,强调“天命”、“民心”和“传统”(指中国历史文化传统,也特指尧舜之道、圣王之道和孔孟之道)是国家政权的合法性根据。“三维合法性”的思想观念得到了周公和孔孟等历代大儒的重视与阐释,成为中国古代政教思想的根本法则。这一根本法则对于当代中国政治文明建设仍具有积极的现实意义。

三、回归天祖教　走向太和宪政

前文指出,当代中国社会最缺乏的,就是一种能够被国人所认同和接受的基本信仰与共同价值观。而这应该是当代中国儒学的发展方向,也应该是当代中国的公共知识分子(其中自然包括儒家学者)的历史使命。在此,笔者尝试提出两个命题,即“回归天祖教”和“走向太和宪政”——这两个命题分别从宗教和政治角度探索中国社会的精神信仰与基本共识;同时,也是对“儒学发展的宗教维度及其限度问题”和“儒学发展的政治维度及其适度问题”两个命题的进一步阐释。

(一)回归天祖教

季羡林先生曾说,世间万事万物都有它的根源。中国文化也必有其产生的根源,寻找这个根源,其意义无比重大。如今,中国和全人类都处在一个转折关头。在这种关键时刻,为了中国的和平统一,为了中华文化和世界文化的发展,为了中国和世界人民的根本福利,我们必须寻找中华文化之根。① 那么,中华文化之根在哪里呢?可以肯定,天祖教就是中华文化之根。这个根在当代中国社会依然顽强地存在着、延续着。

近年来,北京天坛恢复了传统的祭天活动。据记者报道:虎年初一,正值第六届北京天坛文化周的开幕日。上午九点半,“皇帝”祭天仪仗表演正式开始。此次祭天大典仿照的是清代祭天规格,仪仗在西天门整装出发,由导象、宝象、车驾、乐队、禁军、八旗军、皇帝御前侍卫、内廷侍从、文武百官等组成。“皇帝”在

① 季羡林:《寻根漫谈》,《寻根》1994 年第1期。

众多侍卫的簇拥中缓缓前行，行至丹陛桥，停下来准备进行祭天乐舞。祭天乐舞表演开始后，128 名敬天童子先后进行武功舞和文德舞表演，旗罗伞盖四面陈列，舞蹈动作或刚劲有力，或典雅庄重。最后，“皇帝”再次登上祭坛，恭恭敬敬地献上最后一杯祭酒，鞠躬致意，代表普天之下的百姓祈求上天赐福，祈求风调雨顺，祈求五谷丰登。① 这让游人目睹了古代盛大、隆重的祭天文化，有一定的文化意义。

另外，我国陕西、河南、山东等地近年来分别举办各种盛大的祭祀活动，如祭祀黄帝、大禹、孔子等，都会有很多海外华人回到祖国。据报道：每年都会有一大批海内外华人从各地怀着感恩的心赶往陕西省黄陵县桥山黄帝陵祭拜，而清明节的公祭轩辕黄帝典礼更成为广大华人集体寻根的盛会。2010 年清明，来自港、澳、台以及海外的 200 余位华人代表踏上寻根之旅，齐聚黄帝陵，共祭中华民族的人文始祖轩辕黄帝。② 另有记者报道：2010 年 4 月 16 日上午（农历三月初三），黄帝故里拜祖大典在新郑隆重举行。本次拜祖大典由政协河南省委员会、中华炎黄文化研究会、中华全国归国华侨联合会、中华全国台湾同胞联谊会主办，由郑州市人民政府、政协郑州市委员会、新郑市人民政府具体承办，主题为“同根同祖同源，和平和睦和谐”。来自海内外的两万多名嘉宾欢聚在中华民族的祖根圣地，同拜华夏始祖，共同表达促进祖国统一、增进民族团结、共创和谐生活的美好愿望。③ 据说，黄帝故里拜祖大典已被国务院公布为国家级非物质文化遗产。但这种拜祖大典也难免带上浓厚的商业色彩。

至于民间家庭祭祖活动，从来就没有停止过。以 2010 年为例，人民网记者从民政部获悉：今年清明节期间全国参加祭扫活动的群众约有 4.5 亿人次。根据民政部清明节工作办公室对全国 150 个观察点报送数据统计，各观察点 4 月 5 日共接待祭扫群众 552 万人次，祭扫车辆 63 万辆。清明节假期 3 天，各观察点共接待祭扫群众 1411 万人次，祭扫车辆 155 万辆，比去年同期分别增长

---

① 魏艾：《北京天坛庙会看祭天大典，了解皇家祭祀文化》，《人民日报》海外版 2010 年 2 月 25 日。

② 记者还具体指出了“五大看点”：一、新立轩辕黄帝塑像；二、“中华神天鼎”；三、海外华人来陕寻根；四、现场直播网民可互动；五、公祭增加世博元素。“盛大报道”：北京卫视、上海卫视、凤凰卫视、陕西电视台以及人民网、新华网、新浪网、搜狐网等媒体对公祭典礼进行同步现场直播。《陕西清明节公祭轩辕黄帝，仪式将增加世博元素》，见新浪网 2010 年 4 月 4 日。

③ 记者报道说，金利来集团董事局主席曾宪梓等知名华商领袖、国内外 500 强和大型跨国公司华人高管等 100 余位商界精英参加大典。大典组委会还从郑州市项目储备库中挑选了 200 多个重点项目，汇总编印了《项目招商手册》向参加大典客商发放，并专门召开郑州市情说明会，对郑州新区和旅游产业的部分项目作重点推介。徐珂珂：《河南新郑黄帝故里免费开放供民众拜祖》，见新浪网 2010 年 4 月 16 日。

18.6%和15.7%，清明节3天均出现祭扫高峰。今年清明节祭扫活动呈现3个特点：一是祭扫人数持续增加，而祭扫集中度明显降低。二是选择乘坐公共交通祭扫人数增加，往年拥堵状况明显缓解。三是低碳、绿色、环保成为今年祭扫新风尚。①

对上述“祭天”、“祭祖”活动，笔者认为，应该注意三个问题：第一，关于天坛祭天，应该严肃庄重，应该凸显宗教意义，不应停留于简单的仪仗表演，尤其不应借展示“皇家盛典”为幌子，把“祭天”仪式异化为招引游客的牟利工具；第二，关于黄帝、大禹、孔子等祭典，应该着重突出它的人文意义，而淡化甚至取消它的商业色彩；第三，某些地方、某些人以祭祖为名，挥霍浪费，大搞迷信活动，宣扬“怪、力、乱、神”，尤应批判否定。②

前几年，美国人文学者联谊会为杜维明先生颁发终身成就奖。杜维明获奖时有个感触：“现在要走出凡俗时代，就需要21世纪的宗教和文化认同进行大调整。如果不重视宗教，社会就很难和谐。这里所说的宗教，也就是人的终极关怀。”③这可谓真知灼见，值得我们高度重视和深入省思。卓新平分析了世界现代化进程中欧美、日本等国从中古、近代到现代化社会转型的情况。他指出，这些国家“都没有抛弃和否定其文化传统中的宗教，而是将之有机结合进今天的社会结构之中，成为其文化传承和社会的重要精神支撑，为普通民众提供了心理保障的底线。对于这些经验，作为大国崛起的中国，应该研究和借鉴”④。前文业已指出，天祖教是古代中国的正大宗教，是中华文明赖以形成和发展的主要宗教基础。⑤ 如今，“在经历了一个世纪的精神、文化毁灭之后，中国需要精神、文化重建，而精神、文化之根在宗教信仰”⑥。一个国家的基础性宗教涉及一个国

① 潘跃：《全国4.5亿人次清明祭扫 低碳绿色环保成新风尚》，见新浪网2010年4月6日。

② 秋风批评指出，由于缺乏理性的引导，传统礼俗的复兴在不少地方，表现为某种粗鄙，甚至扭曲的形态，如各地兴起的攀比坟墓奢华的风俗，让慎终追远的中国式宗教情怀成为疯狂的金钱比赛。之所以发生如此让人惊异的现象，主要原因在于，此种复兴缺乏精英的“内在批评”的引导。见秋风：《回到未来，循本开弘：我看国学热》，《南方周末》2005年6月30日。

③ 朱幸福：《专访杜维明：让中国传统文化走进美国社会》，《文汇报》2009年7月13日。

④ 卓新平：《中国社会伦理的精神资源》，转引自冬芳《徐惟诚、钱逊、卓新平、郭少棠纵论文化传承与创新》，见“孔子2000网”。

⑤ 塞缪尔·亨廷顿认为，宗教是界定文明的一个主要特征。伟大的宗教是伟大的文明赖以建立的基础。中华文明赖以建立的宗教基础是儒教（见《文明的冲突与世界秩序的重建》，北京：新华出版社，2002年，第32页）。这个观点对错参半。关于中华文明的核心内容，从宗教和哲学角度讲，或许可以概括为“以天祖教为基础，以儒学为主导，以佛、道为辅助”。

⑥ 秋风：《儒家、基督教、自由主义：相互宽容或者冲突？——试析曲阜教堂事件的观念和政治意义》，《儒家邮报》2011年1月3日。

家的文明属性与国民的共同信仰，涉及政治合法性的神圣价值问题。重建天祖教，不仅是对中国古老的宗教传统的复兴，而且有利于克服当代中国的道德、信仰危机与价值混乱状态，有助于确立国家的文明属性与国民的精神信仰，也有利于提升政治文明，解决政治合法性的神圣价值问题。所以，我们需要回归天祖教、重建天祖教。

所谓“重建”，并不在于恢复天祖教原有的一切，这既无必要也无可能。“重建”的精神实质是“建构”，是一种结合时代精神进行损益、扬弃的创造过程。① 应该注意把握好几个要点：

第一，重建天祖教，是尊重传统和继承传统的体现。既是自觉的复兴过程，又是自然的历史过程。但首要的前提是进行深入的学术研究。应该从历史学、宗教学、民俗学、文化学、社会学等多角度、多层面对天祖教在当代中国社会的各种表现形式作深入的调查研究。

第二，重建天祖教，必须同时大力弘扬先秦儒、道哲学精神和现代科学精神。这有助于天祖教的重建，并使之得以健全地发展。特别是，必须对儒学与天祖教的关系作深入研究，从儒学中提炼出与天祖教密切相关，能够反映天祖教教义与组织形式的理论体系。

第三，重建天祖教，但不建教团、不设教主、不立教堂、不揽教徒。“大教无形”，天地就是大教堂。孔子说得好：“天何言哉？四时行焉，百物生焉。天何言哉！”（《论语·阳货》）《中庸》也说得很精辟：“子曰：‘声色之于化民，末也。’《诗》曰‘德輶如毛’，毛犹有伦，‘上天之载，无声无臭’。至矣！”可见天地这个“大教堂”的教化功能是任何有形的、具体的教堂所无法比拟的。这是天祖教的宝贵传统，也是它的独特之处。

第四，重建天祖教，应该“走文化宗教之路”的发展方向。所谓“文化宗教”，是指文化层面的宗教，是作为文化形态的宗教，是对宗教的文化解读、诠释与文化整合、构建，是对宗教文化的创造性转换。文化宗教的主要内容包括伦理道德、哲学理念、文学艺术、民风习俗、内在与外在的信仰等。② “文化宗教”展现了宗教的文化自觉，彰显了宗教的文化意义，有助于发挥宗教的文化功能。从文化宗教角度重建天祖教，应该是一条比较稳妥的发展道路，有利于促进中国社会与宗教之间的和谐发展。

第五，重建天祖教，其礼仪形式固然重要，但更重要的在于内心的一种态度、一种精神、一种情感，比如虔诚、感恩、敬畏、自强、厚德、利生。对于古代流传的

---

① 今天，小农经济、宗法社会和君主制度已不复存在，这并不意味天祖教丧失了存在的基础和根据。相反，在新的时代背景下，它应该能够获得新生，焕发出更加纯和、深厚的宗教精神与人文关怀。

② 见方立天：《走文化宗教之路》。另见吕大吉：《宗教的未来》。

"天地君亲师"祭祀体系①,应加以调整完善,可改为"天地人亲师"。它根除了不合时宜的君主因素,而突显了宗教性与人文性的有机结合。② 其中,"人"既蕴含人类之"群体"的"类"意识,又彰显"个体"的"人格"精神。这样就把个体与群体、个体与亲师,乃至与天地万物以及超越的、形而上的"天"联系在一起。这既契合天祖教的精神传统,又适应了时代需要。

第六,重建天祖教,贵在重建它的教义。它的核心教义可用《周易》中的两句话来概括:"天行健,君子以自强不息"与"地势坤,君子以厚德载物"。《周易》本身即是宗教性与人文性相结合的产物,它既重视"神道设教",又强调"人文化成",所以用这两句话来概括天祖教的核心教义应该是比较合适的。

第七,重建天祖教,贵在恢复中国近代以前的"多元通和"的宗教生态模式。所谓"多元通和"的宗教生态模式③,即以中华传统信仰为基础、为主体,具有内在的凝聚力,同时又有包容性,兼纳其他多种宗教信仰体系。多种信仰可以相比较而存在,相激荡而发展,但总体上保持和谐关系,这使信仰文化具有长久的生命活力。这种宗教生态模式符合人的本性需求,符合人类文明的和平发展方向。但近代以降,这种宗教生态模式遭到严重破坏,使得中华传统信仰边缘化,国民精神信仰留下很大空白,从而被基督教及其他各种不可控的力量所填补。这不是一个健康的、正常的宗教文化生态。这导致中华民族在宗教信仰方面逐渐失去民族自性。因此,应该重建天祖教,恢复和发展中国特色的宗教生态模式。

第八,重建天祖教,旨在重建民族信仰,凝聚民族力量,振奋民族精神,提升道德素养,使得处于转型时期的中国社会有一个精神重心,为中国现代化建设提供一个坚实的、深厚的思想道德与精神信仰基础;同时,可以彰显中华文明的主

---

① 徐梓详细考察了"天地君亲师"的源流演变,他指出"天地君亲师"的思想发端于《国语》,形成于《荀子》,在西汉颇为流行。东汉时期,在《太平经》中最早出现了形式整齐的"天地君父师"的说法。北宋初期,"天地君亲师"的表达方式已经正式出现。明末以降,"天地君亲师"作为祭祀对象在民间广为流行。清雍正初年,第一次以帝王和国家的名义,确定"天地君亲师"的次序,并对其意义进行了诠释,特别突出了"师"的地位和作用。"天地君亲师"成为风行全国的祭祀对象。民国时期,"天地君亲师"又衍变出"天地国亲师"和"天地圣亲师"两种形式。徐梓:《"天地君亲师"源流考》,《北京师范大学学报》2006年第2期。

② 民国以来,先后有人提出了另三种体系,即"天地国亲师"、"天地圣亲师"和"天地民亲师"。笔者充分理解其中蕴含的良苦用心和积极意义。但再三斟酌反思,笔者认为,还是"天地人亲师"为好。理由如下:第一,以"国"、"民"置换"君",虽然去除了"君"的影响,但仍不免陷入政治窠臼,有失纯正、庄严的宗教精神。况且,在中国国度,"民"容易与"臣民"、"小民"等词汇联系在一起,不利于民众挺立人格意识。第二,在天祖教的祭祀系列里,已有单独的"祭圣"(如祭孔),故不必再与"天地亲师"并列。况且,"圣"、"师"相类而境界不一,故列上去反而显得不妥。

③ 参见牟钟鉴:《宗教文化生态的中国模式》,《探索宗教》,北京:宗教文化出版社,2008年,第94—100页。

要宗教基础以及“多元通和”的宗教生态模式，促进与世界各大宗教文明之间的交流与对话①，为人类社会的和平发展做出新的贡献。

（二）走向太和宪政

20世纪初，孙中山先生对儒家传统的“修齐治平”的政治理想，对“忠孝”、“仁爱”、“信义”、“和平”诸德目加以发掘和阐释，提出“三民主义”和“五权宪法”，试图从精神价值和政治制度层面融合中西文明。这种精神方向值得我们继承和发扬。中国现代化建设必须走自己的道路。

第一，我们必须明确现代政治文明的集中体现——宪政的内涵与意义。毛泽东同志曾说：“宪政是什么呢？就是民主的政治。”又说：“真正的宪政决不是容易到手的，是要经过艰苦斗争才能取得的。”并且说，宪政运动的方向，“它必然是依照人民所规定的路线走去的。这是一定的，因为全国人民要这样做，中国的历史发展要这样做，整个世界的趋势要我们这样做，谁能违拗这个方向呢？”②这番话语今天读来依然有强烈的震撼力和穿透力。立足于今天这个时代，我们可以对宪政作出更为严谨的定义：“宪政是国家依据一部充分体现现代文明的宪法进行治理，以实现一系列民主原则与制度为主要内容，以厉行法治为基本保证，以充分实现最广泛的人权为目的的一种政治制度。”③党的十六大提出了“政治文明”这一重要概念。其主要内涵就是民主、法治和人权。而国务院最新发布的《国家人权行动计划（2012—2015）》，其要旨也是民主、法治和人权。这是针对专制、人治与公民无权而言。而宪政的内涵与意义，就在于将民主、法治和人权作为一个整体来把握，并强调这三者之间的内在联系：民主是宪政的基础，法治是宪政的条件，人权则是宪政的目的。正如李步云先生所指出，宪政的理论与实践，都是共性与个性的统一。民主、法治、人权的基本精神和主要原则，适用于世界上任何一个地方，是全人类共同要走的道路。但是，各国宪政的具体表现形式，实现宪政理想的具体步骤，则由于不同国家、不同民族在经济、政治、文化方面的历史传统与现实条件不同而有差别。否认或夸大宪政的共性或个性的任何一个方面，都是不正确的、有害的。④

第二，我们应该明确，一个良好的宪政制度必须以一个健全的共同价值和信

---

① 亨廷顿在《文明的冲突与世界秩序的重建》一书的中文版序言中指出：“我所期望的是，我唤起人们对文明冲突的危险性的注意，将有助于促进整个世界上‘文明对话’。”显然，文明对话的主要内容就是宗教之间的对话，因为宗教构成了各文明体系的重要内容。

② 毛泽东：《新民主主义的宪政》，《毛泽东选集》第2卷，北京：人民出版社，1991年，第732、736、738页。

③ 李步云：《中国宪政之路》，蔡定剑、王占阳主编：《走向宪政》，北京：法律出版社，2011年，第24页。

④ 李步云：《中国宪政之路》，蔡定剑、王占阳主编：《走向宪政》，北京：法律出版社，2011年，第25页。

仰为前提和基础。蔡定剑先生的观点值得参考,他说,一个国家的国家意识形态(即共同的价值和信仰)有两个层面:一个是政治层面的基本价值,如自由、平等、正义、法治、民主、人权等,它通过政治过程实现;一个是公民社会层面的基本价值,如真、善、爱、美、诚、信等,它通过宗教和道德的方式实现。① 所以,中国的自我认同应该建立在两个价值体系之上:政治层面,应该确立民主、法治、自由、人权、平等、公正等人类的普世价值;文化道德层面,应该继承儒家传统的仁、义、礼、智、信。这样,中国既保留了自己传统的道德文化,又融进了现代化和全球化的世界。只有如此,中国才会找到真正的自我,才会有真正的崛起和承担好它的国际责任。②

第三,上述观点也有美中不足之处,甚至是严重的不足。这就是在政治层面忽视了中国传统政治哲学的精神价值。事实上,如要建立中国特色的宪政制度,还必须充分吸取中华政教文明的"三维性合法"的价值观念与思维方式,即由敬天而"奉天",由尊祖而"法古",由重社稷而"爱民"(或"重民"),强调"天道"、"民心"和"传统"是国家政权的合法性根据,"务德"、"安民"和"法古"是中国古代政教的三个重心,体现了中华政教文明的一种思维方式与价值观念。可以肯定,"三维合法性"对于当代中国的政治文明建设具有积极意义,主要体现在:其一,传统合法性,主要解决当下中国文化的自性问题。③ 这一问题在一百多年来中国文化传统几近断裂的今天,在国人思维模式和价值观念严重西化的今天,重塑中华政教文明的主体性具有非常重要的理论价值和现实意义。其二,民意合法性,主要解决中国自古有"民本"而无"民主"的重大缺陷问题。追求民主是近代以降多少仁人志士梦寐以求的政治理想,故必须实现由"民本"向"民主"的转型。其三,天道合法性,主要解决在市场经济时代或世俗化浪潮中神圣价值的丧失问题,建立一个义利统一、义以生利的经济和社会文化价值体系,为社会发展确立一个既顺规律又合目的的发展方向。总之,"三维合法性"是当代中国宪政建设的核心内容,甚至可以说是中国宪政之灵魂。

特别值得指出的是,改革开放以来,我们的基本国策在一定意义上体现了"三维合法性"的思维方式与价值理念:第一,十七大报告指出"中华文化是中华民族生生不息、团结奋进的不竭动力"、"中华民族伟大复兴必然伴随着中华文

---

① 蔡定剑:《论国家意识形态的重建》,蔡定剑、王占阳主编:《走向宪政》,北京:法律出版社,2011 年,第 7 页。

② 蔡定剑:《论国家意识形态的重建》,蔡定剑、王占阳主编:《走向宪政》,北京:法律出版社,2011 年,第 15 页。

③ 值得注意的是,塞缪尔・亨廷顿在其《文明的冲突与世界秩序的重建》的第 34 页对中国文明的现状及未来发展打上了一个"?"。这是一个耐人寻味、让人警省的问号。但让笔者遗憾的是,亨廷顿的这个问号来源于另一部著作,即卡罗尔・奎格利《文明的演变:历史分析导论》。而笔者目前未能看到这部书,因而对其问号未能作进一步的探讨和阐释。

化繁荣兴盛”、“弘扬中华文化，建设中华民族共有精神家园”。这意味着近代以来几乎断裂的中华文化传统又将重新接上了！这体现了传统合法性。第二，中央强调“立党为公，执政为民”，积极稳妥地推进政治体制改革，促进民主与法治建设，努力保障人权；同时不断完善市场经济体制，注重公平正义，努力使发展成果全民共享。这体现了民意合法性。第三，中央强调深入贯彻、落实“科学发展观”，坚持以人为本，统筹五个关系，构建和谐社会，建设生态文明，走和平发展道路，并致力于建设和谐世界。这体现了天道合法性。总之，这些执政理念充分体现了“三维合法性”的崭新的时代内涵与意义。

第四，基于上述认识，这里提出一个具有中国特色的政体模式，即“太和宪政制度”：它由太和院、乾院和坤院组成。其中，“坤院”代表传统合法性，“乾院”代表民意合法性，“太和院”代表天道合法性。乾、坤两院地位完全平等，太和院地位大于乾、坤两院而小于两者之和。① 三院商议一个国家重大问题，如果观点各自不同，那么遵循太和院观点；如果乾、坤两院观点基本一致，而太和院观点与之相差较大，那么采纳乾、坤两院的共同观点。值得注意的是，如果一个议案涉及特别重大的问题，则需要三院一致通过方能生效。② “太和宪政制度”的基本理念和根据：一是根据“三维合法性”。二是基于《周易》的哲学理念，即“一阴一阳之谓道”。乾是阳，坤是阴，阴阳统一即为“道”，也即“太和”。三是基于对现实中的社会政治诸因素、诸力量的综合认识和整体把握，大体可分三类：1. 倾向于传统和保守立场；2. 立足现实和主张改革；3. 主张平衡、注重和谐。四是基于对“三角”稳定原理的应用。任何一个社会都存在上述三种因素或力量，它们都应该在社会政治活动中拥有自己合法的地位。因此，“太和宪政”把这三类力量分别归属于坤院、乾院与太和院。③ 五是认同和弘扬中华文化的“和而不同”、“保合太和”这一崇高价值理念。故突出太和院的地位，使其地位大于乾、坤两院的地位。但为了避免出现太和院专制，故又限制它，使它小于乾、坤两院之和。总之，由太和院、乾院和坤院及其制衡关系构成了“太和宪政制度”。④

综上所述，“太和宪政”思想源于传统，但又结合了时代特点；它吸收了民主

---

① 至于三院议员的来源问题，可不受出身、地位、财产等限制，主要依据各自的文化立场和价值理念而定。

② 比如，如果乾院所提议案有损于甚至是全盘否定坤院的合法地位，那么，只要坤院反对，此议案即不能通过；反之亦然。同理，太和院与乾院、与坤院的关系也是如此。

③ 关于乾、坤、太和三院的内涵及其关系，可以从理论上和实践上作更深入、更丰富的阐释。但这需要另外专门的探讨了。这里需要着重指出一点，从理论上说，乾、坤、太和三院之间存在一定张力，但其基本精神是相通的、统一的。

④ 需要说明，笔者提出的“太和宪政制度”受益于蒋庆先生的“儒教宪政制度”。但两者内容亦有较大差异：其一，命名和命名依据不同；其二，三院地位规定不同；其三，三院议员的来源与性质不同；其四，三院设立的依据及其价值理念也不完全相同。

精神,又优于民主制度,有助于克服民主制度中的诸种弊病。① "太和宪政"的精神实质是把中国传统道德与政治理想和现代民主与法治精神有机结合,并具体落实为一种可操作的政体模式。这是一种能够体现中华文明自性、富于中国文化特色,同时又吸收、融会了人类普世价值的政治制度。②

结语

天祖教是中华民族历时最久、信众最多、最能体现民族特性的传统宗教。它既是"吾华独有之特色",又是"吾中华所特长"③。如果说天祖教在当代中国依然存在和延续,却只是一种历史惯性与自发性的存在。今天,如果重建天祖教,就可以促进它从自发走向自觉,从散漫无序走向规范有序,这既是对悠久的宗教传统的复兴,又有助于确立国人的精神信仰和共同价值。《周易》云:"复,其见天地之心乎!"这体现了当代中国文化自信与文化自觉的时代精神。

当前,中国社会面临信仰缺失、价值虚无和道德沦丧问题。④ 杜维明先生指出:"重建中国人的精神信仰,应该是知识分子,特别在各个不同领域的精英,比如政府、学界、媒体、企业、宗教等,共同的责任。"他特别强调:"现在是一个关键时期,能够转向的时间不多,可能也就是三五年,如果转向成功,就会出现良性循环;如果转向不成功,就是恶性循环,可能走上一条不归路。"⑤他还指出,大国崛起必定对国际社群进行重组,只靠经济力量和政治力量绝对不够,还要靠文化力量。我们有足够的资源,可以用各种不同方法打造我们的品牌,但是背后不能没有核心价值作支撑。杜维明认为,应该把儒家传统的核心价值"仁义礼智信"化为我们的内在价值,应该继承中国古代敬天、畏天和祀天的宗教传统。

古人云:"国于天下,有与立焉。"(《左传·昭公元年》)这句话在今天全球

---

① 有的时候(如五四时期),民众会显得过于激进,从而企图摆脱传统,否定传统,这时需要传统合法性加以制衡。至于"文革",更是疯狂地批判、否定传统到了极点,这更显得传统合法性的重要意义。再如"台独",妄图改变国籍,这就更为传统合法性所不容。有的时候(如当代社会),民众会过于浮躁,急功近利,使得社会人欲横流,道德沦丧,损害社会的和谐稳定,破坏生态环境,这时特别需要天道合法性去加以制约和克服。

② 诚然,这一制度设计只是属于政道的宏观层面,至于治道层面(中观、微观)的机制如何设计,有待今后继续研究。

③ 梁启超:《论中国学术思想变迁之大势》,《饮冰室合集·文集7》,北京:中华书局,1989年,第6、9页。

④ 对这句话的理解不宜太机械、太绝对。我们还是时常可以听到和看到那感人的、真实的道德故事。正所谓物欲横流,方显英雄本色。笔者相信,中国社会还是存在一批中流砥柱能扭转乾坤。

⑤ 陈竞:《新世纪文化中国面临的挑战——访"新儒学"代表人物杜维明》,《新华月报》(天下)2010年第9期。

化背景下，尤其显得内涵丰富、意义深刻。所谓“立”，是一个全方位、立体式的“立”，是一个国家的综合实力的屹立，是中华文明的整体屹立。而中华文明的主要宗教基础是天祖教。所以，我们应该重建天祖教，努力发扬中华文明“自强不息，厚德载物”的精神传统，以“三维合法性”的价值理念促进当代中国政治文明建设，同时努力借鉴和吸收人类政治文明的优秀成果，建立“太和宪政制度”。这，恐怕就是当代中国儒学的“返本开新”①！

（作者：李英华，海南大学马克思主义学院教授）

① 杜维明认为，儒学的“返本开新”主要是对于西方文化做出有说服力的、创建性的回应。并多次表示儒学必须经过纽约、巴黎、东京，然后康庄地回到北京。这个看法不无深意。但相对而言，在当代中国社会，儒学的“返本”，归根到底，在于回归天祖教，重建民族信仰；儒学的“开新”，落到实处，在于构建“太和宪政”，重塑国人的政治自信。这两方面做好了，就是对西方文化的最好回应，也是对世界宗教文明和政治文明的最大贡献。

论孔老不争思想对当代价值观的意义*

◇刘鹤丹

孔子和老子生活于春秋末期，虽然距今已有两千五百多年的时间，但他们提出的很多思想对中国当前社会主义核心价值体系与中华民族共有精神家园的建设仍有不可或缺的作用。本文拟从孔、老关于不争之德的阐释为视角，探讨他们对当代价值观的启示。

孔子和老子的思想迥异有致，然而也有相通之处，比如说对不争之德的肯定与推崇。老子说“圣人之道，为而不争”（《老子》第81章）；孔子说“君子无所争”（《论语·八佾》）。不过，孔子常说“让”以表“不争”。

一、不争思想的历史渊源

孔老的不争思想是有关联的，《史记》载：孔子适周，将问礼于老子。老子曰：“去子之骄气与多欲，态色与淫志，是皆无益于子之身。”①

老子所说的“骄气”与“多欲”、“态色”与“淫志”隐含着“争”的心理。人前显胜是大众的心态，不在众人面前显耀自己的聪明、财富、权势、能力便犹如锦衣夜行、明珠投暗，故而人们争强好胜之心不免滋蔓。然这正是老子告诫孔子人生应当去掉之赘物。孔子也曾说：“如有周公之才之美，使骄且吝，其余不足观也已。”（《论语·泰伯》）

孔老的礼让、不争思想非凭空而起，而是有历史渊源的。《左传》记载：

> 晋师归，范文子后入。武子曰：“无为吾望尔也乎？”对曰：“师有功，国人喜以逆之，先入，必属耳目焉，是代帅受名也，故不敢。”武子曰：“吾知免矣。”（《左传·成公二年》）

范武子从范文子不争名而断言自己可以免祸，这正是后来老子所倡导的不争之德：

---

* 本文为国家社会科学基金项目“历史唯物主义与精神生活的现代性处境及其问题研究”（项目号12BZX010）的研究成果之一。

① 司马迁：《史记·老子韩非列传》，《史记》（七），北京：中华书局，1982年第2版，第2140页。

> 自见者不明，自是者不彰，自伐者无功，自矜者不长。其在道也，曰馀食赘行。物或恶之，故有道者不处。（《老子》第24章）

孔子对此礼让之德也有明确称述："孟之反不伐，奔而殿，将入门，策其马，曰：'非敢后也，马不进也。'"（《论语·雍也》）《左传》中不争的事例很多，再如：

> 郤伯见，公曰："子之力也夫！"对曰："君之训也，二三子之力也，臣何力之有焉！"范叔见，劳之如郤伯，对曰："庚所命也，克之制也，燮何力之有焉！栾伯见，公亦如之，对曰："燮之诏也，士用命也，书何力之有焉！"（《左传·成公二年》）

晋国统帅军队的三卿在荣誉面前谦逊礼让，所以才能将晋国的争霸事业维持下去。因其不争，故而成就莫能与之争的地位。治理国家亦应有不争或礼让之德。《左传》载：

> 叔向谓赵孟曰："诸侯归晋之德只，非归其尸盟也。子务德，无争先！且诸侯盟，小国固必有尸盟者。楚为晋细，不亦可乎？"书先晋，晋有信也。（《左传·襄公二十七年》）

这些事例与言论同孔老之意正相合，老子曰：

> 夫唯不争，故天下莫能与之争。（《老子》第22章）
>
> 以其不争，故天下莫能与之争。（《老子》第66章）
>
> 我有三宝，持而保之。一曰慈，二曰俭，三曰不敢为天下先。慈故能勇；俭故能广；不敢为天下先，故能成器长。今舍慈且勇；舍俭且广；舍后且先；死矣！（《老子》第67章）

《论语》亦记载：

> 子曰："能以礼让为国乎？何有！不能以礼让为国，如礼何？"（《论语·里仁》）
>
> 子曰："泰伯，其可谓至德也已矣。三以天下让，民无得而称焉。"（《论语·泰伯》）
>
> 子曰："为国以礼"。（《论语·先进》）

从上所示，孔、老的礼让、不争思想有深厚的历史传统，是中华先民很早就形成的价值取向。

二、孔子与老子的不争思想

尽管孔、老都继承了先贤的礼让、不争观念，有同源之基，但他们毕竟各创儒道，有显著差异。下面将分别从以下几方面阐述二者礼让、不争思想的同与异。

（一）礼让、不争的内涵

老子认为，人世间的一切与道相违背的东西都是"馀食赘形"（《老子》第24章），都是人应当摒弃的；若一味地追逐、争夺这些东西，结果只能是导致人的生命受到损害，所以他说："五色令人目盲；五音令人耳聋；五味令人口爽；驰骋畋猎，令人心发狂；难得之货，令人行妨。"(《老子》第12章)老子甚至认为人的生命都是令人忧虑的，因此对生命不应过分爱惜，他说："吾所以有大患者，为吾有身，及吾无身，吾有何患？"(《老子》第13章)故而人对自己所拥有的生命也应持有顺其自然的达观，不以争占到"人形"而炫耀，否则道必以此为不祥，从而让生命成为自身的累赘。因此，人对生命应持不争的态度，生命的得失是自然而然的，不要以宠辱来看待生命。老子说："宠为下，得之若惊，失之若惊，是谓宠辱若惊。"(《老子》第13章)庄子对此亦有很好的解说："今大冶铸金，金踊跃曰：'我且必为镆铘！'大冶必以为不祥之金。今一犯人之形而曰：'人耳！人耳！'夫造化者必以为不祥之人。"(《庄子·大宗师》)所以，老子主张对人世的一切都应采取不争的态度。

孔子的主张与老子相似，也说"君子无所争"，即君子没有什么可争夺的。不过，人在社会群体中生活，难免有次序问题，出现竞争的局面，对此孔子认为："君子无所争，必也射乎！揖让而升，下而饮。其争也君子。"(《论语·八佾》)孔子以赛射为例，指出即使人们不得不面临竞争，也应采取彬彬君子的态度，尽力而已，不以竞争结果为意。换言之，人的才能是不同的，做事也要量力而行，不必争强好胜、争先恐后。所以，孔子说："射不主皮，为力不同科，古之道也。"(《论语·八佾》)

虽然孔子和老子一样主张不争，但孔子强调在原则问题上一定要争。《论语》载："子曰：'当仁，不让于师。'"(《论语·卫灵公》)一个人去践履仁，在师长的面前也无须谦让。如果一个人在仁义面前退缩，那就是"见义不为，无勇也"(《为政》)。一个人不仅在众人面前当仁不让，即便对自己也应当仁不让。《论语》载：

> 子曰："已矣乎，吾未见能见其过而内自讼者也。"(《论语·公冶长》)
>
> 子曰："有能一日用其力于仁矣乎？我未见力不足者。盖有之矣，我未之见也。"(《论语·里仁》)

在德性践履过程中，人应该一往无前，勇于知过改过，精益求精，只争朝夕，死而后已。所以"子曰：'朝闻道，夕死可矣。'"(《论语·里仁》)曾子对此深有体会，《论语》载：

> 曾子曰："吾日三省吾身。为人谋而不忠乎？与朋友交而不信乎？传不习乎？"(《论语·学而》)
>
> 曾子有疾，召门弟子曰："启予足！启予手！《诗》云：'战战兢兢，如临深渊，如履薄冰。'而今而后，吾知免夫！小子！"(《论语·泰伯》)

曾子一生不遗余力践行夫子的教导，分秒必争，直至生命终止，故而能求仁得仁。与此相反，以自身力量不足为借口而不去积极努力行仁，是自我画地为牢，不愿向善进取，这是孔子所反对的。《论语》载："冉求曰：'非不说子之道，力不足也。’子曰：‘力不足者，中道而废，今女画。’”（《论语·雍也》）由此可以看出，孔子主张争的是人自身德性修养的提升，是人对至善的不懈努力。在这点上，孔、老出现了差异，老子主张完全无争，而孔子主张于不争之中有所争。

（二）礼让、不争的实现方式

如何做到不争呢？老子主张要“见素抱朴，少私寡欲”（《老子》第19章）来消泯争心，而孔子则主张以礼来制衡争心。

老子认为，对统治者而言，只有自身做到了“少私寡欲”，百姓才会不起争心。他说：“不尚贤，使民不争；不贵难得之货，使民不为盗；不见可欲，使民心不乱。”（《老子》第3章）对此，孔子十分赞同，并以此教导弟子。《论语》载：

> 哀公问于有若曰：“年饥，用不足，如之何？”有若对曰：“盍彻乎？”曰：“二，吾犹不足，如之何其彻也？”对曰：“百姓足，君孰与不足？百姓不足，君孰与足？”（《论语·颜渊》）

统治者是百姓的表率，他们不贪财好货，知足常乐，百姓才会不起贪婪的争心。在用兵方面，老子认为也应有不争的态度。他说：“用兵有言：‘吾不敢为主，而为客；不敢进寸，而退尺。’”（《老子》第69章）战争的根本目的是争夺胜利，士兵常常摩拳擦掌、一派争勇斗狠的气势。但是老子却主张兵道要以谦让退避为原则。他的理由是：

> 善为士者，不武；善战者，不怒；善胜敌者，不与；善用人者，为之下。是谓不争之德，是谓用人之力，是谓配天古之极。（《老子》第68章）

老子认为只有圣人之治才能做到使民无知无欲，根本不知争心何谓。他说：

> 是以圣人之治，虚其心，实其腹，弱其志，强其骨。常使民无知无欲。（《老子》第3章）

统治者的清心寡欲会减弱整个社会的争夺之心，不过对个人而言，统治者的行为仍然是外在的影响，并且圣人之治只能是美好的理想，不知争夺的社会只能出现在桃花源中。因此最根本的是自身做到少私寡欲。那如何做到少私寡欲呢？老子认为，这就要“致虚极，守静笃”（《老子》第16章）。致就是达到，虚就是清虚，极就是至极，守就是守护，静就是清静，笃就是笃实。“致虚极，守静笃”，意思就是清虚宁静到极点，去除各种欲念、知识和技巧，摒除妄见，把心灵打扫得清澈透明像镜子一样，使人反观自身质朴本性。老子批评世人所谓的仁义道德、礼乐教化都是文饰的东西，不是人的真朴之性，它们遮蔽了人的本真，所以应该减损掉。因此“为道日损”（《老子》第48章），一天天地减损贪心私欲，直至“无知”“无欲”“无所为”，不以知为知，不以欲为欲，不以为为为。这才是道的本色，“我无为而民自化，我好静而民自正，我无事而民自富，我无欲而民自朴”（《老子》第57章）。

老子提出“少私寡欲”的方法消泯争心固然不错，可现实中人人不可避免地存在或多或少的争心。所以孔子虽然赞同老子少私寡欲的观点，但认为克己复礼才是化解争心的关键。《论语》载：

> 孔子曰："君子有三戒：少之时，血气未定，戒之在色；及其壮也，血气方刚，戒之在斗；及其老也，血气既衰，戒之在得。"（《论语·季氏》）

人可以克制不必要的争心，这也就是孔子所说的"戒"。但如何才能克制得恰到好处呢？孔子主张"以礼节之"，避免过犹不及。《论语》载：

> 子贡曰："贫而无谄，富而无骄，何如？"子曰："可也。未若贫而乐，富而好礼者也。"（《论语·学而》）

那些虽富贵却无骄心的人亦应好礼来提高德性修养，如此才能"富而无骄易"（《论语·颜渊》）。治理国家更应以礼为根本原则，孔子认为，"为国以礼"（《论语·先进》）。当孔子与子路、曾皙、冉有、公西华等弟子讨论个人志向时，子路"率尔而对"，谈了一通治国之方，结果孔子认为他"其言不让"，不符合"为国以礼"的精神，对他哂之。但孔子并非一味赞同恭让，他说："巧言，令色，足恭，左丘明耻之，丘亦耻之"（《论语·公冶长》）。他提出谦让恭敬要以礼为尺度，他说："恭而无礼则劳"（《论语·泰伯》），他的弟子有子说："恭近于礼，远耻辱也"（《论语·学而》），子夏说："君子敬而无失，与人恭而有礼"（《论语·颜渊》）。由此可知，孔子所主张的不争、谦让有一定原则，这原则就是礼，即以礼待已、以礼待人。

由上可以看出，孔老在不争之德的实现问题上，虽有相通之处，但分歧还是非常明显的。

（二）礼让、不争的人性根基

孔、老提出礼让、不争作为人人应该遵循的德行，不是凭空想象出来的，也不是仅仅继承春秋时期贤德之士所推崇的明智之举，而是为这种德行找到了人性的或者说形而上的根基。

孔子虽未明言礼让之德与人性的关系，但他的日常言行却处处体现礼让作为人的一种存在方式。《论语》记载子贡对孔子的评价是"夫子温、良、恭、俭、让"（《论语·学而》）。《论语》另一处亦记载孔子为人是"温而厉，威而不猛，恭而安"（《论语·述而》）。孔子称赞子产有君子之道，其标准中就含有恭与敬，《论语》载：

> 子谓子产："有君子之道四焉：其行己也恭，其事上也敬，其养民也惠，其使民也义。"（《论语·公冶长》）

孔子提出君子应有九思，其中"貌思恭"、"事思敬"、"见得思义"（《论语·季氏》）。恭与敬虽与让有些微差别，但三者都从某个方面体现了一种不争的品德。"见得思义"所反对的就是在"得"的面前肆无忌惮而不考虑道义，即争而无礼。礼、让、恭、敬既然作为人应有的行为方式，就必然与人的本性——仁——相连接，即它们都是仁的体现。《论语》载：

> 樊迟问仁。子曰："居处恭，执事敬，与人忠。虽之夷狄，不可弃也。"

(《论语·子路》)

子张问仁于孔子。孔子曰:“能行五者于天下为仁矣。”请问之。曰:“恭、宽、信、敏、惠。恭则不侮,宽则得众,信则人任焉,敏则有功,惠则足以使人。”(《论语·阳货》)

恭敬礼让是人之仁的恰当体现之一,它们来源于“孝弟”,而“孝弟”正是为仁之本。《论语》载:

有子曰:“其为人也孝弟,而好犯上者,鲜矣;不好犯上,而好作乱者,未之有也。君子务本,本立而道生。孝弟也者,其为仁之本与!”(《论语·学而》)

人之所以为人,就在于人之仁。孔子说:“人而不仁,如礼何?人而不仁,如乐何?”(《论语·八佾》)在礼让恭敬或者说不争的背后显现的正是人之本性——仁。孟子也正是循此思路定义人,他说“无辞让之心,非人也”(《孟子·公孙丑下》);又说“辞让之心,礼之端也”(《孟子·公孙丑下》)。所以发端于仁心的礼让不争之德是“非由外铄我也,我固有之也”,人的一生就是把这潜藏于内的德性发扬出来而已。以大仁大孝著称于世的圣人虞舜所做的也仅此而已。《论语》载:

子曰:“无为而治者其舜也与?夫何为哉?恭己正南面而已矣。”(《论语·卫灵公》)

孔子弟子子禽甚至以子贡之“恭”误认为其贤于孔子。①

孔子是以人之本性作为其阐释恭让不争之德的根基和前提,从而使人恭让不争的行为获得可靠必然的依据。

与孔子不同,老子认为道化育了万物:

故道生之,德畜之;长之育之;成之熟之;养之覆之。生而不有,为而不恃,长而不宰。是谓玄德。(《老子》第51章)

万物包括人都是道生成的,万物都是得道而生,因为道才获得了自身存在的必然性,失去道就丧失存在的必然性。但万物能否禀受道则是偶然的,万物不是道预先安排好的,不是必然的存在。万物只有“尊道而贵德”(《老子》第51章)才能获得存在的必然性,否则就要灭亡。万物是道的自然造作,非有意为之。虽然万物从道而生之后,万物仍是自然的,道决不妄加干涉。万物各有各的特性,道任其自然发展,不戕害其个性,这就是道的“生而不有,为而不恃”(《老子》第2章)。道虽为“天地根”(《老子》第6章),然而决不妄自尊大、高高在上,而是潜藏于微末广大之间,成了“无名之朴”(《老子》第37章)。老子将此不争之德称之为道的“玄德”,并认为这就是道的生化原则。他说:“功遂身退,天之道也。”(《老子》第9章)在万物之中,只有人堪与天地并称。老子说:

① 《论语·子张》:“陈子禽谓子贡曰:‘子为恭也,仲尼岂贤于子乎?’”

故道大，天大，地大，人亦大。域中有四大，而人居其一焉。人法地，地法天，天法道，道法自然。(《老子》第25章)

人之大就在于他不仅认识到自己是人的存在，还认识到自己也是道的存在，故而能够效法道。效法道，最重要的就是效法道的不争之德。老子说："天之道，利而不害；圣人之道，为而不争。"(《老子》第81章)老子眼中的圣人效法天地之道，功遂身退，为而不争，故而能够获得"深根固柢，长生久视之道"(《老子》第59章)。

老子以人之本原作为不争之德的根基和前提，从而使人的不争行为获得可靠必然的依据。

孔、老都从"人之本"入手，为不争之德建立根基和前提，孔子认为人之本性是不争之德的根基，老子认为人之本原是不争之德的根基。似乎老子比孔子更具形而上之味。不过，这和孔子罕言性与天道有关。① 但孔子后学弥补了这个缺憾，《中庸》开篇即说："天命之谓性，率性之谓道，修道之谓教。"人的本性——仁——是上天所给予的，人所要做的就是努力发扬自身的德性。其实，孔子曾说过"天生德于予"(《论语·述而》)的话，即蕴含了此意。

(四)礼让、不争的目的、结果

关于礼让不争的目的与结果，老子常常从利害两面对比来阐释。除了前文引述的《老子》第67章，老子还说：

富贵而骄，自遗其咎。(《老子》第9章)

不自见，故明；不自是，故彰；不自伐，故有功；不自矜，故长。(《老子》第22章)

自见者不明；自是者不彰；自伐者无功；自矜者不长。(《老子》第24章)

甚爱必大费；多藏必厚亡。故知足不辱，知止不殆，可以长久。(《老子》第44章)

祸莫大于不知足；咎莫大于欲得。故知足之足，常足矣。(《老子》第46章)

老子认为，争的结果不仅是失去所争，而且导致"死"与"亡"，所以只有以不争的方式达到"诚全而归之"(《老子》第22章)的目的。他说：

天地所以能长且久者，以其不自生，故能长生。是以圣人后其身而身先；外其身而身存。非以其无私邪？故能成其私。(《老子》第7章)

夫唯不争，故无尤。(《老子》第8章)

夫唯不争，故天下莫能与之争。古之所谓"曲则全"者，岂虚言哉！

① 《论语·公冶长》："子贡曰：'夫子之文章，可得而闻也；夫子之言性与天道，不可得而闻也。'"

(《老子》第22章)

圣人不积,既以为人己愈有,既以与人己愈多。(《老子》第81章)

简言之,老子认为不争却达到"天下莫能与之争"的结果。看似无利的不争竟然得到了天下最大的利。老子指出,效法道之不争不是一句虚言,而是实实在在的利益。但是,若以为老子是在教人"曲则全"地得到利益,那就误解了。老子推崇道之玄德,"生而不有,为而不恃",虽居于万物之主宰,却功遂身退,此即"道法自然"。故而,人亦应效法道之自然而然,无争而已,至于得到"天下莫能与之争"之结果非其目的,一切顺其自然而已。

孔子对礼让不争所带来的结果不甚关心,他说:"求仁而得仁,又何怨?"(《论语·述而》)又说:"饭疏食,饮水,曲肱而枕之,乐亦在其中矣。不义而富且贵,于我如浮云。"(《论语·述而》)礼让不争出乎人之内在之仁,是道义所当为而不可不为,由此贫困无怨无悔,由此富贵也理所当然。因此孔子说:

天下有道则见,无道则隐。邦有道,贫且贱焉,耻也;邦无道,富且贵焉,耻也。(《论语·泰伯》)

孔子所看重的,是礼让行为之中仁是否得到了实现,道义是否得到了贯彻,至于其中的利是次要的。换言之,礼让之举是仁德的体现,是人应该做的,道义所至当仁不让,即使"杀身以成仁"(《论语·卫灵公》)亦在所不惜。

三、孔老不争思想的现代价值观启示

通过上面的分析,我们可以清晰地看到孔、老关于礼让不争思想的异同。但本文的根本目的不是比较二者的异同,而是透过对二者不争思想的梳理与分析找出它们对当代人生价值观的启示。

首先,我们认为礼让不争的观念在现代处处以竞争相标榜的社会生活中仍然有存在的价值和意义。这是因为:以竞争为手段的现代社会不是让人成为自身的目的,而是让人沦为他人的工具,沦为物的工具;人人追求的不再是自身的提高与完善,而是物质利益的最大化,在追求当中,人迷失了自我。孔、老的礼让不争思想让我们重新审视何为人,什么才是人应该努力追求的?孔子让我们看到人固然应有所争,但人所应争的不是物质利益的多多益善,而应争的是当仁不让。老子让我们看到在生命本原面前,人之争是多么无意义。

其次,孔子主张以礼为原则调适人的争心,有助于人摆正社会生活中与他人的关系,既不卑躬屈膝也不盛气凌人,而是正道做人。老子主张清心寡欲知足常乐消泯人的争心,这有利于人从内心中减损争强好胜的心态,主动守柔处下。无论采取哪种方式,从客观效果上说,礼让不争都有助于人际和谐,减少摩擦与冲突。

再次,依孔子的观念,遵行礼让正是人自身德性的体现,是人人应该做的。

依老子的观念，为而不争是对生命本原之道的效法，也是人人应该做的。这是人自身的要求，是人发自生命本性和生命本原的必然。

最后，无论礼让不争所带来的后果是其乐融融，还是杀身成仁，抑或天下莫能与之争，都是自然的，在此过程与结果中实现人之为人的目的。

（作者：刘鹤丹，东北师范大学马克思主义学院讲师）

参考文献：

[1]王弼. 老子道德经注[M]. 上海：上海书店，1986.

[2]朱熹. 四书章句集注[M]. 北京：中华书局，1983.

[3]杨伯峻. 春秋左传注（修订本）[M]. 北京：中华书局，1990.

[4]司马迁. 史记[M]. 北京：中华书局，1982.

[5]阮元. 十三经注疏（影印本）[M]. 北京：中华书局，1980.

台湾民间神农信仰及其特点

◇周新发

由台湾神农大帝协进会创意，得到大陆有关部门大力支持和群众广泛参与的"海峡两岸炎帝神农文化祭"活动，于2010年、2011年、2012年在炎帝陵连续举办三届，台湾有86个以神农为主神的宫、堂、庙、寺二千余人（次）参加过活动。

"炎帝神农文化祭"的主要内容有：两岸共同祭祀炎帝陵、炎帝神农文化研讨以及民俗文化表演。活动充分展示了丰富多彩的炎帝神农文化，被誉为两岸民间信仰交流领域中的一大亮点。本文据台湾学者发表的材料和笔者对文化祭活动的考察，就台湾民间神农信仰及其特点作初步探讨。

一、台湾神农信仰源流

神农信仰是台湾最为普遍、最具影响的民间信仰之一。

1. 台湾的开辟与民间信仰

台湾自古以来即属中华，是祖国大家庭不可分割的一部分。据《三国志》载，远在黄龙二年（230年）三国吴就开始经营台湾。隋唐时期，大陆先民已越海开发台湾、澎湖。元朝至元二十九年（1292年）在澎湖岛设立巡检司，管辖澎湖与台湾民政。

南明永历十六年（1661年）郑成功将荷兰人驱逐出台湾，带来第一个移民潮，并进行了大规模有计划的开发屯垦。"村镇市集相继出现，确立了汉人在台湾的控制权。"清康熙二十二年（1683年），朝廷遣福建水师提督施琅出兵，将台湾纳入清朝版图，带来第二个移民潮。"从此，郑氏的泉州子弟与施琅的漳州兵两籍人士纷至沓来，连同康熙末年逐年增多的客家人（粤人），遂成为台湾的主要居民。"而"移民所伴随而来的民间习俗与传统思想，也因此成为台湾文化的主流"[1]。

台湾学者李亦园认为，福建、广东两省移民经历了渡海、开拓、定居与发展四个步骤。[2]台湾的民间信仰，除了移民带来原居地文化传统之外，还融入开拓阶段的愿景和信念，并且在发展阶段的现实生活中被调整和巩固。具体表现在：一是丰富而多样的民间信仰；二是信仰与民间组织的结合；三是民间对信仰的极度依赖。[3]

2. 神农信仰与神农宫庙

炎帝神农是中华民族的人文始祖。传说中的炎帝神农具有太阳神、南方神、火神、农神、谷神、药神、土神等神明性格。这种神格，对于远播台湾、以农耕为业的移民具有特殊的影响力。因而“属于全国性信仰之神农，在台湾同样为全民所崇拜，而无地域性的区别”[4]。

台湾的神农信仰起源较早。在郑成功开辟之前15年，即有台南士绅姚孝在今神农街尾兴建“开基药王庙”，祭祀药王神农大帝，影响甚巨。“拓垦初期，环境艰苦，神农大帝信仰无疑是支撑先民的精神支柱，不论是祈求农事顺遂，五谷丰收，还是面对瘴疠之气、传染病流行，医药亦不普及的种种威胁，盼能受神农大帝的眷顾与庇佑以安顿生活”[5]，是故发展出比大陆更为普遍的神农信仰。日本占领台湾后实行殖民统治，本土信仰受到打压。至抗战胜利，台湾回归祖国，各地纷纷建立庙宇，神农大帝信仰遂日益鼎盛。

神农宫庙的缘由，大致有自“家乡迎奉”来台立庙者，有为“开垦求福”而公议立庙者，有地方士绅“招募立庙”者，有因“偶然机缘”立庙者，此外还有“分灵别祀”立庙者。[6]

因立庙的缘由不同，炎帝神农的尊号各异。在台湾，炎帝神农被尊称为炎帝、开天炎帝、炎王、五谷先帝、五谷爷、神农大帝、神农仙帝、先农、先帝爷、五谷仙、药王大帝、粟母王、土神、田祖、田主等，率以农神、谷神、药神祭祀之。尤为农民、米商、草药商等尊之为行业守护神。谢贵文将炎帝神农的神明性格分为民族始祖、医药之神、农业之神、医药或农业“祖师”等四类，而以强调农业之神、医药或农业“祖师”一类为众。在客家人聚居地，凸显其农神性格的五谷王、五谷爷等称号最多。[7]

台湾宫庙供奉的神农祀像，早期是由移民渡海时随身携带，或稍后因立庙奉祀之需而返乡迎请的。如高雄县大社乡青云宫供奉的神农大帝神像，就是大社乡望族黄家祖先于清康熙三十六年（1697年）由福建泉州府渡海时随身所携，定居大社后修建“紫云宫”奉祀，嘉庆元年（1796年）迁庙于现址，更名“青云宫”。而台中雾峰乡圣贤宫，则经由明末清初修建“神农皇帝庙”，供奉从家乡宗祠迎请的“五谷神农皇帝位”灵牌，至20世纪80年代扩建“圣贤宫神农大帝庙”，1989年初专程从炎帝陵迎请炎帝神农金身塑像的漫长过程。

台湾的神农祀像有两种形象：一为头角耸立，浓眉大眼，袒胸露臂跣足，腰围树叶，手持稻穗或草药的形象，象征教民耕种，遍尝百草，创世济民的先祖意义；一为穿衣戴冠、玉面长髯、温和慈祥的形象，表现出民族始祖的帝王气象与爱民护民的仁慈风貌。祀像的面部颜色有赤、黑、绿三种。对此，台湾学者解读为：炎帝有“火德”，故面部为赤色；又据汉《春秋命历序》，“有神人名石年，苍色大眉，戴玉理……辅号皇神农”，《说文解字》释“苍”色为“草色”，遂作绿面神农。然坊间另有一说:"赤面"神农,代表尚未误尝毒草,面色红润之神农;"绿面"神农,代表神农大帝的农业与医药神性,或在教民农耕前,不得饱食而有菜色之模样;"黑面"神农则代表神农尝草中毒,全身泛黑,为民牺牲之神农。但钟宗宪认为,"黑面"祀像是香火熏染所致,仅限苗栗以北地区。"红面说"亦有异词:神农教民烧山开荒,因高温烤燎及太阳暴晒,以致皮肤红通通的,故红脸多为中壮年时形象。但无论哪种说法,均未超出神农传说范围。

3. 民间对炎帝神农的奉祀

《台湾通史》载,清代台湾各县皆建先农坛,祭先农,耕藉田。《重修台湾府志》亦载,台湾府建有先农坛、田祖庙、药王庙、八蜡祠。先农坛等是官府设立的,并有严格规定的祭祀仪式。虽然与民间神农庙宇的兴建和神农祭祀没有直接关系,但对民间神农信仰和祭祀仪式,无疑起到了推动与示范作用。

民间奉祀,有不定期的敬香拜祭。据台湾民俗学者介绍,其方式是择吉时在自家门口或供奉神农大帝的宫庙中,供以果品、菜碗、清茶(3 小杯)、酒(5 小杯)以及红龟粿、面线(扎有红纸)、红圆、金纸(尺金 3 张、宝衣 3 张、寿金 3 张、元宝发财灯 1 对)。祭拜程序:上供,点烛,神前献茶、酒、食,然后焚香迎神,祈求神明保佑。待香烧至三分之一时,双手奉持金纸拜供神明。

农历四月二十六日为神农大帝的诞辰日,是神农信仰的重要节庆之一,各地的神农庙宇都会举办大型祭典活动。如台北三重市先啬宫,"圣诞前一天即有绕境祈安,迎神演戏。圣诞当天则由市长循古制行三献礼,并有过火、演戏及选炉主等活动。祭典盛大热闹,居民称之为'三重埔大拜拜'"[8]。2000 年起,先啬宫将祭典宏张为"神农文化祭"。高雄县大社乡青云宫亦于 2006 年起将祭典扩大为"神农文化季"活动。

二、台湾炎帝神农文化的特点

台湾炎帝神农文化是中华炎黄文化的组成部分。它以根深蒂固的民间信仰为基础,以历久不衰的宫庙奉祀和祭典活动为载体,在继承中华文化传统的同时,吸收其他文化元素,形成了鲜明的地方文化特色,并影响着台湾社会生活的方方面面。

1. 泛普的民间吸引力

台湾开发之初,随移民而来的民间信仰,具有浓郁的地方特色。如漳州人拜"开漳圣王",泉州同安人奉"保生大帝",客家人拜"广泽尊王",粤东人拜"三山国王"等。而同样从大陆带来的神农信仰则不分族群,不仅为农业为主的乡镇所尊,而且在"都会型"的台北、高雄等市县非农乡镇也建庙奉祀,"显见神农大帝确能超越农神性格的局限,而为不同地区的信徒所信仰"[9]。

据余光弘统计,台湾以炎帝神农氏为主神奉祀的庙宇,1918 年 60 座,1930

年66座，1960年80座，1981年达112座。又据中华神农大帝协进会2007年编印的《通讯录》，收录以炎帝神农为主神的宫、庙、殿、堂、坛等156座。而彭绍周引用台湾当局资料称，全台以炎帝神农为奉祀主神的道教宫庙有254座之多，除金门、马祖外，遍布台湾。余玟慧也有“全台共计约200余座主祀神农大帝的庙宇”[10]之说。另据《台湾民间信仰的医疗观念》一文载：“目前台湾奉祀神农大帝为主神的寺庙，约有176座。”尽管数字差异较大，但以神农大帝为主神的宫庙遍布海岛是共认的。

2. 持久的民间影响力

神农信仰在移民开发和定居时期发挥了感情纽带、精神支柱的作用。随着社会发展，一些有影响的宫庙已由过去单为整合族群的场所演变为社区文化中心。

柯广宇从小区总体营造的角度认为，“小区的庙是小区的文化中心，所有的文化资源都是从此延伸出来，包括祭祀圈、商易、私塾、品德教育成长的地方”。如高雄大社乡的青云宫，不分族群，是大社居民信仰中心的大庙。居民口头上常说的“老祖庙”，更是居民生活精神与休憩的交流处。尽管在当地还有其他神祇信仰，但民以食为天，不论何种族群，对掌管五谷丰收的神农大帝都存有一份敬意，祈求能得到庇佑。[11]

黄建超于2009年5月对参与青云宫“神农文化季”活动的香客作随机抽样问卷调查。在以“青云宫宗教资源吸引力”为题的7个选项中，“祈求神农大帝的庇护保佑”、“神农大帝历史悠久且吸引”、“体验神农大帝的威灵而吸引到此祭拜”等3项，分别列第一、三、四位。（见黄建超《远古神话魅力的宗教游憩资源吸引力》）可见，神农大帝的神性“威灵”，及“庇护保佑”功能，在台湾民间具有持久而又广泛的吸引力。

3. 宽宏的文化包容性

台湾民间信仰的多元性，除移民因素和地理环境影响外，还有其历史原因。日本占领台湾期间，禁锢本土文化。“台湾岛炎黄子民为维持民族香火”，曾将庙宇用作私塾义教，其后又将庙宇改作佛教寺院。明里奉佛教各神，而私下将本土神明与祖先供奉在“炉主”家里。[12]长此以往，遂形成儒释道三教与本土神明的多元信仰。

台湾神农信仰受多元文化影响，已经很难从宗教类别上去作明确区分。因而出现神农大帝为三教所共尊，并以不同的称谓与三教各神明同处一庙，接受信众顶礼膜拜的独特现象。这既是华族社会移民习俗延续的结果，也是中华民族包容文化的体现。

神佛同庙　台湾中医药界多供奉神农大帝，并尊为药王；世人将神农大帝与弥陀、释迦并列为三宝；而道教亦称炎帝为“古仙浮丘公”，为诸仙之长。“以至福和宫以神农大帝为药师佛，药王庙称神农大帝为菩萨。”对此，钟宗宪从神农崇拜的角度解释：神农大帝"是民族之古代圣王，所以为报本返始、慎终追远之儒者所推崇；而他既是火神，又是农神、药神，那么道教也可以掌火之'离明大帝'、掌农之'五谷先帝'、掌药之'药皇大帝'祭拜之；然以佛言之，中国既是东方，则称呼同样具有药神属性的神农大帝为东方教主药师佛，又何尝不可？"由此"可见神农大帝至仁至圣，道高德大，三教同尊，亘古长存"。

众神共祀 与神佛同庙现象共生的是众神共祀。彭绍周曾作过实地调查，发现台湾从南到北，凡是达到一定规模的寺庙，大概都会在其内殿，除奉祀主神金尊外，一定会配祀一些坊间普遍受人崇敬的神明。诸如以关圣帝君（关公）、瑶池金母、天上圣母（妈祖）或以王爷、元帅命名兴建的宫庙，以及以福德正神（土地）等为奉祀主神的宫坛，都配祀有神农大帝神尊；与此对应，那二百多座以神农大帝为主神的宫、庙、坛，也一定配祀上述那些早已成为台湾居民祈求平安、庇佑生活的神圣。[13]其实，众神共祀始于神农时代的蜡祭，《礼记》载："伊耆氏始为蜡"，"祭百种，以报啬也"，"飨农及邮表畷禽兽"，"祭坊与水庸"。不过蜡祭所祀皆涉农诸神，其神格并无混杂。

4. 普世的文化亲和力

台湾炎帝神农文化在赓续传统的过程中，引入喜闻乐见的民俗文化表现形式，使炎帝神农文化从传统文化构筑的神台上走向民间，并以其普世价值所蕴含的文化亲和力吸引广大信众。

传统礼仪与地方礼俗结合 在传统奉祀中，炎帝神农（先啬、先农）是以司啬（如后稷）、祝融（火神）等配祀。明清朝祭先医礼，以伏羲、炎帝、黄帝三皇为主神，配句芒、风后、祝融、力牧。而台湾大部分以神农大帝为主神的宫庙，则以当地耳熟能详的民间神祇福德正神（俗称"土地公"）与注生娘娘（俗称"注生妈"）配祀，以凸显土地、人口（劳动力）等农业生产基本要素的重要性。虽未超出农业生活的范畴，但显然受地方信仰和祭祀习俗影响。

祭祀礼仪循"三献"古礼，并沿袭献香、献爵、献帛、读祝文、颂乐章、望燎等主要仪式，可谓古朴隆重。然古礼供品用的是"太牢"（即牛、羊、豕），如《宋史·礼志》载："太昊、炎帝、黄帝……岁春秋祠以太牢。"《明史·礼志》亦有记载。清道光《炎陵志》载，按《礼部则例》，"祭品……牛一（黄色牡牛）、羊一、豕一（纯黑色）"，这一规制为炎帝陵祭祀沿袭至今。台湾民间祭祀供品用羊、豕各一，即所谓"少牢"。《台湾通史·典礼志》载祭先农、耕藉田礼："文武官率属朝服致祭，帛一、羊豕一"，此规制亦为台湾民间沿袭至今。有学者认为此举是为了保护耕牛，符合农耕社会的民间习俗。

至于"三献"礼中的献花、茶、斋、桃、面、宝等，又带有道教礼俗色彩。

祭祀活动与文化旅游活动结合 神农大帝圣诞日前后，举行带有农耕意蕴的各种民间文化活动，如盛大的阵头绕境、道教音乐、掷筊比赛、宋江阵表演及神农药膳养身餐会等。桃园龙元宫在神农诞辰祭典期间有"赛猪公"习俗；新竹县竹东镇五谷宫以白米堆叠出象征福禄寿的“金龙钱龟”，向神农大帝祝寿；宜兰市五谷庙则打造“春牛与老大”铜像，并举行以提醒农民认真耕作为主题的“鞭春牛”仪式等，颇含农耕余韵，吸引了当地民众甚至远方游客的广泛参与。高雄市中药商公会在神农大帝圣诞日，还会举办登山、献血等有益活动。有的地方政府则将节庆仪式当作观光与国际狂欢活动加以培植。

5. 与时俱进的创新意识

神农大帝的神格与功能，会随着时代与环境的变迁而调整或转化。李亦园研究神农传说的发展，认为“神话传说并非一成不变，在流传过程中常随着人民生活需求与情感投射，而有附托及衍生出来的转变，赋予传说主角更多的属性与功能，亦因此扩大丰富民间信仰的内涵”[14]。宋光宇说，“此一随着信众日常生活所作的调整与转化，常是民间信仰能在现代社会仍保有旺盛生命力的重要原因”[15]。

2002 年，台湾曾发生过 12 万农渔民因反对“农渔会”改革政策而抬出神农大帝举行抗议活动，此时的神农大帝是以涉农的行业保护神出现的。后劲凤屏宫亦曾将地区强烈的环保意识投射到神明信仰上。该宫的《进香顺序册・神农大帝略传》引用了《民间信仰神祇史考丛集・神祇列传》之《神农大帝》一文中“神农可说是最早提倡生态保育者，其在春夏动物正逢繁殖之时，要求百姓不得滥杀，使万物得以繁衍生长”一段话，其后写道：“……维护生态平衡，早在神农大帝时代即大力倡导，且成果丰硕，可知神农大帝是环保运动的先知先觉者。”凤屏宫有意凸显神农大帝在环保生态上的贡献与影响，扩大神农的神明性格与现代功能，以凝聚地方居民对于环保运动的意志与决心。同时也反映出台湾民间信仰的弹性与活力。谢贵文说，如能透过宗教及环保人士的论述，深化其理论与内涵，增加庙宇、祭仪、祭品中的环保元素，吸引更多知识分子的参与，未尝不是传统民间信仰新生的典范。[16]

以现代理念和需求去诠释、践行炎帝神农文化，光大炎帝神农的“人文始祖”形象值得肯定。但也有学者针对其他一些神明角色被改变的现象指出，出于功利目的随意扩大神明角色功能，将使上层知识分子与之渐行渐远。

6. 浓厚的文化寻根意识

所谓寻根，就是追本溯源，寻找文化的源头，得到根的认同、精神的归属。这种寻根意识，肇始于台湾开拓之初，移民以修建庙宇，祭祖礼神，寄托“思乡念祖”之情。而后生生不息，绵绵延延于俎豆馨香之间达三百余年，乃至成为今天两岸交流的强大动力。

炎帝神农文化的根在祖国大陆。随着两岸交流日益密切，台湾神农信众视传说中的炎帝出生地、安葬地及活动地为“根”之所在的“圣地”，各神农宫庙纷纷组团进香祭拜。据炎帝陵管理局不完全记载，继 1989 年台中县雾峰乡圣贤宫首开恭迎炎帝神农塑像的炎帝陵之行，又有澎湖等 10 余座神农宫庙携带炎帝塑像来炎帝陵开光点眼；有115个神农宫庙曾组团诣陵祭拜或参加两岸文化祭活动；40余个研究单位和高等院校来过炎帝陵进行文化考察与学术交流。

海峡两岸共祭炎帝神农，将这种寻根意识上升到一个新的高度。参加活动的台湾学者潘小慧说："拜谒大典的文化意义即在于借由祭之以礼，常终生爱慕感怀之，表达'慎终追远'之深意"，"在情感上，我深深觉得有回到中华民族母亲怀抱的温暖感受，以及心灵终于寻根的平和与平衡"。[17]

三、炎帝神农民间信仰的启示

炎帝神农文化在海峡两岸民间层面上的交流还刚刚起步，时间虽然不长，但给我们的启示是多方面的。

1. 民间神农信仰为两岸交流提供了动力

两岸交流的动力来自民间，历久弥坚的民间信仰是这种动力的重要源泉。正如台湾学者姚同发所说，"民间信仰在台湾的传播不是简单的移植"，它"切切实实寄托着台湾同胞对故土的深深眷恋之情，在客观上发挥着维系两岸一家亲的桥梁和纽带作用"。[18]无论是两岸民众在彼岸神农宫庙进香祭拜的"互动"，还是两岸共襄炎帝神农文化祭的"携手"，都源自民间的推动力。

因此，以海峡两岸"炎帝神农文化祭"为契机，推动两岸民间炎帝神农文化交流活动常态化、节日化，为两岸多元文化的互动互补，营造宽容的文化氛围、宽裕的文化空间，是我们应该积极思考的。

2. 炎帝神农文化是两岸民间交流的根基

民间神农信仰，无论是在大陆还是在远离文化母体的台湾，源远流长，历久弥坚。赋存于神农信仰中的炎帝神农文化，对于赓续中华文化，传承民族精神，构建和谐社会，推动两岸交流，起到了不可替代的作用，成为两岸交流的文化根基和慎终追远、文化认同的标识。

两岸炎帝神农文化祭，在民间层面上，首次同尊"中华民族始祖炎帝神农氏"，并在炎帝神农的神灵之前宣以"两岸同心，共祈升平，交流融合，宏开胜景"，"伏祈庇佑，中华永兴"（《祭文》语），不仅进一步印证了这一认同，而且对炎帝神农文化的认识，已从普世价值上升到核心价值，使两岸交流的文化根基扎得更加牢固。

3. 拓展和丰富炎帝神农文化内涵

有关资料显示，台湾的神农信仰覆盖海岛全境，并拥有200余座祀庙，300余万信众。但神农大帝的神明性格仅限于农业，作为医药神供奉的只有台南市的盘古药王庙一所，以"炎帝"或以"炎帝神农"合称奉祀的庙宇几乎没有。而以黄帝为主神的宫庙极少，对黄帝的祭祀，向来以官方为主；炎黄二帝同时奉祀，仅在三重区先啬宫有过。

因此，在文化交流中，应对炎黄二帝为中华文明的形成、发展所做的贡献，炎黄文化在中华传统文化中的地位，神农与炎帝分称与合称问题，神农（或炎帝神农）的诸多功德（或曰神性功能）与"人文始祖"地位等问题作深入探讨，以拓展和丰富炎帝神农文化内涵，在"人文始祖"层次上丰富乃至升华炎帝神农信仰，从中华传统文化中寻找应对共同面临的矛盾与问题的对策，共同传承与创新中华传统文化，承担民族复兴的历史责任。

（作者：周新发，炎陵县炎帝文化研究会会长）

参考文献：

[1][3][4][5][6]钟宗宪. 炎帝神农信仰[M]. 北京：学苑出版社，1994.

[2][14]李亦园. 台湾民间宗教的现代趋势[A]. 黄绍伦. 中国宗教伦理与现代化[C]. 香港：商务印书馆，1991.

[7][8][9][16]谢贵文. 台湾的神农大帝信仰兼谈后劲凤屏宫[A]. 高雄民间信仰与传说故事论集[C]. 台湾：秀威资讯科技股份有限公司，2009.

[10]余光弘. 台湾地区民间宗教的发展：寺庙调查资料之分析[R]. "中央研究院"民族学研究所集刊（第五十三期）[C]，1982；中华大帝协进会奉祀神农大帝宫、庙、殿、堂、坛《通讯录》（2007）；彭绍周. 台湾道教——奉祀神农大帝庙宇的过去与现在概况之简说[A]. 2006；余玟慧. 高雄县神农大帝信仰之研究[D]. 台湾：台南大学台湾文化研究所98学年硕士班论文.

[11]柯广宇. 移庙建新埕，以庙宇带动社区活力的大二结[M]. 台湾：行政主管部门文建会，1999.

[12][13]彭绍周. 台湾道教——奉祀神农大帝庙宇的过去与现在概况之简说[A]. 2006.

[15]宋光宇. 当前台湾民间信仰的发展趋势[J]. 汉学研究，1985(1).

[17]潘小慧. 炎帝神农的信仰意义——以台湾为例[N]. 华夏经纬网，2012－11－20.

[18]姚同发. 台湾民间信仰的由来与发展[J]. 黄埔，2009(4).

明代八股文与明代的思想文化

◇王同舟　陈文新

“八股文”是明清两代科举考试的专用文体。明清两代的乡试、会试,最重要的测试内容,是要求士子依照严格的程式对儒家经典进行阐释。由此形成的考试专用文体,通称“制义”,此外还有制艺、经义、时文、时艺等名称。至于“八股文”,虽是从制义的结构与写法而来的一种俗称,却最为现代读者所熟悉,这就是我们将本书命名为《明代八股文编年史》的原因。

熟悉“八股文”这一名称,并不意味着熟悉八股文。相反,社会上存在着不少因知之不深而引起的轻视和敌视,最大的冤案莫过于将八股文视为导致近代中国落后挨打局面的罪魁。晚清官员张亨嘉曾有一段关于中西学问优劣问题的牢骚话:“中国积弱至此,安有学?即有学,安敢与外人较优劣?假而甲午争朝鲜,一战而胜日;戊戌援胶州,再战而胜德。诸夷跂足东望,谓中国之盛由人才,人才出科举,欧美各邦将有效吾楷摺、八股而立中华学堂者矣!”(胡思敬撰《国闻备乘》卷二“二张”条)因为不满时论对八股取士制度的攻击,转而一口咬定科举、八股丝毫不需要对近代中国的积弱负责,这当然是愤激之言。从救国保种的需要出发,必须对八股取士的制度加以调整,晚清政府也确实这样做了,光绪三十一年(1905 年)明令废止科举制度,八股文自此成为明日黄花。这种调整无疑是明智的,但我们今天回顾张亨嘉的牢骚,分明感受到当时对八股取士制度的批评也存在偏激之处。无论是过分夸大八股取士制度对中国积弱局面的责任,还是完全抹杀八股取士制度的合理成分,都是至今犹存的倾向,不难想见百年前八股取士制度批评者的情绪化、极端化现象。

评价八股文的功过,必须联系科举制度。科举制度本质上是一种国家文官考试选拔制度,与历史上的世禄制、九品中正制等选举制度相比,这种制度无疑更加公平,更加有效。考试必然需要有相对固定的内容、形式,明清两代八股取士的制度设计即源于此。

一切制度都不可能完美,八股取士的制度设计自然也存在缺陷。科举时代,人们关于八股取士的有效性,主要有两种质疑:首先,八股文承载的是对儒家经典的阐释,以这种“学问”作为考选官吏的统一标准,是否具有充足的理由?由于传统社会不能提供更具优势的学问来替代它,这种质疑就不能动摇八股文的地位。其次,即使八股文所承载的学问是重要的,能否根据八股文考查士人“为学"的动机以及真正的施政能力，从而选拔出德才兼备的官员？但选拔失效的情况又是任何大规模实施的考试都无从避免的。因此，尽管在科举时代对八股取士有很多批评，朝廷仍然坚持实施。

至于人们批评的八股文形式呆板僵化问题，不过是八股取士制度的派生性缺陷。八股文源出宋代的"经义"，其特点是"明白切实"；明初的八股文也与宋代"经义"相去不远，"惟以明理为主，不以修词相尚"（《四库总目提要》卷一百八十九《经义模范》提要）。从开国到成化、弘治的一百多年间，八股文一般都是比较简单而朴实地引用朱熹等对于经书的传注，作者的技巧并不丰富，考官的标准也并不像后世那样严苛。然而八股文作为国家考选官员的依据，天下士人心力汇集于此，自然推动了八股文技艺的提高，也推动了选拔标准的提高。历史地看，所谓八股文形式"呆板僵化"，不过是考试组织者的标准化要求与应考者的技巧性追求交互作用的结果。过于僵化的形式，过于复杂的技巧，并不是制度设计者的本意；而在八股文发展过程中凝固下来的一些形式与技巧，又往往内在地符合逻辑与修辞的需要。这一切又远非"呆板僵化"四字所能概括。

如果要追问八股文有没有用处，不妨先问一问诗赋有没有用处。唐代科举以诗赋取士，可是唐朝国力领先世界并不由诗赋取士而来。关于诗赋取士，唐人赵匡已有"习非所用，用非所习"的批评，诗赋之才与治国理民之才，二者确实难以建立直接的联系。后人惩于诗赋的"无用"，改用八股取士，而八股又不免"无用"之讥，如明末清初的学问家顾炎武就很鄙薄八股。问题是，《日知录》、《音学五书》的学问就能应对晚清海道大通以来的世变吗？进一步说，风靡有清一代的"实学"，从经史之学，到音韵文字、金石考据等，以今天的眼光看，也无非是"虚学"。以这些学问取代八股文作为科举的内容，恐怕未必能避免近代中国落后挨打的命运。

作出这样的假设，并不是替八股文推脱责任，而是要说明评价八股文时应当看到它背后的整个文化。八股取士制度，着重考查士人对儒家经典的掌握，而儒家经典很大程度上是综合了中国传统的人文社会知识；为了写出"熔经液史"的八股文而进行的长期训练，属于典型的通识教育。这种教育并不强调直接培养出具体的职业技能，但由此形成的较高文化水平和学习能力，往往可以转化为较强的社会适应力。这一点正是八股文的有用之处。

这样的教育和选拔制度必定会造成一定比例的"失败者"，包括无法适应八股文写作的人士，也包括仅能掌握八股文写作的人士。问题还不止于此——这种教育和选拔制度有其存在的社会基础，它更适合在分工程度和流动性较低的社会，特别是传统的农业社会。在这种社会环境中，大多数知识分子只能以向"仕"转化为目标。一旦工业社会带来新的社会分工体系，一旦出现自然技术科学知识的爆发性增长，这种教育和选拔制度都会显现出不适应。

明代以来，随着教育普及程度日渐提高，知识分子的总量大大超出社会所需要的官吏数量,社会应当鼓励知识分子向工商业等行业分流。中国没有走向这条历史道路,一代一代,多数知识分子仍以皓首穷经、钻研八股为唯一正业。之所以如此,与固有文化中缺乏支撑变革的思想资源有关,更与专制社会的政治需求有关。对专制政体来说,八股文教育和选拔制度带来的意识形态建设效果,有着难以抗拒的吸引力。

站在工业社会的立场上省视八股文,借着鸦片战争以来历史带来的"后见之明"来评论八股文,我们很容易清晰地看到八股文的历史局限。但是,我们同样需要进入生动的历史情境,以期获得"了解之同情"。明代是八股文形成到成熟的时期,无体不备,名家迭出,对于研究八股文来说,具有标本意义。《明代八股文编年史》重点收录下述内容:与八股文有关的重要科举法规;对八股文发展演变有显著影响的奏疏、会议、人物言论等;八股名家的履历;与八股文有关的科举教育;与八股文有关的科场事件;八股文风及相关文体;与八股文有关的科举文献;名家八股文作品……这些丰富的材料,有助于我们细密地把握明代八股文的流变,观察传统的思想文化如何将其影响注入到八股文之中,观察八股文又如何将其影响弥散到思想文化体系的各个方面。

正因为明代八股文与明代思想文化、社会政治诸方面存在复杂联系,《明代八股文编年史》一书的编纂也就不仅仅着眼于揭示八股文自身的演变历程,而是力图为一系列相关问题的研究提供便利。八股取士制度,是明代文学发展的重要生态。文士命运的升沉往往取决于科场的得失,一些文学流派的地位与科名高低相关;八股取士制度既然带有规范士人知识结构和人格的用意,那么八股文对文学面貌的更广泛的影响也应当被纳入视野。在八股文研究所涉及的其他学科中,需要特别提出的是思想史、哲学史研究。一般地说,我们感知的儒家传统,往往是经过宋明理学改造过的。理学之发生广泛影响,成为传统社会后期的"正宗",它的普及化很大程度上是借助了八股文的力量。但是,八股文在使理学普及化的同时,也对理学进行了取舍,在塑造"正统"方面,八股文的作用不可忽视。在这种宏观影响之外,我们还应适当评估八股文写作对儒家义理的新阐释、新发明。八股文的写作应当恪遵传注,但在传统社会的很多士人那里,儒学是身心性命之学,制义也是提高学养、检验进境的工具。对他们来说,写作八股文,或者是心有所得,探喉而出,或者是呕心沥血,钵肝镂肾,往往包含浓烈的情感和精微的义理。这些八股文当然也应成为思想史研究的材料。

有理由相信,只要克服误解和偏见,作为一般读者也完全可以从八股文中汲取独特的滋养。清初学者何焯称:"合天下聪明才辨之士治一事,得之则身显名立,不得则身晦名没,然而无一精者,未闻也。穷毕世之力攻一艺,父兄勉其子弟,师摩切其徒,然而无一长者,亦未之闻也。至于阅三百有余岁,英雄豪杰树功名、钓禄位,举出其中,而谓是为卑卑不足道,果通论乎?"(《制义丛话》卷一)优秀的八股文作品,在写作技巧与思想内容方面都有值得借鉴之处。例如《明代八股文编年史》中收录的成化、弘治间名家蔡清“吾十有五而志于学”一章题文：“不惑，固明诸心也，未及一原也，又十年而五十，而义理之所自来、性命之所自出，一以贯之而无遗矣；知天命，固与天通也，或未合一也，又十年而六十，则声入心通者，若决江河，莫之能御矣。吾未七十，犹未敢从心也，从之犹未免于逾矩，未与天一也。自六十而又进焉，然后天即我心，我心即天，念念皆天则矣。吁！始而与时偕行，终而与时偕极，圣人之学盖如此。”短短数行文字，将为学的次第分疏清晰，揭示出“与时偕行”、“与时偕极”的精义，确实不愧名作。书中收录的黄淳耀“强恕而行，求仁莫近焉”二句题文写道：“天下勉强之圣贤，终胜于自然之众庶，循理处善，一念可以有群生；天下笃实之学问，尤胜于高明之性资，致行设诚，匹夫可以容天下。”铿锵有力，完全可以作为座右铭。

（作者：王同舟，中南民族大学文学与新闻传播学院副教授；陈文新，武汉大学国家文化创新研究中心教授）

殷商林业考

◇苏家寅

作为广义农业的有机组成部分，林业生产在国民经济中占有重要地位。

我国的林业开发活动具有十分悠久的历史，自新石器时代以来逐渐形成了具有东方特色的传统。而在这一文化传统的酝酿过程中，商代是一个值得予以特别关注的发展阶段，在这一时期，先民们不仅于物质生产方面取得了骄人的进步，而且“林业文明”已经开始具备了精神内涵，从某种意义上来讲，后者甚至更加重要，因为它不仅饱沁殷人对于主客观世界的认知成果，而且在此后漫长的历史时期中，逐渐内化为中华文明的重要表征之一，影响极为深远。

一、商代林业的有形遗产

所谓“有形遗产”主要指的是殷人在林业生产活动中所取得的物质成就，尤其体现在树种选育方面。有较为确凿的证据显示，一些具有重要经济价值的林木在已被先民们认知的基础上，获得了更为深入的开发，这方面的突出例证来自于供饲蚕的桑树以及在当时可能已兼具食用与药用意义的某些果树。

桑树因为与养蚕缫丝具有密不可分的联系，所以很早以来就是我国劳动人民十分熟稔的一种经济林木。在传说中，黄帝之妻嫘祖始创蚕丝业，而根据考古成果来看，远在距今7000多年前，长江下游的河姆渡人就已经掌握了丝织技术，在北方，黄河中游地区至迟也在5000多年前开始了蚕桑生产。① 商代于这一领域内最重大的突破在于桑树在此时可能分生出了新的品种，甲骨文提供了这方面的宝贵证据：

① 李宾泓:《我国早期丝织业的分布及其重心的形成》,《中国历史地理论丛》1991年第2期。

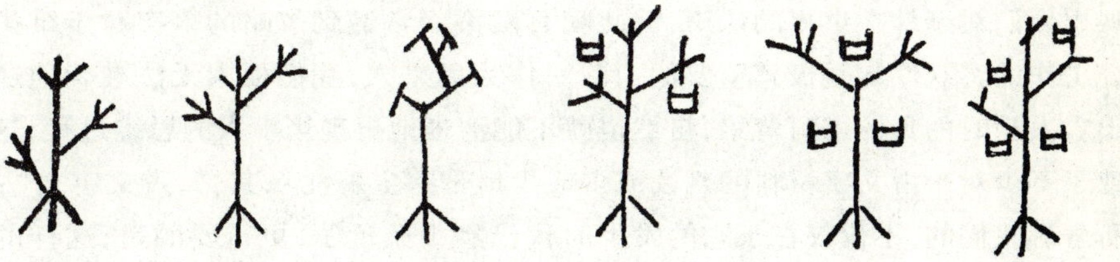

（甲）　（乙）　（丙）　（丁）　（戊）　（己）

（菁 10.4，下）（前 4，41，4）（乙，2997）（前，6，58，7）（前，4，47，1）（前，2，35，6）

图 1　甲骨文中“桑”字的写法①

古文字间这类不同的书写形态可能反映了桑树不同品种在外形方面的差异，即在人为干预下，为便于采摭，开始产生了一类枝干粗矮的“地桑”。至于枝丫间图画的“ㅂ”形，则可能是对于盛装桑叶的箩筐一类劳动器具的抽象描绘。更有趣的是，对于图中文字（丁）（戊）（己）来讲，我们甚至可以在后代同类题材的艺术作品中找到更为写实的版本：

图 2　战国时代铜壶图案（局部）②

所以有研究者认为，这种相似性可能暗示出桑树栽培种发生分化的时间要早于以往的推测，或许可到商代晚期。③ 然而令人不安的是，在考古发掘中，有关商代桑树的直接证据却乏善可陈，部分原因可能在于有机材质在干燥的北方地区难以长久保存。江南地区的情况稍好一些，在对江苏省常熟钱底巷遗址的发掘过程中，就曾成功识别出属于“桑”的孢粉④，只是对其具体种属没有做出进一步的说明，所以现在我们还无法判断它是否属于人工干预下的栽培种。众所周知，在对于三代历史的研究中，考古证据应该是第一位的，尽管古文字可能反

① 周匡明：《桑考》，《农业考古》1981 年第 1 期。

② 《中国大百科全书·农业卷》（网络版）之“中国蚕业史”词条，2012 年 6 月 16 日，取自 http://ecph.cnki.net/Allword.aspx? objid = 44885&vol = %25u519c%25u4e1a。

③ 周匡明：《桑考》，《农业考古》1981 年第 1 期。

④ 宋建、戴宁汝、吴慧虞：《江苏常熟钱底巷遗址发掘报告》，《考古学报》1996 年第 4 期。

映出人们对于外在世界的认识，但此间有两类经常遭到忽略的事实对于维护研究工作的客观性却是极其重要的：其一，作为后来人，我们根本无法准确地还原出古人当时的具体书写背景，自然也就不能清晰地再现当事人的思维过程，这导致了不少对于古文字材料的判读或多或少地带有主观性①；其二，古文字之"古"所告诉我们的，不仅仅在于它的发生时代已经很久远了，更重要的是，这样的描述意味着，在人类漫长的书写史中，它们处于相对较早的发展阶段，本身不可避免地带有原始性，这种原始性的突出表现就在于书写者往往会根据自己对于眼前场景的主观体会来决定笔下文字的具体形象，纳西文中"牛哞"与"马嘶"两类表达方式的差别就是典型的例证②。有鉴于此，并且"桑"在卜辞中并未用来指称任何一种现实存在的植物③，所以，我们认为，商代丝织业的发达的确能够证明桑在当时有着广泛的种植，而且也可能正如古文字所反映的那样，桑的种群发生了形体上的分化，殷人的进步之处在于他们似乎认识到并成功地利用了这种分化，至于这种分化的发生是否一定要与人类的栽培行为联系起来，就现有材料而言，恐怕还难以作出定论。

果树的相关证据，主要来自于考古领域，特别是河北藁城台西商代中期聚落遗址的发掘，为我们提供了论述这一问题的必要材料。遗址坐落于藁城县西10公里处，滹沱河南岸，夹在当地四个现代村庄之间，文化堆积以西、南、北三个土台为中心④，主要内容是商代早晚两期居住遗存以及墓葬⑤。1973年，河北省有关部门对于其中"西台"遗址的东西两侧进行了发掘，于房屋基址及多条探方内先后捡拾出植物种子三十余枚，后又清理出房址F14，内出大小不同多种盛器，个中装放有不少植物果实与种子，同时还见有酵母，据此，发掘者推断这里原是一处酿造作坊。根据植物学家对于该处标本的考察，初步判断籽实成分较为复杂，计有桃仁、李仁、郁李仁、枣、大麻子、草木樨等多种。

这些材料大致可以分为两类，一类兼具食用及药用价值，或以食用价值为主，但亦可入药；另一类则不宜进食，却具有明显的医疗功效。譬如，枣与李在我国都有着广泛的分布，是历来为人们所喜食的果品，这次发掘所获确证了我国人民对于这两类果树的开发早在三千多年前即已开始。此外，根据传统医书所载，它们分别具有不同的药用价值，在酿造作坊中出土的枣仁与李仁，有可能在当时

① 郭芹纳、李红霞：《"汉字生命符号"与汉字研究中的思维误区》，《社会科学评论》2007年第4期。

② 袁行霈主编：《中华文明史·第一卷》，北京：北京大学出版社，2006年，第319—322页。

③ 徐中舒主编：《甲骨文字典》，成都：四川辞书出版社，2006年，第677页。

④ 河北省博物馆、文物管理处：《河北藁城台西村的商代遗址》，《考古》1973年第5期。

⑤ 河北省文物管理处台西考古队：《河北藁城台西村商代遗址发掘简报》，《文物》1979年第6期。

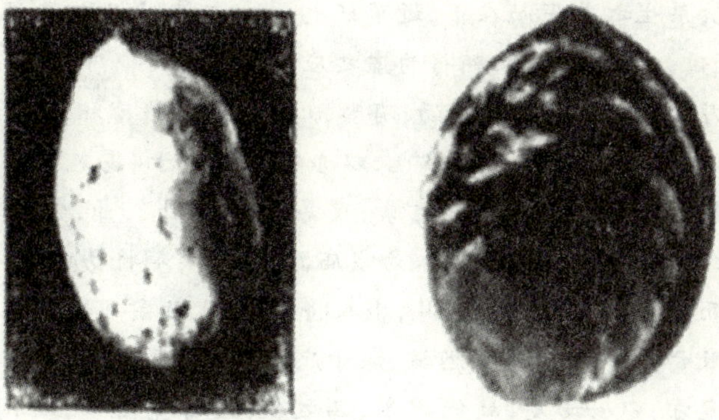

图3　藁城所见桃仁(左)与桃核(右)

还被作为炮制药酒的原料。特别是桃仁、郁李仁等,具有缓泻功效,不可随便食用,如今却在聚落中拾得,可知在商代,它们的药用价值已经得到了认识①。

总之,藁城的发现,确凿地反映出了殷人对于果木及药用植物的认识水平,有助于考察我国古代早期林业史及医药史的发展情况。

二、商代林业的无形遗产

这里所讲的"无形遗产"主要指的是林业活动对于殷人精神世界的影响,包括如下两个方面:其一为娱神。在当时,某些树种被古人赋予了超乎客观实在之上的属灵意义,参与到了频繁举行的各类祭祀活动中。其二为娱人。在关注永恒归宿的同时,商人同样重视现世生活,他们利用林木产品开发出了早期文娱器具,丰富了当时的精神生活。

在殷人的灵魂世界中,桑树与柏树具有突出的地位。关于前者,在商人中,流行着两个非常著名的传说,分别与有商一代地位最为显赫的两个名王联系了起来。较早的一个发生在开国之君汤身上,据称,当时天下大旱,民不聊生,作为族人的首领,汤兼具与上天沟通的职责,于是他以自己为牺牲,在桑林中祈祝,并最终感动了上苍,帮助族人渡过了严重的灾荒②。另一桩传奇的主角是武功煊赫的高宗武丁,许多古籍都记载了这个故事,其中论说较详的版本出自《汉书·五行志》,其文曰:

> 《书序》曰:"伊陟相太戊,亳有祥桑穀共生。"传曰:"俱生乎朝,七日而大拱。伊陟戒以修德,而木枯。"刘向以为殷道既衰,高宗承敝而起,尽凉阴之哀,天下应之,既获显荣,怠于政事,国将危亡,故桑穀之异见。桑犹丧也,

① 河北省文物研究所编:《藁城台西商代遗址》,北京:文物出版社,1985年,第193—196页。

② 孙诒让著,孙启冶点校:《墨子閒诂》(上),北京:中华书局,2001年,第122—123页。

縠犹生也，杀生之秉失而在下，近草妖也。一曰，野木生朝而暴长，小人将暴在大臣之位，危亡国家，象朝将为虚之应也。

《书序》又曰："高宗祭成汤，有蜚雉登鼎耳而雊。"祖己曰："惟先假王，正厥事。"刘向以为雉雊鸣者雄也，以赤色为主。于《易》，"离"为雉，雉，南方，近赤祥也。刘歆以为羽虫之孽。《易》有"鼎卦"，鼎，宗庙之器，主器奉宗庙者长子也。野鸟自外来，入为宗庙器主，是继嗣将易也。一曰，鼎三足，三公象，而以耳行。野鸟居鼎耳，小人将居公位，败宗庙这祀。野木生朝，野鸟入庙，败亡之异也。武丁恐骇，谋于忠贤，修德而正事，内举傅说，授以国政，外伐鬼方，以安诸夏，故能攘木、鸟之妖，致百年之寿，所谓"六沴作见，若是共御，五福乃降，用章于下"者也。一曰，金沴木曰木不曲直。①

可见，直到汉代，这个神奇的故事还被当时的精英阶层视为预示不祥，令人恐惧的"异象"，这充分说明了，"桑"在中国人的心目中，很久以来就具有一种特殊的地位。许多这样的故事发生在，或者说被古人指认为发生在商代，使我们有理由相信，这种落叶灌木或小乔木至迟自商代开始有可能就已经荣膺了某种得以与彼岸世界沟通的灵异职能。而且不仅仅王室被与这种特殊的植物联系起来，甚至一些地位较高的大臣也享有了这种荣誉。譬如开国功臣伊尹，传说他原本是个弃儿，后有"有侁氏女子采桑，得婴儿于空桑之中，献之其君。其君令烰人养之"②。从这条材料中，我们可以看出两点值得注意的现象：其一，关于桑的信仰，在当时的上流社会中是普遍的；其二，只有王室，或是地位极高的大贵族才能享有与这类信仰对象发生关联的荣耀。我们认为，之所以如此，原因并不在于"桑"这种植物本身，而在于它对当时可以用来标识身份地位的奢侈品之一——丝绸的生产能够有所贡献，换言之，依照"桑→蚕→丝→社会等级"这样的逻辑关系，凡是实际参与了威望物品生产过程的因素，都可能因为终端产品所具有的等级意义而获得社会大众的特别尊重。无独有偶，这一点其实在青铜器身上表现得更为明显，"青铜便是政治的权力"，张光直进一步解释道：

青铜容器获得这等意义是因为它们与在仪式上认可了建立在亲属关系上的贵族政治的祖先崇拜祭仪之间的联系关系，同时也因为它们是只有控制了大规模的技术的与政治的机构的人才能获得的珍贵物品，因而也适用为节约法则的象征。说到底的话，青铜容器是只与地位高贵的人相联合的，而在祭仪中所使用的容器的数目和种类是要依照这些人在贵族政治中的地位而有所分别的。③

---

① 班固：《汉书·五行志第七中之下》，北京：中华书局，1962 年，第 1410—1411 页。

② 吕不韦著，陈奇猷校释：《吕氏春秋新校释》，上海：上海古籍出版社，2002 年，第 744 页。

③ ［美］张光直：《中国青铜时代》，北京：三联书店，1983 年，第 21—23 页。

张氏对于青铜器的解释,也完全适用于当时的蚕桑丝织业。必要的浪费,目的就是为了彰显自己所掌握的社会权力及因之可以调配的资源,根本上来讲,这样做的目的,还是为了强调社会等级制度。

除桑以外,关于"柏"的材料相对较少,但是在文献与考古两个方面都可以找到一些。在《论语》中,儒家师徒曾经就"社"的问题开展过专题讨论,这其中就为我们透露出了一些关于"柏"的信息:

> 哀公问社于宰我。
>
> 宰我对曰:夏后氏以松,殷人以柏,周人以栗,曰使民战栗。
>
> 子闻之曰:成事不说,遂事不谏,既往不咎。①

曾有学者对于这个问题表达了不同的看法,认为在商代,"社"以桑不以柏②,文献记载未能就此给出明确的答案,考古证据也十分薄弱,但似乎对"柏"更为有利一些:根据2008年对于安阳洹北商城宫殿区二号基址的清理,考古工作者曾在南庑门道内发现有焚烧过的柏木木炭,据推测,失火之前可能是用作门槛。与许多商代宫殿遗址一样,这里也留下了不少祭祀遗迹,当然,我们现在还不能证明,殷人用柏树制作门槛是否与在这里举行的祭祀活动存在着直接的关系。尽管如此,我们还是应该注意到,在中国古代的官方祭仪中,柏的确是常见的,并且用途很多,既有用作燎祭薪材的,也可以充当祭坛绿植。③④ 所以,我们至少应该对柏树在商代参与殷人精神生活的可能性保持某种敏感。

商代是一个巫术色彩特别浓郁的时期,大到政治决策,小至日常生活细节,许多商代贵族都要依赖于占卜活动,所以神在那个时代具有真正的独一无二的地位,人是渺小的,人的需求也是卑贱的。流传至今的商代遗物,绝大部分都是娱神,或具有娱神功能的,至少就本文所探讨的主题而言,并未发现主旨在于"娱人"的直接材料,但间接证据还是有的。譬如,甲骨文中"棋"字写作:

图4 甲骨文"棋"(棊)

① 何晏注,邢昺疏,十三经注疏整理委员会整理:《论语注疏·八佾》,北京:北京大学出版社,2000年,第45页。

② 于省吾主编:《甲骨文字诂林》,北京:中华书局,1996年,第1400页。

③ 许科:《古代燎祭用物及其意义》,《四川大学学报》(哲学社会科学版)2008年第3期。

④ 崔金生:《说松话柏谈名树》,《北京档案》2001年第6期。

《说文解字》曰："棊，博棊。从木，其声。"《史记》中又录有帝武乙与偶人博弈的故事：

帝武乙无道，为偶人，谓之天神。与之博，令人为行。①

《法言·吾子》："断木为棊"，由此看来，商代晚期可能已经创制了作为文娱器具的木制"棋盘"。殷人以木为娱乐器具的可能还有更多，只因实物材质难存，古典文献中或有言及，多半又不指明材料，所以暂时还无法对此展开较为充分的论述。

三、小结

商代是中国古代林业史上一个重要的发展阶段。

因为甲骨文的大量问世，我们有机会近距离地观察殷人的社会生活，这其中自然也包括他们与林木的关系。根据现有材料判断，商代的林业生产还显得较为原始，鲜见可以用来证明某些林业活动，譬如育林、造林等有可能是在人为干预下有组织进行的材料，这使得现在对于商代林业开发活动的论述经常会显得不很完整，尽管如此，殷人留下的林业遗产依然十分丰富，这其中既包括有形的部分，也包括无形的属于精神领域的内容，它向我们展示出了中国林业滥觞期的图景，对于帮助我们理解中国古代人与森林的关系提供了重要线索。

（作者：苏家寅，中国社会科学院研究生院历史系 2011 级博士生）

① 司马迁：《史记·殷本纪》，北京：中华书局，1959 年，第 104 页。

秦公诸器的研究琐谈

◇张　翀

春秋时期秦国的有铭铜器出土不多，见于著录主要有两件：一件是宋吕大临《考古图》卷七第九至十一页所收秦公钟，为宋仁宗庆历年间叶清臣守长安时所得，现已失传；一件是传说1921年甘肃天水县附近出土的秦公簋。1978年元月宝鸡县太公庙出土的秦公钟，是历来发现春秋秦国青铜器中最重要的一批。共八件，其中钮钟3件，每件铸铭文一篇；甬钟5件，甲、乙两件合铸铭文一篇，丙、丁、戊三件铭文相连。许多学者在这批秦公铜器出土之后写了一些具有价值的文章，如孙常叙《秦公及王姬钟、镈铭文考释》①、李零《春秋秦器试探——新出秦公钟、镈铭与过去著录秦公钟、簋铭文对读》②、吴镇烽《新出秦公钟铭考释与相关问题》③、林剑鸣《秦公钟、镈铭文释读中的一个问题》④、伍仕谦《秦公钟考释》⑤、张天恩《对〈秦公钟考释〉中的相关问题的一些看法》⑥，等等。一些学者认为这次所出土的秦公钟不但可以订补史书对秦国历史记载的错误和不足之处，也可以解决传世秦公钟和秦公簋的铸造年代问题。此后关于秦公诸器尚有零星出土：1993年底，香港文物坊肆间出现一批有铭的秦公青铜器和无铭但形制与有铭秦公器相似的器群。上海博物馆马承源馆长采取果断措施，将其中有铭文的4鼎2簋抢救回归，该器群出十于甘肃省礼县大堡子山秦公墓地。有关这6件秦器的铭文、形制及其器主的探讨，已有李朝远先生撰文《上海博物馆新获秦公器研究》，刊登于《上海博物馆馆刊》第七期，之后又有文章《新出秦公器

---

① 孙常叙：《秦公及王姬钟、镈铭文考释》，《吉林大学学报》(社科版)1978年第4期。

② 李零：《春秋秦器试探——新出秦公钟、镈铭与过去著录秦公钟、簋铭文对读》，《考古》1979年第6期，第515—521页。

③ 吴镇烽：《新出秦公钟铭考释与相关问题》，《考古与文物》1980年创刊号，第88—92，第6页。

④ 林剑鸣：《秦公钟、镈铭文释读中的一个问题》，《考古与文物》1980年第2期，第94页、第83页。

⑤ 伍仕谦：《秦公钟考释》，《四川大学学报》(社科版)1980年第2期，第103—108页。

⑥ 张天恩：《对〈秦公钟考释〉中的相关问题的一些看法》，《四川大学学报》(社科版)1980年第4期，第93—100页。

铭文与籀文》①。1994 年 6 月美国纽约古董店拉利行(James Lally & Co.)出版的图录里刊载了一对秦公壶。李学勤先生和艾兰在 1994 年 10 月 30 日《中国文物报》发表《最新出现的秦公壶》。2003 年冬在伦敦亚洲艺术周 Christie's 行又见一件秦公壶。李朝远先生认为此件秦公壶也应出于大堡子山墓地,并总结大堡子出土的春秋秦公器有:秦公鼎 9 件(上海博物馆藏 4 件、礼县缴获 2 件、美籍华裔收藏家藏 3 件);秦公簋 5 件(上海博物馆藏 2 件、礼县缴获 1 件、美籍华裔收藏家藏 2 件);秦公镈 2 件(上海博物馆和台北收藏家各藏 1 件);秦公钟 7 件(美籍华裔收藏家藏 2 件、日本 MIHO 博物馆藏 4 件);秦公壶 3 件(纽约曾见一对、伦敦所见 1 件)。②

通过这些秦公器的发现,我们可以认为这远远不是秦公大墓所出青铜器的全部,甚至只是冰山一角。秦公大墓所出的青铜器除了有"秦公"铭的器,还有"秦子"铭的器,如日本 MIHO 博物馆所藏的秦子钟。之外,还有大量的无铭青铜器,从纹饰、锈色、铸造特点等方面基本可以定为秦公大墓所出之器,如簋 3 件(上海博物馆藏 1 件、香港收藏家藏 2 件),壶 1 对(上海博物馆藏),镀 5 件(上海博物馆藏 2 件、加拿大多伦多皇家安大略博物馆藏 1 件、美国收藏家藏 1 件、甘肃省博物馆藏 1 件),镈 1 件(日本 MIHO 博物馆藏),都是极具历史价值、研究价值和观赏价值的重器。还有许多被称为秦公大墓所出,但一时尚无法确认的青铜器。随着流散四处的秦公器不断潜出,秦公大墓所含具体墓葬的数量将进一步得到确认,对所出青铜器的数量和质量的研究,以及与之有关分期断代的研究都将会有新的进展,一个以前完全不为司马迁所知的早期秦史将以辉煌的一页逐渐展现出来。

对已出的秦公诸器的研究,主要集中在"十二公"秦王系和器物断代两个问题上。我在撰写《〈诅楚文〉真伪与版本问题新研》一文③时,就所查阅的资料来看,司马迁《史记》上所列的秦王世系:文公、宁公、出子、武公、德公、宣公、成公、穆公、康公、共公、桓公、景公是不太可靠,其中主要问题在于静公不享国问题。静公是文公长子,史称"不享国而死",实际并未在位,称公是死后赠谥。过去人们排列下铭"十二公"都不算他。学者考证《诅楚文》中的"兼倍十八世之诅盟,率诸侯之兵以临加我",从秦王世系向下推十八世至惠文王的说法也是未把静公列入世系④。而 1978 年在宝鸡县太公庙村所出土的秦公钟铭却有"秦公曰:'我先祖受天命,赏宅受国。剌剌邵文公、静公、宪公……'",可见静公赫然列于

① 李朝远:《新出秦公器铭文与籀文》,《考古与文物》1997 年第 5 期,第 82—86 页。

② 李朝远:《伦敦新见秦公壶》,《中国文物报》2004 年 2 月 27 日第 7 版。

③ 张翀:《〈诅楚文〉真伪与版本问题新研》,《中国社会科学院历史研究所学刊》第六集,商务印书馆,2010 年。

④ 郭沫若:《石鼓文研究 诅楚文考释》,科学出版社,1982 年,第 283 页。

秦公世系之内①。李零先生也认为死后赠谥的公（静公）实际上仍应计算在内，对订正下铭的年代很重要②。最低限度在重新考虑秦公世系的时候静公、出子③这两个疑问颇多的秦公至少有一个要加入世系。吴镇烽先生所论“我们推测十二公中也可能包括静公而没有出子……不管十二公中有出子而没有静公，或有静公而没有出子，铸造传世秦公钟和秦公簋的秦公应是第十三公，也就是毕公”④，这里暂且不论定为毕公是否合适，其所认为的世系即是这种最低限度的考虑。虽然十二公从庄公起或是从非子起，学界尚争讼不一，但静公的进入世系已成定说，不妨是秦公世系考察的突破之一。

秦公诸器研究的第二个焦点问题就是断代问题，现在已成定论的仅有传世的秦武公钟。1917 年出土于甘肃省礼县红河乡西垂宗庙遗址王家东台的一个青铜器窖藏，现藏中国历史博物馆的传世秦公簋，马叙伦主文公说，王国维主德公徙雍以后说，杨南仲主成公说，罗振玉主穆公说，容庚主桓公说，郭沫若主景公说；众说纷纭，莫衷一是，陈泽则主庄公说⑤。1978 年所出的秦公器尚有德公、景公、文公之论，是时代最为不清的一批器物。对于 1994 年在纽约露面的一对秦公壶，李学勤先生用与颂壶对比的方法研究较为妥当。所定壶年代在周厉王晚期到宣王初期，与陈昭容的看法相似，“像秦公壶这样的长颈垂腹低圈足的方壶，基本承袭西周晚期、流行于春秋早期的壶式。秦公壶上的窃曲纹、吐舌龙纹、波带纹、宽带弦纹等纹饰也是这一时期流行的重要纹饰。把秦公壶定在西周晚期到春秋前期应该是正确的”⑥。所不同的是李、艾定为秦庄公，陈昭容定为秦文公，但时代大体无误。2003 年在伦敦出现的秦公壶形制与 1960 年陕西扶风齐家村窖藏出土的几父壶和现藏旧金山亚洲艺术博物馆的番匊生壶最为相近，垂腹较甚，颇有挺拔之势，与纽约秦公壶形制不同，为圆角长方体的长颈鼓腹下垂式。铭文相同：“秦公（作）铸尊壶”⑦，字体也相同。我们初步认为伦敦秦公壶的时代略早于纽约秦公壶。这个观点也来源于颂壶和几父壶的相对年代关系。有的学者更是认为这件秦公壶当在西周中期偏晚，一直沿用到春秋早期，甚

① 宝鸡市博物馆等：《陕西宝鸡县太公庙发现秦公钟、秦公镈》，《文物》1978 年第 11 期。

② 李零：《春秋秦器试探——新出秦公钟、镈铭与过去著录秦公钟、簋铭文对读》，《考古》1979 年第 6 期，第 515—521 页。

③ 《史记·秦本纪》称“出子六年，三父等复共令人贼杀出子。出子生五岁立，立六年卒”，这条史料后来被许多学者认为是出子不入世系的原因，与其祖父静公未享国相似。

④ 吴镇烽：《新出秦公钟铭考释与相关问题》，《考古与文物》1980 年创刊号，第 88—92 页，第 6 页。

⑤ http://zgxqs.org/ztwhlqtqxj/qtqyj200409002.htlm.

⑥ 陈昭容：《谈新出秦公壶的时代》，《考古与文物》1995 年第 4 期，第 65—70 页。

⑦ 李朝远：《伦敦新见秦公壶》，《中国文物报》2004 年 2 月 27 日第 7 版。

至是目前所见最早的秦器，从而认定“秦公”称谓最早不会早于秦襄公。

图 1　伦敦所出的秦公壶

图 2　纽约所出的一对秦公壶

这里我们再顺带说下文字问题，正如上述所言，秦国的有铭器物不多，所出的秦公诸器对秦系文字字形和发展演变规律都有着促进作用。目前所见秦公器的“秦”字有两种字形，或为从舂、从双禾；或从双禾、从舂省；有些学者认为前者时代要早于后者。

① 秦公钟（太公庙）　② 秦公簋（天水）　③ 诅楚文

图 3　秦公诸器的“秦”字

我们大体可以据原有的文字资料研究秦系文字，一般认为其发展的脉络是：虢季子白盘——太公庙秦器——天水所出秦公簋——石鼓文——诅楚文。虢季子白盘是宣王十二年（公元前 816 年）器；对宝鸡太公庙秦器的时代稍有不同看法，但作器者为秦武公（公元前 697—公元前 678 年在位）时期人则大致已成定论。这样，从虢季子白盘到太公庙秦器之间有 130 年左右的缺环，而这正是籀文形成和推广的时期，也是秦系文字的字形和书写风格趋于固定的时期。礼县大堡子山的秦公诸器正好填补了这一缺环，使人们能对西周晚期至春秋初期的秦国文字有一个感性进而理性的认识。陈昭容也在讨论不其簋和秦公诸器的关系时认为“不其簋与多数西周晚期器物铭文的风格一致，而与秦武公镈、钟铭文带有秦篆意味，颇有距离。拿秦公壶的字体相比较，不难看出秦公壶与秦武公镈、钟的风格趋近，而与不其簋的风格相距较远”①。随着近些年的陆续发现，这种缺环将会被逐渐填补。

张天恩在提出器主新看法的同时，更为我们的研究提供了一个新思路，即用大堡子山秦器、太公庙秦器等的比较勾勒出一个秦先公迁徙路线：非子主马与汧渭之会，为今石羊庙南两水冲积平原区，封附庸居今甘肃天水一带，襄公居西垂宫，在今陇县；文公由西垂宫沿汧水东下至汧渭之会，回到其先祖主马地居之；宪公迁平阳，居平阳封宫即太公庙附近；德公迁都于雍城居大郑宫，在豆腐村附近②。随着最近对大堡子山秦墓的发掘等对秦族起源问题的探索，将会验证这一思路；同时新的器物也会陆续发现，对秦公诸器的研究和认识将会提出新的看法和见解，我们将拭目以待。

（作者：张翀，中国社会科学院历史研究所助理研究员）

① 陈昭容：《谈新出秦公壶的时代》，《考古与文物》1995 年第 4 期，第 65—70 页。

② 张天恩：《对〈秦公钟考释〉中的相关问题的一些看法》，《四川大学学报》（社科版）1980 年第 4 期，第 93—100 页。

大辛庄遗址的遗址保护调查与研究

◇曹　楠

济南市位于北纬36°40′，东经117°00′，属于暖温带半湿润大陆性季风气候。其特点是季风明显，四季分明。年平均气温14.3℃，年平均降水量660.7毫米。济南市南依泰山，北跨黄河，地处鲁中南低山丘陵与鲁西北冲积平原的交接带上，地势南高北低。境内河流较多，主要有黄河、小清河两大水系，还有南北大沙河、玉符河等河流。湖泊有大明湖、白云湖、东平湖等。境内主要山峰有长城岭、跑马岭、梯子山、黑牛寨等。陆地面积8154平方千米。济南市位于山东省的中西部，具有良好的区位优势，其所处的环渤海经济圈，是黄河三角洲最大的中心城市，而环渤海地区地理位置优越、各种资源丰富，是当今我国经济发展最具活力的地区之一。

济南，又称"泉城"，山东省的省会，是国务院公布的国家历史文化名城之一。济南具有4000多年的历史，是闻名世界的龙山文化的发祥地，区域内有新石器时代的遗址城子崖，其中出土的蛋壳黑陶闻名海内外；有先于秦长城的齐长城；有被誉为"海内第一名塑"的灵岩寺宋代彩塑罗汉等；济南孝堂山郭氏墓石祠，是我国现存最早的地面房屋建筑；隋代建的四门塔为全国现存最古老的石塔，为全国重点文物保护单位。中国原始部落的首领——舜（约公元前22世纪）就诞生并生活在济南一带。本文涉及的大辛庄遗址正位于济南市内，是殷商文化东进的重要证据，也是山东省的重点文物保护单位。

济南历史悠久，相传舜曾"渔于雷泽，躬耕于历山"①，"历山"据考证即济南市区南部的千佛山，所以市内至今还散落有各种以"舜"命名的地名，如舜井、舜耕路、舜华路、舜耕山等。济南市位于古济水之畔，作为城市已有近3000年的历史。秦始皇建立郡县制时，济南属于济北郡；汉初设立济南郡；清代设山东省，治所即在济南，称济南府；1929年7月设立济南市。而大辛庄出土的甲骨文，将济南有文字可考的历史提前到了殷商晚期。

大辛庄遗址所在地隶属于济南市王舍人镇大辛庄村所有。大辛庄村位于济南市工业北路西段，隶属历城区王舍人镇辖区，在济南市城市规划片区中跨王舍

---

①　司马迁：《史记·五帝本纪》："舜耕历山，历山之人皆让居，渔雷泽，雷泽上人皆让畔，陶河滨，河滨器皆不苦窳。一年而所居成聚，二年成邑，三年成都。"

人片区和贤文片区。

一、大辛庄遗址的概况

大辛庄遗址位于山东省济南市历城区王舍人镇大辛庄东南，距市区 10 余里。大辛庄遗址是山东省重点文物保护单位，主要地层为商代中晚期，并保存有龙山文化到汉代文化堆积的遗址。遗址地势由西南向东北逐渐下倾，中间有一条东南斜向西北的自然沟壑，俗称蝎子沟，现已基本填平。自 1935 年发现并探测遗址有 30 万平方米至今，经过多次调查、勘探和试掘，遗址面积不断扩大，2010 年最新勘探结果为 75 万平方米。历年考古发掘收获颇丰，共发掘房址 12 座、水井 8 眼、墓葬 42 座。出土文物千余件，其中刻有文字的甲骨当属其重大收获之一。

2009 年底至 2010 年初，山东大学组织领导了大辛庄遗址的全面考古钻探工作，通过此次系统钻探，对大辛庄遗址的分布范围、文化堆积、遗址的保存状况等内容都有了更加准确和细致的认识。遗址范围，东至张马屯村西部边缘及其延长线，南至胶济铁路以南约 100 米处，西至大辛庄村东部边缘及其延长线，北至大辛庄和张马屯两村乡间路和老济青路路北 20 余米。遗址总面积约 75 万平方米。大辛庄遗址以商文化堆积为主体，另有少量战国秦汉、龙山文化、后李文化遗存及清代—民国砖室墓。遗址中心位置位于遗址保护标志东南，“蝎子沟”两侧的文化堆积较厚，应为当时的主要生活区。

（一）遗址考古勘探及发掘概况

大辛庄遗址发现至今，已经过 5 次大的考古发掘和勘探工作，对遗址的性质有了明确的认识。

1．20 世纪 30 年代中期

1935 年，英国传教士林仰山（F. S. Drake）沿胶济铁路经周村，对大辛庄遗址的发现情况进行了十分专业与翔实的报道，文章发表在《中国杂志》上，但影响不大。

2．20 世纪 50 年代

先后进行了两次试掘，取得了较大成果。确定了遗址面积为 30 万平方米，是商代遗存中面积仅次于殷墟的第二大发现；同时，发现了二里岗这一重要商文化遗存：原始青瓷、印文硬陶和白陶，这些器物在殷墟中只出现在高规格墓中。

3．20 世纪 60—80 年代

经过反复调查，发现了铜荦、铜爵和铜钺等古文物，又发掘出了骨角料，这说明可能存在骨器作坊。1984 年山东大学组织大规模发掘，初步解决了大辛庄年代划分问题。徐基先生根据地层关系和鬲、豆、簋、盆四种陶器的形制演变，将该遗址商文化遗存分为七期，并分别与中原地区商文化作了年代上的对应。“第一至三期相当于郑州二里岗上层文化，可称为大辛庄商代文化前期；第四至七期与安阳殷墟文化较一致，为大辛庄商代文化后期。”①这一年代序列基本得到认同。

4．2003 年

2003 年 3 月—6 月于遗址中部偏东进行发掘，共开 4 米 ×4 米探方 39 个，发掘面积达到 600 余平方米，集中发现一批大辛庄一至四期遗存，尤其是一组“中商文化”墓地的发现，年代跨越大辛庄商代文化二至七期，大大完善了此一阶段的分期编年，为全面认识大辛庄类型商文化的内涵提供了丰富资料。

5．2009—2010 年

为进一步明确大辛庄遗址的分布范围、文化堆积和各种遗迹的分布状况，为大遗址保护规划提供较为准确和详尽的参考资料，山东大学东方考古研究中心于 2009 年冬对大辛庄遗址进行了重点钻探。钻探工作自 2009 年 12 月 24 日开始，2010 年 1 月 13 日结束，用工 9 人，历时 21 天，实际钻探面积十余万平方米。钻探结果确定了遗址的确切范围为 75 万平方米，遗址的地层堆积主要以商文化堆积为主，另有少量战国秦汉、龙山文化、后李文化遗存及清代—民国砖室墓。遗址中心位置位于遗址保护标志东南。

（二）大辛庄遗址保护现状

大辛庄遗址位于城市边缘，多年来由于当地居民的认识水平较高，得到了较为良好的保护，除南部胶济铁路占压一小部分外，无较严重的破坏。虽然如此，由于位置的特殊性和一直没有科学的保护规划方案，使得大辛庄遗址仍然面临很多问题。鉴于济南市城市建设和当地居民改善生产生活水平的迫切需要，济南市人民政府已将大辛庄遗址及周边共约 53 万平方米的范围划定为城市建设禁建区，预备建立遗址景观公园，改善遗址及周边环境。

图 1　黄台电厂

1. 环境现状

大辛庄遗址距西南面的黄台电厂不足 1 千米远，电厂又恰好位于主导风向的上风位，客观上对遗址的大气环境有较大的影响，也对遗址的景观造成视觉上的污染。并且，大辛庄等村的村民还常年受到低频噪声的干扰。

① 徐基：《大辛庄遗址及其出土刻辞甲骨的研究价值》，《文史哲》2003 年第 4 期，第 16 页。

济南市近年来一直在进行旧城改造计划，遗址周边的几个村落也在改造之列。目前遗址东南面的张马屯村已完成大部分的拆迁改造，但由于采取的是就地拆迁安置的方式，使得张马屯村目前的环境十分脏乱，建筑垃圾和生活垃圾随意堆放，严重影响和破坏了遗址区的环境。

图 2　张马屯村环境

2. 遗址区历史风貌现状

遗址由于位处城市边缘，人口密集，活动频繁，因此周边的气候、水系、植被等均有不同程度的改变和破坏。大辛庄西边的大辛河，原本是济南市的主要水系之一，却由于污染等原因成为一条臭水沟，遗址南面的一条古代水系，也早已干涸。这些与遗址息息相关的环境风貌遭到破坏，使得遗址的历史环境风貌无法真实地呈现出来。

图 3　大辛河现状

3. 遗址本体现状

(1) 部分遗址由于历史原因被占压。遗址南部胶济铁路和新建客运专线横穿遗址，并侵占了遗址内的部分土地，造成了遗址被分割为两部分，遗址南部的一小部分被划分到其他片区，给遗址的整体保护造成了不便。

图 4　遗址内机井

(2) 遗址内基础设施设备对遗址造成部分破坏。遗址内架有一条高压电缆和若干条电线；在遗址的东南角还建有机井。这都在一定程度上对遗址造成了破坏。

图 5　遗址内高压线

(3) 现代墓葬在遗址内随处可见。在对大辛庄遗址的调查中发现，遗址地面常常散落各种遗物残片，可见遗址埋深不深，现代墓葬对遗址的破坏显而易见。

(4) 部分村民保护意识较差，在遗址内建立大棚和挖掘化粪池。

(5) 济南市为配合城运会设计修建的贤文路和城市规划新建轻轨路线都正好纵贯遗址东南部，对遗址造成了一定的破坏。在这一区域地下遗迹不明确的情况下，可能会破坏某些重

图 6　遗址内现代墓葬

要遗迹。

(6)近年来,大辛庄遗址不断遭到文物盗掘分子的严重破坏,墓葬盗掘情况严重。

二、大辛庄遗址的价值及定位

商代晚期定都于河南北部的殷墟(即现在的安阳地区)。其时,为了控制和获取重要的铜矿资源和生活必需品——食盐(或者说还有海贝),商王朝曾不惜动用武力大规模地向存在此类资源的区域开拓。从商代前期开始,商人的触角已经进入鲁西地区,到商代晚期,其足迹已延伸至泰沂山北侧到现今的潍坊市一带。这样一来,莱州湾及其以西的沿海地带,就进入了商人控制的区域。大辛庄遗址坐落在泰沂山系北侧西端的小清河之南,地理位置扼中国东部地区东西、南北交通之要冲,历来为兵家必争之地。并且,在遗址中发现的甲骨文又是殷墟之外第一个发现晚商时期甲骨卜辞的地点,而且历年来出土过数量可观的青铜器。故可以认为,大辛庄商代遗址至少在晚商时期,是一处等级较高,很可能负有特殊使命的中心聚落遗址。大辛庄遗址的研究为我国商代中晚期历史的研究提供了更为丰富和详细的实物资料。

(一)大辛庄遗址的价值

1. 历史文化价值

物质文化遗产首先具有其历史文化价值:"在一定历史条件下产生的自然或社会的遗迹遗物等,作为历史的产物,都必然打上时代的印记,反映当时的自然生态状况和社会的政治、经济、科技、军事、文化等状况"①,《文物保护法》强调:"文化遗产作为过去的某一重要事件、重要的发展阶段和重要人物密切相关的线索与物证,能够告诉我们人类历史——一个群体的文化史或一个地区的发展史的相关方面。"

大辛庄的殷商遗存以商本色文化为主体,如日用陶器和青铜礼器的种类组合、特征及其形体演化和墓葬制度以及卜噬用甲骨等,都基本与殷墟保持一致。但它又是有个性特色的,小至陶器的色泽、纹饰和个别器类的多寡,生产工具中有半月形石刀、刃部突出一尖节的石镰等;大至墓葬中普遍设腰坑,殉狗较多等。尤其值得注意的是遗址早期堆积中含有较多原夷人系统(岳石文化)的文化因素。这些均有别于中原和其他类型的殷商文化。说明殷商文明原本即是多部族族群的合力创造,又说明殷商文化在发展过程中,也在不断吸收地方文化因素。因此,大辛庄遗址的研究有助于我们对殷商文化的进一步认识,也有助于我们了

---

① 黄兆亚:《城市物质文化遗产经济价值研究综述》,《集团经济研究》2007年第5期,第62—64页。

解殷商文化在发展过程中与地方文化的交流与融合。

2. 科学研究价值

大辛庄遗址是迄今发现的商代中期中原地区商文化向东推进最远的据点，在商代考古尤其是海岱地区商代考古研究中有重要地位，对于丰富和完善商文化体系具有重大的学术价值。2003 年发掘的 30 余座商代墓葬中，M106 是一座属于大辛庄二期的中型墓。该墓葬规格之高、随葬器物种类之齐全，在我国东部地区中商时代的墓葬中是罕见的。其中有铜尊一对，器形硕大，制作精细，在我国东部地区属首次出土。玉戈、玉圭、玉钺和玉璧戚等所用玉料上乘，磨制精细，不亚于郑州商城的同类器物。从铜器组合、器形特征和纹饰分析，器物的年代与郑州二里岗上层二期同时。商代甲骨文的发现无疑是此次发掘最为重要的收获，尤其是经拼合后最大的一片龟腹甲，记述了当地统治者卜问"御祭"、"温祭"和"徙"（或徙）方面的内容，使我们第一次看到了武丁时期殷墟以外商代地方贵族祭祀和日常活动的文字信息。

2003 年大辛庄遗址的发掘工作，也是聚落考古学方法在历史时期考古中的一次实践。发掘之前，设计了周密的综合研究计划，野外操作阶段主要由两大部分组成：一是对以大辛庄为中心的小清河上游地区展开系统区域调查工作，着眼于宏观角度了解不同时期古代遗址的分布、内涵及其相互关系；二是大辛庄遗址的发掘工作，在布方、测量、记录、采样、检测等各个环节，均采取了更为细致的要求和做法，已经取得了很好的收获。在这一新思想指导下的大辛庄遗址的发掘和研究，必将对我国历史时期考古学研究的发展产生重要的启示和影响。

3. 社会经济价值

遗产的社会价值是指文化遗产在多大程度上或以什么方式向多数或少数群体宣泄精神的、政治的、民族的或其他的文化情绪，标志群体的精神认同，同时体现了人类历史与文化的多样性。大辛庄遗址主体为商文化，又兼有地方少数民族文化特色，这在我国文化发展史上具有重要的意义。它既是中原商文化扩张的表现，又是中原文化与当地少数民族文化融合的证明。中华民族文化发展的多样性同时体现在这一遗址中。历史文化遗产的经济价值是不言而喻的。历史文化遗产地往往是旅游胜地，经济价值很高。尤其是作为城市历史文化遗产，是城市发展的一项重要资源和财富。其经济价值的主要表现为：（1）直接的收益。包括商业收入（开设店铺）、居住收入（遗产地周边住宅出租的租金）和由于其他经济活动（如旅游、休闲、娱乐等）所带来的收益。（2）间接或潜在的收益。历史遗产的存在时间高于其他城市建筑，因此有可能产生间接的或潜在的未来收益。大辛庄遗址作为城市建成区内的大遗址，将其建设成为遗址公园，除了遗址本身的保护之外，也不仅仅是具有城市公共绿地的功能。遗址公园建成后，必将成为济南市又一文化旅游新景观，其周边的土地和住宅也会随着遗址的开发而水涨船高，所带来的经济效益不言而喻。

（二）大辛庄遗址的定位

大辛庄遗址保护的目标是使其成为济南市未来建成区内的大型遗址景观公园，将遗址保护、环境整治和片区开发建设相结合，通过其建设有效保护和展示遗址风貌，改善片区自然和人居环境，提升片区形象，与城市发展和谐统一。并且，遗址本身曾受到第一代国家领导人毛泽东的高度重视，并亲自到当地视察，对于当地政府和人民都是珍贵的记忆，在这一层面上，遗址又是难得的历史纪念地。

文化遗产是不可再生的珍贵资源。随着经济全球化趋势和现代化进程的加快，我国的文化生态正在发生巨大变化，文化遗产及其生存环境受到严重威胁。不少历史文化名城（街区、村镇）、古建筑、古遗址及风景名胜区整体风貌遭到破坏；由于过度开发和不合理利用，许多重要文化遗产消亡；尤其是城市建成区内的大遗址正面临着城市规划建设的巨大压力。因此，加强大遗址的保护刻不容缓。我们应当充分认识保护文化遗产的重要性，进一步增强责任感和紧迫感，切实做好文化遗产保护工作。

三、大辛庄遗址保护重点问题分析

从大辛庄遗址的现状来看，遗址的保护还处在传统的固守式模式中，是一种被动的保护状况。这种状况不利于遗址可持续发展，会使遗址在城市发展和居民生活改善的要求下逐渐被吞噬。遗址本体的保护、遗址保护与开发利用、遗址与周边环境的改善、遗址区保护利用与城市建设之间的关系、遗址区居民安置，等等，都是大辛庄遗址保护目前急需解决的主要问题。下面分两个方面来论述。

（一）遗址保护与开发利用的关系

文物古迹的保护与开发利用之间并不存在矛盾，两者之间是相辅相成的关系。保护是开发利用的前提基础，任何文物古迹的开发都要在保护的基础上进行，不能对文物古迹造成破坏。开发利用是为了更好地保护遗址，使其能够最大化地发挥其价值，让更多的人了解文物古迹，并从认识上产生主动保护的意识，给文物古迹的长久保护创造更有利的条件。文物古迹是人类文明的体现，承担着传承历史文化的重任，如果只是就保护而保护，使其孤立于现代社会之外，就会丧失文物古迹的价值，其承载的文化内涵也终将消逝在历史中。但是，不能将文物古迹当成生财的工具，一味追求经济价值，我们需要认清的是，文物古迹永远都遵从“保护为主”的原则，不能拿保护当借口来盲目地、无限制地开发利用。然后才是“合理利用”，在保护基础上的利用，才能最大程度地发挥出文物古迹的价值，也才能使文物古迹得到可持续的发展。

大辛庄遗址是青铜时代聚落遗址，属于地下文物丰富的土遗址。目前采取的是传统的固守式保护模式，遗址主体区域保持着基本农田的风貌，这种模式虽然能够有效地保护地下遗存，尤其是道路、居址等遗迹，但是在现代化的大都市中已然跟不上飞速发展的城市形象，也无法继续满足大辛庄村村民的物质精神生活需求。这就要求遗址保护模式必须改变，如何完整真实地保存地下遗存，将遗址的保护与开发利用结合起来，是大辛庄遗址保护首要考虑的问题。建设考古遗址公园，展示和开发大辛庄遗址的深层文化内涵，是其可持续发展的一条新路。

（二）遗址保护与城市建设之间的关系

文物古迹不是独立的个体，不能单独生存，其必定有其生存的空间和环境，而大遗址的存在更是离不开当地的自然、人文环境，大遗址的保护也不能与其周边环境割裂开，应与周边环境和谐共存，共同发展。

城市的改造和发展是由于城市部分机能衰退，需要对其功能进行适当的调整。古迹遗址是城市的组成部分，它记录着一个城市文化发展的历史片段，具有重要的价值。城市经济的迅速发展，商业的日益繁荣和现代化水平的提高，导致城市人口过度集中，给城市造成超负荷运转。而城市中的古迹遗址或历史地区因其特殊性而长时间得不到改造，从而呈现出居住拥挤、道路狭窄、污染严重、建筑陈旧、长年失修、环境质量下降等特点。尤其是城市中的大遗址，通常占地面积较大，出于传统保护的观念，不能进行改造和开发，因此，往往出现大片闲置土地，而遗址区的居民却居住拥挤，缺乏必要的生活设施，经济来源单一，生活质量无法提高。为此，遗址区的保护利用势在必行。

作为经济较为发达的大型城市，其城市发展已经步入了更加注重城市人文综合素质与空间环境品质完善的阶段，城市地方政府具备相对雄厚的财政力量投入到遗址的保护与利用工作中，对于文化的重视使得城市中的大遗址保护率先得到了政策上的支持。此类城市科技力量强、技术资源丰富，对于大遗址保护可以提供有力的技术支持。这些有力因素扭转了此前城市大遗址保护的被动局面，使得城市的发展更新更加有利于大遗址的保护。本文的主要研究对象——大辛庄遗址，地处山东省省会济南，济南市近年来发展迅速，已经成为发展较为成熟的大型都会，随着城市的不断扩张，大辛庄遗址也从之前的地处城市边缘的城乡接合部，而成为济南市城市中心的一部分。作为旧城改造的一部分，大辛庄遗址的保护、利用成为济南市城市总体规划中的一项重点工作。最近出台的济南市城市总体规划中，大辛庄遗址保护区已被确定为城市遗址公园，遗址的保护已从单纯保护遗址本身发展到遗址与周边环境互惠互利的可持续发展的轨道上来。

历史文化是长期沉淀产生的，是一个地区传统特色的积累与表现，历史文化遗产，是一座城市的文化起点，也是一座城市的文脉，是一种无法再生的文化资本与资源。城市不仅仅是简单的人类生活聚居地，也是孕育与展示人类文化的重要场所，不同的人类文化发展方式与发展历史形成了不同城市的地方特色，也正是其与众不同的特色造就了不同城市的独特魅力。一个无视历史文脉的继承和发展，文化含量和文化品位不高的城市是没有生命力的。对于历史文化遗产的保护，就是保护其历史文化的连续性，保存城市的记忆和遗产，保存自己民族的渊源和血脉以及浓厚的文化传统。

济南市是国家公布的第一批历史文化名城。济南地区有着4000多年的历史，是龙山文化的发祥地。现在的以原历城县为基础的城区也有着2600多年的建城史。从这一点上看，济南市是当之无愧的历史文化名城。但是，现在的济南市，尤其是作为老城区的历城区，能够代表济南古老历史文化的文物古迹已屈指可数，且分布散乱，无法呈现其深厚的文化底蕴。大辛庄遗址是济南市内保存较为良好的古代文化遗存，且价值颇高，对大辛庄遗址的保护，将重现3000多年前济南地区古老文化的风貌。

城市文化遗产的保护，既要保护文物遗迹的真实性，又要认识到它不仅是对历史形态的保护和维护，也是一项关系到城市整体中社会、经济、文化、景观和空间等各个方面的工作。从社会角度而言，遗址具有突出的历史标志性，可增强人与环境之间的感情联系，满足居民的精神生活需求；从文化角度而言，遗址传递着历史积淀的信息，同时为城市中新旧的对比和文化的进步保留着历史的痕迹，使城市文化在向前、向现代化发展的同时可以找到它的源头和根基；从空间和景观的角度而言，它在整个城市环境、城市结构、城市风貌中起着极为重要的作用，是不可替代的；从经济角度而言，因其所处的地段而带来的地产开发和旅游开发的效益是城市经济体系中一个重要因素。从以上各方面的因素分析，城市文化遗产的保护模式至关重要。

大遗址区的居民的安置问题既是城市改造的一部分，也是大遗址保护工程的一部分。这一问题解决的好坏，是和谐社会安定的保证。遗址区居民的安置，光是对其进行土地征收的补偿还不完全，还要考虑到将村民赖以生存的土地征走后，如何保证他们的生活来源，改善他们的生活状态，这才是最终解决居民安置问题的根本。

对于世代以土地为生的农民来说，土地就是其赖以生存的基础。尽管城市中的农民已不再靠种植业为生，但土地对其的意义依然没有改变，并且相较于农村而言，其土地的价格更为敏感。农村土地用途较为单一，短期内开发利用的可能性也不高；而城市中的农民土地用途较为广泛，除了居住、种植等传统用途外，出租或被征收也是最常见的形式，且后两者所获得的收益远远高于前者。尤其是城市建成区内的土地更是寸土寸金，是各房地产开发商的争夺焦点。因此，城市中的土地拥有者更愿意将其土地出租或被开发商征用。城市建成区内的大遗址，一般来说，由于长期处在受保护状态，建设情况很少，成为城市中的一块建设空白，在飞速扩张的城市中，更可谓“黄金宝地”，对大遗址的保护利用，直接关系到现有土地使用者的切身利益。在大遗址上建立国家考古遗址公园，对于大遗址来说，是其可持续发展的重要举措，但对土地原有的使用者来说，是收回其继续使用土地的权利，失去了土地的使用权，就意味着他们失去了经济来源。如何引导安置这些失去土地的农民再就业，是大遗址保护规划必须慎重考虑的问题。

大辛庄遗址是一处典型的城市建成区内的大遗址，土地的使用者是大辛庄村民。为了保护遗址，其土地性质一直保持着基本农田的形式。在对大辛庄的调查过程中了解到，村内青壮年劳动力绝大多数都出外打工或靠经营小商业为生；留守村内的大多为妇女、儿童和50岁以上的老年人，这些人的日常收入来源主要依靠出租房屋、村委会出租土地和种植农作物。大辛庄遗址规划为遗址公园后，这些人将失去其主要收入来源。妇女、儿童和老人是很难出外谋生的，对他们日后的生活不能仅靠安置补偿，而要从长远角度考虑，引导他们自力更生，获取收入。

四、大辛庄遗址保护对策分析

大辛庄遗址作为国家“十一五”期间大遗址保护项目库的100处重要大遗址之一，其重要性不言而喻。然而，从上文的调查分析结果来看，大辛庄遗址目前的保护状况比较落后，保护措施不健全，保护责任不明确，保护现状不容乐观。因此，配合济南市城市整体规划对大辛庄遗址进行保护利用，是其改善现有状况的良好时机。最新编制的《济南市历城王舍人片区控制性规划》中提出，要将大辛庄遗址53.2公顷的绝对保护区建设成为城市郊野公园，通过对金沙遗址、大明宫遗址和鸿山遗址的分析，大辛庄遗址公园建设可以借鉴其成功经验。但是，遗址公园具有其特殊性，不能仅仅定位于城市郊野公园这样的城市绿地，它首先要保障的是遗址本体的保护，其次才是基于保护下的开发和利用，并且，遗址公园的文化内涵，也是城市文化特色的载体。而将遗址保护和开发利用及其文化价值的凸显有机地结合起来，才是遗址公园建设的根本。并且，每个遗址都有其独特的属性和文化内涵，不能简单地模仿他人，要充分发掘遗址本身的文化内涵，彰显遗址和城市的独特文化魅力。

大辛庄遗址公园的建设，是济南市城市总体规划中的一项重点工作。如何建设遗址公园，完全可以借鉴金沙遗址的经验。力争做到随着遗址公园建设的完成，大辛庄遗址成为济南市的文化名片，遗址及其周边地区的环境优化也将有利于整个济南市的城市环境优化，而遗址周边将成为房地产开发商竞相争夺的城市宜居区。

济南市是国务院公布的第一批历史文化名城，作为城市内唯一的青铜时代遗址，大辛庄遗址能够直接体现出其作为历史文化名城的悠久历史。遗址公园的建设，能够更多地挖掘出大辛庄遗址的文化价值，重现中原晚商文化与齐鲁岳石文化的交流与融合，展示济南地区青铜时代的文明发展阶段，让市民与游客对济南市的悠久文化传统产生更深刻的认识和了解，从而成为济南市的一张文化名片。并与济南市其他人文自然景观形成一条完整的文化旅游链条，为济南市的城市旅游带来生机和活力。

大辛庄遗址公园建设，涉及大辛庄村民的拆迁安置问题。在这一问题上，可参照“大明宫模式”，对遗址区居民采取全部搬迁的方式。对大辛庄村村民的安置房，可选在遗址的周边区域，安置补偿除按照济南市城中村改造安置补偿办法执行外，还可在此基础上提出优惠政策，鼓励村民外迁。

城中村居民是城市中较为特殊的人群，他们在城市中拥有自己的土地，但是遗址保护需要收回他们手中土地的使用权，就使得这一人群失去了其主要的生活来源。因此，引导城中村居民的产业结构调整也是遗址区居民安置问题的重要组成部分。大辛庄遗址保护，可以从以下两个方面引导居民就业：

第一，王舍人片区第三产业中的零售业发展滞后，在新的城市规划中，规划打造中心商业区文化旅游特色商业街区和商埠区历史文化特色商业街区两大商业区。可以借由这两个商业区的建设，鼓励和引导大辛庄村村民将手中的安置补偿款投资经营小商业，不仅能够解决村民的工作生活问题，也能积极推动片区商业的发展。

第二，遗址公园的建设，为居民提供了更多的就业机会。可以安排对遗址周边区域居民的集中培训，适当安排其在遗址公园内从事遗址日常维护工作，解决闲散劳动力的问题。对于遗址区周边的居民来说，还能够增强其保护遗址的主人公意识，对遗址保护和可持续发展都具有良性作用。

五、大辛庄遗址保护利用顺利进行的保障

除上述重点问题外，大辛庄遗址保护利用还要处理好以下两个方面的关系：

（一）从发展的角度看待和实施对遗址的保护与开发

文化遗产都是经过漫长的历史时期逐步形成和遗留下来的，是特定历史时期的活化石。尤其是大遗址，包含了其形成的那个时代的各个方面的信息。对于大遗址来说，保护文化的多样性和原真性，是其保护工作的根本。但是，怎样才能做到完整地保存遗址的多样性和原真性呢？保存至今的遗址，都是历史发展过程中长期积累的结果，每一代人都对遗址的发展做出过不懈的努力，才能造就遗址今天的风貌，推动文明的进步。因此，对于遗址的保护要发展地看待，不能将合理的开发利用看作破坏。适当的开发，是对遗址环境的进一步美化，对其内涵的进一步挖掘和展现，可以进一步提升遗址的价值。

1. 考古工作是遗址保护的前提

任何遗址的保护利用，都要基于详细的考古资料，在实施遗址保护项目之

前，先应做好全面的考古工作。认真贯彻执行文物法"保护为主，抢救第一"的工作方针，对遗址进行科学的调查、发掘、研究，是确保大遗址保护重点区域的基础。在发掘过程中，还要注重保护遗迹、为展示留有余地，对重要的发现和遗迹，及时采取必要的保护措施，以便于今后的展示。

大辛庄遗址目前已进行了全面的考古勘探工作，地下遗迹的分布情况也已比较明确。大辛庄遗址以商代文化堆积为主，但埋藏较浅，历史时期的人类活动对其产生了一定程度的破坏。"此次(2009—2010 年)考古钻探及历年考古工作表明，大辛庄遗址规模较大，级别较高，是鲁北地区中商时期的一处中心聚落，对于山东地区乃至全国商史研究都具有十分重要的学术价值。"①大辛庄遗址的性质已经确定，地下埋藏遗迹也已明晰，作为一个聚落遗址，墓葬、灰坑、壕沟、沟渠等遗迹均已发现，却并未发现房屋居址和祭祀遗迹，这可能有多种原因。因此，大辛庄遗址下面要进行的即是有重点的考古发掘，一是将遗址中破坏严重的区域进行抢救性发掘，二是发掘可能存在的大型基址。但是，这并不影响遗址的保护建设，可以将发掘现场作为遗址公园的考古发掘展示现场，既不影响遗址的保护，也能向公众展示考古发掘过程，让公众更加了解考古工作，更有亲身经历感。

2. 制定专项保护实施规划是遗址保护的有力保障

《"十一五"期间大遗址保护总体规划》中已经对大遗址的保护的总体思想、基本原则、总体目标等内容作了详细说明。其中专门提出了"坚持规划先行、突出重点、分步实施、侧重本体、优先展示的原则"，即要求大遗址保护必须先制定相关规划。大遗址保护牵涉到多方面内容，必须纳入当地的国民经济和社会发展规划，通过规划将大遗址保护与当地社会经济发展相衔接，指导当地调整产业结构、改变土地用途、改善人民生活等。

大辛庄遗址保护已列入济南市城市整体规划中，但遗址本身还未制定专项保护规划。因此，需要咨询和委托相关专业规划单位为大辛庄遗址制定专项保护规划，并与济南市城市整体规划相衔接，以专项保护规划指导地区建设规划。《济南市历城区王舍人片区控制性详细规划》(以下称《详规》)中将大辛庄遗址定位为以历史人文为特色的城市郊野公园，划定 53.2 公顷的禁建区，并提出建设 30000 平方米的大辛庄遗址博物馆。但根据目前考古勘探的结果，应考虑适当扩大遗址保护范围。对《详规》中不利于遗址保护工作的项目提出修改意见。

3. 开发利用模式是遗址可持续发展的根本保证

遗址保护的终极目的是为了展示和合理利用，让公众更加了解历史、善待环境，促进社会发展。"大遗址承载着丰富的历史信息和文化内涵，是中国五千多年灿烂文明史的主体和典型代表，不仅具有深厚的科学与文化底蕴，同时也是极

---

① 方辉、郎剑锋:《2009—2010 年济南市历城区大辛庄遗址考古钻探报告》，山东大学东方考古研究中心，2010 年。

具特色的环境景观和旅游资源，在建设社会主义政治文明、物质文明和精神文明，向世界展示悠久的中华传统文化，促进大遗址所在地社会经济文化发展等方面发挥着重要作用。"(《"十一五"期间大遗址保护总体规划》)因此，遗址的保护模式就显得至关重要。目前，我国大遗址保护一般都采用遗址公园的模式，将传统的博物馆和景观公园结合起来，是一种保护生态系统的模式，是将遗址及其环境结合起来，全方位、多层次地展示。

大辛庄遗址是典型的大型土遗址，遗址本身的可观性不强，将遗址建设成为遗址公园确实是其开发利用的最科学的方式。

(1)大辛庄遗址保护区划出重点保护区、建设控制地带。重点保护区范围为遗址区范围，将在遗址上建立考古遗址公园，建设控制地带为遗址区外延200米的范围。严格控制建设控制地带建筑的体量、外观、高度等，确保遗址区及周边环境的和谐统一。

(2)在遗址考古工作的基础上，将遗址的功能片区划分出来，确定重点展示区域和绿化区域。重点展示区域，可以建设展馆或展棚，展示考古发掘现场或重要遗迹。绿化区为确保不破坏地下遗迹，可在遗址上铺设土层后再种植浅根系植物，将遗址的各个功能区以不同的植被展示出来。

(3)在遗址保护区选择合适的地点建立博物馆，展示出土文物。博物馆可考虑建设在遗址外围建设控制地带内，博物馆的设计建造要严格遵循遗址保护的要求。

(4)遗址区内和周边的水系、古河道也要恢复起来，还遗址一个完整的生态空间。根据考古勘探和遗址现场调查的结果显示，遗址区内和周边有与遗址密切相关的水系和古河道，如东面的小清河、南面的古河道、遗址中部的蝎子沟等。对大辛河采取排污治理的方式，将其恢复；古河道和蝎子沟可引大清河水进入，使其恢复原貌。

(二)协调大辛庄遗址公园与济南市城市建设之间的关系

大遗址保护工作是一项涉及社会经济各个层面的综合性项目，要在城市中进行大遗址保护，尤其是在发达城市中，必须要协调好保护工程与城市建设之间的关系。作者认为，要从以下几个方面着手。

1. 加强政府的主导作用，发挥政府职能

大遗址是公益性特征很强的社会资源，保护的主体应该是政府。各级政府要有责任感，把大遗址保护工程纳入领导责任制，切实加强领导，采取有效措施，保证规划目标的实现。

首先，要进一步提高各级政府和有关部门对大遗址保护工作重要性的认识，加强各部门在大遗址保护工作上的相互协调。地方政府和相关部门要坚持文物工作方针，克服急功近利思想，充分发挥地方政府的主导作用和职能，正确处理保护与利用的关系、保护与发展的关系、保护与地方发展和改善群众生活的关系，按照科学发展观和构建和谐社会的战略构想，以人为本，推动大遗址保护事业快速、协调发展。

其次，国家财政局已明确提出每年划拨 2.5 亿的“大遗址保护专项基金”，这为我国大遗址保护项目提供了资金基础。各级地方政府应在申请国家保护基金的基础上，将大遗址保护资金纳入整体财政支出中，确保大遗址保护的顺利进行。然而，大遗址保护工程是一项巨大而长期的工作，政府资金的投入尚无法支撑大遗址保护的全部所需，这就要求多方面吸引资金，以便大遗址保护的可持续发展。政府部门在此过程中，要发挥主导和监督职能，严格把关，控制资金流向，防止大遗址保护专项资金流向他处。

大辛庄遗址是山东省重点文物保护单位，也是“十一五”100 个重要大遗址保护项目之一。山东省政府应作为遗址保护的主体，将遗址保护纳入政府工作体系中。山东省政府负责统筹规划，将大辛庄遗址的保护责任落实在专门的保护管理部门，避免权责混乱、多头管理的现象。大辛庄遗址保护专项资金，也应纳入省市财政体系中，尽量确保资金投入。大辛庄遗址保护的土地问题也要慎重。首先，遗址公园建设必将把土地的使用权收归国有，大辛庄村民失去赖以生存的土地，其心理必定有一个调适过程，在此期间，当地政府对村民的补偿措施及心理疏导都很重要，这关系到遗址保护能否顺利进行下去；其次，遗址区内现有大辛庄村民现代墓葬若干座，建设遗址公园必然会迁移或平整这些墓葬，或是在发掘过程中有所扰动，这与中国传统的入土为安观念必然产生冲突，地方政府应为村民选择适当的公墓集体迁葬，并对墓主的亲人加强宣传教育，或可适当给予迁葬补偿，力争做到使村民们自觉自愿地迁葬。

2. 建立完善的保护管理体系

大遗址保护的管理体系建设，也是一项重要工作。作为综合性的项目，大遗址的保护工程必将牵涉到政府各个相关部门，容易造成多头管理、权责不明的状况，这将不利于大遗址保护的持续发展。因此，建设包括法规体系、规划和工程设计规范体系、管理体系、监测评估体系和安防体系在内的大遗址保护综合管理体系，是大遗址保护必须解决的问题。

大辛庄遗址保护工程目前权责不明，地方政府对遗址保护的主体不明确。要在大辛庄遗址设立与保护管理工作相适应的机构，成立由相关部门和人员组成的综合性的管理委员会，由政府直接管理，使大辛庄遗址保护纳入科学化、法制化、规范化的轨道。管委会职责分配明确，避免出现多头管理的现象。在管委会里设置各个专项部门：文物部门提供保护规划依据，管理博物馆，负责遗址日常维护和文物的保管工作；园林、建设等部门负责遗址公园的建设；土地、民政等部门负责遗址区土地征收、居民安置等工作；财政部门负责遗址保护专项资金的流转；等等。

除此之外，为确保大遗址保护的人才需求，还要加强人才培训，建设一支专业结构齐全、素质较高的人才队伍，缓解事业发展需求与专业人才匮乏的矛盾。

3. 遗址区保护融入城市建设整体规划

大遗址的保护不能孤立于城市建设之外，要与城市建设相融合。遗址公园的建设要把握有利于地方积极发展和提高人民群众生活质量的原则，注重大遗址保护与生态环境建设、经济建设的结合，充分调动地方政府和群众的积极性，真正实现社会效益与经济效益的协调统一。大辛庄遗址所在地王舍人片区是济南市的老城区，公共设施用地和道路广场用地严重不足，文化娱乐设施较为匮乏，没有独立的体育设施，使得居民文化体育生活匮乏，生活质量不高。因此，大辛庄遗址公园的建设还充当着改善居民文化娱乐生活的角色，对遗址公园的设计显得甚为重要。遗址的展示方式除了一般的场馆展示、原状复原展示、标示展示、考古发掘现场展示等，更要挖掘遗址的深层文化内涵，将商文化的精髓以多种形式表现出来。公园建成后，可适当定期举办各种文化活动吸引居民游客参与，也可与遗址东面的毛主席纪念广场相结合，展现其纪念地的历史价值。

通过我们的调查与研究，我们认为大遗址保护首要解决的是遗址区保护利用与城市建设之间的关系，大遗址的保护要与所处城市的整体发展规划相协调，城市整体规划要充分考虑大遗址的保护，大遗址的保护利用也将提升城市的整体形象，带动周边区域发展，改善城市人居环境。大遗址保护是一项长远的系统工程，它需要得到各级政府的高度重视，协调各方面的关系，需要国家财力的重点支持，也需要考古机构的积极介入和科技保护技术手段的支撑，更需要全体社会对大遗址保护的正确认识和配合。

大辛庄遗址作为济南市的一部分，体现着济南市悠久的文化历史，是济南市作为历史文化名城的重要标志。对大辛庄遗址的保护，希望能够通过本文的研究分析，得出更科学合理的保护方式，使这块3000多年前的古老土地散发出其独特的魅力。

（作者：曹楠，陕西西安关中民俗博物馆）

论清华简《金縢》武王崩年及病因

◇郭伟川

近年，由于清华简的出现，将其与传世文献《尚书》、《逸周书》及《今本竹书纪年》等相关篇什互为印证，意义十分重大。以清华简《金縢》为例，其主旨虽与传世本《尚书·金縢》大致相同，但两者在内容上某些文字记载则略有差异。其中如首句言武王"不豫"之年期，就有克殷后"三年"与"二年"之别。

原来，传世本《尚书·金縢》首句云："既克商二年，王有疾，弗豫。"对照司马迁在《史记·鲁周公世家》所言："武王克殷二年，天下未集，武王有疾，不豫。"两者所言几乎完全相同。尤其《史记·封禅书》更明确指出："武王克殷二年，天下未宁而崩。"显然，司马迁认为武王"不豫"之年即其崩年，时在克商后二年。可见司马迁当年所据以参阅者，即为此传世本之《尚书·金縢》。至于其书武王崩于克殷后二年的看法，笔者认为亦有理据。盖"不豫"一词，向来辞书释为"帝王有疾"。但传世本《尚书·金縢》既言"王有疾"在前，然后再书"不豫"，则显示武王其时实际上已处于病笃临危的状态，而且不久即崩。这一点适如清华简《保训》述周文王临终遗言之事："惟王五十年，不豫。"文王在位五十年而薨，故其"不豫"之年亦即其崩年。这是一个重要的证据。于是传世本《尚书·金縢》之"二年说"，经司马迁在《史记》中的一再征引，几成定论。诚如王静安先生所言："案《史记》所记武王伐纣及崩年根据最古。《金縢》于武王之疾书年，于其丧也不书年，明武王之崩即在是年。《史记》云：'武王有瘳，后而崩'，可谓隐括经文而得其要旨矣。"（见《王国维遗书》，上海古籍出版社，1983年）

但是，清华简《金縢》的出现，大有动摇"二年说"之势。正如李学勤先生在其大作《由清华简〈金縢〉看周初史事》一文所言："清华简本的首句是：'武王既克殷三年，王不豫有迟。'作'三年'，不是'二年'，武王克商后在位二年说的基础于是动摇。"（载彭林主编《中国经学》第八辑）

显然，李学勤先生的看法有其道理。盖清华简为战国简，而传世《尚书》文本的整理及司马迁对《史记》的撰作，均在西汉年间，就此而言，似不及清华简本之古；且简本《金縢》明确将武王"不豫"书为"克殷三年"，墨沈俱在。因此，李学勤先生之论持之有据，无可否认。

然而学术考证的对与错，有时不是绝对地非此即彼，两者取舍其一。即是说，肯定清华简《金縢》“三年说”的正确，是否就意味着传世本《尚书·金縢》“二年说”是错误的呢？显然，此事尚有可议之处。

笔者认为，要考证此事，仍须从武王伐纣的问题谈起。

武王起兵伐纣的时间，应在文王受命十一年。或问：文王既薨，武王即位，为什么还要用“文王受命”纪年呢？笔者认为，这是因为文王治岐五十年，仁声满天下，为姬周之王业奠定深基，同时亦为伐纣做了前期的充足准备。而武王禀赋气魄不若乃父远甚，且继位未久，功业未立。故凡事皆高举文王之旗帜，一切皆借文王之名义行事。因此武王即位时不敢用自己之纪年，而继续沿用文王受命之年。正如司马迁在《史记·周本纪》中记述克殷之事时所云：“武王自称太子发，言奉文王以伐，不敢自专。”这是很能说明问题的。故《今本竹书纪年》及《史记》等典籍在记述此段史事时，遂多数采用文王受命之年以纪年。

武王与诸侯会师孟津，应在文王受命十一年岁暮。据《史记·周本纪》载：“十一年十二月戊午，师毕渡盟津，诸侯咸会。”而牧野之战则显然在翌年春。《史记·周本纪》云：“二月甲子昧爽，武王朝至于商郊牧野，乃誓。”而牧野一战，纣兵倒戈，武王克殷成功，时在文王受命十二年春二月。有关这一史实，《今本竹书纪年》亦有记载，内中云：“十二年，王率西夷、诸侯伐殷，败之于牧野。”两书显然都将武王克商成功的时间定在文王受命十二年。

至于武王克商后崩年的考证，笔者认为，关键在于记载武王“有疾，不豫”的传世本《尚书·金縢》究竟作于何年的问题。此事《今本竹书纪年》适有记载：“十四年，王有疾。周文公祷于坛墠，作《金縢》。”这极为清楚地表明，传世本《尚书·金縢》所述“既克商二年，王有疾，弗豫”的情形，应发生在文王受命十四年，是岁亦为武王之崩年。因此，若论武王于文王受命十二年克商之后，至十四年崩，其在位时间实算（14－12＝2）为二年，则传世本《尚书·金縢》的“二年说”原没有错。但若将文王受命十二年克殷之年算在内，则十二、十三、十四前后共计三个年头，说明清华简《金縢》的“三年说”亦是正确的，李学勤先生的看法亦没有错。这正如今人算年龄，有虚岁及实岁（即周岁）之别，没有矛盾，皆说得通。同样，这种情形还出现在传世本《金縢》“周公居东二年”与清华简《金縢》“周公宅东三年”的记载上，亦存在“二年”变“三年”的问题。笔者认为，这就绝非偶然。而两次改变年数的原因应如出一辙，足以说明清华简本《金縢》的整理及抄录者，在纪年上显然有将实岁改为虚岁的习惯。

那么，传世本《尚书·金縢》与清华简本《金縢》在纪年上为什么有这些差别呢？笔者认为，这显然与记载或抄录《尚书·金縢》的史官在地域观念及纪年习惯方面存在南北差别有关。比如传世本《尚书》，先秦时期早有定本，《论语》、《左传》、《国语》、《孟子》及《荀子》等先秦典籍早有引用，其源甚古。至汉初，原为秦博士的山东济南学者伏生整理所藏《尚书》，得二十九篇，称《今文尚书》，其中就包括《金縢》之篇。司马迁在撰写《史记》之《周本纪》及《鲁周公世家》诸篇涉及相关问题时，其据之参考的就是伏生整理的传世本《尚书·金縢》。故可以说，先秦在北地流传的《尚书·金縢》及汉初由伏生整理的传世本《尚书·金縢》，显然都出于北人之手，他们在计算及记载年数时，习惯采用实岁（即周年）。而清华简《金縢》与包括《楚居》在内的一大批经籍简本，应为战国楚简，其整理与抄录则显然多出于南国楚人之手，他们在计算及记载年数时，则习惯采用虚岁。明乎此，则"二年"变"三年"的问题，就完全可以理解。所以，根据上述考证，笔者认为，无论传世本《金縢》的"二年说"，或是清华简《金縢》的"三年说"，都没有错，可以并世而存。

那么，为什么武王于克商后短短二三年之间，竟然生病而至于身亡？他究竟得的是什么病呢？

笔者昔岁曾研究中医典籍有年，颇谙岐黄之术，故对武王于克殷后二三年便染病身亡的原因甚为关注。根据传世本《金縢》和清华简《金縢》两个版本的共同记载，都说武王"遘厉虐疾"，即为重病所虐，构成对其生命的危害。说明武王其时确已病笃而处于垂危的状态，故《金縢》篇首书其"不豫"，合乎实际情况。而武王构病的原因，从《逸周书》诸篇可知，其气魄禀赋较弱，伐纣前已出现心悸、惊惧、怔忡、失眠、多梦等症状，说明他经受压力的耐受度偏低，不够坚强。而他的性格中，又有贪图逸乐的一面，以致《逸周书·大开武》有周公劝诫其"明德无逸"的记载。当然，武王在周公、太公、召公等人之辅翊下，在伐纣之役中作出了很大的努力，体现了帝王的风范，为姬周王朝的建立做出贡献。但他很快就被巨大的胜利冲昏了头脑，而贪图玩乐的脾性又旧态复萌。《逸周书·世俘解》就记载克殷后不久武王即举行大规模狩猎之事。内中云：

> 武王狩，禽虎二十有二，猫二，麋五千二百三十五，犀十有二，牦七百二十有一，熊百五十有一，罴百一十有八，豕三百五十有二，貉十有八，尘十有六，麝五十，麋三十，鹿三千五百有八。

周王朝草创之初，军国事务千头万绪，而武王却举行如此大规模的狩猎活动，耗费大量时间和精力，可见他确实有贪图玩乐的一面。揆之《尚书·旅獒》所述西戎献獒犬于武王，显然就是供其畋猎之用。召公为姬氏同姓，又是开国元勋，深恐武王玩物丧志，乃于篇中以"玩人丧德，玩物丧志"劝诫武王，指出"不矜细行，终累大德"。故笔者认为，《尚书·旅獒》中召公告诫武王之言，并非无的放矢。而且最要害者，还在于武王不仅"玩物"，而且"玩人"，此乃好玩乐者之通病。盖"寡人好色"，古代帝王大都如此。但问题在于，沉迷于"玩女人"不仅"丧德"，而且还可能会因色欲过度而"丧命"。因为自古以来，禀赋薄弱而又好色且不知节制的帝王大都短命，这是屡见不鲜的。而武王的性格弱点正是如此，加上本来体质孱弱，患有各种神经衰弱的症状。而克殷成功后二三年之间，武王显然由于沉迷女色，放纵玩乐，斫丧过甚，其时显然已病入膏肓，不省人事，遂导致药石无灵，最终始出现传世本及清华简《尚书·金縢》中不问苍生问鬼神的一幕。

2012年6月17日于香港

（作者：郭伟川，容斋出版社总编辑）

反求诸己与散见于事

——"孟施舍似曾子,北宫黝似子夏"释义

◇王　皓

在"知言养气"章,公孙丑向孟子提出了"动心"与否的问题。当孟子回答自己四十不动心时,公孙丑称赞孟子远胜过孟贲。孟贲是古代的一名勇士,公孙丑借此称赞孟子有勇。能实现"不动心"的人就可以说他具备了勇的品质,不动心者必有勇。因此,接下来孟子对"不动心有道乎"这个问题的讨论就顺理成章地通过北宫黝、孟施舍、曾子之养勇而展开。孟子对此三者之养勇进行了对比、评价,从中亦可窥见孟子对"不动心"的看法。然,"孟施舍似曾子,北宫黝似子夏"这句总评性质的话却未得到很好的解说,而只有明确了北宫黝、孟施舍之养勇的特点,才能更好地理解与其作对比的曾子之养勇、孟子之不动心。因此,本文着重解析这句话,以期明确北宫黝、孟施舍之养勇以及曾子与此二者之不同。为方便讨论,兹录相关原文于下:

> 公孙丑问曰:"夫子加齐之卿相,得行道焉,虽由此霸王,不异矣。如此,则动心否乎?"
>
> 孟子曰:"否,我四十不动心。"
>
> 曰:"若是,则夫子过孟贲远矣。"
>
> 曰:"是不难,告子先我不动心。"
>
> 曰:"不动心有道乎?"
>
> 曰:"有。北宫黝之养勇也,不肤挠,不目逃,思以一豪挫于人,若挞之于市朝;不受于褐宽博,亦不受于万乘之君;视刺万乘之君,若刺褐夫;无严诸侯,恶声至,必反之。孟施舍之所养勇也,曰:'视不胜犹胜也;量敌而后进,虑胜而后会,是畏三军者也。舍岂能为必胜哉?能无惧而已矣。'孟施舍似曾子,北宫黝似子夏。夫二子之勇,未知其孰贤,然而孟施舍守约也。昔者曾子谓子襄曰:'子好勇乎?吾尝闻大勇于夫子矣:自反而不缩,虽褐宽博,吾不惴焉;自反而缩,虽千万人,吾往矣。'孟施舍之守气,又不如曾子之守约也。"①

① 朱熹撰:《四书章句集注·孟子集注》,北京:中华书局,1983年,第229—233页。

北宫黝之养勇，肌肤被刺毫不退却，眼睛被刺毫不躲避，认为受一点点挫折，就好像在大庭广众之下被鞭打一样；不受地位卑贱之人的侮辱，也不受大国国君的侮辱。把行刺大国国君看得跟行刺普通百姓一样。不畏惧诸侯，受到辱骂一定反击。① 这是一种直面挑战，不躲避、不退缩的勇气，所求定要胜人②，无论是何种境遇下的委屈、侮辱都不愿忍受。之所以说北宫黝以必胜为主，主要是孟子在讲到孟施舍时指出“舍岂能为必胜哉？能无惧而已矣”（《孟子·公孙丑上》），意在指出孟施舍不像北宫黝那样以必胜为主，而是以无惧为主③。孟施舍之养勇，不能保证一定取胜，却把不能战胜看作像能够战胜一样，这只是因为无所畏惧罢了。

孟子对这二者的评价是“孟施舍似曾子，北宫黝似子夏”（同上）。虽不知道二者谁的方法更好，但是孟施舍相对北宫黝更得其要领。孟施舍与曾子相似，北宫黝与子夏相似，那么，这种相似是从什么意义上讲的呢？他们相似而又不尽相同，其不同又体现在什么地方呢？下文将具体论述。

一、北宫黝似子夏

关于子夏之养勇有什么特点，孟子并没有提及，其他史料中也没有提及子夏养勇的问题。然孟子认为北宫黝与子夏相似，因此，须对子夏有一定程度的了解，才得以明确北宫黝养勇之特点。《论语·先进》中记载“文学：子游、子夏”，子游、子夏是孔门四科之一——文学的代表。两者虽并举，然治学风格却迥然不同。《论语·子张》中，子游批评子夏门人专注于仪节：“子夏之门人小子，当洒扫应对进退，则可矣，抑末也，本之则无，如之何？”专注于礼之细枝末节，则有忽视礼之本的嫌疑。子夏则反驳道：“噫！言游过矣！君子之道，孰先传焉，孰后倦焉？譬诸草木，区以别矣。君子之道，焉可诬也？有始有卒者，其惟圣人乎？”子夏辩解说：为道须讲究先后次序，应有始有终，循序渐进。由此可见，两者的治学风格的确不同。子夏之为学偏重于知识，“子夏曰：‘日知其所亡，月无忘其所能，可谓好学也已矣’”（同上）。而孔子称赞颜回好学则说：“有颜回者好学，不迁怒，不贰过”，注重德性。子夏主张“君子学以致其道”（同上），通过学习来达到对道的体认，“博学而笃志，切问而近思，仁在其中矣”（同上），广泛学习、坚定志向、好问、善思，仁就体现在这些具体的学习中。由此可见，子夏尤其注重学，从细节做起，循序渐进继而达到对道的理解。孔子告诫子夏“儒为君子儒，无为

---

① 参看梁涛《孟子解读》中的译文。

② 引自朱熹注“以必胜为主”，朱熹撰：《四书章句集注·孟子集注》，北京：中华书局，1983年，第229页。

③ 引自朱熹注，同上。

小人儒”(《论语·雍也》),子夏偏重于知识和技能,疏忽进德。“子夏曰:‘虽小道,必有可观者焉;致远恐泥,是以君子不为也。’”(《论语·子张》)虽然子夏也意识到拘泥于小道会影响到实现大道,但是子夏实擅长小道,所以孔子指出其偏。孔子认为:“师也过,商也不及。”(《论语·先进》)子夏有些不足,朱子解释说:“子夏笃信谨守,而规模狭隘,故常不及。”①无论是子游与子夏的分歧,还是孔子对子夏的评价都可以说明:子夏偏重通过学进而达到对道的理解,专注于细节,有拘泥于小道、忘本之嫌。

孟子既说“北宫黝似子夏”,那么究竟在何种意义上相似呢?首先,孟子对北宫黝养勇的描述,使用的是细节描述法:“不……,不……,思……若……;不受于……,亦不受于……;视……若……;……至,必……”(《孟子·公孙丑上》)一一列举出其不动心的具体表现。孟子举出诸多北宫黝在具体境遇中不畏惧的例子,不是其不能概括北宫黝之养勇的特点,而意在说明北宫黝养勇的特点就表现在这诸多事中,即无论遇到何种境遇,都求胜于人,不愿承受委屈、屈辱。其次,孟子在对比北宫黝、孟施舍时指出,孟施舍相对于北宫黝更得其要领,而北宫黝之养勇不得要领,因其事无巨细皆用其力,总是在一次次具体的境遇中求必胜,以求达到不动心。这种方式外求于事,然受制于事,不能事事皆胜,不如孟施舍之无惧得其要领。因此,“北宫黝似子夏”的具体含义就是,孟子认为北宫黝之养勇的方式与子夏为学为道的方式有相似之处,即北宫黝养勇的着力之处散见于事,外求于事而不得要领。

二、孟施舍似曾子

孟施舍之无惧,是向自身求,不管外界状况如何,畏惧与否取决于自己。因此孟子评价孟施舍较北宫黝而“守约”。曾子有一种反求诸己的态度,“吾日三省吾身”(《论语·学而》),而其养勇的方式也正是“自反”。孟施舍与曾子在养勇的方式上类似,其着力处都在其自身,不假外求。动心与不动心都取决于自身,然孟施舍与曾子的区别不容忽视。虽然二者养勇的方式在表现形式上都是求诸自身,但是孟子却说:“孟施舍之守气,又不如曾子之守约。”(《孟子·公孙丑上》)可见,孟施舍与曾子之养勇只是形似而实质不同。要明确其中之分别,必须进一步分析曾子之养勇。

解读曾子之养勇,有一句话很关键:“昔者曾子谓子襄曰:‘子好勇乎?吾尝闻大勇于夫子矣:自反而不缩,虽褐宽博,吾不惴焉;自反而缩,虽千万人,吾往矣。’”(同上)这句乃是曾子受教于孔子,并讲给其弟子子襄的。

---

① 引自朱熹注,朱熹撰:《四书章句集注·论语集注》,北京:中华书局,1983年,第126页。

理解这句话,弄清楚“缩”的含义很重要。赵岐解释为“缩,义也”、“不义不直”①。朱子直接解释为:“缩,直也。”②焦循“释文云:‘缩,直也。’广雅释诂云:‘直,义也。’缩之为义,尤缩之为直。盖缩之训为从,从故直。从亦顺也,顺故义也;义者,宜也”③。由这三家注释,可以看出“缩”被解释为“直”,进而引申为“义”。一直以来都采用这个解释。然而,个人认为:既然“缩”字被解释成“直”,就需要通过探究“直”的含义来解释“缩”,而不能直接跳过“直”,以“义”来解释“缩”。况且,“直”与“义”是有区别的,并不能直接将“直”等同于“义”。《论语·泰伯》中提到“直”:“恭而无礼则劳,慎而无礼则葸,勇而无礼则乱,直而无礼则绞。”“直”如果缺少礼的约束则失之于急切。《论语·阳货》中也提及“好直不好学,其蔽也绞”。“好直不好学”则质胜文,不得中道。从这两个例子可以看出,对“直”如果不加以必要的规范,则不得中道。“直”不必然是“义”。所以,“直”不能直接等同于“义”。

但是,这并不意味着“直”与“义”就没有关系;不直必定不义。《论语》中还有其他有关“直”的论述,如《论语·公冶长》:“子曰:‘孰谓微生高直?或乞醯焉,乞诸其邻而与之。’”有人向微生高借醋,微生高没有却向邻居借来给那个人。孔子不谓微生高“直”,因其没有“直身而行”④,没有顺着当下即有的反应而做出其本应该做的事,而有曲意逢迎之嫌。这种行为孔子不谓之“直”,更不能称其为“义”。郭店楚简《五行》中也讲道:“不直不肆,不肆不果,不果不简,不简不行,不行不义。”不直不可谓义。

那么,“直”与“义”的关系具体是什么呢?“直”是“义”的前提。对此《五行》中还有进一步的解释:“中心辩然而正行之,直也。直而遂之,肆也。肆而不强御,果也。不以小道害大道,简也。有大罪而大诛之,行也。贵贵,其等尊贤,义也。”《五行》将“直”解释为“中心辩然而正行之”,“中心辩然”何意呢?《五行》解释道:“不简,不行。不匿,不辩于道。有大罪而大诛之,简也。有小罪而赦之,匿也。有大罪弗大诛也,不行也。有小罪而弗赦也,不辩于道也。”“简,义之方也。匿,仁之方也。”“道”提供了行为的依据,所行合于道,则是行其所当行。有小罪而不能赦免,就是不辩于道。不辩于道违背了“仁”所体现的宽容的精神,也就是“以小道害大道”。辩于道乃是明大道并且体现了“仁”。“中心辩然”就是指心辩于道,因此,“直”就是心辩于道而行其所当行。由“直”才能

① 李学勤主编:《十三经注疏·孟子注疏》,北京:北京大学出版社,1999年,第74页。

② 朱熹撰:《四书章句集注·孟子集注》,北京:中华书局,1983年,第230页。

③ 焦循撰:《孟子正义》上,北京:中华书局,1987年,第193页。

④ 引自朱熹注,朱熹撰:《四书章句集注·论语集注》,北京:中华书局,1983年,第146页。

"肆"、"果"、"简"、"行"，这整个过程就是"义"。① 所以说"直"是"义"的前提。

"直"乃辩于道，辩于道则仁在其中。"直"本身体现了"仁"，内在地包含着道德情感。正如《论语·子路》中，孔子所赞同的"直"："叶公语孔子曰：'吾党有直躬者，其父攘羊，而子证之。'孔子曰：'吾党之直者异于是。父为子隐，子为父隐，直在其中矣。'"孔子区别了叶公所谓"直"与自己所认可的"直"：父子亲情乃是人本真之情，父为子虑，子为父忧乃是本真之情的显发，由此种情感而产生的行为才是当下最真实、最直接的行为。"直"并不是撇开本真之亲情，只遵循外在的道德规范、礼法规则去行事。相反，置本真之亲情于不顾，抽离了道德情感的人是不真实的，为外在准则是听，其行为必有其外在目的，因此其人是虚伪的。这正是"以小道害大道"，不辩于道的表现。孔子所肯定的"直"是顺着当下本真的道德情感而行事，即诚其意，意之不诚不可谓之直。

由此得出："直"一方面强调了心辩于道，应行其所当行；另一方面强调本真的道德情感的重要性，要求顺其本真之情而为。按"直"而行，既符合本真之情又是其所当为，本然与当然合一。然，上文还分析了"直"若果不加规范就不得中道。依据原文的语境，在曾子的这句话中，"缩"、"直"很明显是作为正面价值出现的，因此，这里不取其不加规范就不得中道之义。

那么，通过"直"，"自反而缩"应该如何解释呢？反求诸己，自问不合本真之情也不是其所当为，即使面对地位卑微的人，也不威吓他；自问合乎本真之情又是其所当为，即使面对千军万马，也会勇往直前。从"直"本身的内涵去理解"缩"，恰能说明"自反"之后的精神状态。它既是当下所具有的道德情感之要求，也是依道所作之决断。这也就是曾子得以守约的原因。

三、总结

焦循对"孟施舍似曾子，北宫黝似子夏"这句话也有过解释："是道虽众，不如孝之大也。北宫黝事事皆求胜任，故似子夏知道之众。孟施舍不问能必胜与否，但专守己之不惧，故似曾子得道之大。约之训为要，于众道之中得其大，是得其要也。"②焦循的评价大体上是不错的；但是，个人认为曾子自反而"直"的方法得其要领，而非焦循所谓"孝"。

孟子通过对北宫黝、孟施舍、曾子三人之养勇的对比、评价，明确了：北宫黝之养勇，散见于事，外求于事而不得要领，意在求胜，却不能必胜。胜则不动心，不胜则动心。这种实现"不动心"的方式受制于事。孟施舍守其自身之气，动心不动心则取决于他自己。但是，孟子为什么没有称赞孟施舍之养勇，而仅仅是说

① 郭齐勇：《中国哲学史》，北京：高等教育出版社，2006 年，第 67 页。

② 焦循撰：《孟子正义》上，北京：中华书局，1987 年，第 193 页。

"夫二子之勇,未知其孰贤"(《孟子·公孙丑上》)?因为其"视不胜犹胜"(同上),这是自己从主观上忽略、消除导致畏惧的因素。守气亦受制于气,这种方法是强制自己使其不畏惧;一旦不愿再强制自己,则会动心。因此,孟子认为这种方式也是不足取的。曾子"自反"而"直",自反则动心与否取决于自己,是主体自主的选择。"直"既是顺其本真之情又是所当为的。曾子之不动心既是自主的又是本真的非强制的,还是理所应当的。因此,不论他遇到什么境遇,"自反而不缩"则不强词夺理、仗势欺人,正如中庸所说:"知耻近乎勇。""自反而缩"即是遇到阻碍也会勇往直前,正所谓:"心诚求之,虽不中不远矣。"(《大学》)这就是孟子所称赞的"大勇"。《论语·泰伯》中曾子曾说:"可以托六尺之孤,可以寄百里之命,临大节而不可夺也,君子人与?君子人也!"这正是其在任大责重之时,不动心的表现。

北宫黝、孟施舍都能养勇,然而其实现"不动心"的方式却不是孟子认可的方式,由此方式所养成的勇并非孟子所称赞者。不动心者必有勇,但是仅仅勇者未必能够达到孟子所谓的"不动心"。正如孔子所言:"仁者必有勇,勇者不必有仁。"(《论语·宪问》)用这句话说明勇与"不动心"的关系似更为贴切。北宫黝、孟施舍、曾子之区别也正在于此。

(作者:王皓,北京大学哲学系博士)

酋邦与社会分层理论的贡献与不足*

◇王震中

一、酋邦理论的贡献与局限

对于文明与国家起源的研究,最具魅力的是对起源的过程、路径和机制的研究。百余年来国内外学术界在这一领域所产生的一个个理论模式和学术观点,总是以"后来者居上"的姿态为这一课题的解决而进行着不懈的努力。近几十年来,文明起源的所谓"三要素"或"四要素"的文明史观以及"酋邦"等人类学理论,代替了摩尔根的"部落联盟"说和"军事民主制"说,而显得甚为活跃。它们有理论和学术上的建树,但也有其局限性和不足。与摩尔根的"部落联盟"和"军事民主制"等概念相比,笔者以为,酋邦理论最为明显的理论成就在于,它是对史前社会即已产生的一种不平等的社会结构类型的概括,它通过人类学中具体的民族学实例,给我们展现了阶级社会之前的不平等社会的一种具体情景,建立了由部落到国家之间的发展链环。①

酋邦理论虽以塞维斯(Elman R. Service)1962 年出版的《原始社会组织的演进》(Elman R. Service: *Primitive Social Organization: An Evolutionary Perspective*, New York, Random House, 1962)一书所建立起来的"游团(band)——部落(tribe)——酋邦(chiefdom)——国家(state)"这一演进模式最具有代表性,但在塞维斯之前,已有酋邦概念的提出;塞维斯之后,经更深入的考察和研究,酋邦形态的多样性和复杂性使得欧美的人类学家们对于酋邦的定义、特征等方面的归纳都有不同的界说②。这一方面说明酋邦理论前后是有发展变化的,另一方面

* 本研究系 2012 年国家社科重大项目"中国国家起源研究的理论和方法"阶段性成果,受该项目资助(项目批准号:12&ZD133)。

① 王震中:《中国文明起源的比较研究》,西安:陕西人民出版社,1994 年,第 6 页。

② 易建平:《部落联盟与酋邦——民主·专制·国家:起源问题比较研究》(以下均简称《部落联盟与酋邦》),北京:社会科学文献出版社,2004 年;陈淳:《文明与早期国家探源——中外理论、方法与研究之比较》(以下均简称《文明与早期国家探源》),上海世纪出版集团上海书店出版社,2007 年。

在我们看来,酋邦理论也有它的局限性。① 所以,酋邦模式对于说明由史前走向文明社会有其理论上的意义,但在应用时尚需加以分析,甚至在援引酋邦理论时还需要说明究竟采用的是谁的酋邦定义,并说明在这样定义下酋邦的主要特征是什么,只有这样才会在理论联系实际时,对理论、概念的本身和其建构的条件有一个清醒的认识,才会使研究引向深入,也才不会脱离其所研究对象的历史实际。

在易建平《部落联盟与酋邦》和陈淳《文明与早期国家探源》的书中都谈到,酋邦(chiefdom)这一概念最早是由美国人类学家卡莱尔沃·奥博格(Kalervo Oberg)在1955年写的一篇文章中提出的。在该文中,奥博格根据墨西哥南部低地哥伦布之前的印第安部落社会结构的特点,总结出六种类型的社会形态:(1)同缘部落(Homogeneous tribes,或可译为"同族部落"),是指同一血缘群组成的部落,其栖居或聚落形态表现为分散家庭组成的松散游群、单一村落的部落和多村落的部落等。同族部落经济主要为狩猎采集和辅助性的栽培农业,存在大量从母居的社会形态。(2)异缘部落(Segmented tribes),是指由两个以上有名分的直系血缘群构成的部落(named unilinear kinship groups),即异缘部落是由不同世系的血缘群组成。(3)政治上组织起来的酋邦(Politically organized chiefdoms),这是在一个地域中由多村落组成的部落单位,由一名最高酋长统辖,在他的掌控之下是由次一级酋长所掌管的区域和村落。其政治结构的特点是酋长有法定权力来解决争端、惩罚违纪者。酋长可以为战争而动员民众和后勤供应,通过联盟来加强团结。政治权威基于部落对共同渊源的认同。酋邦没有常规军队、永久性的管理机构和税赋。财产和奴隶从战争中获得,酋长的亲属和武士构成了社会最高阶层,常被称为贵族,其下面大批的普通民众和奴隶构成了最低的社会阶层。酋长头衔繁多,妻妾成群,房屋很大,出行乘轿,身上挂满珍稀的装饰品,通常通过中间人与民众对话。哥伦比亚北部低地的许多部落形态属于这种酋邦社会。(4)联邦型国家(Federal type states),这种社会结构存在一个强有力的统治者:一批世袭的贵族和一批专职的祭司。在分布着村落的地域上增加了两种新的建筑特点:宫殿和庙宇。刀耕火种和点种的农业经济可以支持这种社会,只要统治者能够控制大量的人口。哥伦比亚的契布查(Chibcha)已经达到了这个社会层次。(5)城邦国家(City states,或译为"城市国家"),其社会结构和下面的经济形态都发生了巨大的变化,手工业专门化出现,从而形成了专业阶层,进而导致日用品交换和贸易市场的出现,都市化造成农村生活和城市社会的分化,像秘鲁沿海的昌昌(Chan Chan)就是城邦国家的例子。(6)神权帝国(The theocratic empire),通过将高地和沿海平原复杂程度不同的社会群体联合起来,并将广阔区域中的城市经济组织到一起,从而形成帝国。农业赋税养活了统治

① 王震中:《中国文明起源的比较研究》,第6—7页,第167—173页。

者、军队、官吏和工匠，征用劳力来建造庙宇、宫殿、道路和其他公共建筑。印加帝国就是这种社会类型的代表。显然，奥博格将酋邦确立为国家前的一种不平等的社会类型，这为后来塞维斯确立四阶段社会进化模式奠定了基础。①

酋邦社会特征的另一发现者是保罗·基希霍夫（Paul Kirchhoff）。1955 年，他将 20 年前的 1935 年就曾投稿给杂志的一篇论文于此时在自己执教的华盛顿大学的学生刊物《戴维森人类学周刊》（*Davidson Journal of Anthropology*）得到发表。在该文中，基希霍夫提出有两种类型的氏族：一种是“单面外婚制氏族”，另一种是不平等的“圆锥形氏族”（又称为“尖锥体形氏族”）。在这种圆锥形氏族—部落社会中，每个成员的地位取决于他和直系始祖之间血缘关系之远近，高血统的人与氏族—部落祖先的关系最近。② 在这里，社会地位大部分依据其出身而定，所谓与直系始祖之间血缘关系的最近者，也就是与现实的最高酋长关系最近者，亦即在直系世系上和酋长最近者，可特殊地获得较高的地位，这是因为整个社会通常相信人类是自一个始祖传递下来的。所以，在酋邦社会里每一个人都依他与酋长关系的远近而决定其阶层，形成圆锥体形的分阶层的社会系统。③ 基希霍夫发现了“圆锥形氏族”社会的等级特征，但他将这类等级制的氏族与平等的外婚制氏族作为社会演进过程中的同一发展阶段，是理论逻辑上的一个不足。其后的弗里德和塞维斯正是克服了这一不足而在理论上又前进了一步。

塞维斯正是在上述奥博格和基希霍夫二人研究成果以及人类学的其他进展的基础上，提出了他的酋邦理论模式。其做法是把世界上现存的，亦即共时性的横向存在的各类原始社会组织，逻辑地排列为历时性的纵向演变的关系，其演变的序列为：由“游团”（地域性的狩猎采集群体）发展为“部落”（一般与农业经济相结合），再发展为“酋邦”（具有初步不平等的社会），最后走向“国家”。酋邦之前的游团和部落属于平等的原始社会，酋邦是国家出现之前的不平等的过渡阶段。塞维斯理论最具特色的地方：一是对酋邦的概括以及包含酋邦在内的四种社会类型演进框架的建立；二是酋邦的再分配机制模式。

在塞维斯的酋邦概念中，酋邦的特征可以概括为三个方面：第一是它广泛存在的不平等，它的等级制。这种不平等表现为上文保罗·基希霍夫所说的每一个人都依他与酋长的关系的远近而决定其阶层，形成圆锥体形的或者说金字塔形的分阶层的社会系统，这是传承自同一始祖的所有同时后裔的一种不平等的身份关系。第二是酋邦拥有固定的或者说常设的领导。第三是塞维斯提出酋邦具有再分配机制。为此，塞维斯甚至把酋邦定义为“具有一种永久性协调机制

---

① 陈淳：《文明与早期国家探源》，第 78—80 页。

② 易建平：《部落联盟与酋邦》，第 145—146 页。

③ 王震中：《中国文明起源的比较研究》，第 168 页。

的再分配社会”。再分配机制在塞维斯的酋邦理论中,占有着十分关键的地位。在塞维斯看来,酋邦兴起于特殊的自然生态环境中,由于资源的差异,出现地区分工和交换,在这种特殊的地方,进行生产分工与产品再分配的需求很大,容易导致控制中心的出现,使酋长成为再分配者,也就是说生产的地区分工以及由此而导致的再分配活动与领导权的兴起和巩固有很大的关系。所以,塞维斯说,不平等在酋邦社会里“是协调中心本身发展的一个结果,而不是其发展的原因。是酋长职位的出现产生了酋邦”①。

在塞维斯之后,酋邦理论又有所发展。首先是关于酋邦与再分配机制的关系问题。皮布尔斯(C. S. Peebles)等人根据夏威夷酋邦的特点对酋邦的再分配机制提出了不同的看法。他们发现,夏威夷的社群或聚落分布在多样性丰富和资源种类平均的环境里,所以各社群和部落的基本资源都可以自给自足,基本生产生活资料的互惠交换并不重要,也没有证据表明存在最高酋长控制基本资源再分配的网络。他们发现,夏威夷的酋长是通过修建和视察各地祭祀战争、农业和宗教之神的庙宇来获得贡品和实施控制的。②

美国考古学家厄尔(Timothy K. Earle)也对塞维斯的酋邦再分配机制提出质疑。他也以夏威夷酋邦为例提出了四点理由:(1)各社群区域划分和内部人口结构可以维持自给自足的经济。(2)不同区域之间存在的环境和资源差异是通过采取不同生存方式而非通过互惠交换来解决的。(3)不同区域之间一些特殊产品的交换一般采取社群内部亲属间的义务关系或区域间的物物直接交换形式。通过再分配等级网流通的物品一般用于由贵族直接主持的活动。(4)长时段中再分配动员的周期性和不规则性,不足以组织起当地专门化的生存经济。因此,他认为塞维斯将再分配机制作为酋邦发展动力的假设并不适用于夏威夷酋邦。③

其次是酋邦的多样性问题。厄尔就对酋邦的多样性进行了讨论。他认为酋邦并不能被视为一种相同的和直线演进的阶段,应该将酋邦按其多样性分成不同的结构类型,为此他提出了“简单酋邦”和“复杂酋邦”的概念,二者的人口规模和政治等级都可以有很大的不同。

对于简单酋邦,厄尔和约翰逊(Allen W. Johnson)以特罗布里恩德酋邦为例,对于复杂酋邦他们举出夏威夷酋邦和伊朗的巴塞利(the Basseri)两例来进行了说明④。

---

① Elman R. Service:*Primitive Social Organization:An Evolutionary Perspective*, p. 140. 译文见易建平:《部落联盟与酋邦》,第 176 页。

② 陈淳:《文明与早期国家探源》,第 143 页。

③ 陈淳:《文明与早期国家探源》,第 146 页。

④ 易建平:《部落联盟与酋邦》,第 281—293 页。

由于对酋邦的划分和认识的不同，厄尔对酋邦的定义也不同于塞维斯。他认为酋邦最好被定义为一种区域性组织起来的社会，社会结构由一个酋长集中控制的等级制构成，它具有一种集中的决策机制以协调一批聚落社群的活动。在决策和协调功能上，厄尔认为酋长是中心决策者，而集中是酋邦最鲜明的特点。从聚落形态来看，在一个区域内形成有聚落等级，其中，中心聚落的规模较大，周边较小的聚落臣服于它。在等级分层上，厄尔认为可以从对经济控制所获得的各种物品予以衡量，例如墓葬的大小、随葬品的多寡以及居住房屋的规格、质量等，都可以反映出经济地位、财富和社会地位的不平等。在酋邦政治和经济的集中问题上，厄尔强调酋长通过控制剩余产品来获得权力和财富。厄尔认为，这种控制能力发展得最好的例子是那些依赖灌溉的酋邦，如在西班牙南部的干燥环境里，在铜器和青铜时代发展起来的灌溉促成了对高地灌溉土地实行控制的社会阶层的发展。而对资源拥有权的经济控制也有助于解释并不依赖灌溉的酋邦的发展，比如奥尔梅克酋长对高产土地的控制。此外，酋长还可以通过控制生产技术来行使权力，例如对石器、陶器和金属工具生产技术的控制。在基本经济活动之外的是对代表财富和权势物品的控制，例如有些专职工匠直接依附于酋长和贵族进行奢侈品和珍稀物品的生产，或者通过贸易和交换来控制一些体现权势舶来品的拥有。还有战争在酋邦的发展中的作用，领导战争是酋长的普通功能，他们通过战争进行征服、获得财产和俘虏。酋长的权力除了来自控制之外，也来自管理。厄尔认为来自管理的酋长权力强调的是酋长的服务功能，来自控制的酋长权力强调的是酋长的剥削能力，而对这两者功能进行协调之后，他认为酋邦的生存会强化对领导和管理机制的需求，同时在管理机制形成中又会产生控制的机会。酋长在开始时可能行使一种协调和管理功能，但是随着社会分层的发展，酋长和贵族会操纵政治和经济关系来维护自己的利益，形成对剥削行为的控制。厄尔也强调意识形态对于酋邦的重要性，指出酋邦多具备神权的性质。总之，厄尔认为酋邦具有极大的多样性，其具体的演进过程也非常复杂。此外，厄尔认为，由于人类学确定的酋邦类型是根据同时性酋邦社会的观察，对酋邦演变过程的研究作用有限，因此从考古学来了解酋邦的发展是十分必要的①。

克利斯蒂安森（Kristian Kristiansen）也深入讨论过酋邦的多样性和复杂性，觉得酋邦的概念需要改进。克利斯蒂安森认为，人类社会组织最基本的区别在于部落社会与国家社会，酋邦只是部落社会的一种变体，或者说，酋邦是社会组织的一种部落形式。她在酋邦与充分发展的国家之间安置了一个弗里德的分层社会（阶层社会）。分层社会是国家组织的一种原始形式或者早期形式（an archaic form of state organization），可称之为原始国家，它具有国家组织的基本特征，比如说，显著的社会分化与经济分化，强调领土重于强调血缘关系，但是它缺

① 陈淳：《文明与早期国家探源》，第146—150页。

乏发达的官僚制度。她按照伦弗鲁(Colin Renfrew)、厄尔和阿特罗伊(Terrence D. Altroy)等人的方法,把酋邦划分为集体性质的(collective)和个人主义性质的(individualizing)两种。前者建立在酋邦对维持生计产品经济财政(staple finance)和生计生产之控制的基础之上,后者建立在酋邦对贵重物品进行控制的奢侈品财政或者说财富财政(wealth finance)的基础之上。这两种制度并不相互排斥,也可以发现它们有的时候结合在各种不同形式的社会组织之中。只是在前国家社会里,维持生计产品经济财政制度大多数是与集体性质的、领土的、"农业的"社会(collective, territorial and "agricultural" societies)相联系,威望物品经济则主要是与个人主义性质的、分散的、"游牧的"社会(individualizing, segmentary, "pastoral" societies)相联系。在此基础上,克利斯蒂安森提出两条演化道路:基于维持生计产品经济财政或者对生计生产进行控制的酋邦,可以发展成为权力集中的原始国家,最后发展为帝国;基于奢侈品财政的酋邦,可以发展成为权力分散的原始国家,最后发展为城邦。前者的道路是:从领土部落发展到具有稳定的财政、集体性质的酋邦,再发展到权力集中的神权政治的原始国家(集中管理的分层社会),然后演进为官僚体制的国家道路;后者的道路是:从分散的(segmentary)部落发展到以财富财政或者奢侈品财政为基础的酋邦,然后演进为权力分散的世俗政治的原始国家,再发展到封建体制的国家道路。①

因酋邦的多样性、复杂性以及学者们对它认识上的差异,导致人类学家对酋邦的定义也有所不同。除了上述厄尔等人有关酋邦的定义外,奥博格将酋邦定义为在一个最高酋长管辖下由次一级酋长控制的、以一种政治等级从属关系组织起来的多聚落的部落社会;受奥博格的启发,斯图尔德将酋邦定义为由许多小型聚落聚合而成的一个较大的政治单位,他进而将酋邦分为军事型和神权型两种;弗兰纳利认为酋邦是社会不平等世袭的开始,自此社会中不同血统是有等级的,血统和地位也与财产的拥有相联系,不管个人的能力如何,其地位的高贵和低贱与生俱来,为此他认为酋邦从考古学上辨认的诀窍是看是否有高等级的幼童和婴儿墓葬,可以说明权力和地位的世袭;皮布尔斯讨论了塞维斯所说的酋邦兴起的再分配机制,不赞成将再分配概念看作是定义酋邦的基本特点,他同意酋邦为一种不平等的社会体制,贵族和酋长具有实施控制的权力,这种权力多少依赖神权来取得合法地位,以便对社会进行管理和控制;卡内罗说酋邦是一种超聚落的政治结构,将它定义为一个最高酋邦永久控制下的由多聚落或多社群组成的自治政治单位;等等。也就是说,自奥博格提出酋邦概念以后,学术界认识到,所谓酋邦可以指差异极大的社会类型,可以根据其结构和复杂程度细分,比如神权型、军事型和热带雨林型酋邦;集团型和个体型酋邦;分层型(阶层型)和等级型酋邦;超级型、等级型和无等级型酋邦;简单酋邦和复杂酋邦;等等。它涵盖了

① 易建平:《部落联盟与酋邦》,第295—307页。

从刚刚脱离原始部落的较为平等的状态一直到非常接近国家的复杂社会的各种不同类型的社会形态。①

综上所述，有关酋邦的理论，我们可以总结为：

第一，酋邦概念和定义的极不统一，酋邦类型的多样性，是由于原始社会后期或由史前向国家的转变时期不平等现象和形式本身就是多样的，形形色色的，也就是说，是社会的复杂性和不平等的多样性才使得学者们对于酋邦的定义和特征的归纳存在着许多差异。如果我们一定要将那些各种不同类型的社会形态（即从刚刚脱离原始部落的较为平等的状态一直到非常接近国家的复杂社会的各种不同类型的社会形态）都冠名以酋邦的话，只能牺牲丰富性和具体性而上升抽象性，可将酋邦的主要特征概括为：原始社会中血缘身份与政治分级相结合的一种不平等的社会类型②；并用"简单酋邦"与"复杂酋邦"来表示酋邦社会中不平等的发展程度和酋邦演进中的前后两个阶段；而作为酋邦的发达形态或所谓"复杂酋邦"，其组织结构，应当是由最高酋长所在的中心聚落与许多处于从属或半从属地位的中小型聚落聚合而成的一个较大的政治单位；其复杂酋邦中的不平等，应当是既包括因血缘身份和职务所致的不平等，也包括其后发展出来的具有经济意义的社会分层。

第二，酋邦理论的主要贡献就在于"它通过人类学中具体的民族实例，给我们展现了阶级社会之前的分层社会的一种具体情景，建立了由部落到国家之间的发展链环"，它"启示我们，由部落到国家还应有一个相对独立的发展阶段，有相应的社会结构和体制特征，这一发展阶段是文明和国家起源研究中关键点之一"③。值得注意的是，这段论述虽然是笔者十九年前写的，但对照形形色色的史前社会的不平等现象（即史前各种类型的不平等社会）和不同学者对酋邦的不同定义，这样的提法至今也还是有意义的。

第三，酋邦理论的建立虽说主要是依据人类学中具体的民族实例，但也有假说的成分。例如塞维斯把生产的地区分工与再分配机制作为酋邦兴起的模式就属于一个假说。依据这一模式，酋邦兴起于某种特殊的地理环境之中，即由于环境资源的不同，不同的村落之间出现生产的地区分工和交换的需求，从而产生相关的协调活动和再分配机制。如果酋邦只产生于这种特殊的地理环境之中，那么对于大部分属于自给自足的聚落群或社区来说，岂不就是无法由部落发展为酋邦，酋邦也就不具有普遍意义？塞维斯的"再分配机制"这一假说只可视为是

---

① 陈淳：《文明与早期国家探源》，第 141—144 页。

② 张光直在《古代世界的商文明》（《中原文物》1994 年第 4 期）一文中说："酋邦的主要特征是其政治分级与亲属制度相结合。"笔者对酋邦主要特征的概括与张光直先生的这一概括是一致的。

③ 王震中：《中国文明起源的比较研究》，第 6 页。

对酋邦兴起原因的一种探讨。不赞成他这一说法的学者，在面对酋邦是如何产生的，以及酋邦演进过程的动力等课题时，都提出过自己的新说，诸如人口增长压力说、战争说、对集体化生产活动的管理与对贵重物品的控制说，等等。应该说这些新说也含有假说的成分，也属于假说的范畴。理论需要联系实际，这些假说能否成立，关键在于它是否符合历史实际，这既是理论创新的魅力所在，也需要我们继续进行深入的研究。

第四，在塞维斯的酋邦概念中，酋邦社会的不平等只是由血缘身份地位造成的，是社会性的，"是酋长职位的出现产生了酋邦"，酋邦的社会地位与经济利益并无必然的联系，弗里德所说的具有经济意义的社会分层不属于酋邦社会。若用这样的标准来衡量某些不平等的史前社会类型，将会变得十分矛盾而难以处理。例如，菲律宾群岛的卡林伽(the Kalinga)，塞维斯一度把它列入原始国家的行列，一度又把它列入酋邦行列，而最后又完全删除了卡林伽这个人类学的例子。塞维斯说，在卡林伽社会中人们分为四个等级，第一个等级是 the Pangats，"作为最有权力的人，数量很少，但他们是在社会分层的顶端。在他们之下是'卡当延'(the Kadangyan)，即亲属集团的富有的贵族领导人。中等或一般集团称为'巴克囊'(the Baknang)，而贫穷的人称为'卡布斯'(the Kapus)"。上下等级之间贫富差别很大，许多卡布斯完全没有财产，沦为佃农，作物收成与主人对半分①。在塞维斯 1958 年出版的《原始文化概览》一书中，他把卡林伽列在了"原始国家"名下；而在 1962 年出版的《原始社会组织的演进》一书中，他把卡林伽列入了"酋邦"名下；到了 1978 年版的《原始文化概览》，塞维斯整个就去掉了卡林伽这一例子，代之以卢瓦拉贝都因人(Rwala Bedouin)。有人说，这是由于卡林伽不好归类的原因。卡林伽有一些国家的特征，为此塞维斯最初是把它归入原始国家的，但是与同列于此名下的马雅和印加相比，却又十分缺乏国家的结构。卡林伽有法律的概念，有政治等级制度，这都与马雅和印加相似，然而在官僚结构、军事组织和亲属结构上却又与之大不相同。为此，延戈扬(Aram A. Yengoyan)认为，把卡林伽放在部落、酋邦和原始国家三类中哪一类里都不合适。② 但我们推测，塞维斯一度曾把卡林伽作为他列举的酋邦的四个例子中的一个，后又将它拿掉，除了他拿不准之外，大概还有一个原因是在卡林伽社会中已存在具有经济意义的社会分层。在塞维斯的酋邦概念中，该社会是没有社会经济阶级的，而卡林伽却有这样的社会分层，塞维斯当然要把它从酋邦的行列中拿掉。但把它从酋邦的行列中拿掉，却又不能将其放入原始国家的行列之中，这只能说明塞维斯的酋邦概念、定义是有问题的，诚然，在史前社会中，先有血缘性的身份地位的分等，后有经济性的社会分层；可以从军事的、宗教的社会职能和

① 易建平：《部落联盟与酋邦》，第 122 页。

② 易建平：《部落联盟与酋邦》，第 125 页。

职务中产生贵族、产生统治者，即分层起源有政治方面的途径或方式，但这不等于说在原始社会末期没有经济意义上的社会分层。在这方面上，同样属于主张酋邦理论的厄尔和约翰逊就与塞维斯完全不同。厄尔和约翰逊认为酋邦与此前简单社会最为重要的区别就在于分层，在于社会成员掌握生产资料权力的差异，这当然是占有重要经济资源权力不平等的一种制度，也就是说，在厄尔和约翰逊看来，具有经济意义的社会分层并非在酋邦社会之后，而是始于酋邦社会之中。为此，我们认为塞维斯所谓具有经济意义的社会分层只出现于酋邦之后的国家社会之中的观点，也是他的酋邦理论的局限性之一。

第五，如我们一再指出的那样，塞维斯酋邦理论中"游团——部落——酋邦——国家"的模式，"是按照社会进化观点将民族学上可以观察到的各种类型的社会加以分类排列而成的，因而其逻辑色彩很强。对于史前社会的研究，若想达到逻辑与历史的统一，除了人类学或民族学之外，还必须借助于考古学，因为考古学可以依据遗迹的地层叠压关系确定其时代的早晚和先后顺序，从而观察到社会的发展和变化"①。也就是说，塞维斯的酋邦理论模式在把人类学上现存的共时性的各类原始社会组织，逻辑地排列为历时性的纵向演变的关系时，对于已经消失的远古社会是否果真是这样，也还是需要证明的。对此，易建平介绍说，后来塞维斯本人已经意识到了。据研究，在 1958—1978 年的 20 年间，塞维斯一直在重新审视有关自己进化类型的若干问题，比如首先是塞维斯感觉混合游团这种类型应该去掉，部分原因在于认为，这种游团并非是一种原始的形态，而可能是为应付欧洲文化侵入而产生的一种适应的形态。由于受到弗里德等人的影响，塞维斯在他 1971 年出版的《文化演进论：实践中的理论》一书里甚至宣称，"游团——部落——酋邦——国家"四阶段划分法并不符合"事物的原生状态"，"它们也许可以用来进行现代民族志的分类，却难以用来从现存诸阶段推论已经消失的时代"。这实际上等于放弃了他原来的四阶段发展理论，取而代之的是塞维斯认为，可能只有使用三个阶段来划分比较合适：（一）平等社会，和从中成长出来的（二）等级制社会——在世界上，其中只出现过少数为帝国—国家所代替的例子——以及（三）早期文明或者古典帝国。② 也许有人认为塞维斯后来的三阶段发展理论，过于一般化，并未引起人们的重视。但是，它却是塞维斯本人针对他自己的酋邦理论的局限性而提出的，应该说"史前平等社会——史前等级制社会——早期文明或者原始国家"的演进框架，反映出了由史前社会向国家演变过程中三个发展阶段的本质特征，更具有普遍性。

第六，酋邦理论中"酋邦"（chiefdom）一词的翻译问题。张光直先生在将酋邦理论介绍给中国大陆时，把 chiefdom 译为"酋邦"，自此以后，学者们都使用酋

① 王震中：《中国文明起源的比较研究》，第 7 页。
② 易建平：《部落联盟与酋邦》，第 156—157 页。

邦一词。其实，正如我们后面将要谈到的，由于“邦”字的含义有国家的意思，而“酋”是“酋长”的意思，所以用“酋”与“邦”合成一词的“酋邦”，也即“酋长国”，就有点像有的学者曾使用过的“部落王国”或“部落国家”的味道，是一个不伦不类的概念。当然，使用“部落王国”概念的学者，是将它放在“国家”的范畴来使用的。而酋邦理论中的“酋邦”则是前国家即原始社会里的社会类型。正因为“酋邦”中使用了“邦”字，使得一部分学者认为中国古代的“族邦”就是“酋邦”①。我们知道，在日本是将 chiefdom 译为“首长制社会”。这是比较符合原意的。有鉴于此，笔者认为，若将 chiefdom（酋邦）一词译为“酋长制族落”或“酋长制社会”更贴近原意。诚然，“酋邦”一词译法非常简练，而且似有约定俗成之感，故而在本书中我们依旧使用这一译名。

二、社会分层理论的贡献与不足

说到社会分层理论，以弗里德（Morton H. Fried）的理论模式最为经典。弗里德根据社会等级差异标准将原始社会的政治演进划分为四个递进的社会类型：平等社会（egalitarian society）——阶等社会（rank society，或译为“等级社会”）——分层社会（stratified society，或译为“阶层社会”）——国家社会（state society）。这是一项与塞维斯的“酋邦说”既有联系又有区别的理论建树。

诚如易建平所指出的，弗里德的这四个演进阶段很容易被误划为与塞维斯的“游团——部落——酋邦——国家”四个阶段一一对应。其实，塞维斯认为弗里德的阶等社会相当于自己的酋邦，至于“分层社会”，弗里德自己是指介于阶等社会亦即塞维斯的酋邦与国家之间的一种社会，它先于国家而出现，或者说几乎与国家一同出现；阶等社会可以与分层现象完全没有关系。而塞维斯则认为，分层社会是国家产生以后才出现的社会。当然，还有的学者意见与弗里德和塞维斯两人都不同，如约翰逊和厄尔就认为，分层现象可以在酋邦或者阶等社会阶段出现②。若将塞维斯与弗里德两人的意见加以对比，则可列表作如下的表示：

<table>
<tr><td>塞维斯</td><td>游团</td><td>部落</td><td colspan="2">酋邦</td><td colspan="2">国家</td></tr>
<tr><td>弗里德</td><td colspan="2">平等社会</td><td>阶等社会</td><td colspan="2">分层社会</td><td>国家社会</td></tr>
</table>

平等社会区分不同成员的标准基于年龄和性别，在年龄、性别之外的等级制度尚未建立起来。弗里德给平等社会所下的定义是：“大部分人都能胜任许多地位重要的职位。”也就是说，每个人获得较高地位的机会是均等的。

① 沈长云、张渭莲：《中国古代国家起源与形成研究》，北京：人民出版社，2009 年，第 92、98 页。

② 易建平：《部落联盟与酋邦》，第 210、226、264 页。

阶等社会是弗里德理论中的特色之一。这里的“rank”(阶等)一词,一般译为“等级”,但鉴于在欧洲中世纪社会中的“等级”是与经济地位相关联的,而弗里德所说的“rank”本身与经济地位并无必然联系,故而易建平提出将其译为“阶等”,以示区别。这对于理解阶等社会的特点是有意义的。弗里德给阶等社会的定义是:“并非所有具备能力的人都能够获得少数较高的身份和地位。”阶等社会中的阶等与“酋邦”概念中将血缘身份与政治分级相结合而构成等级制的亲族制是一致的,即与基希霍夫“圆锥形氏族”结构是一致的,亦即在阶等社会中每个人都依他与最高酋长的血缘关系的远近而决定了其阶等,形成圆锥形的分阶等的社会系统,这也是人类学家把“阶等社会”与“酋邦”相对应的缘由所在。

阶等社会中区分阶等原则在于其血统和出身,这与我们研究中国上古社会的等级和阶级的起源时曾提出的“阶级的产生既是经济分化的结果,也是权力和政治发展的产物,在古代,阶级地位是由其身份地位来体现的,所以,阶级的产生过程就是从‘平等’到‘身份’的过程,而在这一过程中,父权或父家长权及父权家族的出现是其转变的契机”①的思路,是一致的。这种不谋而合的理论思维提示我们,与经济地位相关联的等级、阶级,亦即与经济地位相关联的社会分层,起源于它之前的尚未产生经济地位差别而只是依据血缘出身来划分阶等的这一发展阶段,显然这在今后有关文明与国家起源的研究中,在理论上还有许多值得深入展开的用武之地。

分层社会在弗里德的理论模式中是继阶等社会而来的一种社会类型,弗里德对分层社会的定义是:“相同年龄和性别的成员在获取基本生存资料的权利上存在差异。”这里的生存资料主要指维持生活的基本资源而不是日用消费物资,所以,这时的社会分层是具有经济意义的,它进一步的走向就是“经济阶级”的形成。当然,我们认为,作为社会分化而出现的阶级与阶层,既是经济上的也是政治上的。

分层社会是弗里德广为人类学家所接受的一个概念,至于它主要与什么样的社会体制或者说与什么样的社会政治组织类型相关联,还需要进一步地探讨和研究。弗里德把分层社会看作是连接最复杂的阶等社会与最简单的国家社会之间的合乎逻辑的模式;而塞维斯认为分层社会是国家产生以后才出现的社会;克利斯蒂安森则在酋邦之后、官僚体制的国家或封建体制的国家之前,安置了一个“原始国家”,把分层社会称为原始国家组织,把酋邦称为一种部落形式的社会组织;厄尔和约翰逊认为酋邦与此前简单社会最为重要的区别就在于分层,在于社会成员掌握生产资料权利的差异之上,这当然是占有重要经济资源权利不平等的一种制度,也就是说,在厄尔和约翰逊看来,具有经济意义的社会分层并非在酋邦社会之后,而是始于酋邦社会之中,这也意味着弗里德把与塞维斯的酋

① 王震中:《中国文明起源的比较研究》,第227页。

邦相对应的他所说的阶等社会定义为与经济地位没有关系的“阶等”,在厄尔和约翰逊看来,充其量也只是存在于其“简单酋邦”之中。厄尔曾列了一个表,把他自己以及他与约翰逊的模式同比较有名的其他一些社会演进模式一一作过对应①:

<table>
<tr><th>柴尔德(1936)</th><th>塞维斯(1962)
约翰逊和厄尔(1987)</th><th>萨林斯(1963)
厄尔(1978)</th><th>弗里德(1967)</th></tr>
<tr><td>狩猎者—采集者</td><td>游团
(家庭层次)</td><td rowspan="2">头人</td><td rowspan="2">平等社会</td></tr>
<tr><td rowspan="2">农民</td><td rowspan="2">部落
(地方性的团体)</td></tr>
<tr><td>大人</td><td rowspan="2">阶等社会</td></tr>
<tr><td rowspan="3">文明</td><td rowspan="2">酋邦</td><td>简单酋邦</td></tr>
<tr><td>复杂酋邦</td><td>分层社会</td></tr>
<tr><td>国家</td><td>国家</td><td>国家社会</td></tr>
</table>

从厄尔的这个表中,我们可以看到,弗里德的分层社会相当于厄尔的复杂酋邦和塞维斯酋邦的后一阶段;弗里德的阶等社会相当于厄尔的简单酋邦及“大人”社会(萌芽的酋邦)阶段,也相当于塞维斯的部落阶段后期与酋邦的前一阶段。厄尔的这些看法与塞维斯、弗里德本人以及许多其他人类学家的看法都有所不同。这也说明,社会分类确实是一件十分复杂的工作,这也使得,在弗里德、塞维斯、约翰逊、厄尔和克利斯蒂安森等人有关分层社会与原始国家乃至分层社会与酋邦之间的区别问题上,人类学家一直在讨论,颇有争议,至今没有什么统一的意见。②

20 世纪 80 年代以来我国古史学界也使用过“社会分层”这样的术语③,但并非是像弗里德那样把它作为继“阶等社会”而来的社会发展阶段,而似乎是把“阶等社会”与“分层社会”合并后,是在等级、阶层乃至阶级这类层面上加以使用的“社会分层”的一种概念。这一方面是因为从考古发掘出土的遗迹遗物很难看出哪些是与经济地位无关系的“阶等”现象,所能看到的每每是与经济地位相关的社会被分化为等级、阶层乃至阶级的现象;另一方面是受张光直先生的影响。

说到张光直先生的影响,可以举出张光直的《从夏商周三代考古论三代关系与中国古代国家的形成》一文。在该文中,张光直先生在介绍塞维斯的酋邦

① 易建平:《部落联盟与酋邦》,第 263 页。

② 易建平:《部落联盟与酋邦》,第 271 页。

③ 王震中:《中国文明起源的比较研究》,第 9、169 页。

理论时写道:“酋邦(chiefdoms):在酋邦这个阶段我们的对象已经是 Fried(弗里德——引者注)所称的‘分层的社会’(ranked society)。地方群组织成为一个尖锥体形的分层的社会系统,在其中以阶层(rank)的差异(以及其伴有的特权和责任)为社会结合的主要技术。这个分层式的系统以一个地位的位置即酋长为中心。因为整个社会通常相信是自一个始祖传递下来的,而且酋长这个位置的占据者是在从这个假设的祖先传下来这个基础之上选出来的,所以在这个网内的每一个人都依他与酋长关系的远近而决定其阶层。就像 Fried 所说的,‘地位位置比合格的人员为少’,因此要把位置填充时要有一个选择的程序,通常是首子或幼子继承。……”①在这段文字中,张光直先生在向我们介绍塞维斯所说的酋邦的特征时,却将弗里德(Fried)所说的“阶等社会”(rank society)一词或者译为“分层的社会”(ranked society),或者把弗里德用来指称“阶等社会”的“阶等”(rank)一词译为“阶层”(rank)。这与我国后来的学者把 rank society 译为“阶等社会”(或者译为“等级社会”),以及把 stratified society 译为“分层社会”(或者译为“阶层社会”),是不同的。此外,正如易建平所说,“与马克思主义的理论对照一下,可以发现,弗里德的分层社会有些相似于阶级社会;人剥削人也是弗里德分层社会的一种基本现象”②。所以,在谈论酋邦时,未加区别“阶等社会”与“分层社会”,在塞维斯的“酋邦”与一般意义上的等级、阶层、阶级这类层面上来使用“社会分层”这一概念,既反映了 20 世纪 80 年代到 90 年代我国学术界的研究状况,也与西方人类学界在这些问题上意见并非一致有关系。

关于等级、阶层、阶级的概念,它们是既有联系又有区别。就一般意义而言,阶级是由在一定的生产关系中处于相同地位的人们组成的。列宁说:“阶级差别的基本标志,就是它们在社会生产中所处的地位,因而也就是它们对生产资料的关系。”③阶级的概念虽也含有政治上的考量,但更多的是以经济地位为基础的一种社会集团的划分,如平常所说的“地主阶级”、“农民阶级”、“工人阶级”等。阶层是在阶级范畴的基础上更进一步的社会分层,是社会分层的细化与具体化,其中既有经济上亦有政治上的考量,如“贵族阶层”、“平民阶层”、“祭司阶层”、“管理阶层”,等等。所以,阶层不仅是依据人们在社会中的经济关系,还有社会地位的高低、政治权力以及其他因素来区分的。所谓等级,就是社会成员在政治身份、经济地位等方面的分等分级。由于等级中含有经济权益上的分等,所以,列宁说“等级是以社会划分为阶级为前提”④。

弗里德提出的“平等社会——阶等社会——分层社会——国家社会”这一

① 张光直:《中国青铜时代》,北京:生活·读书·新知三联书店,1983 年,第 50—51 页。

② 易建平:《部落联盟与酋邦》,第 228 页。

③ 《列宁全集》第 6 卷,北京:人民出版社,1959 年,第 233 页。

④ 《列宁全集》第 2 卷,第 404 页附注。

理论模式,其贡献主要在于:第一,它揭示了血缘身份地位上的不平等(社会阶等)与含有经济意义上的不平等(社会分层)之间的逻辑次序,并且用物质因素的变化来说明这种政治演进的特殊方式是如何进行的,是在唯物主义因果原则的基础上建立自己这一理论模式的。第二,社会分层这一概念,因其与经济权力和地位相关联,故而与阶级的概念相接近;但也可以在社会划分为阶层的意义上使用它,也具有阶层的意思,为此有人就将它直接译为阶层,所以这是一个连接阶级与阶层的模糊概念,这种模糊性有利于使它有较广的适用性。第三,弗里德的这一理论模式告诉我们,国家是随着社会不平等的加深、社会分层和剥削的出现而诞生的,这也说明国家的诞生有着财富积累与集中这一物质基础。

弗里德的社会分层理论,有其建树,但也有其不足。其第一个不足就是:他虽然建立了由"阶等社会"到"分层社会"这样的逻辑序列,但对于亲族间血缘身份上的"阶等"是如何发展为经济权力不同的"分层",其演变的机制是什么的问题他并没有解决。这是一个理论上的难点,但也是问题的关键。

关于分层社会产生的原因,弗里德提出以下几点:人口增长的压力和婚后居住模式的变化,基本资源的缩减或急剧的自然变化,技术变化或者市场制度冲击所引起的生计经济模式的变化,以及作为社会与礼仪制度成熟表征的管理功能的发展。弗里德尤其反对把战争当作产生分层社会的直接原因①。笔者以为弗里德所说的这几点,并非问题的实质,它不属于从"阶等"到"分层"的演变机制。我们说,社会分层问题其实也就是阶级和阶层起源的问题,结合我国古代历史实际,我们认为父权家族即父家长权的出现是阶级和阶层起源的契机,这也是从亲族网络中的血缘性身份地位性质的"阶等"转变为含有经济权力性质的社会分层的关键所在。

恩格斯在《反杜林论》中曾提出阶级产生的两条道路:一条是从社会的公共事务的管理和社会职位的世袭中产生统治阶级的道路,另一条是通过战俘转化为奴隶而产生奴隶阶级的道路②。恩格斯的《家庭、私有制和国家的起源》在论述"三次社会大分工"时,还说:"从第一次社会大分工中,也就产生了第一次社会大分裂,分裂为两个阶级:主人和奴隶、剥削者和被剥削者。"③《家庭、私有制和国家的起源》所说的"两个阶级:主人和奴隶、剥削者和被剥削者",也就是《反杜林论》所说的由战俘转化为奴隶的道路,只不过《家庭、私有制和国家的起源》是从分工的角度来谈这个问题而已。提出因生产分工而产生阶级,或曰"阶级的存在是由分工引起的"④,这是马克思和恩格斯的一贯思想。其实,这只是问

① 易建平:《部落联盟与酋邦》,第229页。

② 《马克思恩格斯选集》第3卷,北京:人民出版社,1995年,第522—524页。

③ 《马克思恩格斯选集》第4卷,北京:人民出版社,1995年,第161页。

④ 《马克思恩格斯选集》第4卷,北京:人民出版社,1995年,第370页。

题的一个方面。笔者以为,阶级的产生既是经济分化的结果,也是权力和政治发展的产物。恩格斯在《反杜林论》中提出的阶级产生的第一条道路,说的就是阶级起源与权力和政治发展的关系问题。在这两条道路之外,笔者认为,通过父权家族即父家长权而使得由亲族间血缘身份上的"阶等"转变为经济权力不同的"分层",这可视为阶级产生的第三条道路。也就是说,由社会职能和职位而产生的统治者,是一条道路;将战俘转化为奴隶是另一条道路;通过父家长权而使社会内部,包括家族、宗族之类的亲族内部和亲族之间,出现政治经济上的分化和不平等,是第三条道路。

在国家起源过程所经历的"平等社会——阶等社会——分层社会"的诸阶段中,阶等社会中的等差属于身份地位方面的不平等,它不含有经济意义上的划分,当这种不平等进一步发展后,才出现含有经济意义上的社会分层,才有了阶级、阶层和等级起源的问题。在这里,我们发现阶级和阶层的产生经历了两个过程,即由"平等"到"身份"的过程和由"身份"中不含有经济分化到出现经济分化的过程。可见"身份"的出现及其进一步发展是问题的焦点所在,而这也与中国古代社会中阶级地位是由其身份地位来体现的相吻合。为此我们说,阶级、阶层和等级产生过程就是从"平等"到"身份"以及由血缘性"身份"到具有政治经济意义"身份"的过程。又由于我国上古时期家族和宗族组织的充分发展,所以上古中国,父权或父权家族的出现就成为这两种不同性质的"身份"演变的契机和社会基础。它改变了在简单酋邦中,例如在努克塔人(the Nootka)那里,就像有人指出过的那样:"若有阶级,则每一个人自己即是一个阶级"①,这样一种状况。所以,父权或父权家族的出现是社会内部阶级起源的契机。最初的奴隶也是被包含在父权家族之中的,他们是父权家族中身份最低下者。对于古代中国,我们无论是从商周时期家族—宗族体制下的阶级关系向上逆推,还是从史前社会组织及人们的社会地位的演变来考察,都可以得出:含有奴役制的父权大家族的出现是氏族部落中血缘平等结构演变为阶级关系的关键。

弗里德社会分层理论第二个不足是:究竟应怎样确定分层的非国家形态的社会与分层的国家社会之间的界限,弗里德对此没有做出答复。诚如乔纳森·哈斯(Jonahan Haas)所指出,分层社会的根本特征是一些社会成员对基本生活资料的获得权受到了限制,分层的这种基础与先前"阶等社会"的经济组织并没有结构上的相似性,因此在弗里德的理论中,分层的产生是演进过程中的质变。分层制度与国家相比,弗里德的理论显示出,从分层社会到国家产生的过程并不呈现一种质变。在弗里德的模式中,分层社会与国家这两种政治组织形式的组织基础是相同的,它们都基于社会成员对基本生活资料的不同权力而出现经济

① Elman R. Service, *Primitive Social Organization: An Evolutionary Perspective*, p. 149. 转引自易建平:《部落联盟与酋邦》,第188—189页。

上的分化。弗里德认为这两种形式之间的根本区别是，分层的但非国家形态的社会缺乏“管理机构”，而国家有强制性的管理机构。然而，只要一些社会成员对维持生存和再生产必需的基本资源的获得权受到了限制，就是因为该社会存在有强制性管理机构。① 显然这是矛盾的。解决这一矛盾，要么认为国家与分层社会的出现是同步发展起来的；要么把分层放在“复杂酋邦”中，或者说在复杂酋邦中已有分层的萌芽或雏形。只是这样一来，弗里德所说的“分层社会”作为一种发展阶段的独立性就会受到质疑。

弗里德社会分层理论第三个不足是：他把氏族社会中作为组织原则的血缘关系的解体，看成是国家产生过程中的一个关键因素。他说：“尽管没有国家但已出现社会分层的社会模式，能够在很大程度上与血缘关系模式一致，但血缘关系模式包含前一种模式的可能性很小。”②他还说：“运用在先的血缘关系形成的权力（存在于国家中的武力）是可能的，但使这种情况长久地存在则不可能。”③在他的国家定义中，国家是为了维护社会的分层而出现的，是“超越血缘关系之上的社会力量建立的复杂机构”④。当然，以血缘关系是否解体来区分国家和前国家社会的，并非弗里德一人，其他一些学者也是这样做的。他们这样来定义国家，就把那些还保留有血缘关系的国家社会从国家的行列中排除了出去。其实，这与中国、中美洲的阿兹特克等古代国家的实际情形是不相符合的。

总之，美欧学术界广泛运用的酋邦理论、社会分层理论、社会复杂化理论等人类学理论、概念，对于国家和文明起源的研究，有贡献，有建树，但也有不足和局限性。指出其局限性，当然是不想简单地套用某些理论概念，进而要克服这种局限性而使研究有所推进，达到理论创新。那么，我们究竟应如何克服其局限性？笔者以为，一是要理论联系实际，考察它符合不符合古代中国和世界其他民族的历史实际；另一是要作理论上的整合性研究，将人类学理论与考古学、历史学相结合而进行整合。应该说，跨学科的理论和方法的整合，将是今后研究的趋势和发展的方向。这种整合，无论对于人类学，还是对于考古学、历史学，都能互补而互益。在整合中，特别是通过理论联系实际的整合，不但不会被原有理论中的某些局限性所束缚，而且还可以实现理论上的创新。

（作者：王震中，中国社会科学院历史研究所副所长、中国殷商文化学会会长、中华炎黄文化研究会副会长）

---

① 乔纳森·哈斯：《史前国家的演进》，罗平林等译，北京：求实出版社，1988 年，第 40—41 页。

② 弗里德：《政治社会的演进》，1967 年纽约版，第 224 页。引自乔纳森·哈斯：《史前国家的演进》，第 38 页。

③ 同上书，第 226 页。引自乔纳森·哈斯：《史前国家的演进》，第 38 页。

④ 同上书，第 229 页。引自乔纳森·哈斯：《史前国家的演进》，第 38 页。

《文心雕龙》与“有无之辨”

——刘勰儒家崇有论思想探析

◇朱　清

一、刘勰“穷于有数，究于无形”的“神理”本体论

魏晋南北朝时期的“有无之辨”，即辨析“无”与“有”或本体与万有关系问题，构成了这一时期的学术特色。对此问题的探讨形成了玄学贵无论与儒家崇有论两大学派。刘勰撰著《文心雕龙》是对裴頠《崇有论》的承继与阐发。《崇有论》所谓的“有”指有形有象即有其规定性的个别存在物或实体，刘勰《原道》则以“文”释“有”：“夫玄黄色杂，方圆体分，日月叠璧，以垂丽天之象；山川焕绮，以铺理地之形：此盖道之文也。”“方圆体分”与“象”、“形”以及“傍及万品，动植皆文”和“人文”皆指有规定性的个别存在物。所谓“文之为德也大矣，与天地并生”也是就“文”或“有”包括阴阳二气、天地万物及人类文明而言的。只是刘勰重点论述的还是有生命体的“动植皆文”，特别是人的生命体即“有心之器”的“人文”，这也是对裴頠《崇有论》“形象著分，有生之体也”即以生命体论证“有”的依取。故刘勰标举“文”就是推崇“有”。

刘勰所谓“并生”的崇有论义涵是：“文”是包括天地在内的个别存在物的表征，始终是与天、地、人联系在一起的，此即“文之为德”；“并”谓天、地、人相互依存构成的整体，亦即“有”的总合，此即裴頠所谓的“总混群本”；“并生”就是“自生”，天、地、人皆为自己生出来而非他物所生，故“生”与天、地、人是不能分离的，此即裴頠所谓的“生以有为己分”；在天、地、人之前或之上都没有另一个实体主宰者，亦即天、地、人的存在以其自身有形有象即有其规定性的实体为根据，此即裴頠所谓的“始生者，自生也，自生而必体有”。刘勰依此阐释现象世界，所谓“形立则章成矣，声发则文生矣”是说作为体现自然界现象的“文”或“形”与“声”都是自然而然生成的，并没有一个外在主宰使之然，此即“夫岂外饰，盖自然耳”；所谓“心生而言立，言立而文明，自然之道也”则是就与天地之文“并生”的人文而言的，人文的生成也是自然而然的，即其实体就是自身生成的根据，而不是由另一个外在实体生成的，此即“自然之道”。故刘勰这里所谓的“自然”、

“自然之道”亦皆指自生，是对郭象《庄子注》“明物皆自然，无使物然也”、“物各自生而无所出焉，此天道也”的崇有论之旨的承继与阐释。① 刘勰以体现崇有论旨义的“并生”、“自然”来反对王弼《老子注》于“有生于无”所诠释的“自生则与物争，不自生则物归也”、“善摄生者，无以生为生”的贵无论的虚无实体说。

刘勰《原道》对“有无之辨”所涉及的“道”、“理”、“太极”等范畴皆依崇有论之旨义予以诠释。刘勰所“原”之“道”指三才之道，《原道》：“惟人参之，性灵所钟，是谓三才。为五行之秀，实天地之心。”天、地、人或“有”的总合就是自然界，人与天地相互依存、资助而构成的和谐整体就是其自身存在的根本依据——“道”。刘勰《原道》、《宗经》所谓“道心惟微”直接本于王坦之《废庄论》，亦指“三才之道”；“微”则指“三才之道”的微妙性、整体性、无限性、永恒性，都是就本体而言的。刘勰所反复申论的“道之文”表明，其所原之“道”虽是源于《易传》与汉儒思想的“三才之道”，但却被赋予了崇有论的本体义涵，即“道”与“文”亦即天、地、人是相联系而非分离的，“道”不在“文”之先或之上，而在“文”之中。故刘勰以“道之文”诠释作为天地万物本体的“三才之道”就是对裴頠“总混群本，宗极之道”之旨以及郭象“道之不逃于物”崇有论道体思想的阐发，也是对王弼《老子注》所标举的天地万物以无为本即所谓“道以无形无名始成万物”及其《老子指略》所确定的贵无论立论的逻辑起点——“道之与形反”的批驳。

刘勰的“三才之道”也是直接本于刘歆以太极为元气的“三统”说，故刘勰所谓的“太极”，其义涵即指太极元气。但刘勰对太极元气的诠释也赋予了有别于汉儒宇宙生成论的新的旨义，所谓“人文之元，肇自太极”即是从崇有论的理路来阐发太极的，亦即太极元气是阴阳二气及天地万物包括人类文明的总的根源与依据，“太极”由此成为天、地、人的总合或总称。“太极”是在易学领域对崇有论的道体思想所作的阐释，这就意味着“太极”与“三才之道”是一致的。“元”指本原，这也表明刘勰对太极的阐释是立足于崇有论的本体思想的。这也是针对王弼《老子注》“谷神，谷中央无者也。……本其所由，与太极同体，故谓之天地之根”即以虚无释“太极”的贵无论所作的辩驳。

刘勰依据裴頠《崇有论》所着重申论的“理”，提出“神理”说，作为对“三才

---

① 郭象的《庄子注》虽是以《庄子》为思想素材而展开的，但并不是以贵无论之旨阐发庄子学说，而是借助《庄子》以诠释崇有论思想，是对裴頠《崇有论》的继承与发展。这与玄学家以老庄学说阐发儒家经典并将其纳入玄学体系的路径恰好相反，也是郭象《庄子注》能够独树一帜之所在。荀子、扬雄对道家思想汲取的对象是《老子》，对《庄子》基本是排斥的；而郭象将《庄子》亦纳入到了儒学体系中，完成了对道家学说的整体改造。故郭象《庄子注》与向秀阐发贵无论旨义的《庄子注》不是同一思想体系，是其自撰之作。

之道”与“太极”的进一步阐发。“谁其尸之？亦神理而已”的“神理”也是与“文”特别是“言之文”相联系的，以此阐释“神理”的统摄作用。所谓“莫不原道心以敷章，研神理而设教”、“道心惟微，神理设教”都是“道心”与“神理”并举，以此统摄天地万物乃至包括名教在内的一切人类创造活动，这实际也是将“神理”视为世界统一性的根本原理。而“取象乎《河》、《洛》，问数乎蓍龟，观天文以极变，察人文以成化”即谓通过“象”、“数”、“天文”、“人文”来把握“道心”与“神理”。这意味着“神理”与“道心”即“三才之道”是一致的。“幽赞神明，易象为先”的“神明”亦即“神理”，即有规定性的“象”与“神理”是联系在一起而非分割的，并由此体现、把握“神理”。此句与“人文之元，肇自太极”并举，这意味着“神理”与“太极”也是一致的。故在刘勰这里，“神理”、“太极”及“三才之道”三者是一致的，都是崇有论的范畴，皆指“文”、“象”、“形”即万有的总合或总称，万有的相互依存、相互资助就是其自身存在的根据，此即“傍通而无滞，日用而不竭”。《征圣》谓“夫鉴周日月，妙极机神”，“机神”指“神理”。“日月”与“机神”并举，表明“机神”是与“日月”即有形有象的个别存在物相联系的，故只有通过“日月”之“象”才能实现对“机神”的探求与把握。《丽辞》：“造化赋形，支体必双，神理为用，事不孤立。……必使理圆事密，联璧其章。”“神理”不是孤立于形象、事项之上而是与形象、事项相联系的，以此统摄万事万物包括文艺创作方能获得完整的结果。《知音》：“故心之照理，譬目之照形，目了则形无不分，心敏则理无不达。”“照理”、达“理”并不意味着否定现象，而是与“照形”、“目了则形无不分”相联系的；肯定“照形”、“目了则形无不分”就是坚持了崇有论。刘勰将“形”与“理”并举，亦即将两者联系起来，即对“理”的追求不能离开“形”，与“照形”相联系的“照理”就是“圆照”、“圆鉴”，这才是对“理”完整、全面的认识。《知音》所旨归的“无曰纷杂，皎然可品”即是阐明“圆照”对于认识万事万物乃至品鉴优劣所具有的决定作用。故“圆照之象”、“神理为用，事不孤立”都是对《原道》“幽赞神明，易象为先”之旨的具体阐释，体现的正是裴頠“理既有之众”、“理之所体，所谓有也”、“生而可寻，所谓理也”崇有之旨，也是对王弼“不用而用以之通”、“以无为用”及其“象外求道”、“形外求理”的虚无本体论的批驳。

贵无论与崇有论各自的发展趋势是，阮籍的放达旨趣将玄学贵无论拓展至异端，而郭象的“独化”说则将崇有之旨推衍到极致。缘于论辩的深入，两学派各自理论上的偏失亦显露无遗。至东晋秉承崇有论思想的儒家学者孙盛提出了“圆化之道”的原则，成为对贵无论与崇有论各自得失加以整合的标志，其《圣贤同轨老聃非大贤论》最后总结说：“昔裴逸民作《崇有》、《贵无》二论，时谈者或以为不达虚胜之道者，或以为矫时流遁者，余以为尚无既失之矣，崇有亦未为得也。道之为物，惟恍与惚，因应无方，唯变所适。值澄渟之时，则司契垂拱；遇万动之化，则形体勃兴。是以洞见虽同，有无之教异陈；圣致虽一，而称谓之名殊。

自唐虞不希结绳，汤武不拟揖让，夫岂异哉？时运故也。而伯阳欲执古之道，以御今之有；逸民欲执今之有，以绝古之风。吾故以为彼二子者不达圆化之道，各矜其一方者耳。"孙盛所谓的"古"指贵无之旨，"今"指崇有之旨。① 刘勰《论说》专论魏晋学术，对贵无、崇有二学派围绕"有无之辨"所展开的学术争鸣也有一段评论："次及宋岱、郭象，锐思于几神之区；夷甫、裴頠，交辨于有无之域；并独步当时，流声后代。然滞有者，全系于形用；贵无者，专守于寂寥。徒锐偏解，莫诣正理；动极神源，其般若之绝境乎！"显然，刘勰对贵无、崇有二论各自理论得失的评价是依取孙盛的论说：刘勰所谓的"贵无者，专守于寂寥"即孙盛所言"执古之道，以御今之有"之义，即谓由何晏、王弼确立并由王衍大力倡导的玄学贵无论只专注于对居于万有之上的"无"或"自然"亦即虚无、虚静本体的追求，将"无"视为是绝对的，将"无"等同于"道"，故主张万有皆应"以无为本"、"以无为体"、"以无为用"；刘勰所谓的"滞有者，全系于形用"即孙盛所言"执今之有，以绝古之风"之义，即谓裴頠《崇有论》推崇万有，只承认"有"自身是唯一存在的实体，万有的总合就是其存在的根据，通过对"无"的彻底否定与完全排斥以批判贵无论的虚无本体论。郭象《庄子注》所阐释的"独化"说则专注于个体的自生、自为、自足，虽坚持了崇有路径，却又弱化了本体追求；刘勰所谓的"徒锐偏解，莫诣正理"即孙盛所言"彼二子者不达圆化之道，各矜其一方者耳"之义，即谓贵无论的理论偏失在于将"无"与"有"或本体与现象割裂并对立起来，从而鄙视乃至否定"有"。而崇有论的理论偏失在于虽充分肯定了"有"、"动"的绝对性，却又完全排斥了"无"。故崇有论与贵无论都是各自只探寻到"道"的两个方面，而非完整的"道"。孙盛、刘勰这种相同的评述表明，东晋以来学者对贵无论与崇有论各有其理论缺陷已渐成共识。

孙盛试图消解贵无、崇有二论各自的理论偏失而提出的"圆化之道"的含义是："道"仍是万物本体。"无"或"静"与"有"或"动"都是"道"体的两个方面或表现形式。在肯定"有"或"动"是绝对的同时，也承认"无"或"静"的状态，但并不以此为根本。这种整合亦即"圆化"，实际是立足于崇有论并将"无"与"有"视为一对范畴来诠释"道"或"理"，从而使崇有论趋于完善。但就孙盛论著内容而言，其所谓的"圆化之道"还只停留在思想方法层面上。刘勰依循着孙盛整合"有"与"无"的"圆化之道"的思路，在《论说》中将《原道》所构建的"道"、"太极"、"神理"三者一体的崇有论的本体论予以更为完整的阐发："原夫论之为体，所以辨正然否。穷于有数，究于无形，钻坚求通，钩深取极，乃百虑之筌蹄，万事

① 孙盛这里所谓的"伯阳"实是指王弼的《老子注》，其义即指王弼所诠释的"无状无象，无声无响，故能无所不通，无所不往……故可执古之道以御今之有。上古虽远，其道存焉，故虽在今可以知古始也"、"道有大常，理有大致。执古之道，可以御今；虽处于今，可以知古始"的贵无论。

之权衡也。”“数”指奇偶之数,也指与之对应的阴阳之象;“有数”即指个别存在物、具体现象。“穷于有数”就是立足于“道”体与“有数”相联系的层面认识与把握“道”体,“道”体即在“有数”之中,体现的是裴頠“理之所体,所谓有也”的崇有之旨,也是对“专守于寂寥”的贵无论虚无本体的批驳。“无形”指“道”体的整体性、无限性、永恒性,是形而上者,故“道”体虽不离万有,但也不等同于有规定性的万有。“究于无形”是注重于整体性层面把握“道”体。刘勰的“无形”既不是王弼贵无论本体论中的虚无实体,也不是郭象所保留的“无”这一虚名称谓,而是指“道”体的特质,是对崇有论“全系于形用”偏失的弥补与修正。“穷于有数”与“究于无形”并举,以阐明二者是相贯通而非分割,更非对立的,即“穷于有数”是“究于无形”的基础,“究于无形”是“穷于有数”的结果,故“穷于有数”与“究于无形”是相统一的,体现的就是万有的总合即是其本体的崇有论的宗旨。此即刘勰克服了贵无、崇有二论各自“徒锐偏解”所阐发的完整的崇有论的本体思想。刘勰据此强调“论”体裁的写作就是要立足于这一本体思维的高度,运用、发挥概括、抽象、逻辑的思维能力,注重于万事万物之中对本质的探求,所表达的思想方具有深刻性,此即“钩深取极”;并以此作为认识一切事物的理论依据,此即“钻坚求通”。《论说》“赞”将这一崇有论的本体思想概括为“词深人天,致远方寸。阴阳莫贰,鬼神靡遁”。刘勰将《系辞》“探赜索隐”、“钩深致远”阐发为“钩深取极”、“致远方寸”,“深”、“远”指与“文”或“有”相联系的本体;“人天”指三才,前半句即谓探求天人的和谐整体就是把握了“道”,是对“穷于有数”的阐释。“阴阳莫贰”则是指《系辞》“一阴一阳之谓道”这一根本法则;“鬼神靡遁”指把握这一根本法则从而认识万事万物的本质,后半句是对“究于无形”的阐释。故刘勰所谓的“深”、“远”、“根”、“源”、“微”、“大”皆是与“文”或“有”相联系的,体现的是崇有论的本体思想,而与王弼以居于“有”之上的虚无本体诠释“微”、“大”、“深”、“远”的贵无论旨义大异其趣。刘勰对《系辞》“形而上者谓之道,形而下者谓之器”的本体思想赋予了崇有论的旨义,《夸饰》:“夫形而上者谓之道,形而下者谓之器。神道难摹,精言不能追其极;形器易写,壮辞可得喻其真;才非短长,理自难易耳。”这里的“神道”指与“道”一体的“神理”本体。“神理”本体是抽象的、无限的、完整的,此即“形而上者”、“极”,故“神理”的完整性用有限的言辞来表达是有难度的,这是就“究于无形”层面而论的。“形器”即“有”,属于“形而下者”、“有数”,是易于以言辞或概念来描述与确定的。在刘勰这里,“形而上者”的“神道”与“形而下者”的“形器”不是分离的,即是一体不二的关系,是对“穷于有数,究于无形”的“神理”本体所作的阐发。刘勰文术论是以“神理之数”为依据展开论证的,是就“穷于有数”的“神理”所作的阐发。“神理之数”崇有论的意义即在于“神理”本体是与“数”相联系的,体现于“数”之中。《情采》:“故立文之道,其理有三:一曰形文,五色是也;二曰声文,五音是也;三曰情文,五性是也。五色杂而成黼黻,五音比而成韶夏,五情发而为辞章，神理之数也。”“情文”、“形文”、“声文”都是“有数”的具体体现；“立文之道”就体现于这三者的相互联系。故刘勰的“三理”就是裴頠“理既有之众”的崇有之“理”，是创作的根本法则“神理之数”的体现。《体性》：“若总其归途，则数穷八体……八体虽殊，会通合数，得其环中，则辐辏相成。”“合数”即“数”的总合，指奇偶之数的相互联系，亦即“辐辏相成”。所谓“数穷八体”即指对互为对待的各种风格的归纳与概括，体现的正是“穷于有数”的旨趣。刘勰《总术》等篇所谓“穷数”、“恒数”亦即“神理之数”，都是与“数”相联系的崇有之旨趣，以此反驳王弼所阐发的只有与“数”相割裂的“非数”才是“数”的根据即所谓“非数而数之以成”的贵无论之旨。《声律》：“故外听之易，弦以手定，内听之难，声与心纷；可以数求，难以辞逐。”音乐的本质是“和律”，也是文辞声律的特质。对“和律”的把握不在音律之外，而是可以通过体现着奇偶之数相错综的抑扬顿挫的音律来实现，亦即在“数”中把握“和律”，故“和律”就是“合数”的体现，就是“数”的根据，此即“可以数求”。这仍是对“穷于有数”的具体阐释，也是对王弼《周易略例》“夫情伪之动，非数之所求也”的贵无之旨的反驳。《声律》所谓“若夫宫商大和，譬诸吹籥；翻回取均，颇似调瑟。瑟资移柱，故有时而乖贰；籥含定管，故无往而不壹”，“定管”、“宫商”都是“数”的体现，作为声律的本质的“大和”体现于“定管”或“宫商”的相互作用中，故“大和”的实现不能脱离“定管”与“宫商”。刘勰这是将本于《乐记》思想的“宫商大和”赋予了“穷于有数”的诠释，是对郭象“夫天籁者，岂复别有一物哉？即众窍比竹之属，接乎有生之类，会而共成一天耳”崇有旨义的阐释，也是对王弼《老子指略》“无形无名者，万物之宗也。不温不凉，不宫不商”即以没有规定性的虚无方能统领有规定性的宫、商的贵无旨义的辩驳。刘勰所谓“籥含定管，故无往而不壹”即以“和律”缘自有规定性的“定管”同样是针对王弼《老子注》“橐籥之中空洞，无情无为，故虚而不得穷屈，动而不可竭尽也。……若橐籥有意于为声也，则不足以共吹者之求也”即借笛中管孔为虚空来阐发“无声之声”为声音的根据的贵无旨趣所作的反驳。

刘勰的“道”、“太极”、“神理”虽一致，但就《文心雕龙》全书而言，其所构建的“穷于有数，究于无形”的崇有论的本体思想主要是基于“神理”展开的，这就是刘勰所追求的“正理”，刘勰也称之为“理圆”或“圆照”，故可将刘勰这一理论创见称为“神理”本体论。刘勰所标举的“穷于有数，究于无形”与孙盛只作为思想方法的“圆化之道”不同之处在于，刘勰由此构建起一个全新的、完整的、系统的、思想内涵极为丰富的崇有论的本体论体系。所谓“神源”即指“神理”本体；“动”是绝对的，是事物的性质，故“神源”是与具有“动”性质的事物联系在一起的，而非虚静本体。刘勰的“动及神源”实是对裴頠以“动”为绝对、郭象所谓“无也，岂能生神哉”崇有之义涵的依取。“般若之绝境”实指扬弃了贵无、崇有二论基础上所构建的“穷于有数，究于无形”的崇有论的“神理”本体论，这就是能够认识世界本质的最高智慧境界。故刘勰所谓“般若之绝境”只是借用佛学词语而实无般若学之义涵①,刘勰以此表明其“神理”本体论与裴頠彻底摈弃了“无”的“宗极之道”、郭象只专注于个体而忽视本体追求的“玄冥之境”及孙盛仅停留于思想方法而缺乏系统思想内涵的“圆化之道”三家崇有论是同中有异的,也是借以彰显其能成一家之言的学术自信。

刘勰依据“穷于有数,究于无形”的“神理”本体论对“有无之辨”所涉及的诸如“动”与“静”、“本”与“末”、“一”与“万”、“幽”与“显”等一系列范畴及相关概念、命题皆立足于崇有论而赋予了新的诠释。《神思》即依此论证了思维活动在整个文艺创作过程中所呈现出的不同状态:“是以陶钧文思,贵在虚静,疏瀹五藏,澡雪精神”;“夫神思方运,万途竞萌,规矩虚位,刻镂无形。登山则情满于山,观海则意溢于海,我才之多少,将与风云而并驱矣”;“故寂然凝虑,思接千载;悄焉动容,视通万里……其思理之致乎”。刘勰所保留的“澡雪精神”、“虚静”、“虚位”、“无形”、“寂然”是对荀子《解蔽》“虚一而静”思想的依取,皆指精神高度集中、排除杂念干扰的状态,以此作为思维活动即“神思”的一个特征,此即刘勰所旨归的“结虑司契”,亦即孙盛所谓的“值澄渟之时,则司契垂拱”。但这又是将其作为与“有数”或“动”所构成的一对范畴来论述的,即是与“疏瀹五藏”、“情满于山”、“意溢于海”、“悄焉动容”相对待的,是思维活动的特质,此即刘勰所旨归的“垂帷制胜”,亦即孙盛所谓的“遇万动之化,则形体勃兴”。故刘勰所阐发的“神思”正是“穷于有数,究于无形”的“神理”在思维领域的体现。《崇有论》:“先贤达识,以非所滞,示之深论。惟班固著难,未足折其情。孙卿、扬雄大体抑之,犹偏有所许。”裴頠强调运动变化是绝对的,即“动之所交,存亡之会”;静是动的特殊状态,即“有之所谓遗者”;静既不是事物的起点,也不是事物的归宿,即“陨高墉之禽,非静拱之所能捷也”。裴頠在对“无”的批驳上力图更为纯粹彻底,故而在论证中完全摈弃了“无”,也由此对儒家先贤如荀子、扬雄等吸收某些道家思想的学说亦予以廓清。而刘勰对《崇有论》所显现出的“全系于形用”偏失的修正恰是借助荀子、扬雄的论说来实现的,故而未将静彻底否定、排斥,而是将静与动作为一对范畴来论证思维活动的特性,也是以此辩驳王弼贵无论所阐发的“以虚静观其反复。凡有起于虚,动起于静,故万物虽并动作,卒复归于虚静,是物之极笃也”的虚静本体之旨。

刘勰常以“幽”与“显”来阐发文艺创作与品鉴之“理”。《知音》:“夫缀文者情动而辞发,观文者披文以入情,沿波讨源,虽幽必显。世远莫见其面,觇文辄见其心。岂成篇之足深,患识照之自浅耳。夫志在山水,琴表其情,况形之笔端,理将焉匿?”“情”、“心”是“源”,是“幽”;“文”、“辞”是“波”,是“显”,都是“理”的

① 有关东晋时期般若学与玄学的关系可参看余敦康先生《魏晋玄学史》第四部分。

两个方面。“沿波讨源，虽幽必显”的崇有论的意义即在于“幽”与“显”不是分离的，对“理”的把握是通过将“源”或“幽”与“波”或“显”二者间的相互联系而非排斥“流”、“显”来实现的。音乐之“理”不是孤立的，是由有规定性的“情”、“形”、“显”来彰显自身的，故也是可以由“琴表其情”、“形之笔端”来把握的，此即“理将焉匿”。这是对嵇康的“声无哀乐”之旨的批驳。《体性》：“夫情动而言形，理发而文见，盖沿隐以至显，因内而符外者也。”这与《知音》“沿波讨源，虽幽必显”之义一致，即“隐”或“幽”与“显”有内在联系，文艺创作之“理”的统摄作用体现于“隐”与“显”的相互联系之中，而不是独立于“显”之上。刘勰在《丽辞》中论“反对”的写作要领与旨趣：“反对者，理殊趣合者也……幽显同志，反对所以为优也。”“理殊”指“理”所含有的“幽”与“显”两个不同层面；“趣合”指“幽”与“显”的内在联系，故能以“显”致“幽”，表里如一，此即“幽显同志”。总之，在“幽”与“显”的关系上，刘勰正是以崇有论的“虽幽必显”、“幽显同志”、“沿隐以至显”之旨来反对王弼《老子指略》“欲明物之所由者，则虽显必自幽以叙其本。故取天地之外，以明形骸之内”即摈弃“显”而直接把握“幽”的贵无之旨。

“一”与“万”或“本”与“末”的关系问题是“有无之辨”的延伸，贵无论与崇有论于此的阐释各不相同。刘勰《章句》：“局言者，联字以分疆；明情者，总义以包体。区畛相异，而衢路交通矣。夫人之立言，因字而生句，积句而为章，积章而成篇。篇之彪炳，章无疵也；章之明靡，句无玷也；句之清英，字不妄也。振本而末从，知一而万毕矣。”“章”、“句”、“字”就是“末”、“万”，即个体或具体现象；“本”、“一”就是法则、根本依据，这里指驾驭“章句”之术的原则。“章”、“句”、“字”的相互联系、相互资助、相互作用就是章句写作原则即“一”、“本”的体现。以“一”统“万”、以“本”驭“末”，但“一”不离“万”，“本”不弃“末”，此即“振本而末从，知一而万毕矣”。故“万”与“一”的统一就是“穷于有数”与“究于无形”的统一，“章句”的创作原则就是“神理之数”的体现。故刘勰的“振本而末从，知一而万毕矣”即是对《宗经》“正末归本，不其懿欤”之旨的具体阐发，体现的是崇有论的旨趣，而与王弼《老子指略》“崇本以息末”即以虚无诠释“一”、“本”的贵无论之旨可谓大相径庭。《附会》：“凡大体文章，类多枝派，整派者依源，理枝者循干。是以附辞会义，务总纲领，驱万涂于同归，贞百虑于一致，使众理虽繁，而无倒置之乖，群言虽多，而无棼丝之乱。……若统绪失宗，辞味必乱；义脉不流，则偏枯文体。夫能悬识腠理，然后节文自会，如胶之粘木，豆之合黄矣。是以驷牡异力，而六辔如琴，并驾齐驱，而一毂统辐：驭文之法，有似于此。去留随心，修短在手，齐其步骤，总辔而已。”所谓“附会之术”就是以主旨即“义脉”统摄全篇各段文辞，使各段文辞构成有机整体。于此体现出的崇有论思想是：“派”、“枝”、“万涂”、“百虑”、“众理”、“群言”、“细巧”、“偏美”、“辐”、“步骤”皆属于“万”的层面；“源”、“干”、“同归”、“一致”、“总纲领”、“体统”、“宗”、“具美”、

"通制"、"一毂"、"总辔",皆指"有"的总合,即整体性、概括性,属于"一"的层面。"整派者依源,理枝者循干"即谓整体与个体或"一致"与"万涂"是有内在联系的,"总纲领"、"总辔"、"宗"、"一致"之所以统摄"万涂"、"百虑"就在于其为"万涂"、"百虑"总合的体现,此即"悬识腠理",亦即裴頠所谓的"理既有之众"之义。刘勰所谓的"驱万涂于同归,贞百虑于一致"是将《易传》"天下殊途而同归,百虑而一致"阐发为崇有论的命题,是对何晏《论语集解》"善有元,事有会。天不殊途而同归,百虑而一致,知其元,则众善举矣,故不待多举,一以知之也"即以"一致"为孤立的本体及王弼《老子注》"事有宗而物有主,途虽殊而其归同也,虑虽百而其致一也"即以虚无为宗主统摄"百虑"的贵无之旨的辩驳。与《附会》相偶为论的《总术》仍对这一崇有论旨趣有所阐述:"自非圆鉴区域,大判条例,岂能控引情源,制胜文苑哉!是以执术驭篇,似善弈之穷数;弃术任心,如博塞之邀遇。……若夫善弈之文,则术有恒数,按部整伍,以待情会,因时顺机,动不失正。数逢其极,机入其巧,则义味腾跃而生,辞气丛杂而至。……况文体多术,共相弥纶,一物携贰,莫不解体。所以列在一篇,备总情变,譬三十之辐,共成一毂,虽未足观,亦鄙夫之见也。……务先大体,鉴必穷源。乘一总万,举要治繁。思无定契,理有恒存。""穷数"、"恒数"、"备总"、"一毂"、"弥纶"、"大体"、"源"、"一"、"要"、"极"以及《附会》所谓的"宗"皆指根本依据或创作原则,是就"一"层面而言的;"区域"、"条例"、"伍"、"数"、"多术"、"三十之辐"、"万"、"繁"、"情变"("情数")皆指个体现象,是就"万"亦即"有数"层面而言的。"万"的总合就是"一";"极"体现为"数"的总合,亦即"合数";"一毂"的统摄作用体现于"三十之辐"的相互依存、相互作用、相互资助。故"乘一总万"、"譬三十之辐,共成一毂"、"数逢其极"都是对裴頠的"总混群本,宗极之道"崇有宗旨的阐释,并以此反对王弼所阐发的孤立于"辐"、"万"之上的虚无本体的统领作用即《老子注》所谓的"毂所以能统三十辐者,无也。以其无能受物之故,故能以寡统众也"、"损之至尽,乃得其极"的贵无之旨。

故刘勰所阐发的"一"是崇有论之旨义,是对郭象"一者,有之初,至妙者也,至妙,故未有物理之形耳。夫一之所起,起于至一,非起于无也"的依取。但刘勰的崇有思想是以其"穷于有数,究于无形"为旨归的,故所谓"画者谨发而易貌,射者仪毫而失墙,锐精细巧,必疏体统"又是针对郭象只执着于个体而忽视本体追求的崇有之趣的批评。当然,刘勰的论述主要还是针对王弼《老子注》"万物万形,其归一也。何由致一?由于无也"贵无论的。刘勰的"理有恒存"、"举要治繁"、"若统绪失宗,辞味必乱"、"使众理虽繁,而无倒置之乖"、"无曰纷杂,皎然可品"与王弼《周易略例》的"物无妄然,必由其理。统之有宗,会之有元,故繁而不乱,众而不惑。……品制万变,宗主存焉"在本体思维方式上是相同的,即皆强调"理"对个体现象的统摄作用;但刘勰认为"理"是"一"与"万"的统一,两者相联系而非分离,体现的是裴頠"众理并而无害"的崇有之旨,而与王弼贵无论所阐释的以没有规定性的虚无之“理”方能统摄有规定性的万有的思维路径相区别。

刘勰也将“穷于有数，究于无形”视为认识万事万物本质与规律从而获得真理的最为根本的思维方法，此即“百虑之筌蹄，万事之权衡”，也是对孙盛“圆化之道”思想方法的阐发。刘勰在《序志》中对这一思想方法有更为详尽的阐释：“及其品列成文，有同乎旧谈者，非雷同也，势自不可异也；有异乎前论者，非苟异也，理自不可同也。同之与异，不屑古今，擘肌分理，唯务折中。按辔文雅之场，环络藻绘之府，亦几乎备矣。”“不屑古今，擘肌分理，唯务折中”即谓依据逻辑原则，对贵无、崇有二论的合理之处加以择取，不合理之处则予以修正。所谓“同”、“势自不可异”，指能与时代同步，汲取由贵无论所倡导的本体思维方式这一新的文明成果，以及对崇有论标举“有”与经典意义的依循；所谓“异”、“理自不可同”，指对贵无论虚无本体论的批驳，以及通过对裴頠《崇有论》完全排斥“无”与郭象忽视本体追求的“独化”说的修正从而构建更为完整、系统的崇有论的“神理”本体论。故刘勰所谓“不屑古今”即是其“望今制奇，参古定法”原则的体现，是对荀子《非相》“欲观千岁，则数今日”、“以道观尽，古今一也。类不悖，虽久同理”所作的阐发；刘勰所标举的“擘肌分理，唯务折中”不同于裴頠的“稽中定务”与孙盛的“中和其词，以理训导”，而是比之更为深刻的扬弃的思想方法。

刘勰撰著体例所蕴含的崇有论的意义：在全书四大部分中，《原道》所具有的“太极”或“一”的意义不是体观为“不用”，而是在于“究于无形”的统领作用，是与四十九篇相联系的“总纲领”；四十九篇皆属于“有数”的层面，但各篇相互联系、相互资助所构成的有机整体就是“道”或“太极”、“神理”的体现，此即《序志》所谓的“敷理以举统”、“笼圈条贯”，亦即“穷于有数”。可见，刘勰“位理定名，彰乎大易之数，其为文用，四十九篇而已”的撰著体例也是以“穷于有数，究于无形”的崇有论为依据的，是借此对韩康伯《系辞注》引王弼注“大衍之数五十，其用四十有九”所诠释的“演天地之数，所赖者五十也。其用四十有九，则其一不用也。不用而用以之通，非数而数以之成，斯《易》之太极也”贵无之旨的辩驳。

二、刘勰的“圣因文而明道”的“三才”天道观

天道观即探讨人与自然的关系也是“有无之辨”的题中应有之义，贵无论与崇有论皆依各自立论宗旨确立了不同的天道观。裴頠对荀子《天论》“天有其时，地有其财，人有其治，夫是之谓能参。舍其所以参而愿其所参，则惑矣”与扬雄《法言》“圣人有以拟天地而参诸身乎”即圣人之道就是要体现天地化育万物之道以教化万民的天人思想予以“众理并而无害”的阐发：“惟夫用天之道，分地

之利，躬其力任，劳而后飨。居以仁顺，守以恭俭，率以忠信，行以敬让，志无盈求，事无过用，乃可济乎！故大建厥极，绥理群生，训物垂范，于是乎在，斯则圣人为政之由也。"刘勰依此于《原道》就天道与人道的联系所确立的"道沿圣以垂文，圣因文而明道"的"三才"天道观①，即为自然界的总合为其自身存在的本原或"道"体是有赖于圣人的揭示；圣人对"道"体的认识与把握就是依据与其有内在联系的"文"实现的。《原道》所谓"道之文"表明天道与人道的联系即在于"文"，即自然界与人类社会都是个别存在，而由天地之文与人文相互依存即"并生"所构成的"三才之道"就是万有自身存在的共同根据，圣人正是基于这一根据，故能"观天文以极变，察人文以成化"。刘勰以崇有论的"圣因文而明道"的"三才"天道观来批驳王弼贵无论的"圣人体无"及韩康伯《系辞注》以"无"释"神"与"道"即所谓"因神以明道"的天道观。《时序》与《物色》相偶为论也表明，不仅自然界是"有"，人类社会也是"有"。《物色》仍是对"三才之道"的具体阐发："四时之动物深矣"表明天地万物是相互联系的；"物色相召，人谁获安"表明人与天地万物也是相联系的。刘勰以此作为文艺创作的依据，所谓"是以诗人感物，联类不穷。流连万象之际，沉吟视听之区。……情往似赠，兴来如答"即是《神思》所旨归的"物以貌求，心以理应"，皆谓"理"或"神理"不是孤立的，而是天、地、人的相互依存、相互资助的体现；"心"即"神思"对"神理"的把握是基于物貌即"形"、"象"的。刘勰的心物交感说虽源于《乐记》、《诗大序》等汉儒论著，但却是立足于"神理"本体论所作的阐发，也是对王弼"应物而无累于物"贵无旨趣的辩驳。故刘勰所谓的"三才"就是天、地、人相互资助、互为存在条件的"恒久之至道"，是对裴頠"众理并而无害"、"济有者皆有"思想的更为系统的阐发。

刘勰以"太极"元气为阴阳二气、天地、万物乃至人类文明的本原，即《物色》"春秋代序，阴阳惨舒……盖阳气萌而玄驹步，阴律凝而丹鸟羞"与《原道》"人文之元，肇自太极"之谓。但刘勰对"气"的论述更侧重于人，且是着眼于崇有论的视角的。"气"就创作主体而言，指人的血气与气质，是人活动的基础，也是人的个性的体现。作为对《原道》圣人"秀气成采"的具体阐发，刘勰于《风骨》中提出了"重气之旨"："是以缀虑裁篇，务盈守气。……并重气之旨也。""风骨之

---

① 荀子《天论》："天行有常，不为尧存，不为桀亡。应之以治则吉，应之以乱则凶。强本而节用，则天不能贫，养备而动时，则天不能病；修道而不贰，则天不能祸。……故明于天人之分，则可谓至人矣。"扬雄《法言》："吾于天与，见无为之为矣！"又："老子之言道德，吾有取焉耳。及搥提仁义，绝灭礼学，吾无取焉耳。"王充《论衡》有谓"天地合气，万物自生"、"人道有为故行术"。此皆天道无为、人道有为之义，亦即裴頠"孙卿、扬雄大体抑之，犹偏有所许"之指。郭象的"自生"说也是本于王充所论。《原道》表明刘勰也是以自然界的运动没有意识、没有目的性来阐释天地之道的，但刘勰的"三才"天道观是立足于崇有论的，即着眼于天地之道与人道的联系，并以人道有为为主旨。

力”有赖于“气实”、“气盛”，就是突显气的决定作用，由此才能体现出经典所具有的“刚健即实，辉光乃新”的艺术效果。《养气》旨归的“纷哉万象，劳矣千想。玄神宜宝，素气资养”，就是强调对生命之源的“气”的保养的重要性。《丽辞》谓“若气无奇类，文乏异采，碌碌丽辞，则昏睡耳目。必使理圆事密，联璧其章。……类此而思，理斯见也”，“气无奇类”指个体、个性，是“理”的体现所在，具有个性、独特风格的创作才是作品的价值所在。《体性》：“然才有庸俊，气有刚柔，学有浅深，习有雅郑，并情性所铄，陶染所凝，是以笔区云谲，文苑波诡者矣。……摹体以定习，因性以练才，文之司南，用此道也。”注重个性、风格是创作的根本之道。刘勰由此把握了文艺创作毕竟是个体创造这一特质，当然这是依据崇有论而获得的真知灼见。刘勰以“气”为准绳来评论作者及其作品乃至时代风尚，这集中体现在对汉魏以来形成的两大文学现象或作家群体的优劣品评上。刘勰之所以推崇建安文学就在于其所体现出的“风骨”特征是源于经典特别是《诗经》作者之志气的，即《风骨》所谓“《诗》总六义，风冠其首，斯乃化感之本源，志气之符契也”。《明诗》：“暨建安之初……慷慨以任气，磊落以使才；造怀指事，不求纤密之巧，驱辞逐貌，唯取昭晰之能：此其所同也。”《时序》：“建安之末，区宇方辑。……观其时文，雅好慷慨，良由世积乱离，风衰俗怨，并志深而笔长，故梗概而多气也。”“慷慨”之气成为建安文学创作所要抒发的情感依托，“建安风骨”正是建安时人的这种“慷慨”之气在文学创作上的体现。刘勰《风骨》中对“建安七子”的评价也都是着眼于“气”的视角，并由此概括出了“重气之旨”。由此“建安七子”文学群体所体现出的“慷慨以任气”、“梗概而多气”也成为时代风貌。但刘勰对深受“正始之音”浸染的近世文学创作与“竹林七贤”总体上是持批评态度的。《明诗》：“乃正始明道，诗杂仙心；何晏之徒，率多浮浅。唯嵇志清峻，阮旨遥深，故能标焉。……晋世群才，稍入轻绮。张潘左陆，比肩诗衢，采缛于正始，力柔于建安。或析文以为妙，或流靡以自妍，此其大略也。”“浮浅”、“轻绮”、“力柔”、“流靡”皆谓文辞缺乏“风骨之力”，是崇尚虚无的“正始之音”对文学创作的消极影响所致。《通变》：“魏晋浅而绮，宋初讹而新。从质及讹，弥近弥澹，何则？竞今疏古，风味气衰也。”刘勰将“气”、“质”视为文艺创作的根本；“气衰”则指因玄学崇尚虚无从而摈弃了“风骨之力”所导致文辞“浅”、“讹”、“澹”的必然结果。这与刘勰《体性》“八体”说中对有违于雅正之体的后四体所谓的“缥缈附俗”、“趣诡”、“浮文弱植”、“轻靡”、“危侧”一致，基本上是沿用裴頠《崇有论》中对玄学的批判之辞。《时序》：“自中朝贵玄，江左称盛，因谈馀气，流成文体。是以世极迍邅，而辞意夷泰，诗必柱下之旨归，赋乃漆园之义疏。”刘勰在此指出了“正始之音”已侵染于文学创作，使文学创作严重脱离了当时艰难与混乱的社会实际，而专注于对试图超越如此现实的玄旨、玄风的追求与表现。《才略》：“殷仲文之孤兴，谢叔源之闲情，并解散辞体，缥渺浮音，虽滔滔风流，而大浇文意。”刘勰以“浮音”释“风流”，而“浮音”正是追求虚无旨趣而致文学创作呈现出的游离轻浮之态。刘勰贬斥“浮音”实是对“正始之音”的批判。刘勰《才略》正文最后有一段极为重要的补充文字:“观夫后汉才林,可参西京;晋世文苑,足俪邺都。然而魏时话言,必以元封为称首;宋来美谈,亦以建安为口实。何也?岂非崇文之盛世,招才之嘉会哉?嗟夫!此古人所以贵乎时也。”此段文字的意义在于:魏晋以来的思想文化包括文学风尚应承续两汉儒家思想传统,魏晋以来的文学成就取决于对建安文学的汲取。刘勰在对后代有重要影响的文学现象的总结中只标举了“崇文之盛世,招才之嘉会”的元封文学、建安文学的意义,这实际意味着刘勰对于“与尼父争途”的“正始之音”的历史定位及其影响是不予承认的,因倡导“正始之音”而出现“竹林七贤”的“近代”不是“崇文之盛世,招才之嘉会”的时代。刘勰所推崇的时代只能是儒学昌盛、儒者辈出、儒风远被的时代。刘勰推崇“元封文学”、“建安风骨”与“建安七子”就是借此以颂扬积极有为、勇于开拓的时代精神。刘勰所谓的“气”、“质”实是对有规定性的存在物“有”的阐发,故“重气之旨”也就是崇有之旨,其意义是:天地万物包括人类统一于质的规定性之中。刘勰借助元气论以否定贵无论的居于规定性之上的虚无本体论。

刘勰秉持崇有论圣人之道就是有为之道之旨,认为圣人有为活动的最高体现就是对“道”或“神理”的把握并依此施行教化,此即《原道》所谓“爰自风姓,暨于孔氏,玄圣创典,素王述训,莫不原道心以敷章,研神理而设教,取象乎《河》、《洛》,问数乎蓍龟,观天文以极变,察人文以成化;然后能经纬区宇,弥纶彝宪,发辉事业,彪炳辞义”。《征圣》、《宗经》两篇相偶为论,皆是对《原道》圣人有为之旨的进一步阐发,即“文明”的主要标志——六经就是圣人有为之道的成果,故“三才之道”的完整性只有通过圣人的有为活动才得以体现。刘勰这三篇“总纲领”正是对裴頠“故养既化之有,非无用之所能全也;理既有之众,非无为之所能循”崇有旨义的继承与诠释。

孙盛所谓“是以洞见虽同,有无之教异陈;圣致虽一,而称谓之名殊。自唐虞不希结绳,汤武不拟揖让,夫岂异哉?时运故也”,即以“无”或“静”与“有”或“动”都是“道”体的两个方面为依据,进而将人道也解释成无为与有为都是因时代条件不同并出于人的本性需求所择取的两种不同举措,上古圣王施行无为之治，后世圣王实行有为之治。① 刘勰虽汲取孙盛“圆化之道”的思想方法，但对其所论上古圣王无为而治并不认同，就《原道》、《通变》等篇对古代圣王的时代划分而言，都是以上古时期为“质”，后世则为“文”，如《养气》谓“夫三皇辞质，心绝于道华；帝世始文，言贵于敷奏”，而“质”与“文”都是有为之治的体现，即不承认上古时期存在圣人无为而治的历史，虽是对扬雄《法言》“允治天下，不待礼文与五教，则吾以黄帝、尧、舜为疣赘”的阐发，但于此体现出的是人的活动都是有为活动的崇有论之旨，是从历史的视角批驳王弼的“圣人体无”说。

圣人能通晓义理，能建立起天地所没有的礼义伦理道德规范，此即刘勰《原道》所阐释的“言之文，天地之心”，亦即《宗经》所谓的“象天地，效鬼神，参物序，制人纪”。《征圣》是刘勰阐发圣人“有情”之旨而撰写的专篇，“圣人之情”是与“文”相表里的，故是有情；“夫鉴周日月，妙极机神；文成规矩，思合符契”则谓圣人依据“神理”而创作出的经典文章是圣人思虑的成果，其所蕴含的仁义等人道教训就是“圣人之情”的体现，亦即《原道》“雕琢情性”及《征圣》“陶铸性情”与《宗经》“洞性灵之奥区”、“义既极乎性情”、“性灵镕匠”之义涵。刘勰《序志》“夫‘文心’者，言为文之用心也。昔涓子《琴心》，王孙《巧心》，心哉美矣，故用之焉。……夫宇宙绵邈，黎献纷杂，拔萃出类，智术而已。岁月飘忽，性灵不居，腾声飞实，制作而已。夫有肖貌天地，禀性五才，拟耳目于日月，方声气乎风雷，其超出万物，亦已灵矣”是依据荀子《王制》“水火有气而无生，草木有生而无知，禽兽有知而无义。人有气，有生，有知亦且有义，故是为天下贵也”与扬雄

① 裴頠《崇有论》:“识智既授，虽出处异业，默语殊涂，所以宝生存宜，其情一也。”此谓言与不言都是人的性情的两种表现。郭象则将其阐发为无为与有为是人性情的两种表现，《寓言注》:“与时俱也。时变则俗情亦变，乘物以游心者，岂异于俗哉!”《秋水注》:“俗之所贵，有时而贱；物之所大，世或小之。故顺物之迹，不得不殊，斯五帝三王之所以不同也。”《骈拇注》:“自三代以上，实有无为之迹。”《天道注》:“故对上下，则君静而臣动；比古今，则尧舜无为而汤武有事。然各用其性而天机玄发，则古今上下无为，谁有为也!”郭象以“自为”即依自己天性的作为来诠释有为与无为，有为与无为是“自为”的两种体现，都是人依据自己的天性并根据不同的时代条件所作出的不同选择。孙盛所谓“是以洞见虽同，有无之教异陈；圣致虽一，而称谓之名殊。自唐虞不希结绳，汤武不拟揖让，夫岂异哉？时运故也”即承郭象此说；其所谓“理固自然，非召之也”即郭象《逍遥游注》“理固自然，不患其失，又何处心于其间哉”之义，指大圣与大贤都能依时代条件的不同而采取无为或有为实际都是出于大圣与大贤本性的自为。孙盛所谓“老子之作与圣教同者，是代大匠斫骈拇枝指之喻”实是指郭象《骈拇注》“夫仁义自是人之情性，但当任之耳。恐仁义非人情而忧之者，真可谓多忧也”之义，即仁义就是人的自足本性。孙盛将这两方面结合在一起论说，实是对郭象将“自然”纳入名教的崇有之旨的一种阐发。王坦之《废庄论》:“夫自足者寡，故理悬于羲农；徇教者众，故义申于三代。道心惟微，人心惟危，吹万不同，孰知正是!”“自足”与“徇教”是圣人本性因“时”所导致的不同体现。东晋时期儒家学者孙盛《圣贤同轨老聃非大贤论》、《老子疑问反讯》与王坦之《废庄论》基本都是郭象《庄子注》论点的汇集，于此亦可见郭象《庄子注》影响之所在。

《法言》"通天、地、人曰儒，通天、地而不通人曰伎"所作的阐发，人道有为是"三才之道"的核心内容，圣人所确立的道德规范是人与动物的根本区别。这里的"用心"、"智术"、"性灵"、"制作"就是对《原道》"惟人参之，性灵所钟"、"有心之器，其无文欤"的具体阐释。故刘勰所标举的"天地之心"、"有心之器"、"用心"的崇有论意义是：人的活动包括认识活动都是有为活动；人道教训是成就天地人和谐整体的必由之路；通过感知外在物象即"文"以把握世界本质。这都是对裴颀"心非事也，而制事必由于心，然不可以制事以非事，谓心为无也"论点的阐发，也是"文心雕龙"之名称所蕴含的崇有论的旨义所在，更是对王弼《周易注》"然则天地虽大，富有万物，雷动风行，运化万变，寂然至无，是其本矣。故动息地中，乃天地之心见也。若其以有为心，则异类不获具存矣"，即以不执着于外物而把握本体的"无心"之旨的批驳。

有为活动须借助于具体方法，《总术》所谓"善弈之文，则术有恒数"表明"术"即具体方法与"恒数"即法则、原理是相互联系的，对"恒数"的探究须借助于"术"方能实现。强调"术"的崇有论意义即在于，对"神理"本体的追求与把握不能脱离作为具体方法的"筌蹄"或"术"而陷入幻想与冥想。刘勰以文术论部分为全书四大部分之一，于此对"术"作如此系统详尽的阐发，既是对王充《论衡》"人道有为故行术"的申论，更是以此贯彻崇有论的宗旨。这表明刘勰所阐发的"神理"是与实践紧密相联的，是贯彻到具体创作实践之中的，而不是仅仅停留在学理思辨层面上。这是对郭象"独化"说只执着于个体自足的冥想的修正，更与贵无论"摈落筌蹄"即摈弃实践与方法的本体追求路径迥然有别。

刘勰秉持的人道有为的崇有论之旨在其人生观上亦有所体现，《杂文》："身挫凭乎道胜，时屯寄于情泰，莫不渊岳其心，麟凤其采。""心"谓"用心"，"采"指著述的成果。于此体现的就是当有所作为的人生观。《程器》："是以君子藏器，待时而动。发挥事业，固宜蓄素以弸中，散采以彪外，楩楠其质，豫章其干；摛文必在纬军国，负重必在任栋梁，穷则独善以垂文，达则奉时以骋绩。若此文人，应《梓材》之士矣。"在刘勰这里，人生的"穷"与"达"都是以"垂文"、"骋绩"的君子有为的态度来对待的，而没有"穷"则无为、"达"则有为的选择。

"三不朽"价值观成为刘勰阐发人道有为之旨的依据之一。《诸子》开篇即谓："诸子者，入道见志之书。太上立德，其次立言。百姓之群居，苦纷杂而莫显；君子之处世，疾名德之不章。唯英才特达，则炳曜垂文，腾其姓氏，悬诸日月焉。"而篇末旨归："大夫处世，怀宝挺秀。辨雕万物，智周宇宙。立德何隐，含道必授。"此即谓"立德"、"立功"、"立言"之"三不朽"就是君子所应追究的价值观。刘勰在《原道》、《征圣》、《宗经》中即已明确了"三不朽"的儒家价值观，如《原道》所谓"玄圣创典，素王述训"、"经纬区宇，弥纶彝宪"是"立德"；"发辉事业"是"立功"；"言之文"、"彪炳辞义"是"立言"。刘勰的三篇总论所要阐发的旨义就是"立德"、"立功"、"立言"是圣人完整人格的体现。故刘勰《序志》所自勉的“君子处世，树德建言，岂好辨哉”就是对《宗经》所确立的“励德树声，莫不师圣”旨义的贯彻，即谓《文心雕龙》的撰著就是要践行“三不巧”的核心价值观。而“立言”还涉及“述作”问题，《征圣》开篇即谓：“夫作者曰圣，述者曰明。”这是本于《乐记》。这种述作观是儒家一贯秉承的，即儒家学者都是将孔子视为有“作”而非只是“述”的圣人。刘勰的圣人述作观也是如此，《原道》所谓“翼其终”、“独制”、“独秀前哲”皆指“作”，即指孔子所开创的功业是高于前代圣王的。《宗经》：“自夫子删述，而大宝咸耀。于是《易》张《十翼》，《书》标七观，《诗》列四始，《礼》正五经，《春秋》五例。”所谓“删述”、“张《十翼》”、“列四始”、“五例”与《原道》所谓“述训”皆是以“述”为“作”。在刘勰这里，孔子是有“作”的典范。《序志》：“敷赞圣旨，莫若注经，而马郑诸儒，弘之已精，就有深解，未足立家。……盖《周书》论辞，贵乎体要，尼父陈训，恶乎异端，辞训之异，宜体于要。于是搦笔和墨，乃始论文。”刘勰的“立家”就体现在对儒家思想的传承，此即“述”；借助于“文”论形式以阐发其崇有论的思想，此即“作”。《序志》充分表明刘勰是有志于“作”的。《序志》所蕴含的崇有论思想是：刘勰将其所处的自魏晋以来因玄学兴起而导致“与尼父争途”的时代特征与孔子所遭遇的春秋时期“礼崩乐坏”的时代特征视为是相同的；刘勰致力于重建名教的“立家”、“深解”是对孔子致力于“复礼”的传承；撰著《文心雕龙》体现的就是《论说》所标举的“身与时舛，志共道申”的儒家人文精神。

《明诗》谓“江左篇制，溺乎玄风，嗤笑徇务之志，崇盛亡机之谈”，刘勰指出崇尚虚无的玄旨风玄对政治与社会生活所产生的负面影响就体现在鄙视具体事务、脱离实际，这是对裴頠批判玄学的“遂薄综世之务，贱功烈之用，高浮游之业，埤经实之贤。……处官不亲所司，谓之雅远”观点的认同。《情采》：“故有志深轩冕，而泛咏皋壤。心缠几务，而虚述人外。真宰弗存，翩其反矣。夫桃李不言而成蹊，有实存也；男子树兰而不芳，无其情也。夫以草木之微，依情待实；况乎文章，述志为本。言与志反，文岂足征？”刘勰的“虚述人外”即裴頠所谓的“立言藉于虚无，谓之玄妙”；“实存”即裴頠所谓的“经实”。刘勰这里以“实存”的崇有思想批驳玄学“虚述人外”、“无其情”的贵无旨义，“言与志反，文岂足征”实际就是从虚无玄风的倡导者及主政者王戎、王衍的言行不一来质疑玄学的真实性。刘勰的这段文意与《程器》所谓“王戎开国上秩，而鬻官嚣俗……濬冲不尘乎竹林者，名崇而讥减也”即对王戎有如裴頠所批评的“奉身散其廉操，谓之旷达”的所作所为的贬抑也是一致的。故刘勰尊崇事功事用，《书记》：“夫书记广大，衣被事体……虽艺文之末品，而政事之先务也。……并有司之实务，而浮藻之所忽也。”刘勰此篇详撰二十余种属于“笔”的应用文体，就是借以强调事功事用的重要性，仍是对崇有论人道有为之旨的阐明。《程器》：“盖士之登庸，以成务为用。……安有丈夫学文，而不达于政事哉？”此篇是刘勰“贵器用”、重事功的崇有论思想主张的集中体现。刘勰所标举的“政事之先务”、“以成务为用”

实际也是针对王衍主政时期因倡导虚无之玄旨而致“仕不事事”之风弥漫于朝野并最终国破家亡这一历史教训的深刻反思。

缘于天道观的差异，也导致了贵无论与崇有论各不相同的境界观。刘勰《神思》：“至于思表纤旨，文外曲致，言所不追，笔固知止。至精而后阐其妙，至变而后通其数，伊挚不能言鼎，轮扁不能语斤，其微矣乎！”“至精”指万有相互联系的本质，“至变”指万有相互作用的规律，都是就“神理”而言的。“至精而后阐其妙”即获得对万有本质的认识也就把握了整体的“神理”，亦即“究于无形”；“至变而后通其数”即从个体变化中探求出规律从而依据“神理”驾驭万有，亦即“穷于有数”。“至精而后阐其妙，至变而后通其数”就是对“神理”本体可以认识、可以表述、可以把握的明确阐释。故所谓“思表纤旨，文外曲致”、“言所不追，笔固知止”、“伊挚不能言鼎，轮扁不能语斤”是与这里作为结论的“其微矣乎”相呼应的，都是就把握“穷于有数，究于无形”的“神理”的完整性、微妙性所臻至的完美境界而言的，故这与郭象“夫道物之极，常莫为而自尔，不在言与不言。极于自尔，非言默而议也”即不可知、不可言说、不可把握、只能冥想的“玄冥之境”不同，更非王弼所诠释的以排斥“言”、“象”而获得的“至无”之境。故刘勰的“至精”、“至变”是崇有论的范畴。刘勰以此阐发文艺创作所要追求的境界，《神思》所谓“然后使元解之宰，寻声律而定墨；独照之匠，窥意象而运斤：此盖驭文之首术，谋篇之大端”，“声律”、“意象”皆属于“有”；“元解之宰”实指本体思维；“照”亦即“圆照”，指“神理”本体。这是强调对“神理”的把握或本体思维的运用在创作中的统领作用，但对“神理”的把握或本体思维的运用是借助于“声律”、“意象”即具体事项、现象来实现的，如此才能自如地驾驭各种创作要素完成创作。这是对裴頠“制器必须于匠，然不可以制器以非器，谓匠非有也”论点的阐发。刘勰在与《神思》相首尾呼应的《总术》中将创作的最高境界概括为“思无定契，理有恒存”。万事万物是以其相互依存、相互作用的“神理”为根据的，故把握了微妙的“神理”，也就获得了无尽的创造性，此即“理有恒存”。而创作主体的思维活动是没有固定模式的，此即“思无定契”；创作是因势利导的，也不存在一个固定不变的模式，此即《章句》所谓“随变适会，莫见定准”。“理有恒存”表明“神理”具有客观性、规律性；“思无定契”表明“神思”则是主观的，具有自由性。“思无定契”与“理有恒存”是有内在联系的，“理有恒存”居于“思无定契”之中，故“思无定契，理有恒存”就是“神思”与“神理”相统一，亦即自由性与规律性的统一，个性与法则的统一。这也就是《原道》所谓的“思合符契”的圣人境界。如此便获得了创作的无限自由空间；若割裂这两方面的联系而各执一端，创作就会被束缚，此即《通变》所谓“若乃龌龊于偏解，矜激乎一致，此庭间之回骤，岂万里之逸步哉”。刘勰《养气》所谓的“逍遥”仍是对“思无定契，理有恒存”的阐释，即“逍遥”是与个体相联系的，但也是把握“神理”的体现。故刘勰的“逍遥”是崇有论的境界观，是对王弼贵无论“圣人体无”境界观的反驳，也与郭象“独化”说只专注于个体精神的自满自足仅凭冥想来实现的“玄冥之境”境界观相区别。总之,刘勰所标举的“思无定契,理有恒存”不仅是对裴頠“化感错综,理迹之原”的阐发,更是其“般若之绝境”的体现,且比康德《判断力批判》所提出的“自由中的合规律性”早了近一千三百年。

三、刘勰的“神理设教”名教观

名教观是“有无之辨”的归结点,贵无论与崇有论于此更是针锋相对的。教、名教指由周公与孔子所确立的、为全社会所共同遵行的礼法制度与伦理道德规范,即刘勰《诏策》所谓“教者,效也,出言而民效也。契敷五教,故王侯称教”。刘勰秉承崇有论之旨,以名教为根本,故刘勰也将名教称为“鸿教”。刘勰致力于确立名教与“神理”一体的“般若之绝境”的名教观,反对贵无论以“自然”为本体、以“自然”统摄名教的“越名教而任自然”的名教观。刘勰将《易传》“神道设教”诠释为《原道》所谓的“神理设教”,即以崇有论而非神学目的论的视角将“神理”本体与立国之本的名教统一起来;“言之文,天地之心”指圣训、经典,亦即名教,是贯通天、地、人的核心,是“三才之道”的载体;“人文之元”是对“庖犠画其始,仲尼翼其终”的圣人之道的概括,这也表明圣训、经典与“太极”、“神理”是一体的。《原道》所谓“道心惟微,圣谟卓绝”与《征圣》“道心惟微,神理设教”义同,皆谓圣人所创之名教是与“道”或“神理”相符合的。《明诗》谓“神理共契,政序相参”,“政序”即名教,是与“神理”相贯通的。《原道》将“神理设教”与“炳耀仁孝”并举,“仁孝”即是对仁、义、礼、智、信、孝、忠等伦理道德的概括,是名教的重要内容,亦即裴頠所谓的“居以仁顺,守以恭俭,率以忠信,行以敬让”之义。《祝盟》:“夫盟之大体,必序危机,奖忠孝……感激以立诚,切至以敷辞,此其所同也。……忠信可矣,无恃神焉。”忠孝、诚信这些名教内容也成为确定创作的基本原则。刘勰的“神理设教”虽是对王充《论衡》“人道有教训之义”的阐发,但却是遵循裴頠“故大建厥极,绥理群生,训物垂范,于是乎在,斯则圣人为政之由也”崇有之旨的,是对王弼以“无”统摄名教即《老子注》“神,无形无方。器,合成也。无形以合,故谓之神器也”的贵无论名教观的批驳。

确定圣人统绪是刘勰名教观中“征圣”之旨的具体体现。刘勰的名教观是以确定圣人统绪与帝王世系为轴心展开的。“玄圣创典,素王述训”表明“文明”的进程离不开圣人,“文明”或名教由圣王创造。《书记》:“故谓谱者,普也。注序世统,事资周普,郑氏谱《诗》,盖取乎此。”刘勰以圣王统绪为依据来论证文辞的源流与特征也直接受到郑玄《诗谱》以诸侯世系编定诗篇目次的影响。刘勰所阐述的圣王统绪也体现出了尊君思想,《诏策》:“皇帝御宇,其言也神。渊嘿黼扆,而响盈四表,唯诏策乎!……王言之大,动入史策,其出如綍,不反若汗。……夫王言崇秘,大观在上,所以百辟其刑,万邦作孚。……君父至尊,在三罔极。……皇王施令，寅严宗诰。我有丝言，兆民尹好。辉音峻举，鸿风远蹈。腾义飞辞，涣其大号。”这实是谓皇权是至高无上的，一切政令皆须出自君主。刘勰确定圣王统绪的崇有论意义是：标举扬雄《法言》“斯民之得，一人也”及郭象“多贤不可以多君，无贤不可以无君，此天人之道，必至之宜”的尊君之旨，反对王弼《老子指略》“绝圣而后圣功全”与阮籍《大人先生传》的“无君而庶物定”的主张。

刘勰的名教观还体现于其所确立的“宗经”之旨，《宗经》：“三极彝训，其书言经。经也者，恒久之至道，不刊之鸿教也。故象天地，效鬼神，参物序，制人纪，洞性灵之奥区，极文章之骨髓者也。”名教是永恒的，作为名教载体的经典也是永恒的，如此经典就是“不刊之鸿教”、“恒久之至道”。所谓“三极彝道，训深稽古。致化归一，分教斯五”，“一”即指与“道”、“神理”一体的名教这一根本，“教”指名教或教化，“五”指五经。经典的总合构成名教，表明刘勰即是通过经典来论述名教的，在刘勰这里，经典是名教的核心，甚至等同于名教；经典也是“道”、“神理”最好的体现，是对“神理设教”的进一步阐发。《事类》：“夫经典沉深，载籍浩瀚，实群言之奥区，而才思之神皋也。”饱读诗书对拓展才思有决定作用，这实是说体现着“神皋”亦即“神理”的经典也是“神思”的源泉与依据。

刘勰《原道》所阐发的“人文”才是“道之文”的核心，实际指的就是名教。《原道》所谓“人文之元，肇自太极”即谓“人文”与“太极”是一体的。“辞之所以能鼓天下者，乃道之文也”与《宗经》所谓“扬子比雕玉以作器，谓五经之含文也。……止末归本，不其懿欤”皆是申明“道”、经典、“文”是相互联系、不容分割的；具有“文”的特征的名教、经典就是“本”，以此统摄万事就是“正末归本”。这是对王弼贵无论名教本于自然的“崇本以息末”说的批驳。《序志》：“唯文章之用，实经典枝条，五礼资之以成，六典因之致用，君臣所以炳焕，军国所以昭明，详其本源，莫非经典。”此亦谓“文”与名教、经典都是国之根基的体现。“经典礼章，跨周轹汉，唐、虞之文，其鼎盛乎！”“经典礼章”、“文”皆指名教，是对齐朝名教的重建、儒学的复兴、人文昌盛的赞颂。这都是对裴頠“礼制弗存，则无以为政矣”的进一步阐发。刘勰在《序志》中明示其撰著《文心雕龙》之宗旨是“盖《文心》之作也，本乎道，师乎圣，体乎经”，也就是要与“道”同体、与圣人同体、与经典同体，在刘勰这里，“道”、“圣”、“经”是三位一体的，“文”则是联系这三者的纽带；故名教、经典、“文”皆是“道”、“神理”的体现，这就是刘勰名教观的具体内容。刘勰不只是以礼、乐为名教，而是将名教、经典与“文”联系起来，《文心雕龙》的撰著就是专注于以“文”阐发名教、经典，这也是刘勰《序志》陈述其“文”与“圣”两个梦境的寓意所在。刘勰以此体现其对圣人孔子所开创的人文精神的传承与其所要成就的“立家”之言。刘勰以“文”诠释名教、经典乃至“道”，是对魏晋以来名教观的重大发展，刘勰从“文”的视角也就是以崇有论来反对王弼《老子注》“以无为为居，以不言为教，以恬淡为味，治之极也”的贵无之旨及嵇康《难自然好学论》"昔鸿荒之世，大朴未亏，君无文于上……若此，则安知仁义之端，礼律之文"的"无文"说。

"设教"的目的即在于对人的性情当有所节制。刘勰也是秉持这一旨义的，《诏策》谓"命之为义，制性之本也。……《易》称'君子以制度数'"，礼乐就是制约人的性情的根本制度。《封禅》谓"《丹书》曰：'义胜欲则从，欲胜义则凶。'戒慎之至也。则戒慎以崇其德，至德以凝其化"，戒慎之德就是对情欲有所节制，就是礼义的体现。《章表》："夫设官分职，高卑联事。……汉定礼仪，则有四品：一曰章，二曰奏，三曰表，四曰议。"《书记》："若夫尊贵差序，则肃以节文。战国以前，君臣同书，秦汉立仪，始有表奏，王公国内，亦称奏书。"君臣有别的等级制度就是礼的内容。章、表等文体规制也是这一礼制的体现，这是对《原道》"高卑定位"法则的具体阐释。《议对》："《易》之《节卦》：'君子以制度数，议德行。'《周书》曰：'议事以制，政乃弗迷。'议贵节制，经典之体也。"节制不仅是礼制的体现，也是经典所具有的特质。依此，"贵节制"也成为文艺创作与思维活动的准则，《声律》："古之佩玉，左宫右徵，以节其步，声不失序。音以律文，其可忽哉！"《夸饰》："虽《诗》、《书》雅言，风俗训世，事必宜广，文亦过焉。……若能酌《诗》、《书》之旷旨，翦扬马之甚泰，使夸而有节，饰而不诬，亦可谓之懿也。"《章句》："然两韵辄易，则声韵微躁；百句不迁，则唇吻告劳。妙才激扬，虽触思利贞，曷若折之中和，庶保无咎。""贵节制"体现在文辞上就是"以节其步"、"夸而有节"、"折之中和"的雅正之体，也是师法经典之所在。这都是依据《乐记》"先王本之情性，稽之度数，制之礼义"、"先王之制礼乐，人为之节"、"行其缀兆，要其节奏，行列是正焉，进退得齐焉。故乐者，天地之命，中和之纪，人情之所不能免也"所作的阐发。《养气》："且夫思有利钝，时有通塞，沐则心覆，且或反常；神之方昏，再三愈黩。是以吐纳文艺，务在节宣，清和其心，调畅其气，烦而即舍，勿使壅滞。"人的有为活动包括思维活动是需要有所节制、有所调节的，有为活动的过与不及都可损害个体生命，此即"务在节宣"。刘勰的"贵节制"是对荀子"性恶"论与《易传》的思想的依据，"务在节宣"、"折之中和"则是对裴頠"稽中定务"、"志无盈求，事无过用"的秉承，也是针对稽康《难自然好学论》"纵欲则得自然"主张的驳难。

"设教"的社会意义即在于教化与移风易俗。《时序》："故知歌谣文理，与世推移，风动于上，而波震于下者。……故知文变染乎世情，兴废系乎时序。"刘勰对政教的兴盛与废弛于社会风俗包括文辞风尚所产生的影响是有深刻认识的，故特别强调以名教引领社会风俗的重要性，《檄移》："移者，易也，移风易俗，令往而民随者也。……移实易俗，草偃风迈。"名教作用的发挥不仅仅有赖于礼乐、法制的建立与完善，更是要体现在潜移默化的伦理道德之中，由此引领社会风俗。《原道》所谓"察人文以成化"、"民胥以效"、"晓生民之耳目"及《宗经》所谓"性灵镕匠"都是强调圣人言行对民众的教化作用，亦即名教对社会所起到的移风易俗的效果。刘勰以名教所具有的教化、移风易俗的功能为依据来论证儒家文艺观对创作的导向作用,《原道》、《征圣》、《宗经》三篇总论所确立的“征圣”、“宗经”创作宗旨,体现的就是以名教为根本,由此引导文艺创作。《明诗》:“人禀七情,应物斯感,感物吟志,莫非自然。昔葛天氏乐辞云……顺美匡恶,其来久矣。”《乐府》:“韶响难追,郑声易启。岂惟观乐,于焉识礼。”以名教为引导的文艺创作方能产生顺美匡恶的效果,从而起到教化辅助作用。刘勰所确立的“六义”、“三理”、“六观”等创作原则也是这一宗旨的具体化,由此摆脱了《乐记》僵化的说教,完成了儒家文艺理论体系的构建,使儒家文艺思想更加完整宏富。刘勰的论证虽然依取的是《乐记》“乐也者,圣人之所乐也,而可以善民心,其感人深,其移风易俗,故先王著其教焉”的思想,但其所要阐明的须以由礼、乐、文构成的名教引领移风易俗的着眼点已不只局限于汉儒所强调的雅、郑之别,而是着眼于崇有论的质实与贵无论的虚无之别。总之,刘勰所阐发的“移风易俗”体现的是裴頠“众之从上,犹水之居器也。故兆庶之情,信于所习;习则心服其业,业服则谓之理然。是以君人必慎所教,班其政刑一切之务,分宅百姓,各授四职,能令禀命之者不肃而安,忽然忘异,莫有迁志”的崇有论思想,以此反对王弼以虚无主导移风易俗即《老子注》所谓“无形无名者,万物之宗也。虽今古不同,时移俗易,故莫不由乎此以成其治者也”的贵无之旨及阮籍以破除礼法束缚的“放达”玄旨与生活态度。

郭象《庄子注》提出圣人“与化为体”,名教也是“与时俱化”的:“夫先王典礼,所以适时用也。时过而不弃,即为民妖,所以兴矫效之端也。时移世异,礼亦宜变。……彼以为美而此或以为恶,故当应时而变,然后皆适也。况夫礼义,当其时而用之,则西施也;时过而不弃,则丑人也。”这是说名教法制是根据时代要求而建立的,时代要求改变了,名教法制也要相应改变,名教本身没有对错,名教的得失在于是否能根据不同的时代条件而与时俱进。孙盛《老子疑问反讯》将郭象这种“与时俱化”的名教观阐发为“与时而兴”、“随时设教”:“尧孔之学,随时设教。……随时设教,所以道通百代。”刘勰虽以名教为“恒久之至道”,但依取郭象、孙盛因“时”的思想,也强调名教不是固定不变而是与时俱进的,《诏策》:“自教以下,则又有命。《诗》云‘有命自天’,明为重也;《周礼》曰‘师氏诏王’为轻命。今诏重而命轻者,古今之变也。”作为名教中具有法制意义的皇帝诏书体制也是因时代而有所变化的,也就是承认名教是因时而变的。《原道》、《通变》、《时序》等篇中所谓的“质”与“文”也是对名教的阐发,“质”即指名教的内容,即礼乐;“文”指名教的形式即礼仪,亦即“节文”。经典文辞的变化体现为由质至质文相称,实际反映的就是名教或礼乐也是因时而变的,即由三皇时期礼乐之质到五帝时期礼乐之文的出现,再至三代质文交加的礼乐完备昌盛。《章表》:“周监二代,文理弥盛。”“文理”指礼法名教。周公所确立的礼法是因时而变、有所更新的,故较夏、商二代都要丰富完备。刘勰的质文交替的“通变”说就是名教因时而变思想的体现。刘勰依此进而论证文辞创作也要因时代发展而有所更新，故于《通变》中总结出了创作的原则："文律运周，日新其业。变则其久，通则不乏。趋时必果，乘机无怯。望今制奇，参古定法。"此谓文辞发展的规律就是不断更新，故要勇于适"时"而变；"参古定法"是立足于当今而对前代体制有所因循，"望今制奇"是要适"时"而有所创新。《时序》"质文沿时，崇替在选"与《通变》"望今制奇，参古定法"都是依据郭象、孙盛因时而变的名教观而就文艺观所作的阐发。

四、结论

刘勰《文心雕龙》是两晋以来崇有论学派的集大成之作，其所构建的"穷于有数，究于无形"的"神理"本体论之所以是完整、系统的理论体系即在于它是贯穿于刘勰的天道观、境界观、名教观乃至体例之中的，也是对王弼《周易略例》所集中阐释的"夫情伪之动，非数之所求也。故合散屈伸，与体相乖。形躁好静，质柔爱刚，体与情反，质与愿违。巧历不能定其算数，圣明不能为之典要，法制所不能齐，度量所不能均也"贵无论体系的全面批驳。

由先秦荀子至两汉《乐记》、扬雄、王充的学说，再到两晋裴頠、郭象、孙盛崇有论的思想，刘勰对儒家学说的承继可谓脉络清晰。刘勰对汉代儒学的扬弃已不是停留于汉代今古文经学之争的路径以解释经学问题，而是围绕魏晋南北朝时期"有无之辨"所涉及的概念、范畴、命题并以新的理论思维水平即本体论的视角择取先贤学说以为依据并予以诠释；又通过对崇有论与贵无论的扬弃，最终完成了其"神理"本体论体系的构建。刘勰对儒学的复兴实是对儒学的重大发展。故与玄学之"新道家"称谓相对应，可将两晋以来以刘勰为代表的儒家学者所建构的崇有论体系称为"新儒学"。"新道家"与"新儒学"的交辩或可较为完整与明晰地呈现出魏晋南北朝时期的学术面貌与特征。

刘勰的理论体系就内容而言，其贡献即在于确立了崇有论的"穷于有数，究于无形"的"神理"本体论；就形式而言，以原道论统摄文体论、文术论、文象论也是这一本体思想的体现。于一千五百年前，青年儒家学者刘勰能够建构如此内容与形式有机统一的、完整的理论体系，这在世界思想史与学术史上是极为罕见的。

（作者：朱清，中央美术学院讲师）

嬗变*

——两汉“人虎母题”图像的时代特征与风格演变

◇卢　昉

从西汉立国到东汉衰亡，“人虎母题”图像经历了一个明显的嬗变过程，并在各时期呈现出不同的时代特征。纵观两汉四百多年历史，该图像或可分为“西汉前期——西汉中期”、“西汉晚期——新莽时期”及“东汉时期”三个阶段。

（一）西汉前期——西汉中期：继承与发展

西汉早期的“人虎母题”图像，主要沿袭了东周至秦代以来的风格特征。西汉离春秋战国时期不远，自建国至中晚期，其文化精神尚处在春秋战国文化的遗绪阶段，成事于楚地的西汉帝王与功臣们，以秦、楚文化为中心融合全国各地文化。风俗习惯及人文思想在战国时期深受荆楚丧葬艺术文化的影响，承接了先秦荆楚文化中万物有灵的宗教信仰，这是一个楚风北上的时代。楚文化以“信巫鬼，重淫祀”①的浪漫主义情调著称，加之西汉统治者渴求长生不老，升仙心切，“一言有神仙祭祀致福之术者以万数”②。随着时间的推移，这种楚风北上的势头由强转弱。这一过程也可理解为北方文化（主要是黄河流域文化）逐步取得主导地位的过程。从文化内涵上看，这也是神仙观念由强变弱，而人伦现实主旨渐呈主流的过程。③

从西汉中期开始，“人虎母题”图像进入发展期，所反映的时代特征除南楚文化所具有的浪漫精神在汉帝国建立之初的延续外，还彪炳了汉王朝开疆扩土尚武崇勇的时代风尚。这一时期，汉武帝“罢黜百家，独尊儒术”，采用董仲舒提

---

* 本文为陕西省教育厅2012年科学研究项目（项目号：12JK0321）。

① 班固著，颜师古注：《汉书》卷二十八《地理志》，北京：中华书局，1962年，第1666页。

② 班固著，颜师古注：《汉书》卷二十五《郊祀志》，北京：中华书局，1962年，第1260页。

③ 仪平策：《中国审美文化史·秦汉魏晋南北朝卷》，济南：山东画报出版社，2000年，第154页。

出的"天人感应"说,宣扬"天授君权"。虽然儒家学说是一种积极的入世学说,但是经过董仲舒的改造后,"天"依然是立于人之上的统治者,国君是"天"的代言人,是神的口谕者,世俗的人在神和"天"的面前仍旧是卑微畏惧的。该时期"人虎母题"图像的模式更加规范。

与此同时,从这一时期开始,生产力水平、科学技术及文化艺术水平都大大提高,"人虎母题"图像在壁画墓、画像石(砖)墓、铜器、陶器、玉器中均有发现,数量最多的是画像石墓和壁画墓,继承并发展了前代的风格,其构图由错杂到逐渐规律化和秩序化。较为典型的是郑州新通桥西汉晚期画像砖墓出土空心砖上的《刺虎图》(图 1)。该图像是秩序化完成的标志,有着承上启下的作用,以后的刺虎类"人虎母题"图像的基本构图都遵循这种模式发展创新。

图 1　河南郑州新通桥西汉晚期墓出土《刺虎图》
(来自《郑州新通桥汉代画像空心砖墓》,《文物》1972 年第 10 期)

(二)西汉晚期——新莽时期:过渡

西汉晚期以后,谶纬之风较前代更甚。谶纬学说,其实也就是儒学的神化和宗教化。这时的社会生活中弥漫着浓重的迷信色彩,人们虽然生活在现实中,可是心里渴求的却是冥冥之中的神灵引渡与死后升仙的生活。可以说,在这一时期,人们的幸福就是羽化登仙,长生不老,并谋求死后灵魂不散,直入天堂。这种观念直接导致了该时期的"人虎母题"图像更多地以"升仙长生"题材为主导,南阳沙岗店的《百戏升仙图》就是这一时期的代表。①

西汉末年到新莽时期,历史上发生了一次重大转变,在此转变过程中,政治环境、经济环境、自然环境和思想环境都发生了显著变化。政治上的变化主要表现为两汉之际政治危机和皇权威仪备受挑战,经济上的变化表现为庄园经济的兴起已做好准备,自然环境的变化表现为各种灾害的加剧和频繁,而思想的变化则表现为权威思想的衰落和信仰危机所引发的各种新思潮的兴起与影响的扩大。两汉之际的新兴思潮中,方术、民间道教和道家哲学对人的意识影响相当巨

① 俞伟超:《中国画像石全集 · 河南卷》,郑州:河南美术出版社,济南:山东美术出版社,2000 年,第 88—89 页。

大。恰恰是在这三种新思潮的启发与激励下，人们发现了个体精神的真谛、生命的价值和无比广阔的生存空间。

在这样的时代背景下，人的精神也在发生着微妙的变化。当威仪的皇权走向神坛，当"天"的主宰地位发生动摇，"人"的精神便从权威的"荫庇"之中得到解放。但是，人们以这种解放的个体精神面对天地间的一切时，也会感到困惑和迷茫。通常情况下，获得自由的个体精神之后，"人"首先想到的便是回归自我，回归生命，回归真实。然而，"自我"和"生命"等问题却存在着许多不可解开的谜团，在此机缘下，新的思想潮流便应运而生。这种情况反映在"人虎母题"图像上，就表现为"虎"既可成为趋吉辟邪的祥物，又能成为羽化升仙的工具；既能被人驯化狩猎，又是星宿四宫之一的称谓。"人虎母题"图像题材较前代更为丰富，其内涵深远，神态各异，形象众多，既有扑食人类的恶虎，与猛士缠斗的怒虎，还有侍神升天、纳福辟邪的灵虎。

（三）东汉时期：转型

经过短暂的王莽新政及两汉之际的艺术演变后，时间到了东汉，艺术的发展进入了一个相对的繁荣时期，较为独立地呈现出与西汉或者说魏晋以后艺术的不同特征。虽然我们常常将两汉作为一个统一的历史阶段来研究，但是纵观两汉"人虎母题"图像，还是可以发现，东汉与西汉相比，人们的思想观念已经发生了显著变化。

该时期，北方草原地区生活的民族主要为鲜卑族，器物装饰以鹿、驼、马、羊等温驯动物为主，不见"人虎母题"装饰。中原地区则出现了反映生活、娱乐、狩猎题材和场景的"人虎母题"图像，这些都是墓主人生前生活的真实写照。世俗的快乐与财富是东汉人的普遍追求，是那个时代所有人的人生理想，除了上层阶级热衷于追名逐利、炫耀财富之外，因当时普遍盛行厚葬之风，普通的民众也往往拿出平生积蓄修建墓葬，装饰墓室。有些墓主即使生前并不显贵，其后人也会精心布置其墓室，将其生前渴求却未得到的富贵生活再现在画像石（砖）上，以慰藉死者，同时显示孝悌。

这一时期，"狩猎"题材的"人虎母题"图像较为多见。早在东周时期，有车有马便是身份的象征。及至西汉，车马盈门、出行浩荡更是荣耀的标志。贵族地主的出行车队一般都比较庞大，前有导骑，后有驱从，有的还伴有斧车、鼓车，车舆装饰"姿极耳目"，甚至"奢过王制"。到了东汉，即使有严格的乘车规定，富商大贾们就算借用官员的车辆，也要招摇过市，显耀身份。这种奢靡风气长期流行，历任官吏都不予干涉，可见车马仪仗在当时人们心中是何等高贵。如南阳七孔桥、七一乡王庄等地的《遇虎狩猎图》（图 2），图中展示的车队声势浩大，前后七排，从车马数量可知墓主身份绝非寻常。

图2　河南南阳七一乡王庄出土汉代《遇虎狩猎图》
（来自韩玉祥、李陈广主编：《南阳汉代画像石墓》，
郑州：河南美术出版社，1998年，第203—204页，图七）

由于经济的发达、社会生活的进步以及贵族地主的喜好，“角抵斗兽”也已成为人们的主要娱乐活动之一。上自帝王将相，下至门食之吏、庶民百姓，均可观赏。“人虎母题”图像中出现搏虎、斗兽、戏虎、驯虎等许多难以想象的高难度杂技节目。仅在南阳画像石中，“角抵斗兽”题材就有十件左右，比较有代表性的是山东肥城出土的东汉建初八年墓中的《角抵刺虎图》（图3），另外在河南南阳、沙岗店、草店、七孔桥等地也有类似题材的“人虎母题”画像发现。

图3　山东肥城东汉建初八年墓出土《角抵刺虎图》
（来自《山东肥城汉画像石墓调查》，《文物》1958年第4期）

不过，受西汉文化传统、谶纬方术以及外来佛教文化的影响，东汉人在追求世俗幸福的同时，并没有抛弃对死后升仙的向往。特别是在民间，人们一方面相

信神灵的力量,希望依托神灵过上幸福的生活,找到理想的未来;同时也不得不尊孔读经以迎合国家的大政方针,为实际的前途谋个一官半职,封妻荫子。理想的生活寄托在神灵身上,现实的功名则要依靠儒家的庇护,这正是西汉晚期至东汉时期一般人的思想写照。

因此,除了许多社会生活题材的图像外,东汉的“人虎母题”图像中,还能见到不少“升仙长生”及“羽人天象”题材。如英庄的《虎车升仙图》(图4),这些祥瑞和神仙图像,依然承载着人们死后升仙引渡进入天堂的美好愿望。但是,它们在整个墓室壁画中已经不再是主体,而是多位于门楣、横梁和盖顶石等次要位置。这表明“神”不再那么高不可及、冷若冰霜,阴阳五行和民间方术仙道中塑造的神仙、天帝、西王母等天上最高权威的代表,已经转变成了人类的保护神。因此,以人为主、人神共融、人神同乐,成为东汉“人虎母题”图像的主要特色之一。

图4　南阳英庄汉墓出土《虎车升仙图》
(来自俞伟超:《中国画像石全集·河南卷》,第88页)

总体来说,东汉时期的“人虎母题”图像,已将眼光从天上转移到了人间,图像的内涵开始更趋向世俗化、人性化。尽管仍具有一定的神话象征意义,但主要以天文星象为主流,与此同时,崇“虎”情结较前代薄弱,“人虎母题”中的“虎”被挤入狭窄的屋梁和门楣,成为庇佑人的灵物。与此相应的是,表现人间生活场景及人类自身力量的“刺虎”、“搏虎”、“斗虎”、“驯虎”、“角抵”、“田猎”、“百戏”等题材较西汉明显增多。世俗的快乐与富贵成为东汉人追求的终极幸福。人们更多地将关注的目光投向现实生活,关注现实,珍惜生命,抓紧时间构建美满的世俗生活是这一时期“人虎母题”图像的一大主题。

究其原因，主要有以下几点：

首先，王莽改制打破了君权神授的"天人感应"思想，冲击了非刘氏不得为王的禁忌，第一次以外戚的身份登上皇帝宝座，这是对于皇权神话的一次沉重打击。

其次，东汉王朝是在南阳、颍川、河北等地的地主豪强、官僚集团的支持下建立的。刘秀本人是豪强地主，亲信大臣如"云台二十八将"、"三百六十五功臣"等也大都如此。刘秀为了巩固自身的统治，极力维护豪强地主庄田的大土地所有制，并且通过"察举"、"征辟"等政策来保证他们的从政特权，所以豪强地主无论在经济上还是在政治上都拥有极高的地位。他们大兴庄园、蓄奴筑屋、驾舆乘车、歌舞升平、奢靡享乐。世俗的快乐使他们不仅生前贪恋人世间的幸福生活，还渴望死后依然尽享荣华，于是便造就了东汉时"人虎母题"画像石中诸多车骑狩猎、角抵斗兽等世俗生活内容。

第三，东汉的朴素唯物论者桓谭和王充对有无神仙、能否成仙产生了质疑。如桓谭的《新论》敏锐地抓住了肉体作为物质，有生有灭、有盛有衰的客观现实，指出幻想成仙者的不现实性。王充在他的《论衡》中也指出：

> 夫人，物也，虽贵为王侯，性不异于物，物无不死，人安能仙？鸟有毛羽，能飞不能升天；人无一毛羽，何用飞升，使有毛羽，不过与鸟同况。①

这一说法更直接地否定了成仙的可能。此外还有扬雄、荀悦等思想家也有类似论点。这些新兴的言论代表了东汉人对生命和死亡开始有了较为清醒、理智的思考，人们的认识更趋向多元化，思想也开始向现实趋转。故而使得该时期的"升仙长生"题材之仙神色彩不如西汉浓厚。

与此同时，从宏观的角度来看，西汉末期至东汉末期是一个汉代新文化的开辟阶段，以儒学为中心的思想整合已经完成并得到落实，人们在生前建功立业、荣享富贵的渴望越来越强烈。同时，从人类学的视角看，汉代处于由神话语言向非神话语言、由巫术思维向宗教思维转型的时期，浪漫与理性并存，造就了极具时代特征的精神氛围，所以，东汉"人虎母题"图像更多的是以人为主。

就人物形象来说，与西汉不同的是，东汉的"人虎母题"图像更善于通过刻画精细的人物动作和细微的甚至不易觉察出的面部表情，来展现人物的心理活动和精神风采，往往通过大幅度的动作、激烈的瞬间来传达人物勇武果敢的精神。而从"虎"的刻画看，以"角抵田猎"类中的"虎"为例，一般都把"虎"的重心放在身体的前半部，使"虎"的身体显得庞大夸张，粗壮的臀部让它看起来强健雄壮；与此相反，艺术家又将"虎"的腹部、腿的下部和蹄部刻画得极尽纤细，增添了诸多夸张与变形的意味。然而，这种外形上轻重粗细的夸张性反差，并没有

---

① 王充著，黄晖校释：《论衡校释》第七卷《道虚》（《新编诸子集成》本），北京：中华书局，2006年，第59页。

影响"虎"形象的真实性。艺术家对"虎"的巧妙构思和艺术处理，反而使得"虎"矫健灵巧的身姿、凶悍勇猛的神韵更加富有视觉的冲击力和艺术张力。

这一时期的"人虎母题"图像，不再仅仅是渴求死后的安息与超度的寄托，更是祈求现实生活的富贵与安乐。人渴望并追求成为艺术表现的主题，神则退隐为人类生活的配角。汉人的精神世界至此才真正由"天"的主宰进入以"人"为中心。这一微妙的变化，带来了巨大的转变，人的精神从抽象的"天"的严厉重压下解放出来，产生了强烈的表现自身的欲望。这一巨变不仅仅是艺术的，更是社会、经济、文化、思想观念上的转变。

总之，向生命本我的回归，是东汉"人虎母题"图像的根本主题。"人虎母题"图像的转型，始终建立在这一根本追求之上。也许有人会提出，"人虎母题"图像作为中国的一种传统艺术装饰，自始至终都在注重生命精神的表现，自始至终都在寻求人类的自我、本我。然而仔细比较，便会发现其中的不同。先秦至西汉，"人虎母题"图像中尽管不乏弘扬人类自我意识和精神的内容，但大多为无意识的自然表露，眼光极力向外投射，却少有关于自我生命的注目与感发；而东汉"人虎母题"图像，则首先循着一条由外部世界向内在生命回归的道路前行，并把回归生命、表现生命内在当作其精神内涵的主旋律。

"人虎母题"图像的嬗变过程，印证了人类自身能力的发展过程，也是人类对自我、对人生、对生命逐步肯定的过程。在两汉"人虎母题"图像的嬗变中，"人"的能力较前代更受重视，关注视角已逐渐由"虎"转移到"人"身上，"虎"在某种程度上成了"人"的附庸，沦为被"人"征服，甚至被"人"驾驭的对象；而"人"对"虎"的颂扬，除了是想借助"虎"的神威达到利己目的外，也在一定程度上隐含了对"人"自身的颂扬。"人虎母题"图像的创作者，就是想通过描绘"人"与"虎"的关系，借助这种文化符号的视觉隐喻，表达人类自身的愿望、思想以及对世界的认识。究其本质，是对人、对人生、对生命的充分肯定。

透过两汉"人虎母题"图像的嬗变过程，我们可以敏感地觉察到，母题图像的视觉表现方式与它所处时代的文化背景及社会风貌密切相关，也与时人的观念因素联系紧密。观念因素影响并决定着图像表现方式的转变，而图像表现方式的转变，又反过来验证了时代风貌与精神的变迁。思想模式与母题图像之间，是决定与被决定的关系，母题图像所生存的物质及人文环境，时人的思想观念与行为意识等因素影响了母题的视觉表现方式，并刺激着它的流变。

（作者：卢昉，西安美术学院讲师）

冯友兰先生的生平及思想

◇陈占国

冯友兰，字芝生，1895 年 12 月 4 日（农历十月十八日）生于河南省唐河县祁仪镇。中国当代著名的哲学家、哲学史家。先生从青年时期便进入哲学界，在哲学领域辛勤耕耘了 70 余年，他终生的夙愿就是实现中国社会和中国文化的现代化。

晚年冯友兰先生

一、生平

冯先生自幼聪慧，6 岁时始入家塾读书，先后读完了“四书”、《诗经》、《周易》、《左传》和《礼记》，又读完了父亲为他编撰的地理、历史讲义，还学习了古文、算术、写字、作文等课程。13 岁时父亲去世，母亲安排他在家中又继续学习了两年，随后便进入县立小学读书。冯先生由在家中读书转为到学校读书，除了请不到合适的老师之外，还有一个更重要的原因，那就是他的母亲意识到，光叫子女在家中上学，没有一个“资格”，恐怕于他们前途有碍。当时县立高等小学与以前的县学有相似之处。这种相似之处，使她怀疑如果不上县立小学，将来是否可以得到与秀才相当的资格。“说到秀才，母亲深深知道这个功名的分量。她常对我们说，你父亲听某一个名人说过，不希望子孙代代出翰林，只希望子孙代代有一个秀才……这表示你这一家的书香门第接下去了，可以称为‘耕读传家’了。照封建社会的情况说，一个人成了秀才，虽然不是登入仕途，但是可以算是进入士林，成为斯文中人，就是成为知识分子了。以后他在社会中就有一种特殊的地位。”（《自序》）

冯友兰先生考上县立高等小学时已经 15 岁了，并且，由于入学考试不合手续，他所上的这一班只能算作高等小学的预科，相当于初等小学。按现在的学制看，冯先生正式上学的时间很晚，真可谓“十五而志于学”。但是，他在家所受的教育远远超出了小学的水平，“打好的中文底子”在后来的治学中发挥出了应有的作用。当年夏季，冯先生正式进入县立高等小学。1911 年初，他以初试第二名、复试第一名的成绩考入了省会开封的中州公学中学班。是年 10 月，辛亥革命爆发，学校停课。1912 年初，唐河光复，冯先生重回中州公学学习，一学期后转入武昌中华学校，是年冬天又考入了上海的中国公学预科。中国公学预科相当于高中程度，所开的课程是所谓新学或西学。其中有一门逻辑课使冯友兰产生了浓厚兴趣，并由此走上了哲学之路。

1915 年夏，由于对哲学的兴趣，冯先生于中国公学预科毕业后考入了北京大学中国哲学门。北京大学原为京师大学堂，是清朝末年戊戌变法时创建的，中华民国成立后改名为北京大学，严复为第一任校长。1915 年，北京大学还基本上是封建主义占统治地位的学校。当时学校没有校长，校长一职由工科学长胡仁源代理，学系称为“门”，不设系主任，系务由学长直接主持。原来京师大学堂的经科已经废止了。文科有四个门：中国哲学门、中国文学门、中国历史门和英文门。

冯先生入北京大学本来准备学习西方哲学，章程上也写明北大有三个哲学门：中国哲学门、西洋哲学门和印度哲学门。可是，印度哲学门和西洋哲学门由于缺少师资都没有开设，冯先生就进了中国哲学门。中国哲学门设有三门主要课程，一门是中国哲学史，一门是宋学（即宋明断代哲学史），一门是诸子学。当时对哲学这个概念是很模糊的，人们所了解的哲学就是所谓“义理之学”。冯先生回忆说：“给我们讲中国哲学史的那位教授，从三皇五帝讲起，讲了半年，才讲到周公。我们问他：‘照这样的速度讲下去，什么时候可以讲完？’他说：‘无所谓讲完讲不完。若说讲完，一句话可以讲完；若说讲不完，那就永远讲不完……也许有一种哲学，用一句话就可以讲完，如果照禅宗的说法，不说话，一句话都不说，倒是可以把它的全部哲学讲完；如果一说话，那倒是讲不完了……但是哲学史并不等于哲学。哲学史是历史。历史是非讲不可的，不讲别人就不知道。既然讲，它总要有个开端，有个结尾。’”（《自序》）

1917 年蔡元培到北大当校长，对学校进行了一系列的改组和改革。蔡元培是清朝的翰林，后来弃官不做，到德国去留学，是位“兼通新旧，融合中西”的学者，在学术界有很高的地位。辛亥前后，他奔走革命，曾出任过中华民国临时政府的教育总长、南京临时参议院参议，在政治上也有很高的地位。蔡元培的人格十分高尚，深受学生们的爱戴。冯先生有这样一段赞美他的话：“道学家们讲究‘气象’，譬如说周敦颐的气象如‘光风霁月’。又如程颐为程颢写的《行状》，说程颢‘纯粹如精金，温润如良玉，宽而有制，和而不流。……视其色，其接物也如春阳之温；听其言，其入人也如时雨之润。胸怀洞然，彻视无间，测其蕴，则浩乎若沧溟之无际；极其德，美言盖不足以形容’（《河南程氏文集》卷十一）。这几句话，对于蔡元培完全适用。这绝不是夸张。我在第一次进到北大校长室的时候，觉得满屋子都是这种气象。”（《自序》）冯先生对蔡元培的称颂是发自内心的，除了父母之外，蔡元培对冯友兰的影响最大。

蔡元培对北京大学的改造措施主要有三项：一是“为学术而学术”；二是“教授治校”；三是“兼容并包”。冯友兰先生回忆他在北大的收获时这样写道：“蔡元培于 1916 年底（应为 1917 年——引者），到北大当校长，作了一系列的改组和改造，才使北京大学开始转变为资产阶级思想占统治地位，同时马克思主义也开始传播。这就是五四运动在北大的开始。当时我们身在其中的学生，觉得心胸一天一天地开朗，眼界一天一天地广阔。我在 1918 年就毕业了，没有赶上 1919 年火烧赵家楼的那一天。但是在离校的时候，我觉得在北大的三年收获很大。这三年可以分为两个阶段。在第一阶段，我开始知道，在八股文、试帖诗和策论之外，还有真正的学问，这就像是进入了一个新的天地。在第二阶段，我开始知道，于那个新的天地之外，还有一个更新的天地。'欲穷千里目，更上一层楼。'我当时觉得是更上了一层楼。"（《自序》）

1918 年 6 月，冯先生从北大毕业后回到开封任教。是年，与辛亥革命的前辈任芝铭先生的女儿任载坤女士完婚。冯先生在开封工作的一年里，正是五四运动爆发时期。冯先生虽然错过了在北京参加五四运动的时机，但是，由于在北大期间受进步思潮的影响，他的思想与时代的进步是合拍的。1918 年他在北大上学时就参加过学生的集会、请愿活动，抗议北洋军阀政府与日本缔结《中日陆军共同防敌军事协议》、《中日海军共同防敌军事协议》。回到开封工作之后，他又与嵇文甫等人共同创办了《心声》杂志，与北京的五四运动呼应。《心声》杂志无论在学术水平上还是在对社会的影响上都无法与《新青年》相提并论，但是，它的宗旨和思想倾向却与《新青年》等进步刊物同声相应。冯先生为《心声》创刊号写的《发刊词》表达了它的这种倾向："凡社会之进步，必有少数之人立于大多数之前，为真理而战，以打破老套……破老套而促进化，此本杂志之所以作也……本杂志之宗旨，在输入外界之思想，发表良心上之主张，以期打破社会上、教育上之老套，惊醒其迷梦，指示以前途之大路，而促其进步。"《心声》第二卷第一号发表的改组宣言，其态度更为鲜明。宣言说："同人所主张的道德，以自由为启行点，以平等为经由路，以博爱为目的地，达此目的之手段为互助。……同人深信想要世界进化，必须全人类知识发达，想要真正的知识，必须依科学的规律。还有一种万不可少的条件，就是自由讨论。换句话说，就是我们不承认有不许讨论的天经地义，这种不许讨论的天经地义，是宗教的，非科学的。社会中间无论什么偶像，我们总要把他拿来，用平等心去自由讨论。有妨碍这类自由的，我们认为人类的公敌，当设法消除他。"

1919 年冬，冯先生为了从哲学上寻找解释中西文化冲突的答案到美国去留学。1920 年初进入哥伦比亚大学做研究生。他在临行前作了一首白话诗《留别同社诸君》："要泛舟太平洋，适彼岸，共和邦，也是想贩些食物，救这饥荒。……""食物"是指新思想，"饥荒"是指国民的精神匮乏。冯先生怀着"救饥荒"的迫切感，在美国以"勇猛精进，艰苦卓绝，持之以恒"（《日记》）的精神研读西方哲学。冯先生的留学生活不仅是刻苦的，而且是艰苦的。1922 年，因河南省为留学生提供的官费不能按时寄到，冯先生不得不实行勤工俭学，在饭店洗盘子，在学校图书馆管理中国报刊，为美籍华人当"活字典"。冯先生也曾向学校申请过奖学金，杜威还为他写了一封很长的推荐信，最后一句话说："这个学生是一个真正学者的材料。"由于错过了时间，奖学金没有得到，冯先生继续以自己的劳动维持学业。

1915年冬，北大哲学门教授马叙伦(前排左起第四人)辞职，以示对袁世凯恢复帝制的抗议，学生们请他合影(后排左起第二人为冯友兰先生)

1923年夏，冯友兰先生毕业回国。按照事先约定，他到河南省中州大学工作，担任中州大学教授兼哲学系主任、文科主任、校评议会成员、图书馆委员会委员等职务。中州大学的主要领导人，一个是校长，一个是校务主任。校长对外，办一些奔走应酬的事；校务主任对内，处理校内事务。1925年，原来的校务主任离任，冯先生通过一位朋友向校长张鸿烈开诚布公地说："我刚从国外回来，不能不考虑我的前途。有两个前途可以供我选择：一个是事功，一个是学术。我在事功方面抱负不大，我只想办一个很好的大学。中州大学是我们在一起办起来的，我很愿意把办好中州大学作为我的事业。但是我要有一种指挥全局的权力，明确地说，就是我想当校务主任。如果你不同意，我就要走学术研究那一条路，我需要到一个学术文化的中心去，我就要离开开封了。"(《自序》)根据冯先生的才能和学识，他是完全有能力把中州大学办好的；况且，当时校务主任一职尚无其他人选。然而校长没有同意他的要求。

1925年8月，冯先生离开开封经由南京、上海抵达广州。冯先生去广州，一是应广东大学文科主任陈锺凡之邀，二是想看看这个当时国共合作的革命根据地。冯先生天性厌恶政客、党派之间的明争暗斗，在广东大学只待了一个学期，便借故离开广州到了北京。1926年2月，冯先生开始在燕京大学任哲学系教授兼燕京研究所导师，讲中国哲学史；又兼北京大学讲师，讲西洋哲学史；同时在华语学校为外国人讲《庄子》。燕京大学条件比较好，冯先生一边教学，一边做研究工作。但是，这所大学是美国人用庚子赔款创办的，是一所教会学校。冯先生不情愿为洋人办的教会学校工作，他说："广东和燕京皆非我安身立命之地。"

1928年夏，冯先生的同学罗家伦出任清华大学校长，冯先生应罗家伦之邀，到清华大学哲学系任教授兼校秘书长。在清华大学，冯先生总算找到了自己的安身立命之地：冯先生曾经说过，在清华工作的二十多年，是他的一生中最愉快的时期。

正当冯先生在事功和学术两个方面都取得成功时，抗日战争爆发了。1937年7月29日北平沦陷。是年9月，清华大学奉命南迁，冯先生随学校南渡。到湖南长沙后，南迁的清华大学、北京大学和南开大学合并为长沙临时大学。文学院设在南岳衡山脚下，“背后靠着衡山，大门前边有一条从衡山流下来的小河。大雨之后，小河还会变成一个小瀑布。地方很是清幽。在兵荒马乱之中，有这样一个地方可以读书，师生都很满意”(《自序》)。

环境虽然幽静，但在国破家亡的时局中，这些具有忧患意识的知识分子们的心境却并不平静。冯先生回忆当时的情景时说：“我有一次爬山，走到一个地方，叫‘二贤祠’。据说是朱熹和张栻聚会的地方。祠里正房叫‘嘉会堂’。堂中立了一块横匾，上写‘一会千秋’。我作了几首诗，其中二首是：‘二贤祠里拜朱张，一会千秋嘉会堂。公所可游南岳耳，江山半壁太凄凉。’‘洛阳文物一尘灰，汴水繁华又草莱。非只怀公伤往迹，亲知南渡事堪哀。’在有一次会上，朱自清朗诵了这两首诗，全体师生都感到凄怆。”

1946年5月4日，西南联合大学纪念碑揭幕前的冯友兰先生（纪念碑上覆盖着西南联大校旗）

不久，南京失守，长沙也受到威胁，学校再次迁移至昆明，易名西南联合大学，先生任文学院院长。抗战期间，西南联大虽说处在大后方，师生们的生活同样是艰苦的。一方面是日军飞机经常轰炸，一方面是物价日益飞涨。1944年，冯先生一家住在一个旧庙里，任夫人炸麻花补贴生活，冯先生也参加了部分教授组成的卖文卖字会，准备不得已时卖文卖字补贴家用。

八年之久的抗日战争终于胜利了。1946年3月，西南联大决定解散，原来的三校各自复员。5月4日，由冯先生撰文、闻一多篆额、罗庸书丹的西南联大纪念碑揭幕。碑文曰：

中华民国三十四年九月九日，我国家受日本之降于南京。上距二十六年七月七日卢沟桥之变，为时八年；再上距二十年九月十八日沈阳之变，为时十四年；再上距清甲午之役，为时五十一年。举凡五十年间，日本所鲸吞蚕食于我国家者，至是悉备图籍献还。全胜之局，秦汉以来，所未有也。

国立北京大学、国立清华大学，原设北平；私立南开大学，原设天津。自沈阳之变，我国家之威权逐渐南移，惟以文化力量，与日本争持于平津，此三校实为其中坚。二十六年，平津失守，三校奉命迁于湖南，合组为国立长沙临时大学，以三校校长蒋梦麟、梅贻琦、张伯苓为常务委员，主持校务，设法、理、工学院于长沙，文学院于南岳，于十一月一日开始上课。迨京沪失守，武汉震动，临时大学又奉命迁云南。师生徒步经贵州，于二十七年四月二十六日抵昆明。旋奉命改名为国立西南联合大学，设理、工学院于昆明，文、法学院于蒙自，于五月四日开始上课。一学期后，文、法学院亦迁昆明。二十七年，增设师范学院。二十九年，设分校于四川叙永，一学年后，并于本校。昆明本为后方名城，自日军入安南、陷缅甸，又成后方（“后方”当作“前方’——冯注）重镇。联合大学支持其间，先后毕业学生二千余人，从军旅者八百余人。

河山既复，日月重光，联合大学之战时使命既成，奉命于三十五年五月四日结束。原有三校，即将返故居，复旧业。缅维八年支持之苦辛，与夫三校合作之协和，可纪念者，盖有四焉。我国家以世界之古国，居东亚之天府，本应绍汉唐之遗烈，作并世之先进。将来建国完成，必于世界历史，居独特之地位。盖并世列强，虽新而不古；希腊、罗马，有古而无今。惟我国家，亘古亘今，亦新亦旧，斯所谓“周虽旧邦，其命维新”者也。旷代之伟业，八年之抗战已开其规模，立其基础。今日之胜利，于我国家有旋乾转坤之功，而联合大学之使命，与抗战相终始。此其可纪念者一也。文人相轻，自古而然，昔人所言，今有同慨。三校有不同之历史，各异之学风，八年之久，合作无间，同无妨异，异不害同，五色交辉，相得益彰；八音合奏，终和且平。此其可纪念者二也。万物并育而不相害，道并行而不相悖，小德川流，大德敦化，此天地之所以为大，斯虽先民之恒言，实为民主之真谛，联合大学以其兼容并包之精神，转移社会一时之风气，内树学术自由之规模，外来“民主堡垒”之称号，违千夫之诺诺，作一士之谔谔。此其可纪念者三也。

国立西南联合大学纪念碑

稽之往史，我民族若不能立足于中原，偏安江表，称曰南渡。南渡之人，未有能北返者：晋人南渡，其例一也；宋人南渡，其例二也；明人南渡，其例三也。“风景不殊”，晋人之深悲；“还我河山”，宋人之虚愿。吾人为第四次之南渡，乃能于不十年间，收恢复之全功。庾信不哀江南，杜甫喜收蓟北。此其可纪念者四也。联合大学初定校歌，其辞始叹南迁流离之苦辛，中颂师生不屈之壮志，终寄最后胜利之期望。校以今日之成功，历历不爽，若合符契。联合大学之终始，岂非一代之盛事，旷百世而难遇者哉！爰就歌辞，勒为碑铭，铭曰：痛南渡，辞宫阙。驻衡湘，又离别。更长征，经峣嵲。望中原，遍洒血。抵绝徼，继讲说。诗书丧，犹有舌。尽笳吹，情弥切。千秋耻，终已雪。见仇寇，如烟灭。起朔北，迄南越，视金瓯，已无缺。大一统，无倾折。中兴业，继往烈。维三校，兄弟列，为一体，如胶结。同艰难，共欢悦，联合竟，使命彻，神京复，还燕碣。以此石，象坚节，纪嘉庆，告来哲。

西南联大在"八年辛苦备尝，喜日月重光"，"联合竟，使命彻，神京复，还燕碣"的欢悦中宣告结束。冯先生及其家属，经重庆回到久别的北平。

1946 年 8 月，冯友兰先生应邀到美国宾夕法尼亚大学讲学，在那里他写成了著名的《中国哲学简史》。一年后又到夏威夷大学讲学。1948 年初，人民解放军节节胜利，南京政府摇摇欲坠，眼看全国就要解放了，有些朋友劝冯先生留在美国工作。冯先生说："俄国革命以后，有些俄国人跑到中国居留，称为'白俄'。我决不当'白华'。解放军越是胜利，我越是要赶回去，怕的是全国解放了，中美交通断绝。"冯先生抱着要把自己的国家搞好的心愿，辞谢了朋友的邀请，毅然回到了祖国。

1948 年 7 月，北京面临解放，南京派飞机来接清华大学教授南迁。冯先生对国民党政府完全失去了信心，他决定留下来参加新中国建设。他说："我是中国人，不管哪一党执政，只要能把中国搞好，我都拥护。"校长梅贻琦走了，冯先生被推举为校务会议临时主席，主持清华大学的日常工作。该年 8 月，军管会联络员钱俊瑞对人说，冯先生的思想跟党不合。于是冯先生辞去了所有行政职务，只任哲学系教授。

1952 年，为了便于对知识分子进行思想改造，中央决定进行院系调整，把全国各高校的哲学系都合并到北京大学。冯先生也被调到北京大学哲学系任教授。

冯先生在新中国成立后的境遇是中国人所熟知的。自 20 世纪 50 年代初至 60 年代中期的十几年的时间里，学术界对冯友兰先生的批判从未停止过。在这些批判中，冯友兰先生被戴上"思想反动"、"政治反动"、"应帝王思想"、"彻底的唯心论"、"新国粹主义"、"反马克思主义"、"修正主义"、"假权威"、"伪科学"、"空头哲学家"等一系列大大小小的帽子。面对这些帽子和批判，冯友兰先生没有被压倒，但也不能申辩，因为一点点申辩，"在当时也是不能提出的。你要是提出，他们就给你再加上一顶帽子"（《自序》）。

1966 年"文化大革命"的狂飙席卷全国。在一片"造反有理"的喊杀声中，冯友兰先生又被戴上了"反共老手"、"反动学术权威"、"蒋介石御用哲学家"等多顶帽子。从1966年“文革”一开始，冯友兰先生便被抄家、游斗、封存书籍、扣发工资，接着便是大会小会的批判、人身侮辱、变相体罚等，甚至在尿中毒病情加剧的情况下，手术未做完便被拉到台上批斗，当时冯先生身上还插着导尿管，随身携带着储尿瓶。

1968年8月，“文革”以“阶级斗争”和“无产阶级专政”的名义，从思想、政治上的批判逐渐升级到对冯友兰先生的身侵，他被限制了人身自由并被关进“牛棚”，进行隔离审查。诵语录、写交代材料，晚上则铺稻草席地而卧，每日餐前定整队向毛主席像顶礼请罪。任夫人见他夜里不能回家，很不放心，故每天上午都要到办公楼前，坐在台阶上，望着外文楼。冯先生曾说：“看见我跟着队伍出来吃饭，她就知道我又平安地过了一夜，还没有死，她就放心了。第二天照样再去等。那里有几块石头，我说那几块石头可以叫‘望夫石’。”(《自序》)

1976年也许是中国现代史上最值得纪念的日子之一，嚣张一时、不可一世的“四人帮”终于垮台了。然而，正当冯友兰先生及其家人同全国人民一道兴高采烈地庆祝这个难忘的日子的时候，冯友兰先生的名字又被列入重点审查人物的名单中。他又一次受到严厉的批判。这次批判，虽然与以前的历次批判有点差别，但仍然夹带着浓烈的“文革”遗风，有些人又给这位当时已是82岁的老人的头上，戴上了“反动文人”、“‘四人帮’的宾师”、“助纣为虐”、“用笔杀人”等政治帽子，又开始了无休止的揭发、检查和批判运动。先生回忆说：“经过‘四人帮’这一段折腾，我从解放以来所得到的政治待遇都取消了，我又回到解放初那个时期的情况。这也可以说是‘赤条条来去无牵挂’吧。”(《自序》)

1980年，冯先生终于“解放”了。他带着伤痕累累的身心，顽强地站立起来，重新写他那没有完成的《中国哲学史新编》(以下简称《新编》)。正如冯友兰先生后半生的坎坷人生一样，《新编》的写作与完成也充满了坎坷。《新编》的起笔可以追溯到20世纪60年代初。当时，冯友兰先生是以忏悔的心态开始撰写《新编》的，这可从《新编》第一册出版时的扉页题词中看出。其题词曰：“望道便惊天地宽，南针廿载溯延安。小言亦可润洪业，新作应需代旧刊。始悟颜回叹孔氏，不为余子学邯郸。此关换骨脱胎事，莫当寻常著述看。”1962年，《新编》第一册出版。1964年，第二册出版。一、二册的撰写是冯友兰先生力图以马列主义、毛泽东思想为指导研究中国哲学史的第一次尝试。尽管如此，当第一册出版后，还是遭到一些更“左”的批评。此书出版到第二册，便开始了“文化大革命”，冯友兰先生的工作也就被迫停止了。以“文革”为代表的极左思潮，延续到20世纪70年代中后期。“阶级斗争”、“两条路线斗争”、“评法批儒”等政治口号渗透到一切领域。在此期间，冯友兰先生又修订了20世纪60年代出版的《新编》一、二册并准备继续写下去。1976年“四人帮”垮台，标志着“文化大革命”的结束，《新编》一、二册的修订本未出版，便又自动停止了。进入20世纪80年代，中国再次发生巨大的历史性转折。改革开放有如一股强劲的春风，吹遍中华大地，烟消雾散，万物复苏。冯友兰先生又重新开始了自己的学术创作，但人已垂垂老矣。此时冯友兰先生已进入85岁高龄。

面对20世纪60年代出版的《新编》一、二册和“文革”期间的《新编》一、二册的修订稿，冯先生无限感慨。他深深感到：“路是要自己走的，道理是要自己认识的，学术上的结论是要靠自己的研究得来的。一个学术工作者所写的应该就是他所想的，不是从什么地方抄来的，不是依傍什么样本摹画来的。”（1980年版《新编》第一册“自序”）这发自内心的话，是冯先生对两个不同年代产生的《新编》所作的历史与精神的反思，同时也是他对1949年以后自己走过的坎坷的人生道路、学术道路的总结和反思。

基于对中华民族的未来及其文明发展的关切，冯友兰先生从未停止过自己的学术创作和学术思考。他的学术创作的动力、学术的生命正是来源于对中华民族五千年文化的承传，他的学术韧性和百折不回的执着精神，也正是来源于对中华文化传承的使命感。正因为如此，他重又开始了对《新编》的修订。这时有人劝他不必再修订了，应该从第三册开始继续写下去，否则时间来不及了，将成为永久的遗憾。但他不以为然。他为自己定下一个计划：不但要把前两册重新修订好，而且要把《新编》全部完成。计划《新编》共写七册，1980年时才刚刚开始修订一、二册，以后的五册待何时完成？“志道精思，未始须臾息”；“火传也，不知其尽也”。冯友兰先生以惊人的毅力和坚定的信念，终于又用十年的工夫完成了七卷本的《新编》。《新编》完成了，冯先生的生命也结束了。这难道是一种巧合吗？很难设想，一位已85岁的老人，竟用十年的时间写出约一百五十万字的中国哲学史，这在古今中外的历史上也是极为罕见的。可以说，这位伟大的哲学家在中国学术史上乃至世界学术史上创造了一个奇迹。

1990年11月26日20时45分，冯友兰先生与世长辞，一盏智慧的明灯熄灭了。冯先生辞世的第二天，《人民日报》、《光明日报》等各报刊转载了新华社发布的冯先生去世的消息并附先生遗像。同日，在海峡彼岸，台湾的各大报社亦发布先生去世的消息。此后，《纽约时报》、《欧洲时报》、《欧洲日报》、《读卖新闻》、《人民日报》、《光明日报》及中国台湾《中国时报》、《民生报》等报刊，纷纷报道或刊登纪念文章。《人民日报》在报道中说：“冯友兰是近代以来中国能够建立自己体系的少数几个哲学家之一。他的思想在现代中国哲学史上占有重要地位”；“冯友兰始终是一位爱国者。他一生致力于研究和传播中国文化”；“‘文革’中他曾被作为反动学术权威加以不公正的批判，身心受到了很大摧残。粉碎‘四人帮’以后，特别是党的十一届三中全会以来，他不顾年迈，用十年时间写成七卷本《中国哲学史新编》，把余生献给了建设有中国特色的社会主义事业”。季羡林先生在《人民日报》发表的悼念文章中说：“芝生先生走过了95年的漫长的人生道路。95岁几乎等于一个世纪。自公元建立后，至今还不到20个世纪。芝生先生活了公元的二十分之一。他一生经历了清代、民国、洪宪、军阀混战、国民党统治、抗日战争，一直迎来解放。道路并不总是平坦的，有阳关大道，也有独木小桥，曲曲折折，坎坎坷坷。然而芝生先生以他那奇特的乐观精神和适应能力，不断追求真理，追求光明，忠于自己的学术事业，热爱祖国，热爱祖国的传统文化，终于走完了人生长途，仰不愧于天，俯不怍于地。……他完成了人生的义务，掷笔逝去，把无限的怀思留给了我们。”著名华裔学者傅伟勋先生在台湾《中国时报》撰文说：“冯友兰本来是个为人单纯的哲学家，他一心一意所要做的，也不过是开发动用内外资源，打开一条中国思想文化的现代化道路。他万万没有想到，自己这么一个性格单纯的学者，只因极端爱国，终于不知不觉卷入政治漩涡，变成中国知识分子的苦难象征。冯氏刚刚仙逝不久的今天，我们不但应该悼念他，也同时应该悼念中国近代史上由于爱国而遭受苦难的无数人民。”

二、信念

冯先生青少年时代，正是中国面临着生死存亡的抉择时代。历经两次鸦片战争、中俄战争、甲午海战、八国联军入侵的屡屡失败，中国的命运真是到了“否极”的境地。中国怎么办？中国的出路在哪里？1920 年，冯先生自北京大学毕业之后，“带着中国的实际问题”去美国留学。在留学期间，他一方面系统学习西方的思想，一方面努力思考中国的问题。“当时我经常考虑的问题是：自从中国与西方接触以来，中国节节失败，其原因究竟在哪里？西方为什么富强？中国为什么贫弱？西方同中国比较起来，究竟在哪些根本之点上比较优越？”（《自序》）

1920 年，冯先生带着这个问题访问了正在美国访问的印度诗人泰戈尔。在谈话中泰戈尔指出，东方所缺而急需的是科学，中国人应该快学科学！中国为什么没有近代科学呢？通过对中西文化的比较研究，冯先生从哲学上做出了自己的解释，他写了一篇论文，叫作《为什么中国没有科学——对中国哲学的历史及其后果的一种解释》（以下简称《为什么中国没有科学》）。文章说，地理、气候、经济条件都是形成历史的重要因素，但它们都是一场戏里的布景，而不是原因；使历史成为实际的原因，是求生的意志和求幸福的欲望。按照中国哲学所设定的价值标准，中国根本不需要科学。在文章中，冯先生把哲学分为两大类：一是“自然”（“损道”）；一是“人为”（“益道”）。依他看来，中国先秦诸子中，道家主张自然，墨家主张人为，儒家则允执其中。可惜的是，秦朝之后，中国思想的“人为”路线几乎再也没有出现，不久来了佛教，又是属于极端“自然”型的哲学。在很长时间内，中国人的心灵徘徊于儒、释、道之间，直到公元 10 世纪，一批新的天才人物相继地将儒、释、道三者合一，成为新的教义，输入中华民族的心灵，至于今日。

冯先生所说的“新的教义”指宋明道学。冯先生指出，中国哲学史的这个时期与欧洲史上现代科学发展的这个时期几乎完全类似,类似之处在于其成果越来越是技术的,具有经验的基础和应用的方面。唯一的,但是重要的不同之处是,欧洲技术发展是认识和控制物质,而中国技术发展是认识和控制心灵。因此,中国哲学家不需要科学的确实性,因为他们希望知道的只是他们自己;同样,他们不需要科学力量,因为他们希望征服的只是他们自己。而欧洲哲学家所遵循的是"人为"路线,他们首先努力认识外在世界,对它熟悉了之后,就力求征服它,所以他们注定了要有科学,既为了确实性,又为了力量。由此冯先生得出结论说:"无论如何,中国的人生观也许错了,但是中国的经验不会是一种失败。如果人类将来日益聪明,想到他们需要内心的和平幸福,他们就会转过来注意这个大智慧,而且必有所得。如果他们将来并不这样想,中国人四千年的心力也不会白费。这种失败的本身会警告我们的子孙不要在人心的荒原上再寻找什么了。这也是中国对人类的贡献之一吧。"冯先生从哲学上对中西文化的比较研究,在当时的学术界产生了重要影响。直到现在,即使那些不承认冯先生对当代新儒学发生过重大影响的"当代新儒家们",仍然沿用着冯先生当年所做的论断:东方的价值取向是内向的,西方的价值取向是外向的;中国哲学家首先把握"生命",西方哲学家首先把握"自然"。更可贵的是,前文发表不久,冯先生就清醒地认识到那种"西洋见长的是物质文明,中国见长的是精神文明"的论调是一种无知妄说,中国需要发展实业,但实业不是万能的,一个国家,一个社会,物质文明与精神文明平均发展才是健康的。通过对中西文化的比较研究,冯先生最终意识到,一个民族的文化,是这个民族的人民自己制造的,它的好坏不在于文化本身,而在于制造它的人。他说:"中国人一日不死尽,则中国文化及中国民族性即一日在制造之中。它们并不是已造的东西,乃是正在制造的东西,我们就是制造它们的工程师和工人,它们的好坏,就是我们的责任。"(《论"比较中西"》)从此冯先生树立了一个终生不变的坚定信念:为中国制造更好的文化。

1923年,冯友兰先生从哥伦比亚大学研究院毕业了,他的博士论文是《天人损益论》(1924年出英文版时改名为《人生理想之比较研究》,1926年出中文版时又改名为《人生哲学》)。这部著作是冯先生20世纪20年代的代表作,他通过对中西哲学史的比较研究,进一步阐发了《为什么中国没有科学》一文的思想。这部著作的特点是打破东方、西方的界限,把哲学分为三大类,并从中国和西方哲学史中选择了十个哲学派别,以说明哲学没有地域上的界限,只有类型上的不同。这三个哲学类型是:一、"自然"型(或曰"天然"型又称"损道");二、"人为"型(又称"益道");三、处于"自然"与"人为"之间的一类,称为"中道"。"自然"型的哲学家认为,现在之好为固有,现在之不好起于人为:人本来有乐无苦,现在诸苦乃自作自受。"人为"型的哲学家的看法恰与"自然"型相反,以现在之不好为世界之本来面目,现在之好则全由于人力:人本来有苦无乐,以其战胜天然,方有现在之情形。"中道"哲学家取中间路线,认为天然、人为本来不相冲突，人为乃所以辅助天然，而非破坏天然；现在世界即为最好，现在活动即为快乐。

在“损道”哲学中，由于哲学家主损程度之不同可分为三派：一曰浪漫派。此派以道家老庄为代表，以为现在世界之天然境界即好，所须去掉者只人为的境界而已。二曰理想派。此派以柏拉图为代表，以为现在的世界之上尚有一完美的理想世界，现在世界之事物是相对的，理想世界之概念是绝对的。三曰虚无派。此派以叔本华为代表，亦以为现在世界之上有一完善美满的世界，但此世界不但不可见，而且不可思。在“益道”哲学中，由于哲学家们主益程度之不同也可分为三派：一曰快乐派。此派以杨朱为代表，以最大的目前快乐为最好：目前舒适即是“乐园”。二曰功利派。以墨子为代表，以为人应牺牲目前快乐而求将来最大多数人之安全与繁荣。三曰进步派。以培根、笛卡尔为代表，以为人如果有充分的知识、权力与进步，则可得一最好的世界，人现在就应该力战天然，以拓“人国”。关于“中道”哲学，冯先生讲了四个学派：一是儒家哲学，认为仁、义、礼、智等道德，亦是人性之自然。二是亚力士多德学派，认为柏拉图所说的理念即在感觉世界之中，现实事物之生长变化就是对理念的实现。三是新儒学（宋明理学），于日用酬酢之中求静定。四是黑格尔哲学，主张“我”与“非我”是一非异，绝对精神虽常在创造，而实一无所得。《人生理想之比较研究》沿用了《为什么中国没有科学》一文中关于哲学分为“损道”、“益道”、“中道”的思想，但与后者有着重大的不同。在《为什么中国没有科学》一文中，冯先生认为“西方是外向的，东方是内向的”；西方哲学主张“人为”，中国哲学主张“自然”。《人生理想之比较研究》一书则要说明：“各派人生理想，是世界各国哲学史中都有的，很难说哪些理想是东方所特有的。……向内和向外两派的对立，并不是东方与西方的对立。人的思想都是一样的，不分东方与西方。”此时，冯先生已经超越了当时许多知识分子关于中西文化优劣的争执，把中西文化比较研究推进到一个新的阶段——注重中西文化的相互联系、相互统一、相互理解、相互阐明，着力于中西文化的相互融合，寻求人类文化发展的共同趋势。

1934 年，在当时极其困难的情况下，冯先生一面继续其学术研究，一面用哲学作武器积极抗战。在抗战八年中，冯先生不断写文章、做讲演，鼓舞人们的必胜信念。1938 年 7 月 7 日，在抗战纪念集会上冯先生讲演时指出：中日战争非出偶然，乃历史之必然产物，其意义在乎夺做东亚之主人。二年来之抗战成绩令人满意。中国方面坚持持久战，大有希望。各城一时失陷，不足悲观。我军最后胜利之日，将在日本资源耗尽之时。战争固然能破坏，然同时将取得文明之进步。听者评论此讲演“语甚精当”，“语极乐观”。

1939 年 4 月，冯先生《论抗建（新事论之十一）》刊于《新动向》。文章指出：“我们的时代是中国中兴的时代，而不是中国衰亡的时代。旧说‘否极泰来’，在近代，中国否极的时候是在清末民初。现在已是泰来的时候了。”“日本怕中国进步到一个地步,不可复制,所以先下手为强”,所以发动侵华战争。抗日战争是被压迫者反抗压迫者的革命,是中国进步的一个阶段,一个必过的关,闯过也要闯,闯不过也要闯。“我们若知这次中日战争是中国的成为城里人的过程中的一个阶段,我们即可知,所谓抗战与建国,并不是两件事情,而只是一件事情的两个方面。在这个阶段中,我们发现了一个真理,此即是:一面抗战,一面建国。”

1939 年 5 月,冯先生《赞中华(新事论之二十)》在《新动向》上刊出。文章指出:“中国自商周以来,有一贯底一种国风。此种国风是:在中国社会里,道德底价值高于一切。在这种国风里,中国少出了许多大艺术家、大文学家,以及等等底大家。但靠这种国风,中华民族成为世界上最大底民族,而且除几个短时期外,永久是光荣地生存着。在这些方面,世界上没有一个民族,能望及中国的项背。在眼前这个不平等底战争中,我们还靠这种国风支持下去。我们可以说,在过去我们在这种国风里生存,在将来我们还要在这种国风里得救。”

1942 年 6 月,冯先生在昆明《中央日报》发表文章《乐观与戒惧》。文章说:“中国与西洋接触,近百年来,国人始则妄自尊大,继则妄自菲薄。四年多底抗战,我们对于我们自己的力量,才有真正底认识。清末民初以来妄自菲薄底殖民地人的心理,才算逐渐廓清。民族自尊心及自信心,才算逐渐恢复。这是这次抗战的最大收获。”“时局真相是:如果我们戒慎恐惧,兢兢业业,努力以求胜利,胜利是可以得到底。戒慎恐惧是我们对于前途乐观的一个条件。惟大家都戒慎恐惧,前途才可以乐观。并不是对前途乐观,即不必戒慎恐惧,亦不是因为我们恐惧,前途即不可乐观。”

1946 年,抗日战争胜利之后国共两党开始和谈,天真的冯友兰先生以为中国的政治真的要实行民主了。为了迎接民主的到来,他连续发表了两篇文章。

北京解放前夕,冯先生为了中国的科学和教育事业留了下来,但他没有想到的是,迎接他的是没完没了的批判,他也不得不没完没了地做自我反省。尽管如此,每逢关键时刻,他总能站出来为保卫中国文化仗义执言。1957 年 1 月 8 日,《光明日报》发表了冯友兰先生的一篇文章,题目是“关于中国哲学遗产的继承问题”。文章说:“我们近几年来,在中国哲学史的教学研究中,对中国古代哲学似乎是否定的太多了一些。否定的多了,可继承的遗产也就少了。我觉得我们应该对中国的哲学思想,作更全面的了解。在中国哲学史中,有些哲学命题,如果作全面的了解,应该注意到这些命题的两方面的意义:一是抽象的意义,一是具体的意义。……什么是命题的抽象意义和具体意义呢?比如:《论语》中所说的‘学而时习之,不亦说乎’,从这句话的具体意义看,孔子叫人学的是诗、书、礼、乐等传统的东西。从这方面去了解,这句话对于现在就没有多大用处,不需要继承它,因为我们现在所学的不是这些东西。但是,如果从这句话的抽象意义看,这句话就是说:无论学什么东西,学了之后,都要及时地、经常地温习和实习,这就是很快乐的事。这样的了解,这句话到现在还是正确的,对我们现在还是有用的。"冯先生指出,能够了解哲学命题的抽象意义,就可以从中国哲学史中继承更多的东西;如果只从具体意义方面看,那么可继承的东西就很少了。

冯先生为什么要这么讲呢?因为在当时的中国哲学界,人们普遍信奉两个从苏联贩卖来的"天条":一个是阶级性原则,一个是党性原则。用这两个原则为标准评价中国哲学史,孔、孟、老、庄、程、朱、陆、王这些最有价值的哲学体系,没有哪一家属于唯物主义,也没有哪一家代表劳动人民,因此都应该被视为糟粕。照此下去,中国哲学中可继承的东西就很少了,中国文化的生命也就会逐渐枯竭了。出于这种考虑,在学术环境极为恶劣的情况下,冯先生挺身而出发表了《关于中国哲学遗产的继承问题》一文,希望能够为中国哲学和中国文化多保存住一点血脉。

文章一发表,批判文章铺天盖地而来。面对围剿式的批判,冯先生并没有屈服。汪子松先生回忆当时的情况时说:冯先生的"抽象继承法"刚一提出,就遭到了激烈的反对。"很多人脑子里还是原来的那套马克思主义的东西,一听到这就觉得不对了。怎么能把具体的阶级成分和内容都抛开了呢?抛开了哲学的阶级性,这还不是资产阶级反动思想吗?所以,开会的结果,冯先生成为批判的靶子。可是冯先生那时候还是坚持自己的观点,他就说,你们那种说法我认为是教条主义。这是建国后我第一次听人说当时人们讲的马克思主义是教条主义。"①

冯先生虽然成了批判的对象,但他的主张还是对哲学界产生了重大影响。即使在当时,除了像陈伯达、关锋这些抱有非学术目的的人之外,许多学者都不同程度地受到了"抽象继承法"的启发。黄楠森先生就曾说过:"那时候我作为一个党员,而且是搞马克思主义哲学的,而冯先生是传统哲学的代表人物,对他本来就抱着成见,大家都批判他的'抽象继承法',我也就跟着去批判他了。……后来回想起这事来,觉得对冯先生有些不公平,而我自己也是违心的,所以后来在一次讨论冯先生哲学思想的会议上,我也提交了一篇论文,题目就是《对冯友兰先生的"抽象继承法"的再认识》,后来发表在《北京大学学报》1994 年第四期上。我是以带有检讨的味道写这篇文章的。承认原来我批判冯先生是错误的,对冯先生表示歉意,用这篇文章来纠正我从前的思想。"②黄先生说他对冯先生的批判是"违心"的,其实"违心"者绝不是黄先生一个人。"违心"二字说明不少人内心是赞成"抽象继承法"的。

半个世纪过去了,现在仍然不时有人撰文讨论这个问题。依我看来,这桩公案的意义不在"抽象继承法"本身如何,"抽象继承法"的真理性是不言自明的。

---

① 任继愈、杨振宁等:《实说冯友兰》,北京大学出版社,2008 年,第 32 页。

② 同上,第 68—69 页。

其真正的意义在于,冯先生在当时的情况下敢于提出“抽象继承法”,这是需要胆略和智慧的。中国哲学和中国文化之所以几千年不断不绝,正是由于每逢历史的关键时刻,都会有像冯友兰先生这样的仁人志士站出来捍卫中国哲学和中国文化的优秀传统,并以自己的生命为燃料去传这团真火。

经受了十几年的折磨和“文化大革命”的迫害冯先生仍然痴心不改。1982年9月,冯友兰先生在女儿、当代著名作家宗璞的陪同下,赴美国参加哥伦比亚大学为冯先生举行的名誉文学博士学位授予仪式。在仪式上冯先生发表了一篇答词。答词说:中华民族的古老文化虽然已经过去了,但它没有死亡,其原因即在于这种古老文明深深扎根于五千年的历史传统中。它不仅是过去的终点,也是将来的起点,因为历史是不能割断的。“我经常想起儒家经典《诗经》中的两句话:‘周虽旧邦,其命维新’。就现在来说,中国就是旧邦而有新命,新命就是现代化。”他满怀信心地展望,“将来中国的现代化成功,它将成为世界上最古、又是最新的国家”,“新旧相续,源远流长,使古老的中华民族文化放出新的光彩”。

仪式之后,冯先生乘兴写了一首诗:

一别贞江六十春,
问江可认再来人?
智山慧海传真火,
愿随前薪作后薪。

这首诗可以作为冯先生一生学术活动的写照。他的一生虽然走了许多曲折的路,但无论遇到什么困难和挫折,他都未曾停止自己的研究和写作。外界的褒贬、环境的逆顺、个人的得失,这一切都已淹没在他的学术创作和自我超越的精神境界中了,此正可谓“举世誉之而不加劝,举世非之而不加沮”。他生前经常引用李商隐的两句诗:“春蚕到死丝方尽,蜡炬成灰泪始干。”他在《三松堂自序》中写道:“蚕是用它的生命来吐丝的,蜡烛是用它的生命来发光的”,“人类几千年积累下来的智慧,真是如山如海,像一团真火。这团真火要靠无穷无尽的燃料继续添上去,才能继续传下来。历史上的哲学家、诗人、文学家、艺术家都是用他们的生命作燃料以传这团真火”。冯友兰先生正是这样一位用自己的行动来实践这些美好愿望的不朽哲人。

冯友兰先生一生的奋斗目标,即是他自我期许的“旧邦新命”在中华大地上的实现。他在1984年出版的《三松堂学术文集》的“自序”中说:“中国处在现在这个世界,有几千年的历史,可以说是一个‘旧帮’。这个旧要适应新的环境,它就有一个新的任务,即在新的历史条件下,在这块古老的土地上,建设新的物质文明和精神文明,这就是‘新命’。……怎么样实现‘旧帮新命’,我要做自己的贡献,这就是我的‘所以迹’。”他把自己的著作和研究成果比作精神上的“遗体”。他说:“精神上的‘遗体’和肉体上的遗体有点不同,那就是当一个人在他的精神生活还没有停止以前,就可以把以前的'遗体'捐献出来,供人们解剖。"冯友兰先生生前即是以这样的胸怀,为中国文化的未来,为中华民族的复兴,不断提供自己的精神"遗体"。这正如他一再表示的那样:"在振兴中华的伟大事业中,每一个中华民族的成员,都应该尽其力之所及做一点事。我所能做的事就是把中国古典哲学中的有永久价值的东西,阐发出来,以作为中国哲学发展的养料,看它是否可以作为中国哲学发展的一个来源。我认为中国古典哲学中有些部分,对于人类精神境界的提高,对于人生中的普遍问题的解决,是有所贡献的。这就有永久的价值。"(《自序》)

三、学术

抗日战争时期,民族的兴亡与历史的变化给了冯先生许多激励和启发,在近十年的颠沛流离中,他写了六部哲学著作:《新理学》(1939 年出版),《新事论》(1940 年出版),《新世训》(1940 年出版),《新原人》(1943 年出版),《新原道》(1944 年出版),《新知言》(1946 年出版)。这六部著作,冯先生称之为"贞元六书"。"贞元六书"是冯先生最主要的哲学著作,它构成了冯先生的哲学体系。这个体系是"接着"程朱理学讲的,所以叫作"新理学"。按照冯先生的理解,"哲学是对于人类精神生活的反思,人类精神生活所涉及的范围很广,这个反思所涉及的范围也不能不随之而广。这个范围大概说起来,可以分为三部分:一部分是自然,一部分是社会,一部分是个人"。《新理学》是冯友兰哲学体系的一个总纲,重点讲自然;《新事论》讲社会;《新原人》讲人生。这三部书是贞元六书中最为重要的著作,突出地反映了冯先生的哲学思想。

在《新理学》一书中,冯先生用逻辑分析的方法构建了一个形上学,后来他又把这个形上学浓缩为四个基本命题和四个基本概念:第一组命题是,"凡事物必都是什么事物,什么事物必都是某种事物。某种事物为某种事物,必有某种事物之所以为某种事物者"。这个"某种事物之所以为某种事物者"就是"理"。"理"是一类事物的共相,也是一类事物的规定性,某一事物之所以能够归于某一类,就是由于它实现了这类事物的理。第二组命题是,"事物必都存在,存在的事物必都有其所以能存在者"。这个"存在的事物所以能存在者",名之为"气"。"气"是构成事物的"料",这个"料"是不具有任何规定性的逻辑概念。实际事物是"气"对"理"的实现。第三组命题是,"存在是一种流行。事物的存在是其气实现某理或某某理的流行。总所有的流行,谓之道体"。第四组命题是,"总一切的有,谓之大全"。大全即宇宙。包括一切理和一切事物。在《新理学》中,冯先生把整个宇宙分成了两个世界:一个是形而上的理世界(真际)。在理世界中,只有"冲漠无朕,万象森然"的众理。这个世界是可思而不可感的。一个是形而下的器世界(实际),这个世界是气实现了理之后形成的。冯先生认为，真际比实际更广阔，因为某种事物之理可以无某种事物而有，但不可能实际中有某种事物而真际中却没有这种事物之理。真际比实际更根本，因为从逻辑上讲，某种事物之理是先于某种事物而有的。冯先生认为，哲学主要讨论两个问题：一个是共相与殊相的关系问题，一个是主体与客体的关系问题。《新理学》讨论的是第一个问题。冯先生的结论是，共相可以脱离殊相而独立存在，殊相只是共相在实际中的例证。以马克思主义的观点看，冯先生的形上学无疑是唯心主义的。然而，唯心主义并非没有价值。冯先生的《新理学》的最大价值，就是用逻辑分析的方法确立了一个理想世界——理世界。这个与现实世界相对的理世界，为社会的进步和人类的发展提供了一个前进的目标和趋势。

《新事论》一书是以《新理学》中关于共相与殊相的关系问题的讨论为基础，解决中国走向自由之路的问题。1935 年 1 月，上海有 10 位教授联合发表了一篇文章，题目是“中国本位的文化建设宣言”。这个宣言掀起了“五四”以后又一次关于中西文化的大论战，其争论的焦点是，一方主张建设中国的“本位文化”，另一方主张“全盘西化”。冯先生以《新事论》一书参加了这场大讨论。冯先生认为，“本位文化”论者与“全盘西化”论者犯了一个同样的错误，就是“不知类”。他们都是从特殊的观点看文化，把西洋文化当成一个特殊，把中国文化当成另一个特殊。冯先生指出，所谓中西文化的差别，实际上是文化类型的差别，西洋文化是生产社会化的文化，中国文化是生产家庭化的文化。各类文化本来都是公共的，任何国家或民族俱可有之。只是由于西方率先实现了产业革命，使人舍弃了以家庭为本位的生产方法，脱离了以家庭为本位的生产制度；而中国至今仍然是以家庭为本位的生产方式和以家庭为本位的生产制度。有了以家庭为本位的生产制度，即有以家庭为本位的社会制度。以此等制度为中心的文化，就叫作生产家庭化的文化。有了以社会为本位的生产制度，即有以社会为本位的社会制度。以此等制度为中心的文化，就叫作生产社会化的文化。在这种情形下，如专提倡所谓“东方的精神文明”，以抵制西方势力的侵入，那是绝对不能成功的。中国人要想不吃亏，唯一的办法是赶紧实现工业化，使中国文化从生产家庭化转型为生产社会化，使中国人从“乡下人”变为“城里人”。

《新原人》是讲人生的。冯先生说：“《新事论》和《新原人》都是‘新理学’的应用。更广泛一点说，《新原人》也可以说是哲学的应用。”（《自序》）因为哲学的责任，是要解决使人“安身立命”的大问题。人的“安身立命之地”，不是一种纯客观的环境，而是一种“境界”。所谓“境界”，就是人对于宇宙人生在某种程度上所有的觉解，或者说，就是宇宙人生对于人所有的某种不同的意义。人生最特殊、最显著的性质就是有“觉解”。“解”是了解。“觉”是自觉。他说：“若问：人是怎样一种东西？我们可以说：人是有觉解底东西，或有较高程度底觉解底东西。若问：人生是怎么一回事？我们可以说：人生是有觉解底生活，或有较高程度底觉解底生活。”（《新原人》）冯先生认为，就存在说，人们有一个公共的世界，但因人对之有不同的觉解，这个公共世界便对人有不同的意义，因此，各个人各有一不同的境界。

冯先生根据人对宇宙人生的觉解程度，把人生境界划分为四个层次，提出人生四境界说。它们依次是：自然境界，功利境界，道德境界，天地境界。自然境界是最低的。自然境界中的人，其行为是“顺才”的或“顺习”的，也就是完全顺其自然之性行事。这种人对宇宙人生无觉解或只有很低的觉解。功利境界则高了一层。功利境界中的人，其行为是“为利”的，他们只知道有“小我”，不知道有“大我”。这种人和前一种人同样“不知性”。道德境界更高一层。道德境界中的人，其行为是“为义”的。他们已经觉解到人是社会中一分子，人的生存与发展离不开社会，人之性中含有社会性。因此，他们懂得，为他人和社会谋利，也就是实现人之性、人之理。天地境界是最高的。天地境界也就是“天人合一”的境界。冯先生所说的“天”即《新理学》中所谓“大全”。在这种境界中的人，知道“大全”是“其大无外”，永恒不息的，并且自己就是“大全”的一分子，这叫“知天”。人知道自己是“大全”的一分子，其行为就不仅是尽社会一员的责任，而且是尽宇宙一员的责任，这叫“事天”。“知天”也就是穷神知化。能知天者，不但他所做的事对于他有新的意义，而且他所见的事物对于他亦另有意义。于事物中见此等意义者有一种乐。有此种乐，谓之“乐天”。经过知天、事天、乐天的准备，最后进入到不但觉解自己是大全的一部分，并且自同于大全。自同于大全是天地境界中的人的最高造诣，这种造诣叫作“同天”。“同天”就是打破人与己、内与外、我与万物的界限，达到我即大全，大全即我，大全与我浑然为一的境界。这种境界是圣人境界——人生的最高境界。冯先生指出：大全是不可思议的，同于大全的境界亦是不可思议的。但是，不可思议者，仍须以思议得之；不可了解者，仍须以了解了解之；不可言说者，然欲告人，亦必用言语言说之。不可思议、不可了解是思议、了解的最高得获，这种得获是思议、了解的最后成就，不是与思议、了解对立的。

“贞元六书”的出版，使冯先生成为20世纪40年代中国最大的哲学家，无论后人如何评议，他在中国哲学史上的地位将是永恒的。

从宏观上讲，冯先生的《中国哲学史》有三大贡献：

一、时代的划分。冯先生认为，在中国历史上有两个大转变的时代：一个是春秋战国时代，一个是清朝末年中外交通的时代。这两个大转变把中国历史分成了三个阶段，即秦汉之前的上古时代、秦汉，清中叶的中古时代和清中叶之后的近代。中国历史有三个时代之分，中国哲学史也应有三个时代之分。冯先生的《中国哲学史》把第一个时代称为“子学时代”，第二个时代称为“经学时代”，至于第三个时代，冯先生认为还没有大的哲学体系出来，新的哲学体系还正在创造之中，所以没有论及。“子学”的特点是标新立异，生动活泼。因为先秦时期是诸子百家争鸣的时期，各家各派尽量发表各自的见解，以平等的资格与别家互相辩论，不承认有所谓“一尊”。这在中国历史上是思想自由、言论自由、学术思潮最高涨的时代。“经学”的特点是僵化、停滞。在这个时代儒家已定为一尊，儒家的典籍已变为“经”。这就为全国老百姓的思想立了限制，树了标准，建了框框。人们的思想只能活动于“经”的范围之内，即使有一点新的见解，也只能以注经的形式发表出来，实际上他们也习惯于依傍古人才能思想。冯先生对中国哲学史时代的划分，不仅对中国哲学史是一大贡献，而且对中国的文化哲学也是一大贡献。冯先生曾经说过：“这部书断言：严格地说，在中国还未曾有过近代哲学。但是一旦中国实现了近代化，就会有近代中国哲学。这个论断含蓄地证明，所谓东西文化的差别，实际上就是中古和近古的差别。”（《自序》）

二、材料的使用。“五四”时期，史学界有一股“疑古”的风气。在历史领域，“疑古”派的代表是顾颉刚，他对历史著作大做“辨伪”。胡适的《中国哲学史大纲》也提倡“疑古”，以“辨伪”为长处。冯先生认为，在写《中国哲学史》时，审查历史资料是必要的。从古代流传下来的号称为先秦的著作，其中有很多诚然是伪作，例如《鬼谷子》、《鹖冠子》之类，但是有些篇章，如《庄子》、《荀子》中有些篇章，说它们是真固然不对，说它们是伪也不适当。《庄子》、《荀子》等这一类书名，在先秦本来没有，所有的只是一些零散的篇章，如《逍遥游》、《天论》之类。汉朝及以后的人整理先秦学术时，把这些零散篇章按其学术派别编辑起来，成为一部一部的整书。属于庄子一派的，就题名为“庄子”；属于荀子一派的，就题名为“荀子”。《庄子》一书本来就不是庄周亲笔写的，《荀子》一书也本来不是荀况亲笔写的，后来的人不知这种情况，就在《庄子》一书上加上庄周撰，在《荀子》一书上加上荀况撰，再后来的人就信以为真。如果明白了上面所说的情况，就知道本来没有人说它们是真，又从哪里来的伪呢？冯先生认为，对于流传下来的哲学史资料，首先要看它有没有内容。如果没有内容，即使是真的，也没有多大价值；如果有内容，即使是伪的，也是有价值的。所谓真伪的问题，不过是时间上的先后问题。一部有价值的著作，如果把它放在错误的时代，那就不是历史的本来面目；如果把它放在真正出现的时代，那就是很好的资料。对于这一类资料，不加审查就信以为真，那是错误的；如果一概抹杀，那也是错误的。冯先生说：“传统的说法是‘信古’，反对传统的说法是‘疑古’，我的说法，我自称为‘释古’。”

三、同情的了解。冯先生说，他的《中国哲学史》与胡适的《中国哲学史大纲》除了“疑古”与“释古”的不同之外，还有一点基本的不同，那就是“汉学”与“宋学”的区别。胡适是汉学专家，他的书既有汉学的长处，亦有汉学的短处。长处是对于文字的考证、训诂比较详细，短处是对于文字所表示的义理的了解体会比较肤浅。冯先生的哲学史则更注重对文字所表示的义理的了解和体会。陈寅恪在为此书写的审查报告上说：“今日之谈中国古代哲学者，大抵即谈其今日自身之哲学者也；所著之中国哲学史者，即其今日自身之哲学史者也。其言论愈有条理系统，则去古人学说之真相愈远，此弊至今日之谈墨学而极矣。……近日中国号称整理国故之普通状况，诚可为长叹息者也。今欲求一中国古代哲学史，能矫附会之恶习，而具了解之同情者，则冯君此作庶几近之。”金岳霖的审查报告说：“冯先生的思想倾向于实在主义，但没有以实在主义的观点去批评中国固有的哲学。因其如此，他对于古人的思想虽未必赞成，而竟能如陈先生所云：‘神游冥想与立说之古人处于同一境界。’”对古人的思想做同情的了解是很不容易的，这不仅需要对古代哲学著作能够“解其言”，“知其意”，而且需要把古人没有表达出来的思维过程写出来。写出来的思维过程要同于古人真实的思维过程，表达出来的“意”要同于古人未表达而欲表达的“意”。

从微观上讲，冯先生这部著作的贡献也是重大的。对于先秦哲学，冯先生首先把名学划分为“合同异”与“离坚白”两派，前者以惠施为首，后者以公孙龙为首，打破了前人笼统地讲名学的局限。对于魏晋哲学，冯先生把王弼的《老子注》、郭象的《庄子注》看成是独立的哲学著作，把王弼、郭象从老子、庄子的附庸地位中分离出来，使他们成为独树一帜的哲学家。对于隋唐哲学，把佛教哲学写进中国哲学史也是由冯先生开其端。对于宋明哲学，冯先生把二程兄弟的思想作了区别，认为程明道为以后心学之先驱，程伊川为以后理学之先驱。

冯先生的《中国哲学史》在这个领域具有开山之功。冯先生在这部著作中首创的方法、观点，乃至一些具体的见解、论断，至今仍为后人所沿用。

《中国哲学简史》（以下简称《简史》）是冯友兰先生所著的“三史”之一。1946 年 8 月，冯先生应美国宾夕法尼亚大学的邀请，再次横渡太平洋到美国，在该大学任客座教授，主要任务是讲授中国哲学史。为了准备讲课，冯先生用英文写了一部讲稿，离开纽约之前，他将该讲稿题名“A Short History of Chinese Philosophy”（《中国哲学简史》）交麦克米伦公司出版。

该书从 1948 年以英文出版后，一直没有中译本，直到 1985 年方由涂又光先生译成中文，与国人见面（2004 年又有赵复三中译本出版），至此，该书已有法、意、西、南、捷、日、朝、中等 12 种语言的译本，可谓中国学术史上的一大盛事。该书的思想、语言、风格及其文化、哲学的涵蕴别具风采，深受西方读者欢迎。其特点如冯友兰先生在该书《自序》中所概括的那样：“小史者，非徒巨著之节略，姓名、学派之清单也。譬犹图画，小景之中，形神自足。非全史在胸，曷克臻此。惟其如是，读其书者，乃觉择焉虽精而语焉犹详也。”从 1948 年至现在，在将近半个世纪的时间里，《简史》作为一部“形神自足”的中国哲学史著作，其流传与影响可谓既久且广，既深且巨。它几乎成为西方人了解中国哲学和中国文化的范本。几十年来，它与两卷本《中国哲学史》一起，成为世界许多大学学习中国哲学的通用教材。人们普遍承认，冯友兰先生不仅把西方哲学和文化传播到中国，而且也把中国哲学和文化传播到西方。《简史》正是东西方文化及其哲学融会贯通、双向传播的巨大成果和桥梁。

《简史》在中西文化及其哲学的沟通交流中，之所以产生如此巨大的影响，主要原因在于冯友兰先生能够用西方人所熟悉的逻辑分析方法，勾画中国哲学的发展线索。对于中国人来说，逻辑分析方法的引进，标志着中国哲学开始了近代化的历程。《简史》正是站在使中国哲学近代化的立场上，对中国哲学与中国文化给予了特别的关注。冯友兰先生撰写《简史》的时代，中国历史已进入了20世纪中期。如果说"五四"前后人们对现代化的概念还有些陌生的话，那么历史进入20世纪中期，科学的进展早已突破了地域的限制。中国不再是孤立于"四海之内"的"天朝上国"，它也在进行工业化，虽然比西方世界迟了许多，"但迟化总比不化好"，"要生存在现代世界里，中国就必须现代化"。这是冯友兰先生在《简史》中所得出的第一个结论。按照上述逻辑，接着衍生出第二个问题：一旦中国工业化了，旧的家族制度势必废除，为此制度做论证的儒家理论也要随之废除。"但这样说是不是意味着儒家的社会哲学中就没有不相对的东西了呢?"冯友兰在《简史》中对上述问题的回答是否定的。他认为，传统哲学对中国社会的理论说明，虽然其中有些东西是专门属于中国古代社会本身的，"但是也一定有些更为普遍的东西属于'社会一般'的。正是后面这些东西是不相对的，具有长远的价值"。

冯友兰先生对中国哲学与中国文化的普遍关切，表现在他对中国文化中那些"不相对的，具有长远的价值"的东西的热烈追求。《简史》认为，儒家是哲学而不是宗教。中国哲学的"功用不在于增加积极的知识，而在于提高心灵的境界——达到超乎现世的境界，从而获得高于道德价值的价值"。这就是说，"哲学可以为人类提供获得最高价值的途径——一条比宗教提供的途径更为直接的途径，因为在哲学里，为了熟悉更高的价值，无须采取祈祷、礼拜之类的迂回的道路"。在冯友兰先生看来，通过哲学而获得的更高价值，比通过宗教而获得的更高价值要纯粹得多，因为后者混杂着想象和迷信。就此，这位哲学家以清醒的睿智向人们预言："在未来的世界，人类将要以哲学代宗教。这是与中国传统相合的。人不一定应当是宗教的，但是他一定应当是哲学的。"在中国哲学与文化中，同样有入世与出世的对立。中国哲学的任务，就是把这些反命题统一成一个合命题。如何统一起来？这便是中国哲学所要解决的问题。冯友兰先生认为，"求解决这个问题，是中国哲学的精神"。他引用宋代新儒家的话说："不离日用常行内，直到先天未画前。"此即冯先生所一贯追求的"极高明而道中庸"的理想境界。他认为，出世与入世的统一，极高明与道中庸的统一，是中国哲学的精神。"有了这种精神，它就是最理想主义的，同时又是最现实主义的；它是很实用的，但是并不肤浅。"与20世纪30年代的两卷本《中国哲学史》相比，《简史》更具有时代感、民族感和浓厚的文化历史意识。

《中国哲学史新编》是冯友兰先生继两卷本《中国哲学史》、《简史》以后的第三部中国哲学史著作，是他自己所谓的"三史释今古"的"三史"之一，也是他在新中国成立以后的四十余年里所着力完成的一部最完整、最系统的学术著作。

《新编》的突出特征是:把哲学的历史与历史的哲学两条线索交织在一起进行论述,不仅成就了一部中国哲学的历史,同时也成就了一部中国的历史哲学。

从哲学史的角度讲,《新编》最值得关注之处有两点:其一,《中国哲学史》(两卷本)没有讲到近现代,因为当时中国的近现代哲学体系还没有出现。《简史》在近现代部分只讲了冯友兰的新理学。《新编》在《简史》的基础上又加进了金岳霖的哲学作为对"近代化时代中的理学"的补充,同时还写了"近代化时代中的心学"一章,专门介绍熊十力哲学。这就使得中国哲学的历史更系统、更完整了。其二,《新编》不仅比以史料充实而见长的《中国哲学史》(两卷本)所使用的史料更加完备,比以逻辑分析见长的《简史》更加强了逻辑分析,而且还在前两史的基础上突出了对精神境界的论述。这与他把哲学定义为"人类精神生活的反思",把哲学的功用规定为提高人的精神境界,是紧密相关的。在讲孟子时他说:"《孟子》中'浩然之气'章是孟轲言论中的重要部分。它不是讲道德教条,而是概括地讲一种精神境界。他不仅概括地描述了这种精神境界,而且比较详细地阐述了达到这种境界的方法。""无论如何,'浩然正气'这四个字到现在还是一个常用的词汇,这是中国文化中的一个词汇。懂得了这个词汇,才可以懂得中国文化和中华民族的精神。"在讲魏晋玄学时他说:"玄学'辨名析理'的方法提高了中国哲学的理论思维能力,它所讲的'后得的混沌'提高了人的精神境界,它所阐发的超越感、解放感,构成了一代人的精神面貌,所谓晋人风流。"在讲宋明道学时他说:"道学家们都是批判玄学的,但他们之间的共同之处也还是不少。其共同处就是他们都讲到了人的最高的精神境界,即天地境界。贵无论的缺点是它把这种精神境界和社会伦常日用对立起来了,用我在《新原道》的话说,玄学是极高明而下道中庸。宋明道学是教人在社会的伦常日用中达到天地境界。这就纠正了贵无论的缺点,把中国哲学的发展又提高了一步。"冯先生对从先秦到宋明的境界论做了详细的梳理和分析之后指出:"表面上看,穷物理的目标是增加知识,穷人理的目标是提高精神境界,二者之间似乎有矛盾。这是由于对增加知识和提高精神境界的关系认识不够全面,思想上有了'弯'没有转过来。不仅朱熹是如此,他的批评者陆九渊也是如此。"这也就是说,在境界论上取得了最高成就的宋明道学,也只基本解决了极高明与道中庸的关系问题,而对于增加知识与提高精神境界的关系问题仍然没有解决。

从历史哲学的角度看,《新编》通过对中国古代哲学的整理研究,注意了中国哲学产生、发展及其演变的文化环境和政治、经济背景,对中国历史上(尤其是近现代史上)发生过的各种文化现象和重大社会事件,从哲学的高度进行了深刻而精辟的分析。在谈到洪秀全和太平天国时冯先生指出:"在一种社会大转变的过程中,有些社会力量顺着历史发展的主流推动力是前进;也有一些社会力量违反社会发展的趋势,把历史拉向后退。在中国社会第二次大转变的发展过程中,历史的主流是近代化,其主要的内容是振兴工业,提倡科学和技术,这是近代维新的主流。从本章分析看，洪秀全的宗教宣传和太平天国的神权政治是逆流而行，把中国历史拉向后退。推向前进或拉向后退是评价历史人物的最高标准。”在谈到曾国藩和“同治维新”时冯先生指出：“西方的近代化是由于产业革命，用以蒸汽机为动力的机器进行社会化大生产。这种社会化的大生产，要有个社会力量来带动，在西方就是以商带工，这在马克思《共产党宣言》讲得很清楚。……曾国藩也知道西方议会制度，在议会中作为资本家的商人可以控制政权，使君主听其指挥，但这正是曾国藩所要避免的。他最怕的是商人成了资本家，会凭议会的力量指挥君主，所以主张以政带工，而不许以商带工。”“总起来说，曾国藩镇压了太平天国，阻止了中国的中世纪化，这是他的功；他的以政带工延迟了中国近代化，这是他的过。……所谓同治维新基本上都是这种思想支配的，那种维新表面上看似乎是把中国的近代化推进了一步，其实是延迟了中国的近代化。”在谈到毛泽东和中国现代革命时冯先生指出：“关于革命的任务和革命的性质的关系的问题，王夫之有两句话说得最简明：‘有因事以求理，无立一理以限事。’革命的性质就是‘理’，革命的任务就是‘事’。”新民主主义革命成功的原因，是由于遵循了“因事以求理”的原则；社会主义建设中所犯的错误，是由于“立一理以限事”而造成的。冯先生这些具有极强的现实性和充满了哲学睿智的洞见，对于被极左路线禁锢了多年的中国思想界起到了振聋发聩的作用。

在《新编》第七册写作之前，冯先生自己便有一个说法。他说：“《新编》的第七册，从形式上看，与一般的哲学史书稍有不同，它将不是以派别为纲，而是以问题为纲。它将讨论的问题也就是建设有中国特色的社会主义的过程中所遇到的问题。以前六册所讲的那些来龙去脉，都要在这里结束；一切线索，都要在这里归宗。譬如画一条龙，先画出来的是东鳞西爪，后来把它联系起来，最后给它点上一对眼睛，画龙点睛之后，就有一条龙活灵活现地出现在纸上了。中国哲学史就好像一条龙，前六册是‘东鳞西爪’，第七册是‘画龙点睛’。”（《〈中国哲学史新编〉回顾及其它》）

《新编》共分七册八十一章，其最后一章的题目为“《中国哲学史新编》总结”。“总结”分为两个部分：其一是从中国哲学的传统看哲学的性质及其作用；其二是从中国哲学的传统看世界哲学的未来。

关于哲学的性质及其作用，他进一步阐发了20世纪40年代“新理学”的说法，认为哲学的功用是提高人的精神境界，而这一境界的最高表现是儒家“民胞物与”的“仁”的境界。在此他对宋明道学家们还没有解决的问题即增长知识与提高精神境界的关系问题也做出了解答。他说：“哲学家对于哲学中的主要概念，不仅要有理智的理解，而且要有直觉的感受。……概念与直觉，不可偏重，也不可偏废。理学和心学的分歧，其根源就在于此。理学偏重分析概念，心学偏重运用直觉。……如果认识到真正的哲学是理智与直觉的结合，心学与理学的争论亦可以息矣。”

关于世界哲学的未来，他从对中国哲学和马克思主义哲学中的辩证法思想的重新理解入手，高度评价了宋儒张载的“仇必和而解”的思想。他特别强调说：“现代历史是向着‘仇必和而解’这个方面发展的，但历史发展的过程是曲折的，所需要的时间，必须以世纪计算。……人是最聪明的、最有理性的动物，不会永走‘仇必仇到底’那样的道路。这就是中国哲学的传统和世界哲学的未来。”

冯友兰先生以上述这段话结束了《新编》第七册的写作，结束了整部《新编》的写作，也结束了他一生的写作。《新编》燃烧了他的全部生命，凝聚了他一生的心血，同时也完成了他向自己的回归，实现了他“阐旧邦以辅新命”的心愿。

（作者：陈占国，北京社会科学院研究员）

祖父陆宗达的其人其事

◇陆　昕

我的祖父陆宗达，字颖明，又字颖民，以学问文章名世，但他的性格气质和一生中许多曲折的经历却不大为人所知。

我家祖籍浙江省慈溪市，但从六七代人以前便定居北京。我小时候，有一次偶然听祖父在闲谈中说起，我家祖先本不姓陆，不知什么原因，过继给一户姓陆的人家。后来姓陆的人家到北方来做生意，在京城落下脚，所以我家的几代祖先一直经商。我的高祖经营有药房和帽铺，家境比较殷实。曾祖曾入中国最早的邮政局做事，除了继承上辈的药房外，又购置了一些房产。但封建社会，商人有钱而无地位，所以家里培养祖父念书，希望他光耀门庭。祖父从小天资颖悟，聪明过人。上小学时，考入著名的师大附小（今北京第一实验小学），而且直接考二年级，又由于成绩优异，校方特准从三年级读起。上到五年级时，又提前一年考入四中。在四中读书时，祖父最喜欢数学，数学老师解不出的难题，常常让他到教室前解答，而他每次总能解出来。但祖父的数学天分没有遗传给我。我从小严重偏科，语文不费力，数学费力不讨好。祖父经常给我补课。我的三姨那时在北京上大学，周末常来我家玩儿。她说："那会儿我常见你爷爷坐在北屋廊子上给你讲数学，讲好几遍你都不开窍，我都着急了。你爷爷倒真耐心，还不慌不忙一板一眼地给你讲。"但祖父也有失去耐心的时候。那是20世纪60年代中期，一个秋天的晚上，祖父从新疆饭店开会回来，买了当时很难得的葡萄干儿给我。进家一看，我正坐在书房桌前咬着铅笔冲着作业发呆，祖父一看知道准是数学，于是说："我给你做。你上屋里吃葡萄干儿去。"我至今仍记得书房里昏黄台灯下祖父那略微前倾的身影。

陆宗达先生小学照

祖父还喜欢体育，他练过两年单双杠，是四中的篮球队长，也踢足球，爱练棍棒。我天生溜肩，又不爱运动，祖父告诉我："练杠子。当初我也溜肩，练杠子练成的宽肩。"四中当时实行寄宿制，管理较严，祖父爱动喜玩，常常在夜间同一个叫杨子吉的同学翻墙而出，到外边玩够了再越墙而入，可见其身手不凡。顺带说一句，杨子吉中学毕业后去了广东，听说考入黄埔军校，参加过北伐，后来当了蒋介石的侍卫官。祖父一生嗜好烟酒，他曾告诉我，他 14 岁就开始吸烟，正是考入四中这一年。20 世纪 80 年代中期，四中成立校友会，祖父被推为会长。

祖父与祖母结婚时，年仅 17 岁，祖母 22 岁，婚事是曾祖父、曾祖母包办的。

陆宗达先生夫妇合影

祖母也出身于商人之家。她的父亲是当时北京通县城里有名的地主兼商人。乡下有土地，城里有买卖，祖母在家时很受父母宠爱，出嫁时光箱笼家具衣物陈设就足足有一屋子之多。但是祖母告诉我，她一进祖父家家门，老太太，即我的曾祖母，就给她立了规矩，对她说："我就这么一个儿子（祖父没有兄弟姐妹），你可不能限制他。"祖母常说她受了老太太一辈子的气。我的曾祖母脾气大，爱得罪人，从一件事上可以看出来。那是"文革"后我在家中翻出一捆旧报闲看，其中有条市井新闻说，有位老太太得了个怪病，怎么瞧也瞧不好。家人无奈，找了个道士驱驱邪。没想到道士一看就说，邪气太重，驱不了，赶快预备后事吧。可就打道士走以后，这位老太太身体倒好起来，身子骨儿一天比一天硬朗。前几天还在家里搭台唱了三天戏，给儿子娶媳妇。您说这位道士荒唐不荒唐！听说这位老太太住宣武门外大街前青厂 27 号。我看到这儿愣了一下，因为这就是新中国成立前我们家的地址。拿着破报问祖父，祖父一看就笑了，说："你从哪儿翻出来的！你祖老太太脾气坏，尽得罪街坊。这不知得罪了谁，人家花钱在报上编排她。你看报上写的这日子，正是我跟你奶奶结婚那天！"由此，祖父也说了些曾祖母的其他事。祖父说："祖老太太管家很严，把家里的大洋，每二十块包一包，全堆在床底下，堆满了。可有一样，你拆开包，拿走几块她清楚，一包二十嘛！可你要拿走几包，她不知道，她没数儿！"但祖母说公公非常好，没有脾气，在家不忙时，常和她收拾箱柜，闲聊家常。而祖父是不管家的，他自己曾对我说："我是从小被老太太娇养惯了，油瓶儿倒了都不带扶，一辈子当甩手大掌柜。"祖母不仅善于操持家务，而且手很巧，她告诉我，她出阁前，曾为自己亲手缝制了 10 双绣花鞋。20 世纪 60 年代时，一次祖父躺在床上吸烟，不留神将床单烧了个大窟窿，第二天祖母用五彩线绣了个大蝴蝶，把洞盖上了。没几天，我忽然发现床单上又有一个五彩的小孔雀，原来是祖父吸烟又烧了一个洞，祖母又织了个孔雀遮丑。她爱种花养草，那时院中青石甬路旁，左植芭蕉树，右置荷花缸，南房前是枝繁叶茂的杏树，北廊下有一架碧绿的葡萄。院中盆栽花有腊梅、麦冬、茉莉、米兰、碧桃等，地上则种有月季、芍药、丁香等。祖母还知道许多花草的药用知识，而祖父却是一个习惯传统生活方式的人，为此他们时常拌嘴。比如当时收音机里有个名为"科学小常识"的节目，祖母很爱听，并且常照着去做，尤其是有关健康和卫生的。记得有次祖母听完后，很认真地对祖父说：“×××不能和菠菜一块儿吃，有毒！”偏偏祖父最爱吃这道菜，于是问：“你哪儿听来的？”祖母说：“收音机里，科学小常识。”祖父说：“听它胡说！我吃了这么多年，怎么没被毒死！”其实，在饮食上，我是最顽固落后的。祖母讲科学，饮食合理；祖父好美食，但不偏食。而我就吃肉，不吃菜。祖父常在饭桌上说我“不接受新鲜事物”，而我依然如故。同时我很讨厌“科学小常识”，因为那里边尽让人吃菜。

我常想，祖父能够在事业上取得成功，同时又充分享受生活而毫无牵挂毫无后顾之忧，不能不归功于我的祖母。先从口福上说，祖母长于烹调，除去炒一手好菜，吃饺子拌馅尝咸淡，只用鼻子一闻，即知合适不合适。祖母每年冬天都亲手制作豆儿酱，用青豆、黄豆、胡萝卜丁儿、豆腐干儿丁和肉皮做好，放到廊檐下用捧盒冰着，这是祖父每年冬天必吃的。同样，祖父也只有吃祖母抻出的面和包出的饺子、包子才有味道。那时我们家有一些做点心的模子，有刺猬、兔子、猫、熊等形状。祖母做果酱包，然后用模子一磕，出来就是一个个可爱的小动物。祖父有个终生不变的爱好，即请客吃饭。一个星期中，少则一两次，多则三四次，而且人越多越好。在饭桌上，祖父也不怎么吃，而是瞧着别人吃高兴，众人跟他说话他高兴，总之是好热闹。而这请客的安排，全落到祖母头上。祖母不仅要算计买什么菜，而且还要安排出喝酒的酒菜，吃饭时的热菜，最后喝什么汤，然后她再带着保姆去弄。等预备得差不多了，再叫坐在客厅里抽烟喝茶高谈阔论的祖父和客人们去吃。有时来人太多，大家也一起包饺子。前两年我见到如今已年近八十的北师大中文系教授李大逵，聊起当年，他说：“师母那会儿还夸我擀饺子皮儿呢，说又快又好。”

祖父上中学的第二年，爆发了五四运动。祖父第二天就参加了街头宣传，在护国寺演讲时被军警逮捕，那时他还不过是13岁的小孩子。祖父回忆当年讲演时的情形说：“那时也没有什么人来组织，自己上了大街，看哪家哪户的台阶高，站上去，喊两句口号，便有人围上来，然后讲几句民族危亡，大家要起来救国的话。”祖父被捕后，被关进当时的北大三院，但当局不久就把他们这批“不更事的娃娃”释放了。祖父说，被关的那些日子，并没受什么罪，吃得也很好。看守他们的警察常和他们聊天，主要说：“小孩子家好好念书，国家的事有大人管，用不着你们掺和。”祖父他们就反过来做警察们的工作，还说：“不让我们掺和，我们就不掺和。可你们是大人，你们应该掺和呀！你们怎么不掺和，还把我们给关起来了！”说得文化程度不高的警察们哑口

陆宗达先生少年照

无言。祖父从这时开始，更加强烈地产生了保国保民、救亡图存的思想意识。

陆宗达先生大学照

中学毕业后，祖父非常想报考北大数学系，但当时学理科科目，必须参加英文考试，而祖父在四中学的是德文，于是他只好报考北京大学国文系，时间是 1922 年，先上预科，不久升入本科。那时国文系的课分为文学、语言和文献三个专业。祖父选择了语言专业，同时也选了一部分文学课。

祖父当时虽在念书，却很注意时局，对新思想、新思潮很有兴趣。考上北大不久，即受同宿舍同学胡廷芳、王兰生影响，秘密加入了共产党。不久，又秘密加入国民党（那时正值国共第一次合作联手北伐，很多共产党人都是双重身份）。当时北大是共产党发展的一个重点，学生中入党者甚多，领导人是数学系学生彭树群。对新党员的考验是在北京散发传单和书写标语，当时党内已有"左"的倾向，甚至出现了看谁敢大白天把传单贴到警察局门口的墙上，以表示自己不怕牺牲的幼稚做法。祖父曾向我讲过："那时候我们常在××楼×号房开秘密会，有一段时间我发现有人在我们开会时，老在窗户外边伸头探脑。后来在一次开会时，我便提议以后换个地方。结果有一个姓杨的党员，我们都叫他'老令公'，站起来指责我，说：'陆宗达这是怕死的表现。'但是彭树群说：'这不是怕死，这是警惕性。陆宗达的建议很对，以后我们可以考虑换个地方。'"党内当时流行两本必读刊物，一本是《共产党宣言》，另一本是布哈林著的《共产主义 ABC》，又名《资本主义的秘密》。祖父说布哈林写得真好，思路清晰，逻辑严谨，论证有力，非常有说服力。我还记得，20 世纪 60 年代，我在家中看见过一本精装的《联共（布）党史简明教程》，上面有祖父用朱笔写下的心得。祖父的字铁画银钩，一丝不苟。朱红的小楷写在洁白的纸上，十分赏心悦目。可惜的是，"文革"中清理乱书，让我当废品卖了。1927 年"四一二"后，当时统治北京的张作霖得知蒋介石在上海"清党"，随即也马上在北京抓捕共产党人。当年 10 月，彭树群被捕，并被押到天桥杀害。由于彭树群宁死不屈，没有说出一个他联系的党员，所以祖父他们暂时还未被发现。但党的整个组织已被破坏，祖父与大多数同时入党的学生都同党失去了联系。

记得 20 世纪 70 年代末，有部反映"文化大革命"时期的电影，名《大浪淘沙》，内容是几个青年学生在 20 世纪 20 年代末期经过时代的震荡与选择分别走上不同的人生道路。祖父看完后，很有感触，说："这真是我们那时候的写照，比如说杨子吉吧，他四中毕业到广州投军后，有一年忽然来到北平，到咱们家看我，谈话中才知道，他妹妹加入了共产党，家里反对，她家里是大地主，杨子吉也不赞成。结果他妹妹跟家里决裂了，偷偷跑出来，藏在北平的一个同学家。家里急了，派人到北平各处找，找不着。家里又给杨子吉写信，让他到北平务必把妹妹找回家。杨子吉也找不着，后来想起我也认识他妹妹，跟我说，万一见着他妹妹，让她赶快回家。因为他自己还有军务在身，要回广东，我想是准备北伐。你看他们兄妹俩，一个跟着国民党，一个加入共产党，尽管当时国共合作，可两个人的信仰就不同。我和杨子吉聊天时，曾向他讲解过共产主义，他说他接受不了。"祖父停了停，又说："我上四中时，还有一个好朋友，名叫贺仲连。那时候时兴乒乓球，我在家里弄了个案子。贺仲连几乎天天来打，杨子吉也是常客。贺仲连后来也入了共产党。'四一二'后，他按照党的指示，到农村去打游击了。解放战争，挺进大别山时，他已是一个纵队的司令员，但不久便牺牲了。打仗的那些年，他和咱们家的关系也没断，时常托人带信或带些东西来。他死后，我很难过。当年他从北平到农村去打游击，临走前的一个晚上，在咱们家吃的晚饭，然后我们差不多谈了一夜，谈人生、谈抱负、谈信仰，真和《大浪淘沙》里演的很像。"

以后和祖父闲谈往事时，祖父又说："中国的知识分子，没有不想在政治上有一番作为的。政治上搞不成，才去弄学术。"我细想，祖父这话虽然不能对所有读书人一以齐之，但确实很有道理。因为中国的知识分子是在传统文化的氛围中成长起来的，读书的目的是经世致用，匡君辅国，济天下，利民生，走一条学而优则仕，仕则兼善天下的道路。兼善不成，独善其身，有空有闲，于是去弄弄学术。古今文人大多还真是如此。特别是在中国民主革命早期的社会环境中，一个学者，如果没有在政治舞台上叱咤风云一番，只是埋首学术，那么学问再大，知名度与那些曾参加过政治运动的学者相比，也还是要差上一些。关于这一点，金克木先生在《学林漫路》第九辑的《记曾星笠（运乾）先生》一文中有精辟的论述："我国自戊戌变法以来，经历着一次又一次的革命浪潮，知识界文人学者无不受其洗礼，若在其中不曾出头露面，也就难于为一般人注目。"金先生的话不仅一针见血，而且还使我明了了祖父的一句话，那就是我问祖父当年何以要介身政治，祖父坦言道："为了自己的前途！"许多年后，回忆往事，我觉得祖父并不只是简单一句"为了自己的前途"，而是作了认真的选择。有两件事我印象很深，一件是"文革"前，全国政协请民主人士在政协礼堂看京剧《革命自有后来人》（即后来的样板戏《红灯记》）。演到李玉和就义那场，祖父自语道："真好！真好！"还摘下眼镜擦了擦眼睛。另一件事是，"文革"初起，祖父主持北京市民盟工作时，一天拿了一本《欧阳海之歌》，对我说："这本书写得好，非常不好买。我也是因为有副主委这个身份，才买到了一本。你要好好看。"我那时只是小学生，对革命榜样和英雄人物印象朦胧，却对祖父的言语神态印象深刻。

大约在 1926 年，祖父通过吴承仕（检斋）先生认识了黄季刚先生，祖父为他的学问和治学方法所折服，当即去他家拜师。一次，祖父午后 3 时去拜访，黄先生午睡尚未起来，祖父便在门廊下站立等候。谁想季刚先生一觉睡到将近 6 点。那时天色已昏，祖父仍未离去。季刚先生大为感动。从此，师生之间日渐亲密。1927 年后，张作霖在北平大肆搜捕共产党人，祖父的处境也很危险。季刚先生当时正应邀要去东北大学讲课，遂要祖父同往。于是，祖父和季刚先生同去了东北。第二年，即1928年又随季刚先生去南京，并两次去上海谒见章太炎先生，听其讲授古韵。但由于章先生乡音极重，祖父后来说："一句没听懂。"

也就是这一年(1928年)，祖父从北大毕业，系主任马裕藻先生聘任祖父留校任教。当时祖父一边开设训诂学课，一边跟罗庸先生讲汉魏诗，并兼任国学门研究所的编辑。在这期间，祖父做了两件事：一件是接替戴明杨先生编写《一切经音义》的索引，一件是整理王念孙《韵谱》与《合韵谱》遗稿。祖父在整理过程中，发现王念孙晚年分周秦古韵为22部，于是撰写了《王石臞先生韵谱合韵谱遗稿跋》和《王石臞先生韵谱合韵谱遗稿后记》两篇文章，发表后引起当时古音韵研究者的重视，并被语言学界所接受。这部整理稿，罗常培先生本要印出，后因抗日战争的爆发，便搁下了，至今整理稿还留在北大善本室。

祖父留校后，一直教预科。这期间，系主任马裕藻曾准备官费送祖父去日本留学。但家里不同意，主要是我的曾祖母，怕祖父去日本后冷了热了没人照顾。正赶上这时系主任换了胡适，此事也就作罢了。

胡适做主任时，祖父做主任办公室的秘书。那时事多人简，除去教书，一应行政事务，都由主任和秘书二人承担。国文系在编职工，从主任胡适到祖父，一共七个人。教师都是聘任。祖父说，胡适为人很平和，并举例说，有次胡适告诉他第二天有外国人来参观，叮嘱祖父做些准备。祖父倒是做了些准备，但第二天因为去瞧一部新出的外国电影，把这事忘了。房门钥匙带在自己身上，胡适和客人们谁也进不去。后来祖父见了胡适解释这事，胡适也只一笑置之。

祖父当时的情况，任继愈先生曾向我讲过一些。那时他还是学生，因为办事和祖父有过接触。抗战快爆发时，祖父不再教预科，也不再兼主任办公室秘书，秘书一职由刚毕业留校的吴晓铃先生承担。吴先生跟我说："不过我也没当多久。我从你爷爷手里接过国文系那颗'关防'没几个月，抗战就爆发了。"

从1931年起，祖父先后被聘任为辅仁大学、中国大学、冯庸大学("九一八"后冯庸大学遣往关外)、女子文理学院和民国大学的讲师和教授。1932年除夕，季刚先生到了北京，在中国大学上课。祖父则组织了"兴艺社"，专门请季刚先生讲书，大约有半年之久，直到第二年春末夏初季刚先生返回南京。

抗战以后，北大南迁，祖父未能同去。他不愿在日本人接管的学校教书，于是到了辅仁大学。

关于祖父在辅仁的情况，当时的《华光》杂志第一卷第四期有一篇题为"介绍辅仁的国文系"的文章，文中写道："陆颖明　中国大学教授兼本系讲师，所担任的科目是，声韵学史，文字学纲要，古韵源流，《尔雅》、《方言》等。先生是中国有数的声韵学家，同时又是一个文字训诂的专家，尤其先生的循循善诱和随随便便的态度，是最受着同学们的拥戴。"

在这期间，祖父还曾遇到一件"悬事"。那是某日他坐在三轮车里看一本宣传抗战的刊物,忽听车帘外边日本宪兵喊站住,祖父知道是突击检查。他急中生智,掀开座位底,把刊物塞了进去。祖父说,日本宪兵不懂三轮车的构造,不知座位下边是空的,平时放三轮车工人的修车工具和杂物,于是过了这一关。

胜利后,祖父与地下党建立了联系。由于他喜欢结友,社会交际面很广,各界以及国民党中都有许多同学、朋友、学生,地下党希望祖父能借此做些工作。不久,祖父在请示了地下党后出任中国大学训导长,暗中保护进步学生。这期间,国民党要人张慕陶来北平视察,到家探望祖父,还想由他出资、祖父出面办一家文物店,祖父不想干。不久,祖父一个在北平警备司令部任职的学生请祖父去警备司令陈继承家里教他儿子读书,地下党要祖父答应下来。据祖父讲,陈继承的儿子不爱读书,爱开汽车,时常开着挂有“警备”标志的汽车带他满城闲逛,因为这样的汽车军警不盘查,祖父便乘机给地下党传递情报。有一回,祖父要给陈继承的儿子上课,结果对方说:“老师,今儿我不上了,待会儿我得上机场接我义父去。要不您也一块儿去。”祖父也没事儿,跟他去了,一看他义父原来是东北战区司令官顾祝同。顾上车后,和祖父也寒暄了一番,谈了一会儿东北战场形势,祖父不久便将所得消息告诉了地下党。祖父也常在陈家吃饭,有时与陈继承一同吃饭时陈说起城外共产党游击队的活动以及准备“清剿”的事,祖父也都及时地转告了地下党。

我的四姑,当时二十不到,在组织的安排下,同另外几个青年一起,准备越过封锁线去华北解放区,结果半道上被抓了。她虽然受刑被灌了辣椒水,但没交代,一口咬定家里包办婚姻,她不愿意。听说解放区那边婚姻自主,所以想过去,是逃婚。地下党负责人很着急,毕竟我四姑那时还只有十六,没成年,怕万一说出来,不仅家里暴露,这个地下站也就此完了。于是和祖父商量,问祖父能不能动用自己的关系把她们保出来。祖父一打听,正巧他有个学生在那儿的市党部做事,随即修书一封,没几天就收到那个学生的回信,对方满口应允。祖父于是动身,到了地方,见我四姑后,还假意打了她一个大耳光,骂了几句。那学生还直劝,说:“小姐还年轻,不懂事。您说说就行,千万不能打。”还告诉祖父,他已把祖父写给他的信裱好,珍重收藏。因为道远,当天不能回城,这学生又给祖父安排了住处,还特意告诉祖父:“晚间我们要审共产党,也许要动刑,您可别害怕。我已经把房子给您安排到最远的距离,不过一到夜里,动静还是有点儿大。”我四姑出来半年后,地下党还是把她送到解放区了,因为她毕竟上了黑名单,怕特务再来,还是走了放心。

由此,祖父谈到一些和他有过接触的国民党上层人士。他说:“这里顶有意思的是孔祥熙。我当中国大学训导长时,他好像是中大挂名的校董。有时到了北平,来中大看看,我和他接触过几次。有一回他跟我说:‘兄弟其实也信仰社会主义,因为人人都要过上好的生活嘛……’后来他见我老盯着他右手瞧,把右手藏到桌子下头了。接着他又大谈什么中国目前还不适合社会主义,我也没听。

我心想，你还能信仰社会主义？”我问：“您为什么盯着人家的手？”祖父说：“他手上有一枚金戒指，好大个了，我没见过那么大的。”我一听，直笑。祖父说：“你别笑，我是有意的。你想，他为什么一发现我盯着他的戒指就不好意思？因为当时物价飞涨民不聊生，我一月的工资发下来也就够买两块点心。所以工资一到手，就赶快发动全家人上街把钱换成日用品。老百姓都穷成这个样，你掌管财政，戴那么大个金戒指，当然得把手藏起来了。”我又问祖父当时怎么生活，祖父说：“我那时不是在陈继承家教家馆吗？他还不错，知道钱毛得太快，每月派人用车送我几袋面粉，能吃上些日子。”

那时我家的住所很大，有里院、外院两个大院子，两边还有四个呈长方形的小院子，前门、后门加起来总有三个以上。于是地下党选中我家做联络点，常有地下党党员来来往往或住上几天。由北平到解放区去的学生，也常由地下党安排先在我家住几天，等一切准备妥当后，再从我家出发。我的曾祖母是个家庭妇女，时常埋怨祖父说：“你哪儿招来这么多人，成天三口五口地来了走，走了来，还连吃带住！”后来曾祖母还起了疑心，向祖父问道：“这些人岁数不大，有男有女，怎么一进咱们南屋，就把窗帘都拉上了？在里边干什么呢？还怕人看见？”北平解放前夕，在城工部的安排下，祖父化装成商人同祖母和我的五姑到石家庄去，准备参加华北地区人民代表大会。本来祖父有一个在临近解放区的县里任县长的学生，这个学生答应保护祖父过境。没想到临时变卦，说风声太紧，不敢保证安全。于是祖父又想从静海县过去，来到县城后，一天正在街上走，忽然一个人迎面而来，祖父望了一眼心里便知道坏了。这个人也不说话，跟在祖父身后，一直跟到客栈，一瞧四周没人，声音压得低低地说：“老师，我不说您也知道我现在是干什么的。我劝您一句，您赶快打道回府。前两天一个浙江大学的教授，也是化了装要从这儿过那边儿去，被认出来，当时就活埋了。您是我的老师，我不能不先提醒您。您再往前走，我可不能保障您的安全。”说完，这个人赶快走了。原来这是中国大学的一个特务学生，现在在静海县县党部任职，祖父教过他。祖父又几次绕道，终未成行，只好回到城里。这时一些国民党指派的学生拿着飞机票，邀请著名教授南下。他们几次邀请祖父，祖父都拒绝了。同时地下党也派人悄悄通知祖父，万一与傅作义和谈不成，解放军准备从德胜门攻城，让祖父一听见攻城炮响，即带全家人到西城某处，那边有人接应。但没过几天，北平和平解放。那年，他四十四岁。

祖父是个性格浪漫、喜欢生活的人。他通晓昆曲，会吹笛子，并曾粉墨登场，又爱访名胜古迹，游山玩水。他结交极广，所交之人四面八方，三教九流。除了语言文学界的师友以及其他学界的教授，还有社会各层次的人物。比如梨园界即有戏曲评论家齐如山、京剧演员马连良等人。祖父的一生中与他来往最为密切的，是赵元方先生（银行家，藏书家，清朝大学士、军机大臣荣庆之后）、朱家济（书法家、文物鉴定家、故宫博物院研究员朱家溍先生之兄）、马巽伯（北京大学国文系主任马裕藻先生之子)、汪孟涵(北京四大名医汪逢春之子)以及牟润荪等人。

《汉语大辞典》主编、著名学者罗竹风先生曾回忆道:"我在北大听陆先生讲课时,陆先生不过二十来岁。高高的个儿,留中分头,外边一件长衫,里边雪白的衬衣,两个白袖口翻在外边儿。进教室时,一手夹皮包,一手夹一支纸烟,上了讲台,开口便讲,非常潇洒,真是翩翩少年。"祖父也曾跟我说过,他年轻时,一逢下雪,便去公园,泡一壶茶,拿一本书,边看雪景边玩。他又爱看外国电影,那时电影都是无声片,他最爱看的是卓别林的片子,并把卓别林念成"贾柏林"或"贾派林"。有时我更正他,祖父反驳说,那时就译作"贾柏林"。祖父的交际之广,可以从他的学生处得到证明。有位学生现居美国,也已有七十多岁,前两年回国,特意来我家探望。他说:你祖父不仅教给我知识,还帮助了我的生活。我问原因,他说20世纪40年代末,他去了香港,但那时去香港的人太多,香港的人潮能把人淹死,更不用说找一个差使吃饭了。一天偶然到香港的某一学院谋职,无意中说起他曾是我祖父的入室弟子。主持人一听,说:你若真是陆颖明先生的弟子,我们可以安排。这样,他得到了这家学院的聘书,在香港解决了衣食之忧。过了若干年,他又去了美国。刚到时,人生地疏,又面临生计问题。也是一回闲谈,他提到与祖父的师徒关系,座中有一前国民党的高级官员,听后说:我和颖明先生可十分熟悉,你知道他的消息吗?于是他们谈得很好,此人借了他一大笔钱,让他从房产上入手,慢慢有了积蓄,全家的生活不仅得到保障,而且日益富足。因此祖父的这个学生说:你祖父在海内外的名气可真大,没有他就不会有我。由此可知祖父结交范围的广泛。

祖父终其一生,对穿、用、住皆不大讲究,连睡了三十多年的一张双人铁床还是从委托行买来的长不够长、宽不够宽的处理品。但对于吃,则绝对奉行孔子"食不厌精,脍不厌细"的原则,精益求精。他说自己从季刚先生那里学了两个本领,一个是学问,一个是吃。前者是用苦功换来,后者自身即其乐无穷。祖父说,季刚先生一顿饭要吃四五个钟头,大小馆子,处处吃遍,一边喝酒吃菜,一边传道授业,常至夜阑方散。所以祖父一边问学,一边学吃,终于把这二者的精髓都学到了手,在美食上,也成为大家。当今著名音韵学家俞敏先生,早年也是祖父的入室弟子,曾向我说:"我好下围棋,可是臭棋;也爱吃,可比不了你爷爷。所以外边人就冲我说:'要论起吃,拿围棋做个比方,陆先生是九段,您也就够四段。'"祖父在吃上有很高的知名度,北京一般老字号的饭馆都知道他。我有时陪他去饭馆,一些老厨师、老经理见了他,都紧忙着过来打招呼,岁数大技艺高的老师傅们亲自下厨做菜,招待得殷勤备至。祖父对我说:"你现在见的都不是我当年熟识的那些师傅了。当年的老人们如今没剩下几个。这些师傅绝大多数是过去的'小力巴儿',而今也都顶上灶了。"祖父在吃上确实有名,有年举行全国烹饪大赛,请祖父做评委,回来后我问如何,祖父说:"要说实话,没一样好吃的,看看就够。”他告诉我美食不一定花钱多，而是要吃出那个味儿来。他讲当年北京有个专门卖炒疙瘩的饭铺，当灶的是母女俩，姓穆，其形貌有巾帼气，因此人们给此店起名为“穆柯寨”，母号“穆天王”，其女自然呼为“穆桂英”。其炒疙瘩做得味美无比，甚有口碑，祖父时不时要往“寨”中走一回。祖父对北京小吃很有兴趣，他最爱喝豆汁，用辣咸菜丝和焦圈儿就着。他常说：“不会喝豆汁的人算不上真正的北京人。”有一回，他带我去，让我喝了一口，我差点没吐出来，闭着眼咽了下去，他还问：“怎么样？”我说：“又酸又臭，像泔水！”他说：“要的就这泔水味儿！你喝惯了就会上瘾。”祖父又说：“能喝豆汁可算北京人，但得能吃麻豆腐才算地道的老北京。”在他病重弥留之际，还想喝豆汁。我上护国寺小吃店买了送到医院，使祖父的愿望得以满足。早点他最爱吃马蹄烧饼夹焦圈儿，尤其对焦圈儿情有独钟，我常去买，一次买十个，纸绳一穿，左手拎着，右手托几个马蹄烧饼，回家后扯开烧饼，一夹焦圈儿，又酥又脆，满口生香，确实比大火烧夹油饼强多了。祖父爱吃春饼，在将酱肘子肉、鸡丝、肚丝、鸡蛋、炒豆芽、炒粉丝连同葱丝、甜酱往饼里裹时，先将一根筷子插在饼里头，裹好后再将筷子撤出来，所以他的饼裹得又圆又大又紧，他常常自鸣得意，说：“瞧我裹得有铺盖卷儿那么粗，还不散。你们裹得那么细，还老往下掉东西。”启功先生说，卷时往饼里插根筷子是对的，就像他们搞书画的卷画时，得有轴才能卷紧。他还喜欢吃汤面饺，尤其是羊肉西葫芦馅，用他自己的话说：“一顿能招呼好几十。”如果是煮饺子，他的饺子必须用小锅五个五个一下，后来在家人几次抗议下，通融为可以一次十个十个一下，但不准一次下二十多个。同时，他还总强调：“头锅饺子二锅面。”

祖父确实会吃也讲究吃，他爱吃晋阳饭庄的刀削面，让我去端时，告诉我买面时不要店里的卤，而是买两个过油肉，回家后把过油肉浇在面上，那才好吃。到前门月盛斋买烧羊肉，要带个瓶子，因为要带一些烧羊肉汤回来下在里面，吃起来才香。吃涮羊肉之前，必让我到西单某处买绿豆做的杂面，吃完涮羊肉，用汤煮杂面，评论是“美极了”。熬鸡汤时，他教给保姆的方法是：“先坐壶开水，把鸡搁在锅里，用开水浇。浇完了，盖上锅盖点火，开了锅，捻小火，不能让汤起泡。最后这鸡汤是焖成的，极好喝。可有一样，鸡就别吃了，肉全是柴的，精华全在汤里头。”同时他还教了保姆其他一些做菜的方法。实践后，保姆的评价是：“爷爷虽不会做，但特会说。”吃肉，他的理论是，要吃红烧肘子、东坡肉、米粉肉、坛子肉等真正的烧肉。吃的时候也只是一两块，点到为止，不能多吃、拼命吃。尤其不能吃炒菜里的肉。他说：“炒菜吃的是菜，那里边的肉绝不能吃。那肉是给菜调味儿的。”我口味低，有肉就吃，有肉就成，这使他很不满意，常常指责我长了一个“低水平的胃”，临末了儿，还总拉长声音来句：“肉食者——鄙。”鄙字后面还拖个长长的韵尾，也不管旁边有没有外人。关于吃肉，祖父常爱讲我的一件往事。那是“三年困难时期”时，我正上小学一二年级。一天，家里炖了红烧肉，我拼命吃，速度奇快，忽然间，头一抬，眼神一定，嘴张着，不动了。“一看就是让肉给噎着了。”家人着急了，全都过来掏这块肉。“其实没人和他抢。肉每回都是尽着他吃。”祖父笑道。过去一到冬天细菜很少，大白菜成了看家菜。但对大白菜，祖父也有其独特吃法。记得“文革”前不久，祖父同学校里的一些老先生去周口店劳动一个月。快回来时，祖母让我给写信，问问回来那天想吃什么，祖父回信说：“最想吃天福斋的丸子、卤肉、大肚熬白菜。”于是祖母赶紧打发我去，在他回来那天做好，等着。祖父回来后只喝白菜汤，说真是太美了，称之为“奶汤白菜”。但对其中那些他称之为佐料的丸子、卤肉、大肚儿则不理会，结果这些东西当仁不让地流进了我那个虽然“低水平”却十分欣喜的胃。“文革”中，师大红卫兵让他交代“资产阶级生活方式”，祖父交代的是，20世纪20年代某年初春在北平著名的“小有天”饭馆花五块大洋，吃鸡油烩豌豆。红卫兵听后把桌子一拍，说祖父不老实。理由是：“你有五块大洋，不吃红烧肉吃青菜，你还老实?!”说到这儿，祖父还加上一句，“你就跟这个红卫兵一水平！”这菜有何名贵呢？还是母亲作了解释。她说，那时还没有大棚，蔬菜没法越冬。所以初春时长出的豌豆荚，里边的豆子还未成形，一咬一口浆。再用热油来烩，又要鲜嫩不破，很难做出来，要有很高的厨艺。祖父讲的一些见闻也很有趣，比如他有一次谈到20世纪20年代去某饭庄吃鲤鱼，进店就奔楼上，因为楼上是雅座，伙计连忙过来招呼。祖父说：“伙计说话可有意思。他招待你坐下，问好几位，就问：‘吃什么你老?’你老就是您。回说‘吃鱼’。那时鱼都用木盆养着，放在楼下。伙计听了，点点头，蹬蹬蹬下了楼，把一木盆鱼端上来，放到你眼前头，问：‘几吃你老?’一般都是三吃，即鱼头、鱼尾、中段做三样。讲究的还有四吃五吃六吃。那次我们要的是四吃。即把鱼中段留一半，熘鱼片儿，叫作‘雪花鱼片’。问几吃，客人答时说也行，不说，用手指一比画也行。我一竖四个手指头，伙计马上点头：‘四吃你老！’随后伙计请你从盆里挑一条，我一指，‘就这条吧’。伙计立刻捞上来，说：‘烧崩了你老！’烧崩，吓你一跳。一想，是稍绷，就是等一会儿的意思。接着伙计把鱼一举，朝地上使劲一砸：‘摔死你老！’再一猫腰抄起死鱼：‘拿走你老！’下楼做去了。”

好吃是好吃，祖父却遵循“君子远庖厨”的古训，从不下厨。正如保姆的印象，他虽不会做菜，可特会说。几道他平素喜吃的家常菜，都是说给我祖母如何做，如熘黄菜、烩酸菠菜、山药蒸肉丸、炮羊肉、油淋鸡等。佐料、原料都极普遍，可做出来的味儿极不普通，其中要诀多多，十分独到。

关于美食，祖父平时有许多议论，若从“内涵、外延和定义”来说，我大致归纳如下：内涵：看家菜。有名的饭馆都有自己的看家菜，也即招牌菜，犹如说看家本事、保留节目、绝活儿。进饭铺要点它的看家菜。外延：要了解美食的历史文化。比如某地物产、饮食习俗、烹调沿革等。说宫廷菜和民间菜不同，不能笼统。有的菜从宫里流入民间，也有的菜从民间流入宫里。这期间经过宫廷御厨和民间厨师的加工改造，既有渊源又有不同。有些菜之成为名菜，不全是吃出来的，而是厨师给说故事、讲烹饪给说讲出来的。美食不光是吃，和吃的环境要搭配。如字画的选择、厅堂的布置、窗帘椅垫的颜色，不然也吃不舒服。至于美食的定义，最简单，个人口味。但从文化上说，有高下之分。还有最关键的一句话，会吃的人，不一定要多花钱。

我家院子大，种了不少花草，这些花草也成为家庭烹饪的原料。记得那时东墙下有一架生长数十年、高与墙齐、枝繁叶茂的葡萄，架下有石桌和凉墩。北窗外种了一棵芭蕉，枝肥叶厚，黄绿相间。南窗前则有一架金银花，每至夏秋，香气袭人。而葡萄架下种有两大缸荷花。荷花年年开放，荷叶大而肥硕，绿如绒毯。家人常去池中采下荷叶做荷叶肉、荷叶粥，喝粥时，必要佐以天源酱菜园的酱菜。酱菜要买两种，一是酱疙瘩，一是酱缸哝。酱疙瘩取其面，酱缸哝取其脆，二物刚柔相济，喝粥最好。祖母又常叫我去采摘金银花，做双花粥，掐芭蕉树的叶子，放在蒸锅里当屉布用。祖父则让我摘下葡萄泡酒，采下茉莉花泡茶。回想当年每逢春夏之傍晚，全家人于葡萄架下围桌而坐，喝几杯自酿的葡萄酒，吃两块荷叶肉，盛一碗荷叶粥，环顾四周，清荫覆地，蜂鸣蝶舞，荷花于夕照中显出略显慵懒的娇艳，晚风裹着茉莉的芬芳袭人面庞，可谓东风沉醉的晚上。又如黄昏细雨中，坐于北房廊下藤椅上，喝一些双花粥，饮两杯茉莉茶，望檐上双燕归来，听院中雨打芭蕉，嗅着昏暗中暗暗送来的带着雨水清凉气息的花香，顿觉暑热消退，透体生凉。

提起祖父的嗜好，熟悉他的人都知道，那就是喝酒与抽烟。祖父曾对我说，年轻时在北大与人打赌，白酒一次喝了二斤多，喝完头重脚轻，借京戏“醉打山门”里的一句是“醉醺醺把青山乱踏”。与他打赌的朋友也不比他清醒，两个人在街上争着要把对方送到家，争了有半个钟头，终于得出结论——各走各的。祖父坐上洋车只说了一声拉到哪儿就什么也不知道了。说来也奇怪，车到了家，他就醒了，叫开门，只说了句：“给车钱！”然后一个掉毛跟斗翻到门里，躺在地上就睡着了。绍兴黄酒他一顿能喝 24 小杯，德国黑啤酒讲究一口气喝一瓶，他每次至少喝一打。据祖父的学生说，当时有一位国民党的高级外交官，因为常年驻外，本人又好酒，所以练出了好酒量。回国后说，听说有一位陆宗达先生酒量很大，我得和他比试比试。于是把我祖父约去，俩人比了两天，不分上下，最后成了很好的朋友。

说到喝酒，我怀疑祖父身上有些遗传。祖父曾告诉我，他的爷爷，也就是我的高祖，极能喝酒。那时外边常有人请高祖出去赴宴，但是高祖每次去之前，先得在家把酒喝够了再去，否则席上那些酒不够他喝。不仅如此，每天晚上临睡前，高祖都要吃上两样东西，一样是酒，而且是兰花酒；再一样是烤鸭，而且要大而肥。吃完喝完，再上床睡。祖父说：你觉得我爷爷就能喝了吧，还有比他能喝的。有次我小时候你曾祖跟我说，今天咱们家要来两个能喝酒的。说完就让家里人在地上铺座，垫好几块垫子。不久来了两个人，曾祖不让人倒茶，就是不断倒酒，等两个人走了，几个垫子全是湿的，可见那两个人出了多少汗。后来你曾祖告诉我，这两个人是常年去内蒙古、新疆一带做生意的商人，沙漠中没有水，他们壶里带的全是酒，以酒代水，所以这样能喝。

祖父年老后，许多亲朋好友劝他戒酒，他便给劝他的人讲了一个故事：有一位老人从不沾酒，活到120岁仍很健康。几位研究长寿方法的医生前去拜访，为的是证明不喝酒延年益寿。正在交谈，忽然屋顶传来"乒乒乓乓"一阵乱响，医生们大惊，这位先生赶忙解释："别怕，楼上是我哥哥，他天天喝醉了撒酒疯！"劝祖父戒酒的人听后只好一笑而罢。

祖父所喝的酒也经历曲折，据我眼见的回忆，"文革"前他常让我去买"古井贡酒"和"特曲"，后来不知为什么，又让我买过"丁香葡萄酒"。"文革"中，工资没了，只好乱喝，但即以当时的消费水平看，也是中档偏点上的白酒。但后来由于生产力的破坏，好酒生产得越来越少，市面上根本没有卖的，祖父只好喝"二锅头"，但他只喝"红星"牌。再往后，红星牌"二锅头"居然也只在年节前凭票购买，祖父只好在别的牌子的"夹缝"中求过瘾，最惨的时候还喝过小店里卖的一毛三一两的零打白酒。"文革"结束后，生产形势逐渐好转，祖父喝的酒质量也随之回升，并有超越，如国外的大香槟、人头马、波尔多葡萄酒以及美国的黑、红威士忌等。

祖父在喝酒上最遗憾的一件事，就是没能把我教会。我不仅不喝白酒，而且什么葡萄酒、果子酒、啤酒一律不喝，只喝汽水。祖父说我不会喝酒不能陪他是他一生中最大的憾事，说我们家喝酒是"一代不如一代"。我父亲比他就差得远，而到我这儿竟然滴酒不入了！为了让我喝酒，祖父做过许多"努力"。我印象最深的一次是，20世纪70年代中，有段时间祖母生病保姆回乡父母又在干校，家里没人做饭，祖父和我天天在外边吃。有一次在莫斯科餐厅，祖父知道我感冒了，于是说："法国白兰地治感冒最有效，一杯下去准好。"还说："怎么它也比药好喝。"喝完我浑身一热，果然好了。"打那儿以后我以为他就能喝酒了，没想到他还是不喝。"祖父常常遗憾地对别人说。祖父又说，喝酒要喝到恰到好处，恰到好处即是朦胧之时，朦胧之中有至美的境界。至于那境界是什么，他没说，我也不知道。

喝酒，不同人也有不同喝法。启功先生有次回忆说："当年我和你爷爷都在辅仁大学教书，我们这些个同事常在一起聚餐。聚餐时，酒上来了，菜也上来了，大家可并不急着先吃喝。把酒倒好，大家举着杯子，听你爷爷讲一个字。比如今儿这菜里有一道鱼，就请你爷爷讲《说文》里这个'鱼'字怎么来怎么去。讲完了，大家才把这酒一饮而尽。"

而同样令人难以忘怀的，是学生对老师的感情。上海社科联主席罗竹风，曾是祖父北大时的学生。一年开《汉语大辞典》学术会，为让祖父参会，罗先生说送祖父两瓶茅台。到杭州后，罗先生有些歉疚地对我说："答应送老师两瓶茅台，没想到就弄到一瓶，只好又弄了瓶五粮液。你跟老师解释一下。”

祖父大约 14 岁时就开始抽烟，每天一盒半，还要佐以雪茄。祖父喜欢抽“中华”、“牡丹”、“上海”、“双喜”等牌，雪茄抽得最多的是“黄山”牌，还有“味美思”等。有一个时期，他还抽烟斗，烟丝是“熊猫”牌。“文革”时期，他的存款被冻结，工资也被扣除。记得当时有一条不知如何测算出来的最低生活标准，即每日窝头咸菜棒子面儿粥，一人一月消费 12 元。当然，这条标准绝不是对革命群众，而是针对“黑帮”及他们的子女而言。我因从小便和爷爷奶奶一起生活，所以我们算三口人，每人一月维持最低生活水平，需 36 元。我祖父那时每月挣 240 元，除去 36 元，应扣 204 元，实发 35 元，算“无产阶级专政”下对我们实行的“革命的人道主义”。

在这样的条件下，祖父的烟当然抽不上档次了，于是只好抽“上海”、“烟斗”等杂牌，还老说：“不是味儿。”祖母就说：“是味儿的你也抽不起了。”“文革”结束后，祖父的烟也是从回升到超越，乃至以后十来年中，他只抽进口烟。印象最深的是有一次，他有一篇文章在香港《明报》发表，得了八百块港币。他让我去北京饭店全数买成“三五”、“云丝顿”、“万宝路”、“骆驼”、“总督”等进口烟，很过了一阵烟瘾。以后国外又有朋友们带给他英国、瑞士等国产的雪茄，使他的烟抽得越来越凶。但令他遗憾的是，我也不抽烟，不能陪他喷云吐雾。

从祖父的嗜好想到他的生活，从他的生活想到“文革”，我又想起我的祖母。我感觉男人们虽然大多有信仰有理想，但遇到突如其来的灾难，有时反应不如妇女勇敢和沉着。她们在危急时刻敢作敢为，有主意，是因为妇女们有一种本能，这就是全力保护自己的家庭。比如“文革”初起，红卫兵四处抄家打人，人们一日三惊。我家左边一家昨日被抄，右边一家今日被破了“四旧”。某某被打死了，某某自杀了，哪条胡同里拉走了两具尸体。祖父有些怕，祖母却相对泰然。我现在回头想，能明白祖母的心思，该来的就得来，躲也躲不掉，逃也逃不走，大不了就是个死呗。不过我家倒是始终无事。那时祖父不敢出面，祖母带着我，拿煤篓子装着象牙麻将，我拎着龙泉宝剑，交到派出所。回到家，祖母照样想吃什么做什么。

后来街道让我们家腾房，祖父的书没处放，扔了一院子。祖母去问街道委员会主任，可不可以让我们先把这些书搬进那几间空房。主任拿眼一扫祖母，说：“你还要书？你还要脑袋不要？”祖母很生气，第二天就去找了主任的上司，重复了主任昨天说过的话后，问：“她说得对吗？”那位上司居然表示主任说得不对。虽然房子依旧空着，书依旧扔着，但祖母出了口气，很高兴。但祖父却埋怨祖母多事。

我还记得祖父的书大部分都堆在北屋的廊子上，而那里也是当时我们做饭的地方。由于家里一片乱糟糟，我们吃饭也是就地取材，挑几函大开本的古书一摞，就是桌子。拿两函书往上一坐，就是凳子。有一回祖母做的是羊肉拌面，我吃时没小心，碗一歪，羊肉汤顺着书流下来，把四函书的书根部位都污染了。我自知闯祸，偷看了祖父一眼，但祖父就像没看见，什么也没说。（我还记得那是一部大部头书，书根写作“俞荫甫所著书”。俞荫甫即俞樾，荫甫是他的字。他是晚清著名学者，俞平伯的曾祖父）记得那时我正是“半大小子，吃穷老子”的年龄段，有一次我一连吃了三个馒头还不大饱。祖父奇怪，祖母一旁说：“没肉，吃多少馒头也不禁饿！”祖父长叹了口气，脸朝一边儿说：“你能吃了，我也没钱了！”因为那时我们已被专政，每月只发造反派精心核算出的窝头棒子面儿粥钱。从此以后我在祖父面前再也不多吃，不愿惹他难受。

再后来祖父被关进“牛棚”，生活来源更艰难，但祖母仍不急不慌。每隔一两个星期，她就在家里箱柜中东翻西找，然后用块包袱皮儿一裹，让我拿着，跟她去菜市口委托商行去卖。这样卖了一年多，渡过了这段最难的日子。

祖母学文化特别积极。20 世纪 50 年代街道办扫盲班，祖母很高兴。不用人提醒，每天吃过晚饭，自己拿个小竹凳子就去，天天不落下，进步很快。过了一段时间，就可以看《水浒》、《三侠五义》和《红岩》、《林海雪原》了，并且还有自己的评论，说，爱看《林海雪原》，热闹；不爱看《红岩》，太惨。还说，老师说她写字好看。有时遇到不认识和不会写的字，她常来问我。让还是小学生的我心里很是自豪，特有成就感。

祖母为人没架子，人缘好。邻里有几家孩子多，生活困难，每月都来向祖母借钱，祖母很痛快，也不关心以后还不还。但每月街坊都会还，因为下月还得来借。我家西边有个合作社，里面有个很能干的中年妇女姓尚，经常上门推销商品。每年一到夏天，她就挨门挨户推销西瓜，一到我家，总是那不变的几句“陆太太，您有钱，多买几个吧！”于是，客厅里琴桌下边便摆满了一溜儿西瓜，最后总得扔几个。街坊里也有又有钱又有架子的，如有个人称张二奶奶的，平常走路挺着胸脯，目不斜视，对街坊爱搭不理，“文革”中差点儿被打死。

祖母去世前几年，许是脑血管有些软化，生活能力差了，我就给她洗头、洗脚，照料日常生活。祖母后因肺炎去世，但没有痛苦。临终前的那天早上八点多，祖母躺在床上对我说：“我这儿正想待会儿老周（家中的保姆）来了，让她给你和你爷爷做点什么。”将近九时，我熬好药，祖母喝了一口，忽然极轻微地皱了下眉，随后牙关一咬，闭上了眼睛。那是 1982 年冬初一个寒冷的早晨，祖母差一个星期活到 80 岁。

祖母去世后，我收拾东西时，发现一条被子的被里，用五个面口袋拼接而成。原来 20 世纪五六十年代物资极度匮乏，买布要靠布票，布票要定额。粮店每年可买一条粮袋，谁家也不舍得用。祖母也是攒了来做被里，可见祖母如何操持家务。

我母亲也是如此。她 1952 年考入北京大学国际政治系，第二年转入人民大学外交系，后来成立外交学院，母亲又转入外交学院，1957 年毕业，是外交学院首届毕业生，随后进入外交部条约法律司工作。

“文革”时，在抄家打人风最烈的八、九两个月，我家自然朝不保夕。于是在我母亲指挥下，于一个没有月光的夜晚，叫来我舅舅帮忙，在院中挖了一个大坑，把家里认为所有可能会招灾惹祸的书刊、信札、书画、笔记等统统扔进去烧，还烧掉了一百多版整版的从清末到解放前的各种邮票。第二天白天，清理烧不坏的“四旧”，比如砚台、印章、瓷器及各种有旧文化色彩的玩物，全部自行砸烂，如我砸毁的象牙西方美女等，连有龙凤图案的床单都卷一卷扔进了垃圾堆。而母亲此时却又做一件相反的事，她保存那些虽可招祸却舍不得毁掉的东西，头一样是家中自高祖母直至曾祖、曾祖母和祖父的祖父的老相片。第二样是父亲的西洋唱片。母亲把唱片包好，一摞摞放到碗橱里，上面放吃饭的碗。而相片则放在一个装佐料的纸盒的下面。祖父交给母亲保存的却是几瓶好酒。祖母则把所有金银珠宝首饰都交给了街道。

家里大多数东西当然没有保存下来。比如祖父有四个琴桌，花梨木的，上面摆设鹿头尊、菩萨像、寿星像、古琴等。“文革”时一腾房，没地儿放了，祖父让父亲把它们卖了，一共卖了三十五块钱。给了蹬车的师傅五块，还剩三十。祖父很满意，说：“真不少。”

剩下的东西乱七八糟地摆了半屋子。记得我和妹妹老在这里头寻找能当玩具的小件东西，还自称为“捡洋捞儿”。后来被别人拿的拿，我们自己扔的扔，最后就剩俩鹿头尊。这一对尊个头儿特大，浑身浅青色，中间一个大肚子，肚子上一个大圆圈儿，圆圈里边是青花儿绘的山水，有远山、近水、小船、树木和渔村。上边的瓶口往里缩，瓶口一边一个梅花鹿的头。下边有高二三十公分的紫檀木架子，上边雕刻的花朵和花纹特别精美。这是祖母当年的陪嫁之一。这时祖母嫌它们碍事，让父亲卖了。一个五块，两个十块。祖母对我说：“奶奶带你吃烤鸭去。”当时烤鸭五块一只，正好吃了两回。前几年，有几个研究文物的人和我闲谈，我说起我们家的这对鹿头“墩”。其中一位专家冲别人说：“你们听听，他管这叫‘墩’。”我问他应该叫什么，因为我从小就跟着祖母这么叫。他说：“这叫尊，鹿头尊。晚清五彩的尊现在还见得着，但你们家这对好。你们家这对叫豆青加蓝，这种颜色的尊只在嘉庆时烧过，非常稀见。自有拍卖到今天二十来年了，没见过这样的尊，更甭提还是一对。要搁到今天，少说五百万，您算算够吃多少烤鸭吧！”

家里有一本精装的《联共(布)党史简明教程》，是祖父的书。封面黄中带绿，书名红字。祖父在每页的上端，用朱红小楷密密麻麻写了不少心得，字体亦如他写在《说文》、《尔雅》上面那样铁画银钩一丝不苟。可惜“文革”时让我当废品卖了。同时卖去的还有母亲拿来的藏书，十几大本《国际条约集》，浅蓝封面深蓝边儿，一律精装“大砖头”。还有十来本儿《斯大林选集》，深黄封面中间一圆圈儿，圆圈中是斯大林大元帅威风凛凛的侧面像。这些书装了一提包，我骑车到西单商场中国书店门市部卖的。那时正值干部们被发往全国各地“五七”干校，很多人以为再也回不来了，于是拼命处理东西，书籍是首选，所以卖书的人很多，卖的书堆得如同小山，也不值钱，论斤卖。

回想过去那风雨如磐的岁月，有些事印象极深，特别是其中的两件。

一件事发生在1967年夏天的一个后半夜，我和妹妹因为给街道腾房而搬到北房厅里睡。虽然是后半夜，但“文革”那时正闹得如火如荼，街面上并不清静，老有过人过车的声音，不是敲锣打鼓就是呼喊口号，估计不是抄家打人就是揪斗游街。因此，我虽是十二三的孩子，也总睡不好或睡不熟。

我正一边听街上动静一边想自己心思，忽然，客厅的门开了，一个人从廊子上轻手轻脚地走进来。我吓得一机灵，刚要叫，但借着月光一看，原来是父亲。我本想叫他，但看他蹑手蹑脚的样子，好像唯恐惊醒我们。我不知他要干什么，干脆半闭着眼，假装睡熟。一会儿，他走到我床前，俯下身，在我脸上轻轻亲了几下。父亲平时对我非常严厉，我记事后，他从来就没抱过我，连领都没领过。所以，这时我感到非常害怕，假装睡死过去。当感觉到他离开后，我又稍稍睁开眼，看他又去我妹妹床边俯下身。一会儿，他又过来到我床边，我又赶快闭眼装睡。就这样，他在我和妹妹的床边几度徘徊。最后离开时，我印象最深的是，在满屋子的月光中，他伛偻着背，步履很慢、很慢。

父亲去世多年后，有回母亲与我闲聊中说：“你爸这人就是不坚强。‘文革’时，造反派说哪天要斗他，但也没说一定。他就想好了，他不能让人斗。与其受侮辱，不如死。他就想跳楼，地方都看好了。结果造反派也没斗他，也就过来了。”我便把这事一说，母亲吓了一跳，问：“这是什么时候的事？”我一说具体时间，母亲说：“就是这时候嘛！你当时怎么不告诉我？”我说：“当时我可不敢。我害怕，我不明白他为什么有这举动。您那时不知道我爸有这想法？”母亲说：“我哪儿知道！这都是‘文革’后他才告诉我的！”

祖父有五个女儿，却只有我父亲一个儿子。我父亲生于1929年，逝于1988年，比祖父还先半年离去。

父亲从小就接受了革命思想，并在上中学时加入地下党，入党仪式即在我家举行。新中国成立后，地下党出来接管城市，人手不够，号召所有党员参加工作。父亲当时已经考入北京师范大学英文系，刚上了一年，也只好放弃学业，到公安局报到，做了当时北京市公安学校校长的秘书。

父亲一生有这样几种爱好：一是英文，二是西洋古典音乐，三是外国侦探小说，四是美食。父亲由于参加革命，未能学成英文，是他一生中最大的憾事。他爱听音乐，曾说过这样一件事：公安局曾在内部处理一批物质，最后剩下一批外国唱片没人要。领导让他找清洁工人扔了去，父亲却花些钱买回家来，这是那种78转老胶木唱片，尽是美国哥伦比亚唱片公司20世纪初制造的，全是名曲，有海顿、巴哈、贝多芬等那些沉重的乐章，也有《鸽子》、《我的太阳》、《云雀》等轻松的歌曲。唱片既有许多单张的，更有许多成套的，成套的装帧既华丽又典雅，我记得有一本唱片集封面用黄缎，中间有一四方的绿块，上面烫金印着英文的歌名，左右一边一个西方裸体美女，长春藤和一些我不知道的漂亮花草覆盖着她们的身体和周围的空间。童年时，每到晚上父亲要听音乐时，他的心情总是非常柔和。这时，他往往走到我和妹妹的房间，对我们说："先别睡啊，等我放上音乐你们再睡。"开始，他先放一两支奔放的歌曲，什么《桑塔露琪亚》、《我的太阳》、《夏日泛舟海上》（从《女人的心多变》脱胎而来）等，随后才放上舒伯特、舒曼、莫扎特等人的《小夜曲》和一些催眠曲，还有几张月光曲、随想曲、狂想曲、梦幻曲他也常放。我和妹妹的卧室窗前正好是那棵大杏树，杏树的枝条纵横交织在深蓝色的天幕上，宛如剪影一般美丽而朦胧。我们就在这音乐声中沉沉睡去，在梦中勾画和这音乐一般美妙的广大而神奇的世界。

父亲喜读外国小说，但只爱读欧洲，尤其是英法两国的文学名著。而且他不看现代人翻译的白话，却要看近代林琴南用文言译的欧美名著，如《块肉余生记》（即狄更斯之《大卫·科波菲尔》）、《孝女耐儿传》（即狄更斯之《老古玩店》）、《贼史》（即狄更斯之《孤星泪》）等，并要我也读，说不但可以通文学还可以通文言文。但他最喜欢的还是读侦探小说，尤其是那些老的，如福尔摩斯、亚斯罗平、梅森、凡士、特甫、奎恩探案等，弄得我后来也如痴如狂地爱上侦探小说。无书可读时，他还看连环画。那是"文革"中，我跟同学借了几本《说岳》的连环画，他一见，拿走先看。母亲做好了饭，在院里一迭声地催。父亲一边应着，一边从椅子上站起来，做出马上就来的样子，但还是趴在桌上紧赶慢赶地看完了一本《黄天荡》。他以他的看书爱好能影响到我们而自豪。恢复高考时，他费了不少力借来一套《福尔摩斯探案》。看着我和妹妹为谁先看此书而争执不休，他在一旁很得意。

父亲亦喜美食，大概受祖父遗传，而水平稍差，当然这里面有时代、机遇的不同。不过他有一点与祖父相同，就是动嘴不动手。好在我母亲也善烹调，父亲可以坐享其成。

回想"文革"前的那些年月，我家里的情形是，祖父祖母带着我住三间北房，父亲母亲带我妹妹住三间南房，两间西厢房里间堆物外间做厨房兼饭厅，南房后边的小后院则供堆物。祖父这边以文酒自娱或与友朋高会，父亲那边则以听西洋音乐、看侦探小说消磨余暇，祖母和母亲则忙于两边的家务，照看我们小孩的时候并不多。所以我经常两边来回跑。祖父的屋中基本是中式陈设，除了客厅里有一大两小的沙发，其余就是古色古香的书架、书箱以及顶天立地的线装古书。中间一进门那屋，摆了四张云头琴桌，正中那张桌上，供个老寿星，两旁摆着那两个淡青色小口大肚的鹿头尊，鹿头尊的肚子里插些带轴的书画，各房地上还摆些花草。祖父书桌上，总摊着几卷发黄的古书，上面有他用朱笔写的蝇头小楷，是他的读书心得。而书边的端石小砚旁，也总放着一两块明代残朱墨。跑进父亲的三间南房，则是另一番西式情调。除了四个鸡翅木的雕花方凳，其余陈设都是异国情韵。如梳妆台、双人大床、床头柜、琴式书桌，都雕着欧洲文艺复兴时期盛行的那种花纹，墙上镜框里挂着一幅托我祖父一位在法国学美术的老朋友弄来的《蒙娜丽莎》复制品，书架上则有许多西方美术作品的全集和选集以及外国明信片。此外还有些摆设，如维纳斯像、欧洲早期的自鸣钟、八音盒，最难忘的是一个象牙雕的裸体西洋美女，因为那是“文革”初起时，祖母怕出事儿，让我拿锤子几下砸烂扔了。

那时父母亲管我和妹妹很严，不让上街去玩，或上一会儿街就来叫，于是我们主要在家里玩。说起我和妹妹，性格非常不同。有年夏天，母亲叫我去买冰棍。怕半道儿化了，又给我个大缸子，嘱咐买了放里边儿。我买完往家走，可天儿太热，眼瞧着冰棍儿开始化。我就由走变跑，由小跑到快步跑，但冰棍儿化的速度很快，再加上我一跑一震，化得更快了。这时有道边的孩子冲我嚷，还不快吃了，等着化没了呀！我这才把剩下的三分之一冰棍儿吃了。回家一说，母亲不信，说，你吃就吃了吧，还编什么瞎话！你就这么傻，看着它化还不赶快吃！又一回，我去理发店理发，理完，拿出家里给的五毛钱，师傅说，这钱我们不要。剃头就两毛。我们要两毛一张的，绿色火车头那种。我赶快一溜烟跑回家，向祖父报告，祖父也生气了，说，你就不会让他找！后来师傅说，我是想逗逗你，刚想叫你回来，你早跑没影儿了！少年时我不谙世事，老实得出名，所以附近熟人常跟我开些善意的玩笑。

现在想来，那并不是傻，而是一些品质的体现，即忠厚诚实、信守承诺、相信他人。当然，一旦过了头，也就是“傻”。

妹妹和我不一样。她从小活泼好动、聪明伶俐，很受大人喜爱。街坊们都说：“这小丫头儿，特灵！”这两件事要放她那儿，冰棍儿也就吃了，钱也就找回来了。十几年后，她大学毕业，去了“九三”学社中央，不久做了常务副主席的秘书。而我这种只会读书、思考及做白日梦的人，就去了学校教书。当然，这都是后话。

小时家里之所以不让我们上街玩，理由是街上不安全，还有“野孩子”。我是老实的，不让上街就不上街，因此养成了爱看书、好安静、听话守规矩的性格。“自己跟自己说话，自己哄自己”，是很多那时看我长大的人对我少年时代的描述。

然而我也有过“反抗”，一共“反抗”过两次。一次是招来小学班上一帮比较能闹的同学到家里来摘葡萄。他们登高爬梯个个高手，又叫又嚷沸反盈天，边吃边祸害，吐了一院子葡萄皮儿。临走时不知哪位还溜进客厅，顺手牵羊“牵”走了祖母的钱包，让我挨了一顿说。另一次是我邀了一些平常半熟脸的“野孩子”到我家上房摘杏。我家有个小后院，那里的房矮，先从这儿上可以再上到正房。就这样，我上房时，也是上边有人拽着，下边有人推着。上了房，他们窜房越脊如走平地，而我却紧张地趴在房脊上，一动不敢动，生怕掉下去。家人后来知道是我带人“上房揭瓦”，又把我狠狠地斥责了一番。

我和妹妹除了上学，在家玩的时候居多。我们养猫，总是在养猫、送猫、丢猫、抱猫的怪圈中循环。还拿火筷子去扎春末夏初时满杏树爬的腻虫，要不就捉土鳖、逮蛐蛐、捉油葫芦、扑蝴蝶、捏蜻蜓。还在院里搭台子打乒乓球、跳绳、跳高、拍皮球、摸瞎子，又玩一种猜谜的游戏，胜者先写“天下太平”，看谁先写完，哪能想到天下就要不太平呢！

其实，在我和妹妹无忧无虑地度着童年的时候，祖父、父亲已在人生的道路上遇到了烦恼。原来随着“左”倾思想的逐步发展，对资产阶级知识分子的改造步步加深。尽管祖父、父亲都是有过革命历史的知识分子，但身在知识分子行列，也不能不受些影响。20 世纪 50 年代初，教育全盘学苏联，十分“左”倾，认为古代的东西很多不实用，不适合新时代要求，因此从 1952 年开始，把古代汉语等课干脆砍掉，只留现代汉语，这等于一下去掉了祖父的特长。好在祖父天资甚高，触类旁通，对现代汉语也拿得起来，并带出一届现代汉语研究生，出了现代汉语方面的论文和专著，其中并有一些见解被现代汉语学界认为具有开创性，是先行者。但祖父一生精研训诂，搞现代汉语实出无奈，心中苦闷可想而知。至于父亲，则因知识分子情调太重，与公安局的严格要求有些距离，心中也常常不乐。后来公安局有一批干部要上学，父亲便在此时出了公安系统而成为调干生。但此时他的岁数已大不能再学他喜欢的外语，只好到北师大中文系念了几年，毕业后到北京政法学院教书。1956 年后，北师大又开始恢复了古代汉语课，祖父重新教训诂学课程，心情多少有些好转。但这之后，运动一个接一个，什么思想改造、教育大革命、“拔白旗、插红旗”、教学大改革、科研“大跃进”等层出不穷，师生们的政治觉悟越来越高，阶级斗争的弦越绷越紧，最终一下绷断，迸发了史无前例的“文化大革命”。

每当忆起这场“大革命”，我有个奇怪的习惯，就是总先忆起我居住的那条街道在“文革”前的情景。我家所住的西琉璃厂，街景是那般美好而难忘。最美是夏日的黄昏，尤其在蒙蒙细雨中，行人稀少，街道显得空阔而幽长。高高低低的院墙绵延不断，抬头四望，这家院里，古槐浓荫蔽天，那家院里，白杨凌霄直上；这边，杏花伸过墙头，那边，竹叶飒然作响。燕子在雨中疾飞，乌鸦却伏在树叶底一动不动，天空中弥漫着一种被雨水濡湿的树叶的气息，清凉而芬芳。朦胧灯火里，大人们四处呼唤不肯回家的孩子，孩子们却和大人们捉起了迷藏。在无风雨的日子，街边巷口，时会飘来一声“磨剪子咧抢菜刀”的吆喝，或转出一位剃头匠弹着唤头挑着挑子的身影。人们日出而作，日入而息，仿佛葛天氏之民。

然而仅仅一夜之间全变了。街道上突如其来地冒出阵阵口号声、叫喊声、怒骂声，柏油路上火光冲天，熊熊火焰中燃烧的是今日各拍卖行百般营求的文物。火光使黑夜变得更加狰狞，更加莫测。一队队红卫兵开进胡同小巷，抄家打人，一个个在自行车后架子上插根旗子宛如旧日卖的兔爷般的“革命小将”满市街乱窜，猫狗杀了，鱼缸砸了，花草拔了，有龙凤、山水、楼台、花草的床单枕套一概烧了扯了。红卫兵满街“执法”，女人头发长的上前揪住，“咔嚓”几剪子；男人裤腿瘦的，喝令站住，“咔嚓”也几剪子。道理是女人长头发有“流氓”之嫌，男人裤腿瘦有“阿飞”之迹。白球鞋不许太白，花衣服禁止上街，因皆有“招摇邪荡”之心。香皂禁用，皮鞋禁穿，裤子打补丁，发型鸭屁股，夏天不准用蚊香、花露水，冬天不许用手套、大围巾，这都叫资产阶级生活方式，也不知无产阶级怎么过日子。

我有个表姐虽只大我三岁，但很勇敢，那是在红卫兵下令不准养猫，并到各家收缴小猫加以灭绝后，表姐大哭一场，然后带着我找到设在东琉璃厂路口一座楼上的红卫兵指挥部，质问他们为什么下达屠猫令。那天男红卫兵们都没在，全出去抄家打人了，剩几个女的看家。也许她们觉得太突然，被我们镇住了，居然没对我们怎么样。可当我们回到家说了此事，真把大人们吓坏了。表姐嘴还很硬，说：我兜儿里揣着剪子呢！她们要敢动我们，我跟她们玩儿命！我们也确实很玩儿命，因为就在回来的路上，在西琉璃厂大街上，我看见一个年纪不过十六七岁的女红卫兵，穿一身黄军装，戴一顶黄军帽，挽着半截袖子，一手揪着一个小老太婆的脖领子，把她从马路南拖向马路北，另一只手抡着武装带，朝老太太身上使劲儿抽。老太太也不挣扎，紧闭着两眼，血从脸上一个劲儿流。给我印像更深的是，街上人一看这番情形，“哗”的一下向两边散去，只剩一条空荡荡的大马路。

当时主要是高干子弟组成的“三纠”（由东城区红卫兵纠察队、西城区红卫兵纠察队、海淀区红卫兵纠察队组成，合称“三纠”）隔三差五就发布一些这样的“通令”，并在下面用红体标出：“若有违抗，格打勿论！格杀勿论！”万幸的是，还准用电灯、电话，准喝自来水，没说只准喝井水、点油灯，也还没有将楼房推倒，马路铲平，把城市道路改成田间小径，大家骑毛驴上班上学。我并不开玩笑，当时红极一时的张春桥曾坚定地号召大家：“就是回到原始社会，吃草根，披兽皮，用石头打火，我们也要革命到底！”只是没人说得清这原始社会里的革命怎么搞。

红卫兵之后，造反派登场，不久他们又因派性不同而相互掐成一团，拼命要打倒对方，而对于我们这种一开始已被打倒的，并没有兴趣。所以，家里人除了小心过日子，去单位参加运动，倒相对太平。

又是几年乱哄哄闹嚷嚷过后，我家开始了新一轮的折腾，先是母亲去外交部江西“五七”干校，随后是我去黑龙江军垦，再是父亲去政法学院安徽“五七”干校，最后是祖父到师大山西临汾干校，家中只剩下祖母和12岁的妹妹。一家六口分布大江南北五个地方，这也是当时时代的一个缩影。

另一件让我难忘的事就发生在这时候，1969年我作为知识青年去边疆时出发的那天清晨。

我15岁时去东北军垦，临走那天早晨吃早饭时，忽然发现祖父不在。问祖母，祖母说，走啦！上班了。我放下筷子，急忙往外跑，一直追过两条街，才看见祖父穿件黑呢大衣在前边儿低着头慢慢走。我跑过去，说："爷爷，我要走了。"随后抱住他的背，在他胸前靠了一会儿。祖父好像没说什么话也没什么动作，就这么愣愣地站了一会儿。不知最后是我先说"我走了"还是祖父先说"我上班了"，我们就分开了。多年后，听祖母说："你爷爷那天中午下班回来，进屋一见你的床，就嚷，说：'把帐子放下来！我不想看见他的床！'"

我保留了在东北时祖父给我的一些信件，内容除了谈及我办病退以返京的事情外，祖父更多谈到他那时的思绪感情。如：

> ……入暑以来，感到体气衰弱，上月犯感冒。病愈以后，腰酸腿软，体力较差。此自然规律，焉可抗拒。但最大的幸事就是不久你回到我身边。若能再看到你结婚，即或死逝，我的一生，亦无憾事矣。我近来常常在家，懒于出门，更对金代元遗山"老来行路先愁远"的诗句有所体会。你这次东北之行，胜利成功，并锻炼了你的社会经验，使我对你更加热爱。可是我一离开你，就感到孤寂。每中夜不寐，月光徘徊于窗牖，万籁无声，则低徊系念，不能遏止。想到我的一生，你的前途，我的过去，你的童稚时代，真如浮云流水，瞬隙即逝。我老矣，更希望假我以年，得十载相处，就是最大的福气。我每接到你的信札，都反复诵读，以愉怀念。不错，你最近文字表达通畅，字简意赅，字体颇像我……祖父书　八月三日

又："……我只有一个希望，就是你回到我身边，我俩可以耽读子史，寓目典籍，研讨许慎《说文》、《法言》、《切韵》，以此娱我晚年，指薪永传，如此而已。"

我和祖父母感情深，可举两个例子。一个是冬天给炉子"封火"。祖父早睡早起，而且极其怕冷，因而夜间一旦封火后，要保证一宿不灭。第二天祖父五点起床时，一挑盖火，火势正好。加块煤，一会儿就热气腾腾，室温如春。祖父怕冷，有一些故事。20 世纪 80 年代初，一次许嘉璐先生陪祖父去武汉开会后，回来跟我闲话时说："在武汉，二百八十岁老头儿帮你爷爷找棉裤！"原来那次武汉开会的时间虽只是初冬，祖父却早早裹上了棉裤。有一天四位一块儿来开会的老先生结伴来看祖父，正聊得热闹，祖父忽觉腿冷，要穿棉裤，可怎么也找不到。于是四位老先生一块儿帮忙找，还是找不到。"每位老先生那时都七十来岁，加一块儿不就二百八吗？"许先生说。正在大家奇怪棉裤哪儿去了，许先生从外边儿进来，他了解祖父，用手在祖父腿上一摸，说："您这不是已经穿在身上了吗？！"所以一到冬天，我家室温就是"惟此惟大"的大事。祖母去世后，我担当了"封火"这个工作。我发现，每个火炉都有它自己的"脾气"，我摸透了祖父屋里那火炉的"脾气"。夜间大概什么时候添最后一块煤，看煤边与炉边留多少比例合适，炉门留多大缝儿，最后一次撴火大概在什么时候，盖火要留多少公分的缝儿。这样，我最佳成绩是连续两年的两个冬天的夜晚，火没灭过一次，没用过一块炭引火，简直"神"了！另一件事是祖父母去世后二十来年间，我夜间做梦还

经常为一件事惊醒，就是家里的保姆不是辞职回家就是回乡探亲或因事因病不能来。这并非我杞人忧天，而是白天的现实夜间来入梦。因为祖父母晚年后，祖母已不能做饭，只能安排保姆做，因此保姆便成了家里挑大梁的人物。一旦有变，我往往心急如焚满处张罗。所以尽管他们已逝去多年，可当时那种焦虑的感觉却仍常在梦中。

沉思往事，我觉得感情不是花架子。感情就是实实在在的付出和实实在在的焦虑。因此我现在每每看到电视里某些情感专家放论感情如何如何，便感到那么华丽而虚浮。

又陆续回到北京，先是祖父从山西回来编《新华词典》，随后是母亲从江西回来到了交通部远洋局，之后是父亲回来去了北京师范学院，最后是我搞个假病退回来在街道待分配。

这段时间，祖父虽然在家的时候多，但也常要去学校参加运动。当时政治运动波谲云诡，变幻莫测，记得不知什么运动又来时，曾有位客人来我家对祖父说："您瞧，运动又来了，又得来个人人过关，这回也不知怎么才能过得去。"祖父却泰然自若，说："你怕什么，满大街不都在告诉你怎么办吗？"来人一愣，祖父解释说："那交通道口不都立着'一慢二看三通过'的牌子？"来客哑然失笑，而这也确是政治过关的一个方法。

政治上，祖父胸襟豁达。比如，翻译家杨宪益的妹妹杨敏如先生与祖父同事。当年"反右"即将开始时，祖父已事先从市委知道消息，关照杨先生少说话，于是杨先生安稳过了这关。"文革"中，大家必须互相揭发，不然过不了关。杨先生想来想去只有用这事做文章，"罪名"呢？就叫"泄漏国家机密"。"文革"后，杨先生见到祖父，很不好意思，反复解释，祖父却只一笑了之。

还是在"文革"末邓小平初次主政时，给一些人落实政策，这些人是：一、华侨；二、著名学者；三、民主人士；四、知名人士。祖父一人占了后三条，所以很快退了房子等。改革开放后，祖父担任了中国训诂学会会长和北京市政协副主席。但此时令他心情最为舒畅也最为兴奋而迫不及待行动起来的，便是重上讲台和著书立说。当然，这都是后话了。

祖父是个性情浪漫、兴趣广泛的人。少年时爱好各种运动，青少年时又喜游玩。他的好友赵元方先生曾在一篇为祖父作的寿文中回忆道："陆子……耽书习静，寄居什刹海萧寺。讲读之暇，时命俦侣，按笛而歌，予亦从焉。冬夜歌阙，连臂履冰，月色如银，空池相照，虞卿（书法家朱家济）引吭长啸，声彻碧霄。古寺寒林，亦生回响，少年意气，颇谓无俦。……"祖父当时正在北大当助教，寄居什刹海某寺，为的是离学校近，从文中可知，若逢明月清风夜良辰美景时，祖父和他的朋友们是绝不辜负的。祖父善吹笛、箫。笛声嘹亮，高亢悠扬；箫声低咽，甚至有些悲凉，然而深沉幽远，更达妙境。祖父雅好昆腔，据朱家溍先生与我闲谈中说："你爷爷在什刹海边上一座院落里租了两间房子，挺宽敞豁亮的，这些喜好昆剧的人常在他那儿聚，有我大哥、二哥、赵元方、周复以及北大的几个人。后来，大家又去东绒线胡同国剧学会，齐如山在那儿主持。因为齐如山和韩复渠有点亲戚关系，这房子原是韩的公馆，韩走了，齐就用它成立国剧学会。常去的人有那些昆剧名演员，如侯益隆、韩世昌、白云生、马祥林等。你爷爷和他们都很好，对他们时常有些周济。比如侯益隆得春瘟，住院治病，全是你爷爷掏钱，韩世昌、白云生他们都受过你爷爷的接济。其实你爷爷也没多少钱，不过他不在乎。常去的昆曲爱好者有傅惜华、谭其骧、张谷若，还有我，等等。你爷爷会百来出昆剧，他上台演过几次戏，我都清楚。头一次是给你老祖过生日，在打磨厂福寿堂，演《单刀会》里的《训子》，他演关公；第二次是在北平大学艺术学院，演《长生殿》里的《弹词》，他演李龟年，我演李慕；末一次是为庆祝中国大学成立昆剧学会，在吉祥剧院，还是《长生殿》，他还是李龟年，我也还是李慕。”吴晓铃先生也对我说过祖父和昆剧演员的交往。他说：“民国时天津发大水，侯玉山躲到北京来，就住在你们家。天天教你父亲在哪个庙门口打猴儿拳，有一百多人跟着学。不过你父亲学没学会我不知道。”网络上有一则关于祖父的资料：“陆宗达，曲友名辈，声韵学家。……1928 年北大毕业，留校任教，曾在什刹海附近的庙里租了间房子，亲自主持了一个曲会。请艺人何金海拍曲，参加者有二十余人。何金海南归后，陆宗达又在自己家里组织曲会，聘曹心泉为曲师，迟景荣司笛。1934 至 1936 年，他得到齐如山的支持，在北平国剧学会东院楼上组成了一个正规的曲会，参加者有傅惜华、宗澹云、谭其骧、李永倜、李保勋、朱家源、朱家濂、朱家溍等，女曲友有张纫秋、吕静方等。北昆名演员韩世昌、马祥麟、侯益隆、田瑞亭等也不定期参加活动。陆宗达能唱一百余出昆曲，专工老生，也能唱花脸戏，曾登台演出《弹词》和《训子》，扮李龟年和关公。……他嗓音洪亮，咬字讲究，音色纯正，毕生致力于昆剧艺术的传习和发扬，是一个大力提倡昆曲的著名学者。”文中提到的迟景荣是杨小楼、梅兰芳的笛师，与祖父是极好的朋友，并教祖父吹笛，迟先生后来把自己最好的两管笛子送给了祖父。我记事以后，祖父吹的永远是一段，即《牡丹亭·惊梦》中“原来姹紫嫣红开遍，似这般都付于断井颓垣。良辰美景奈何天，赏心乐事谁家院！朝飞暮卷，云霞翠轩，雨丝风片，烟波画船，锦屏人忒看得这韶光贱！”“文革”后，祖父特意去看迟先生，而迟先生已老病缠身，不能下床。一见祖父进来，吃了一惊，叫道：“颖明，我没想到还能再看见你。”说罢，泪如雨下。迟夫人一定要留我们吃饭，对祖父说：“大哥，还照老规矩，我去月盛斋买烧羊肉，下面。”有回我和启功先生聊起迟景荣，启功说：“迟先生辈分很高，他给梅兰

陆宗达先生戏装照

芳吹吹笛子，那还是抬举小辈的意思。”祖父的花脸戏也唱得不错，学金少山，爱唱的几段戏是，包公的《探阳山》，另一是《锁五龙》中单雄信中的一段唱。祖父多次说，最佩服单雄信有气节，至死不降唐，这段唱就是大骂降唐的人。他还爱唱《黄鹤楼》、《盗御马》，并说他佩服窦尔墩，为人就该讲义气，不怕死，犹喜唱窦尔墩临刑前唱的那一段儿。此外，祖父还喜欢踢毽子、抖空筝。记得 1964 年前后，祖父在家中院子里踢毽子，他把毽子一踢老高，然后用头顶、脑门、鼻子、下巴去接，不断变换花样，还把一条腿伸到另一条腿后边掏着踢，把一旁的我都看傻了。他是抖空筝的高手，不但把空筝抖得很响，而且有时嫌抖空筝不过瘾，让我拿来小小的茶杯盖，将茶杯盖抖得滴溜转，而他当时已经近 60 岁了。祖父还极善于讲故事，据我五姑回忆，夏日黄昏，他常坐在院子南窗前的大杏树下，或是在葡萄架下的石桌旁，坐在凉墩儿上给孩子们讲故事。他最喜讲的是林琴南翻译英国作家哈葛德所著之《英孝子火山报仇录》，讲时声音忽高忽低，语气抑扬顿挫，听得几个孩子如醉如痴，时而恐怖无比，时而开心欢笑，今天想起犹如昨日。

祖父平时说话幽默风趣，有回跟我聊到家里的药铺时，说：“你知道吗？凡在药铺里学过徒的人都不吃冬瓜。为什么？因为冬瓜皮和冬瓜子是药材，冬瓜瓤子可入不了药。可冬瓜瓤子也不能扔啊！于是掌柜的就让徒弟们天天吃冬瓜瓤子，顿顿炒冬瓜、熬冬瓜，和冬瓜干上了，那还不吃倒了胃口？所以人家出了徒，自立门户后，全不吃冬瓜。”

有关祖父有趣的事很多，记得他常把“百货”念作“薄荷”，把“沙发”叫作“梭发”。我和祖母取笑他，说，到“薄荷大楼买梭发”。祖父反驳说，“百”的字音就念“薄”，是我们把字音念白了，“沙发”的英文即念“梭发”。祖母的姓名原作“尹棣贞”，“棣”字一般人不认识。祖母几次去看病，叫号、发号的护士不认识这个字，很麻烦。祖母回来唠叨，祖父说：“你告诉护士，就是棠棣之花的那个棣！”祖母说：“什么棠棣之花，我都说不清，还告诉人家呢！”祖父想了想说：“那就改成一横吧。一横谁都认识。”打这儿以后，祖母就叫“尹一贞。”有回在民盟中央开常委会，祖父与物理学家马大猷坐一块儿。祖父说：“我知道你哥哥的名字。”马大猷先生问：“什么名字？”“马大哈！”“正是正是！”二人相视大笑。女排第一次在国际上拿了冠军得胜归来，市政府开庆功宴，郎平代表女排队员敬酒。敬到祖父这儿，市委统战部长高戈对郎平说：“要多敬陆老。陆老是酒仙。”祖父说：“是酒鬼。”有回祖父闲聊中说起他北大毕业留校后，有一年去某寺庙玩儿，求了根签儿。拿过一看，上边是“一声蝉续一声蝉”。祖父心想，得，这辈子跟教书干上了。我问为什么，祖父说：“这还不明白！一声接一声地叫唤，这不就是教书吗！”

我幼年时，祖父常靠在院中的躺椅上给我讲《聊斋》里的故事。那时，葡萄架处已改种了一片竹子，躺椅就放在竹下，取其清幽。时当晚春，夕阳金光灿烂，杏花满树开放。晚风吹拂，竹叶飒然有声。在这样的环境里，听着祖父绘声绘色的言语，我似乎离那些故事中的人物更近，觉得他们更亲切了。流年似水，而今，又是春深，景色依旧，物是人非。夕阳黯黯，庭院深深，晚风吹过，杏花如雨，一种黄昏时的寂寞浸透身心，令人悲伤。

那时我家有里、外院两个四合院，还有三个呈长条形的小院。曾祖居里院，祖父居外院。曾祖并不习武，但他喜欢舞剑弄棒以强身健体。我小时家中还有几样“兵器”。一个是枣木棒，还有一件鬼头刀和一把宝剑。那把鬼头刀曾是我五老祖用过的兵器，他拿着这把刀参加了义和团，但两天后义和团就失败了，他曾被洋人包围，靠这把刀杀了出来。我见过五老祖，他 90 多岁时，还能骑马蹲裆地站一会儿。宝剑是曾祖用来健身的。剑装在一个青绿色鲨鱼皮皮鞘里。记得正是“文革”来临的那年初夏，我上小学六年级，一天几个同班同学来家玩，看见这柄剑扔在院墙边，上面锈迹斑斑。他们好武，马上找来磨刀石就在我家北房廊下“霍霍”地磨起来。工夫不大，磨得又白又亮，寒光四射。仔细看剑身，还有“龙泉剑”三个字。他们大喜，约好下回来耍。没想到没过两星期，“文革”爆发，家人害怕红卫兵说这是凶器，于是将鬼头刀、龙泉剑和枣木棒等其他容易招灾惹祸的东西一概交街道处理。恍惚记得其中还有一副用紫檀木盒装的象牙麻将和我祖父唱昆曲用的许多戏本。同学们后来见了我，知道把剑交了，还直后悔，说：“可惜把它磨那么快。”

记得祖父还教我练过棍棒，用的就是这根棒。那时他好像正是 60 岁，为了显示他身体还柔软，他双手举棒过头，两手同时向后一翻，棒子就横到了背后。我那时虽才十一二岁，却怎么也无法将两手同时翻到背后。他还告诉我，武松打虎用的就是这种哨棒。

祖父为人善良，富有同情心。他曾说起，他小时附学的杨家家馆，请的是位姓王的老师。王老师性情耿直，不趋时，不媚俗，也因此显得有些古板，后来果因督责太严而被杨家解聘。王先生妻子早逝，留有一女，只十来岁，因患小儿麻痹症不能行路，终日在炕上游戏。王老师被辞后，找不到事做。某日祖父见他站在某街口要饭，祖父非常难过。回家便与我曾祖商量，准备请王老师到我家的药铺做账房先生。我家那时开的药铺是南城有名的大药铺，不仅大，而且掌握很多秘方，很有疗效。有几服药在城里叫得很响，如俞敏先生告诉我的一种治妇女病的“陆氏妇宝金丹”，即如同今天的名牌商品。因此一些高官显宦也常来铺里买药，并与高祖相熟，如清末著名书法家、修订法律大臣沈家本等人，即因买药看病而与我家祖上结交。当时铺子里已有账房先生，但曾祖为勉励祖父行善，还是同意为王老师在铺子里安排一个位置。祖父第二天便兴冲冲地到昨日的路口去找王老师，但不在。祖父等了半日，仍不见来，便去他家，邻居们说早已搬走。祖父慌了神，一个劲在附近大街小巷到处乱找，直到天黑仍未见，只好作罢。第二天又去，仍然不见。祖父给我讲这故事时，已年近 80，但仍非常动情，恍如昨日之事，而那时他只不过是十来岁的孩子。他至今仍然对没能及时救助王老师和他那患有残疾的女儿,抱着深深的遗憾。

我家不远处住着一位断了一条腿的老人,靠糊纸盒为生。祖父每次外出从他家门前走过,总要向他打招呼,问候两句。后来祖父告诉我,这是当年给他拉洋车的车夫,某次捡废炮弹时被炸断了一条腿。祖父去世后,有一次我偶然经过这位老人门口,老人看见我,非让我进他家,问我现在在哪儿,并要我以后常去他那儿。这人虽去而情犹在的温暖,使我异常感动,且永驻心中。

祖父虽然性格浪漫,情感丰富,但他做学问相当艰苦,肯下"死功夫"。他与我聊天时曾说:"谁愿意做学问啊,做学问多苦,整天连吃带玩多好。"但他又说:"我这门学问(指训诂学),看似枯燥无味,整天就来回摆弄那几个字儿。而你要是入进去了,用这个字串那个字,用那个字串这个字,跟用绳串蚂蚱似的,那就有意思了。"祖父还说:"我这门学问最养人了,要慢功儿,磨性子,拿这个养病最好。"祖父谈体会时,说:"打基础是先过了古音韵这关。我当年就是靠死记硬背过来的,其实也就用半年。不过那半年可真苦,过来以后,一辈子受益。"记得祖父病重时,有一次我去朱家溍先生家取书,遇到朱先生的三哥,谈起来他笑着回首当年,说:"原来我也一直作学术研究,后来觉得不行,生活太苦,就改行干了别的。你祖父曾指着我说:'太可惜了。你是不能安贫乐道。'"

祖父不仅研究小学(文字学),而且也精文学。"文革"末期,我从东北病退回京,祖父那时也正在家"赋闲",于是教我训诂学。我跟着学了一年多,祖父看我兴趣不大,知道我喜欢文学,于是找来《文选》、《左传》等一些书,从里面选文章教我。而且几乎每回开讲前,祖父都事先将原文抄写在稿纸上,并在下边写下注释和心得,工笔小楷,密密麻麻,然后才开始讲授。讲过的文章记得有,《左传》中的四大战和《郑伯克段于鄢》,以及诸葛亮的《出师表》,曹丕的《典论·论文》,李密的《陈情表》,江淹的《别赋》、《恨赋》,苏东坡的《赤壁赋》和许多唐诗宋词。

祖父的学术成就在学术界已有定评,但他的写作状况外人却知之不多。不论春夏秋冬,他每日总是四五点钟起床,随即刷牙、泡茶,然后一边抽烟喝茶,一边看书写作。至七时家人起后,再开始洗脸、吃早饭。八点开始写作,十一时左右吃午饭。饭后,抽一支烟然后睡午觉,睡一个到一个半小时。两点开始写作至下午六点吃晚饭。饭后看一小时左右电视即上床休息。

祖父的作息时间准得可比钟表,只要没有来客和外出,从不打乱。而且他有两个很好的习惯:第一个是从不"偎被窝儿",黎明即起,睁眼即下床,没有拖泥带水的时候。第二是只要不是睡觉,从不在床上躺着、靠着、"偎裹"着。累了,也只是靠在椅子上打个盹儿,十来分钟后,继续读书写作。

从1982年八九月间起,祖父用一年半时间写成了《说文同源字新证》,此书共计45万余字,从《说文》的头一个字写到末一个字,书中凝聚了祖父数十年研究《说文》的心得,花费了巨大的心血。在这一年半的时间里,祖父除接待客人或外出参加非参加不可的社会活动和会议外，整天坐在椅子里，埋头写作，不到吃饭睡觉决不休息。有时甚至打破他多年的饭后即睡的习惯，饭后仍然要写作一段时间。我曾想让他换换脑筋，轻松两天。祖父却说："一下笔就由不得自己，构思不能打乱，一打乱再恢复就难了。"遗憾的是由于学术书籍的出版难，此书至今仍未能问世。

陆宗达先生晚年照

祖父备课也非常认真。他曾对我说："我只要讲课，不管多熟的课，也要备。"我曾见过他几十年前的备课本，那上面连上台后准备说的第一句话都写得清清楚楚，给我印象深的一句是："同学们，咱们先讲讲为什么要学习古汉语……"每逢第二天有课时，他头天晚上准睡不踏实，第二天早早起来，把课再备上一遍，等着天亮。他不仅自己备课认真，而且要求学生们上课前也要先熟悉课文。他曾对学生们说："一篇课文，不管你讲多少遍，哪怕倒背如流，也要备。我每次备课都能领悟到新的东西，受到新启发。"他传授教学方法时说："我的教学方法也是从季刚先生所得。季刚先生讲课，犹如剥老玉米，结论是玉米心，外面一层层包着玉米皮。撕去一层，深入一步，再撕去一层，又深入一步，由表及里，由浅入深，最后豁然开朗，既吸引人又启发人。"

祖父每当谈到学术和教学方法，总要归功于季刚先生，常常情不自禁地吟颂道："一饮一啄，莫非师恩。"记得我陪他到西草厂理发时，途经椿树二条。祖父在这条胡同口站住，伸头朝巷子里望。我问他看什么。他停了一会儿，才从深深的回忆中转过头，说："季刚先生当年来北平，在这里住过，就住在那个大门里。"他说着用手指了指不远处一所院落。我建议到大门口看看，他却说："不必了，走近了更受不了，在这儿看看就行。"20 世纪 80 年代初，祖父到武汉参加中国语言学会成立大会，他专程去拜见季刚先生的遗孀。当晚回到开会的宾馆，他还沉浸在往事的回忆中，竟未注意脚下，摔了个大跟斗，把脚扭伤了。

祖父虽然极其尊师，但在学术上却不存门户之见。语言学家王力先生对季刚先生的某些论点有不同看法，但与祖父却是极好的朋友。祖父曾说，一次王力先生做学术报告，祖父也坐在下面听。王先生看见了，于是说："今天有陆宗达先生在下面听，我不敢讲。"直至祖父上台坐到他旁边，王先生才开始作报告。1985 年，师大集会庆祝祖父从事教学活动 55 周年，王力先生特来参加，对祖父的学术研究作了介绍和赞扬。王力先生故去时，正值炎炎夏日，当时祖父身体亦不好，刚因心房纤颤而住院归来。但他坚持由学生搀扶着参加了王先生的遗体告别仪式。那时有一位先生，在许多场合赞扬章黄之学，贬损王先生。有一次在某大学召开学术讨论会，这位先生在发言中大颂章黄，大批王力，祖父很不高兴，当即说："您颂谁批谁都可以，是学术讨论的自由。但有一点，您无论是褒是贬，先要将人家的著作看完、解透。您对王力先生的批评我不同意，因为我觉得您还没看懂王先生的著作。"祖父回家讲这件事，我很惊讶，因为祖父一贯与人为善，在外边从不得罪人。这次使对方当众丢面子，在我记忆中是第一次，也是最后一次。

祖父经常对学生们说：不要多提章黄学派，学派之称本来是为考证学术渊源，发展到最后，弄不好就成一家一派之言，不利于发展学术，反而禁锢了学术自身。他要求学生们广泛团结各家各派之人，并指出，也只有这样，自己的学术才能发展提高。他的学生告诉我，正因为祖父从不自我标榜门户，所以威望很高。有一次召开学术会议，因为门户之见与会代表们产生了一些争执，主持人赶快请祖父讲话。祖父讲，我们都是来自五湖四海，为了一个发展学术的共同目标聚到一起。从今以后，大家不要再各自为阵。

祖父是传统语言学家，在训诂学上有较深的造诣，尤精说文解字之学，同时在声韵学、现代汉语语法学诸方面也都取得了一定成就。

祖父早年致力于音韵学的研究，1927—1928 年，他在北京大学读书期间，曾写有《集韵音系》、《古韵谱》（皆未刊）等文，受到黄侃赞许，黄侃在其所著《尔雅新疏》一书中援引过祖父的解释。1930—1935 年，祖父在整理清代音韵训诂学大师王念孙的遗稿时，通过王氏遗稿中数十册《韵谱》、《合韵谱》，发现王念孙晚年已分周秦古韵为 22 部，而以往历代学者都是根据《经义述闻》的记载，定为 21 部。于是祖父在其所著《王石臞先生韵谱合韵谱遗稿跋》（《国学季刊》3 卷 1 期，1932 年）和《王石臞先生韵谱合韵谱遗稿后记》（《国学季刊》5 卷 2 期，1935 年）中，叙述了王念孙研究古音学的过程，令人信服地证实王氏晚年对古韵的分部已由 21 部增定为 22 部。这一发现曾引起当时古音韵研究者的重视，并为学术界所公认。以后祖父在中国大学任教期间，曾著有《中国声韵学》，他以新的科学的方法，利用国际音标与方言并结合藏语梵文，系统讲授中国古代声韵学的历史与沿革，受到学生们的欢迎。

1957 年，祖父在《中国语文》上发表了《谈一谈训诂学》，这篇文章曾引起学术界的广泛关注。祖父在这篇文章里指出，过去学者们认为训诂学只是讲解字义和词义的看法是不全面的。训诂学固然要讲字义和词义，但就其全部内容来说，绝不仅仅是字义和词义的问题。在过去的文献里，关于训诂学的资料是非常丰富的，它的范围相当广阔，表现形式也多种多样。从历史来看，训诂学本是对整个具体的语言作出分析解释。如《毛传》在许多地方，虽然没有独立地解释过语法，但在申明句意的时候，往往把词与词或句与句的关系确定出来，因而就暗示出语法结构。古人解经，往往在训释词义之外，再串讲一次经文大意，这种串通整句的办法，属于章句的体例，实际上也应当算是训诂学的一种方法。在后来出版的《训诂简论》一书中，祖父更明确指出：训诂学是以解释词义为基础的工作。除此以外，它还从分析句读、阐释语法这两个方面，对虚词和句子结构进行分析，实际上为后来的语法学提供了素材。在释词、释句过程中，它承担着说明修辞方法和研究特殊的表达方式的任务，以后的修辞学即从中取材。同时，它还串讲大意和分析篇章结构，就整段或全篇文章进行分析解释，这即是所谓“章句”之学。因此，祖父在书中将训诂学的内容分为两类：甲，保存在注释书和训诂专书中的训诂内容，共分七类，即解释词义、分析句读、阐述语法、说明修辞手段、阐明表达方法、串讲大意、分析篇章结构。乙，保存在文献正文中的训诂内容，可分两类，即以训诂的形式出现的正文和以正文的形式出现的训诂。祖父特别强调以正文形式出现的训诂，因为这是前人从未注意和涉及的一个领域，他在书中特别指出：“这里，我们将要谈一个不易被人注意的方面，就是在古代文献正文中蕴藏着丰富的宝贵的训诂资料。这些资料有时以一种特殊的表达方式存在于正文之中，往往被人忽略。但它是正文中的有机组成部分。这种夹在正文中解释词义、阐明语法的办法有很多优点：对于正文来说，它不但可以避免由于文外加注而造成的支离破碎的毛病，而且可以起到条目分明、渲染周到的积极作用，有时还可以使语法结构富于变化，把思想表达得更准确、鲜明、生动。对于训诂学来说，它是可贵的财富。我们如果把这方面的资料收集起来，总结它的规则，阐明它的体例，以进一步理解训诂的意义，探讨解释的奥秘，对于训诂学的发展一定有较大的帮助。”祖父的这些论述突破了前人认为训诂主要是解释词义的界限和将训诂的材料囿于训诂专书以及大批古籍的专注中的看法，并试图建立起新的、广义的训诂学。祖父的这一观点在学术界引起很大反响。

祖父师从黄侃，对《说文》精研数十年，曾对《说文》全书进行过形、音、义的综合系联。祖父认为，《说文》是中国传统语言文字学史上第一部分析字形、注解字义、辨识音读的字典，在其编纂时已有明确的、比较成熟的形、音、义结合的理论作指导，非常注重形、音、义的系统。这种系统不但表现在每个字、词的说解都分形、音、义三部分，更重要的是，书中的绝大部分字、词都包含在形、音、义的系统中。而《说文》的编排是“以形为主，经之以五百四十部，以义纬之，又以音纬之”（段玉裁语）。这种“以形为主”的编排固然有助于人们理解汉语字、词形、音、义的联系，但也在很大程度上掩盖了形、音、义的系统。因此在学习《说文》时，必须把每个字的形、音、义拆开，同时又从《说文》全书的整体上按照相应的系统重新组合、编排这些拆开了的每个字的形、音、义，这样才能重现形的系统、音的系统和义的系统，以及这三个系统的综合与穿插。而从每一系统以及系统之间的综合上来认识一个字，才能认识得全面、深刻。为此，祖父写了《说文解字通论》一书，此书成于 1964 年左右，是新中国成立后第一部对《说文》进行系统理论研究的专著。祖父在书中对《说文》的内容和体例以及如何运用《说文》解释古书、《说文》中保存的有关古代社会状况的资料和《说文》的局限性几个方面进行了深入的研究，特别是祖父首先从理论的高度将《说文》中所收的文字与当时的社会生产、生活联系起来进行研究，这就打破了过去一般将《说文》单纯视作字典的观点，加深了人们对《说文》的认识，强调了《说文》不仅在语言学史上，而且在文化史上的地位。

祖父研究《说文》，不但继承了传统的、已被实践证明是正确的理论和方法，并且密切结合文献语言的实际，集中各种有关文献资料，进行具体的分析比较，考证核实，使《说文》的研究建立在更为可靠的基础上。他运用“孳乳”和“变易”的条例，在研究语言变化的同时，对同根字进行了深入的研究，并写成40余万字的《说文同源字新证》(待刊)和20余万字的《文始述评》(未完待刊)两书，提出了许多独到的见解和新的观点。

祖父研究《说文》的另一突出特点是，研究《说文》时密切结合对甲骨文和金文的研究，祖父认为，没有《说文》作阶梯，甲骨文和金文的识读和研究将会碰到许多无法克服的困难；而甲骨文和金文又可以反过来验证《说文》的正误。所以，他在自己的论著中，很注意和重视用甲骨文和金文来引证《说文》。

祖父在写作上的一个显著特点是，深入浅出，以简驭繁，讲求实用。历来研究训诂学及《说文》的著作都很深奥，很难为一般读者接受，因此非常需要既深入细致又明晓易懂的著作进行普及。但要做到这一点并不容易，因为只有“深入”才能“浅出”，内容的“深入”却又妨碍着形式的“浅出”。祖父的著作却做到了这一点，他不仅将深奥玄妙、被一般人视为高深莫测的训诂学讲得清楚明晰、通俗实用，而且在条分缕析、潜移默化之中提高了人们对训诂学的认识与兴趣，推动了训诂学在广大古汉语爱好者中间的普及与提高。

祖父回顾自己在传统语言学领域中的耕耘时，曾将自己的学术研究总结为五点：

第一，中国“小学”的重要传统是“为实”，也就是严格地从文献语言材料出发，不事空谈，不作空泛的推论。因此，他把自己的研究工作的基点，放在对古代文献语言材料的解读、辨认、分析和归纳上，也就是说，他所提出的课题来自文献语言，得出结论所需的证据也采于文献语言。

第二，传统语言学分成音韵、文字、训诂三个部门，他的学习和研究是从音韵学起步，以文字学为桥梁，在训诂学上落脚，也就是以文献字义作为主要的探讨对象。这是因为，从文献阅读的实用目的来说，意义是它探讨的终点；从发展语言科学理论的目的来说，中国语言学最薄弱的环节是语义学。

第三，他对训诂学的研究，是以《说文》为中心来进行的。因为《说文》中贮存了系统的文献词义，并且在汉字一形多用、数形互用的纷繁情况下牢牢抓住了本义，为通过字形与词音探讨词义提供了重要的依据。加之自汉代以来将近两千年的研究，特别是经过清代乾嘉学者的大力倡导和发展，《说文》之学是“小学”中成果最为丰富的一个部门，因此，他多年的学术研究都是以《说文》为中心的。

第四，他主张批判地继承古代文献语言学的材料、理论和方法，从中发展适合汉语情况的语言科学。当代语言学以引进为主，传统语言学只被看作历史，很多人以为不再有发展的必要和可能了。祖父认为，要研究汉语的现在，首先要研究它的过去；要研究古代的汉语，必须同时研究汉字。汉语的特点加上记录它的汉字的特点，都决定了汉语的研究必须吸取传统的文献语言学的材料、理论和方法。借鉴国外语言学的研究成果是非常必要的，但这种借鉴不是搬用，而要在考虑到汉语和汉字本身的特点和规律的情况下进行，要把是否适合汉语实际情况作为标准来加以取舍。重要的是要把传统的汉语言文字学发展为更先进的语言科学，以丰富世界语言科学的宝库，而不是切断历史、抛弃和排斥传统的东西而沿着从别种语言中总结出的规律来为汉语的研究另辟蹊径。

第五，研究语言的目的，是为了正确解释语言现象和解决语言运用中的诸多问题。研究古汉语的人，目的是为了解决古代书面汉语也就是文献语言中的实际问题。在振兴民族文化的今天，这种研究不应当只进入科学家的殿堂，而应当同时面向社会，注重普及，强调应用。音韵、文字、训诂之学由于历史及自身的原因，在今天仍未能普及。所以祖父认为要注意提出群众所关心的问题，写一些实用的文章。这些文章讲解要深入浅出，还要使用现代人可以接受的语言，从道理上把许多现象说清楚，讲明白，使一般人都能懂，利于大家的应用。

总之，从文献语言材料出发，以探讨词义为落脚点；以《说文》为中心，重视继承建立适合汉语特点的汉语语言学；面向现代社会，重视普及和应用，是祖父研究文献语言学的指导思想。

20 世纪 50 年代中期，祖父还从事过现代汉语的语法研究。1953 年开始，中国语言学界展开了一场空前热烈的汉语有无词类分别的大讨论，祖父发表了《汉语的词的分类》一文，对汉语的“重叠形式”和“狭义形态”作了详细分析，并在稍后出版的《现代汉语语法》（与俞敏合著，1954 年群众书店出版）中进一步体系化。此书讲的是北京口语，用北京话作材料，同时运用古汉语和吴、粤、闽南、客家等四大方言的材料，用历史的方法和比较的方法加以说明。本书十分重视口语，认为方块字写下来的材料，把语言的真相都给弄歪曲了，非得重新回到嘴里说的话上去不可。因此，书中的材料都是先转写成标音谱，分析完了之后再写成方块字，并在研究汉语语词的时候，注意声音的变化。关于汉语词的分类，祖父认为汉语实词有形态变化，所以应按形态分类，虚词则按在句子中的作用分类。按这种方法，实词可分为名词（包括量词）、形容词、动词、数词和代词五类；虚词分为副词、关联词、语气词及感叹词四类。祖父认为汉语实词的形态变化主要表现在语音上，如“姐姐”背地里称呼时用主格或普通格，就是第二个音缀念轻声；当面叫时用呼格，第二个音缀是重音。另外，汉语里还有一种现象，就是把单音缀实词连着说两遍，并且把其中一遍的声音给改了。祖父根据词儿重叠时语音的变化情况来划分词类，认为重叠后重音在第二个音缀上，并且有"每"的意思，如"人人"等是名词；重叠后重音挪到第二个音缀上，用高平调，而且应该加上儿化，如"好好儿"等是形容词；重叠后第二个音缀读轻声，如"看看"等是动词。《汉语的词的分类》一文和专著中提出的关于汉语的形态变化和重叠形式等问题，曾引起了语法界的高度重视。

祖父在文学上也有较高修养，他对《文选》和《左转》研读很深，尤其对《左转》中的有关战争的描绘和《文选》中两汉至南北朝时期的文章词赋有许多独到之见，对小说戏曲乃至传奇俗谚亦有一定研究。但综观祖父一生主要的学术活动与成就，仍然是在音韵、训诂、《说文》研究和现代汉语语法等方面。

祖父虽然精研学术，对学术荣誉倒不大在意。20 世纪 70 年代末，祖母做针线活儿用的一个线板儿，是 20 世纪 50 年代中国科学院发给祖父的学术委员聘任书。我问祖母怎么用这个当线板，祖母说："你爷爷给我的。"祖母还说："这个大小合适，好使。"

光阴似箭，祖父下世至今已近二十载。几年前，有老街坊告诉我，我们原来住的平房整片儿拆迁，问我是不是还想回去看看。于是，我回了趟旧居。

老屋的院墙已被拆除，北房、南房的墙壁也已拆掉，但顶子和房架还在。院中到处是残砖断瓦，青石路已不复可辨，花草皆无，唯独东山墙下祖母种下的老杏树旧貌如故，杏花依然盛开怒放，摇曳着高远的蓝天。

我坐在树下的断砖上，思潮如水，时光倒转，祖父的一生一幕幕涌上心间。我觉得祖父是位理想主义者，是有信仰、有追求的人。记得前些年师大集会庆祝祖父九十冥寿，政界和学界去了很多人。当市委的领导讲了祖父当年的革命功绩后，一位学者发言说："我和陆老相交几十年，常去陆老家与陆老喝酒闲聊，听陆老谈往事说旧人，可是刚听发言才知道陆老原来还为革命做出这么多贡献。这真让我惊讶，因为陆老在世时自己一句也没提过！"终祖父一生，没住过公家的房子，没为自己的工资、职称以及种种待遇张过口，伸过手，并对光荣的革命历史再不提起，这是为什么？

有件事我过去一直不清楚，也是我父亲终生的遗憾。这就是父亲一生酷爱英语，刚考上北师大英语系，就去公安局工作。我五姑当时还是高中生，也去了市委。他们刚成年或还未成年，当时就这么缺人？前两年，看到一份材料，统计北京刚解放时，城里的地下党员一共只有三千多一点儿，这就难怪他们必须去工作了。前些年，市委终于出了政策，为那些解放初期因参加工作而中断学业的地下党员补发证书，承认学历。那时父亲已病重，我将证书送到他病床前，他颇有些激动。看了许久，长叹一声，闭上眼睛。几天后就下世了。

父亲特别喜爱外国古典音乐。对他那些唱片视若珍宝。"文革"中，几次对我和我妹妹说："我是一点儿财产没有，死后只能将这些唱片留给你们，但这是我认为最珍贵的。"父亲因为喜欢英文，所以也特别爱看外国电影、外国小说，希望未来能有机会去国外看看。但他20世纪80年代末即因病去世,未满六十。有次我妹妹无限感慨地对我说:"咱爸这一辈子就想去国外走走看看,这些年一直不舍得给自己花钱,存着攒着。结果一病不起,愿望落了空。所以,人,有愿望,趁早实现。"父亲生前一直用一块家传的老式怀表,表蒙子又黄又黑,表针也模模糊糊的。有位同事来家闲聊时打趣他说:"老陆革命一辈子,怎么连块手表都没革出来!"

我以为这才是真正的革命者,是在儒家文化熏陶下的优秀知识分子。国家动乱,民不聊生之时,他们自感重任在肩,为民族奋斗。天下已定,人民乐业,功成身退,归隐林泉,重新沉浸于自己所喜爱的学术和爱好。如果以昔日的光荣而换取今日之实惠,便违背了他们的初衷,也违背了儒家文化立身做人的准则。所以他们不会去想,也不会去做。

但这与今日的价值观与世俗观念相差何等之远!我不由得忆起我在东北当知青时,当地的头儿从档案中了解到我家的历史后,让我忆苦思甜。当我告诉他,我家以前没有受过苦时,他那双因吃惊而瞪大的双眼令我一生不忘。那时人们的思想就这样简单,你不苦大仇深,出来干哪门子革命?而我知道真正的革命是理想,是信念,所以它才无私,才廉洁。可是我将来把这一切告诉给我的孩子,他能理解吗?

我坐着,想着。我明白,我只能努力影响,却无法预测,更无法改变我的下一代选择什么样的价值观。一代人有一代人的追求,他们将有属于他们自己的是非善恶的观念。然而,有一点我坚信不移,就是人类社会无论如何发展,它的终极目标还是无私和廉洁。假定如此,那么社会的支柱也将依然是理想和信念。想到这里,心里觉得十分欣慰,于是起身离去。时已黄昏,暮色深沉,晚风起处,白色杏花悠然飘散,洒落在静静的墙边、檐下、阶前……

(作者:陆昕,中国政法大学人文学院教授,传统文化教研室主任)

国学是“理论”还是“看法”？*

——“中西马”对话实录(四)

◇牟钟鉴　李德顺等

时间:2009年3月21日下午

地点:北京师范大学价值与文化研究中心会议室

访谈嘉宾:

中央民族大学教授　牟钟鉴

中国政法大学人文学院教授　李德顺

北京大学哲学系教授　陈来

武汉大学中国传统文化研究中心教授　郭齐勇

中国社会科学院哲学所研究员　赵汀阳

北京师范大学哲学与社会学院教授　张曙光

北京师范大学哲学与社会学院教授　李景林

主持人:梁　枢

如果按照理论标准去衡量国学的话语,就会发现大多是些“看法”

赵汀阳:上午没能来,不好意思。我是中西学混着做。

张曙光:通吃。

(众人笑)

赵汀阳:通吃不了,都没吃掉。不过混着做,多少有点特别的感觉,难免会对中西学不同路数有点感觉。

一百多年来,一会儿颠覆国学,打倒儒家,一会儿又儒家复兴什么的。这背后的东西,我感觉主要不是出于理性思考,而更多的是某种热情、某种渴望什么的。由于中国百多年来“混”得不太好,人们急于改变现状,所以,为革命、为解

---

* 此文为根据对话现场录音整理而成,系首次公开发表。《价值普遍主义:合理不合理?——“中西马”对话实录(三)》发表于《炎黄文化研究》第十五辑,大象出版社,2013年2月。

放或者拨乱反正、卷土重来之类的热情就非常高涨。过于激动一般就会压倒人们的理性思考。

当年法国大革命后，西方很快就作出了反思。比较重要的两个反思，一个是柏克，一个是托克维尔，他们的反思虽然不太一样，但有一点是共同的，就是看到了革命的盲目破坏。一种革命或者一种解放——所谓解放就是把人从什么重压下自由出来，总是要针对一个传统来折腾，总是要推翻一个持续了千年以上甚至几千年的传统。推翻传统的做法对不对，可能有不同看法，因为总有人喜欢这样的东西，也有人喜欢那样的东西，一个传统不可能让所有人喜欢。但是如果一个东西已经成为传统了，它就必定有重要的社会文化功能，先不管喜欢不喜欢，当随便打倒一个传统的时候，最后会发现，所有东西都被摧毁了，都成了废墟，但是新的东西却还没有，因为新的东西不是一天两天就能够立起来的。这就是为什么推翻传统往往导致混乱和长期的社会伤害的原因。

另外一个反对随便颠覆传统的理由是，一个传统，不管它是什么类型，它总是要把某些东西定义为是值得尊敬的。比如儒家传统就把父亲、长辈、老人等定义为需要尊重的，把仁、义、礼、智、信定义为需要敬重的；西方传统也是一样的，它把神职人员和贵族定义为值得尊重的，把智慧、理性、公正定义为需要敬重的，如此等等。当打翻传统的时候，同时就摧毁了一切值得尊重的东西。你可能会说，我本来就不喜欢它，我想换一些东西来尊重，这也许没错，但是来不及，因为也许需要花上百年千年才能建立另外一些值得尊重的东西。当摧毁了一切值得尊重的东西之后，这个社会就必定无耻、不要脸、放肆、粗俗，一切东西都向下看齐，所谓世风日下。因为一切原来放在高位的东西都被摧毁了，就一定会造成世风日下，一定会一切向低看齐，向下看齐，而不是向上看齐，向高看齐，当人们不再见贤思齐，社会就危险了。当年中国摧毁儒家，就是教训。我想说的是，哪些东西被定义为值得尊重的，这是个次要的问题，但是一个社会总必须有些东西是值得尊重的，这才是重要问题。

为什么把儒学或者国学说成一种特殊学科不是那么理直气壮？如果我们自己关起门来自我检讨的话，也许可以说，相当于西方人文社会科学总和的国学，其实比西方的社会人文科学薄弱得多。不是说我们没有伟大的思想观念，但是理论性弱，论证分析太少，所以单薄，这个问题很值得想想。把国学宣布为与西方学术不可一概而论、不可通约的学问，这样孤芳自赏、自我保护没什么用，单薄就是单薄，一个证据就是，国学甚至不足以用来解释分析中国自身的问题，这就是单薄。所谓“国学”的学问，多数停留在主观看法水平上，一直也没有整理成为理论，虽然其中暗含许多伟大的见识和道理，但未经理论化就还不是成品，就像未经琢磨的宝玉。谁没个看法呢？看法是廉价的，最烦的就是以为说出“我认为”就以为等于证明了什么，谁不会认为呢？如果按照理论标准去衡量国学的话语，就会发现大多是些“看法”而已，无非是谁谁说了什么，谁谁又说了什么，罗列了许多看法，还是没有进入问题。这种搞法终究是不行的，理论不关心“回”字有多少种写法，如果能够解决问题，一种就够了。您要是把鸡零狗碎知道得多叫作学问，那也没辙了。

那么所谓“看法”和“理论”，有什么区别？古希腊人从开始就发现了这样一个问题，这是他们的政治制度——“广场政治”——所导致的，大家来到广场发表意见，讨论国家大事，但是很快就发现出事了，许多人都是胡说八道。所以，古希腊人很快就意识到，哲学的首要问题就是如何鉴别“看法”和“理论”。看法人人都会，人人都有，不需要付出思想的努力，不需要标准。理论就不一样了，只有两样东西能撑住理论。一种叫真理，另外一种是对问题的有效解法。我们知道人文不能按科学算，人文不是真理，但是一个理论必须是对某种问题的一个有意义的解决，就是说，人文的东西，即使不是真理，至少应该是对生活提出来的某一个问题的某一个解法。这样才立得住。国学里面有哪些东西是能真正拿来解决问题的，恐怕就比较少了。

我们还可以参照一下西方的学术发展史，就看得更清楚了。西方一开始的思想观念也不多，为什么能够雪球般地越滚越大？就在于西方思想乐意追求对问题的理论解法，西学是以问题为中心来建构的，问题就会逼出更多的问题，西方的理论发展史，就是从一个问题到另外一个问题的发展史，问题之间形成一个学术传统。这一点是中国学术应该学习的。我们谈起古代的思想，多数是复述加注解。我们所谓的“学统”，继承的是一种看法，继承的是一种价值观，却不太关心问题以及问题的演变。而西方的“学统”，则是用一个问题逼出另外一个问题，层层问题推进，那些问题是能串成一条链条的，之间都有必然关系。比如从古希腊的知识论问题，从柏拉图式的知识追求，逼出了怀疑论，从怀疑论逼出信仰问题，从信仰问题就会逼出解释学问题，所有这些又能逼出反思的问题，笛卡尔的“我思”问题，从笛卡尔的“我思”的问题又逼出了休谟的怀疑论问题，再逼出康德的先验问题，再后来就逼出了胡塞尔问题，每代学问是一环扣一环生产出来的。西方（的学术思想即是）以问题做成的思想链条。

一代一代的思想家会创造性地提出一大堆问题，但是这些问题哪一个会被拿出来讨论，这是每个时代的选择。时代需要哪个问题跳出来，哪个就跳出来，而那些暂时没有出来的问题不是没有价值，它们可能和时代对不上，它们就储存在那儿，没准什么时候又出来了。典型的例子比如康德“永久和平”理论，在当时太前卫了，但是两百年后，它被发现是联合国的理论基础，也是欧盟的理论基础。这种重新发现是需要强大的问题意识的。

所以说到思想的不同方法论，我想，在今天，儒学不能简单地恢复为一种权威价值观，以这种方式来恢复儒学，是没有希望的。刚才李老师（李德顺）谈到要人民来选择，这也对。我更觉得应该是时代选择，这个时代需要解决什么问题，与之相应的观念理论就会被拿出来。当然，我是很支持国学发展的，不过，准确地说，我是希望中国的思想能做成真正的学问，成为普遍有效的理论，而不是地方性的特殊的国学，其实国学这个概念就是说它是一种文化，而不是普遍理论。需要尊重传统，尊重值得尊敬的东西，但不是说传统中什么都好，哪些是拿得出来的，哪些是拿不出来的，我们必须心里有个底，应该有一个清楚的反思。像那种要全盘恢复的，恐怕比较可疑。假如复兴儒学就是要开历史倒车，恨不得回到旧社会的感觉，可能就不太靠谱，比如三纲五常、三六九等、三妻四妾、男尊女卑……

张曙光：那是极个别的。

（众人笑）

陈　来：现在要回到三妻四妾很难。

（众人大笑）

赵汀阳：关键是要这样也用不着儒学。

（众人大笑）

仔细研究没有坏处，认真想想儒学里面有哪些东西在今天是特别对症的，能够有助于解决这个时代、世界、社会的难题的，然后把它用理论的方法重新创作，而不是像过去那样注经。我自己做过一个理论实验，试图把“天下”这个概念重新创作为一个理论，这就是“天下体系”理论。这是一个理论实验，我觉得值得试一试。传统中有些特别有用的东西，但往往被陈词滥调掩盖了，就像和氏璧包在石头里一样，我们得给它砸出来，用当代的方式把它给砸出来，变成能够解决当代问题的理论，而不仅仅是个值得怀念的东西。我大概就是这个意思。

张曙光：我回应汀阳几句，我觉得汀阳的问题提得很好，实际上他把这个问题引到一个更开阔的背景里面了。为什么学术不能救学术？实际上学术背后有一个滋生它的土壤。昨天我听了郭老师（郭齐勇）给我院学生做的报告后，结束时我也谈了一些想法，我说中西文化传统为什么会有这么大差异，就要考虑这个文化的土壤，要考虑它的初始条件，还有后来的边界条件。中国两千年前就大一统，就已经广土众民了，不管谁当皇帝，基本上都没有侵占别的国家领土的需要了，在这样一个农民加皇帝格局不变的情况下，过去的一套肯定还会延续下去。所以中国传统文化，不管你回过头来怎么看，怎么评价，它只能如此，只能走到这一步。一个民族的文化就是这个民族的命运，就像汀阳说的，它不是人的智力的问题。我想，我们更应当从这个角度考虑，为什么西方人不断提出问题，中国人没有那么多问题？

因为中国这个社会，长期处于一种半自然的生存状态，基本上也就没有问题。

（众人笑）

所以只要风调雨顺，当官的不要盘剥太重就行了，这是一种半自然状态的生存。所以从中产生出来的那一套道德、伦理、仁义道德不是太难做到。你看过去每个村里，都有一些“好人”、“善人”，“谁谁多仁义啊，修桥补路，净做好事”，这样的好人很多。除非如我刚才所说，儒学成了官学，意识形态化，要求每个草民、小我都必须和皇帝一样，心里装着整个社会，这样才会导致虚伪。所以问题就是，学术之外，是什么东西在支撑着又限制着它？有人说中国几千年不断地在重复循环，我们不认账，我们说不是完全的循环，还在往前走，但是得承认往前走的明晰程度，走的跨度不如西方大，这是一个问题。

还有一个问题，就是现在回过头来看，不管是中国还是西方，我们都会发现，人文的东西，包括道德的、宗教的东西，很难说经过几百年就大“进步”了，这在全世界都如此。不断地推进、不断地发展的是科学，由此推动整个社会的发展。这和西方古希腊的理念，和西方重视求知有关，在苏格拉底那里，“求知”就要怀疑，就要分析，就能够达到清晰的理性。后来还有基督教确立下来的历史观念。我们中国，像刚才你（赵汀阳）也说到了，人文也好，道德也好，它终极的目的就在它自身，这已经设定了。终极的目的、理想，就在人们现实的生活之中。就像曾子跟着孔子，一辈子就学两个字——“忠恕”，你把忠恕做到就行了。中国人生活的理想状态，不在来世。所以，梁漱溟先生说中国文化“早熟”是很有道理的。就道德和人文的意义上说，中国文化确实可以说是“早熟”的。这说明中国的文化形态和西方的文化形态确实不一样。

我也赞成刚才汀阳说的，中国的学术，“看法”和“理论”没有很好的区分。我们今天说“国学”是“学术”，如果要严格界定，国学作为学术，比如，那它就应该区分文学评论和文学创作。文学创作是人的情感的一种抒发，每个人可以表达个人的东西，像唐诗宋词，你没法比高低的。但如果是文学评论的话，面对同一个文本，不同的人作的文学评论，就可以比较，使用的方法可以比较，你的结论还可以评判。国学经典里的《诗经》，就主要属于文学创作，虽然内容很丰富，不属于文学评论。原初的、元典的东西可以如此，因为那是学术的源头，但后来学术的理性化程度也不是很高。到意识形态替代学术的时期就更不要说了。所以小平同志 20 世纪 80 年代初说的一句话还是有道理的，他说，我们的人文社会科学，就可比的方面来说，比外国落后。我认为这话是有道理的。哪些是可比的方面呢？资料的掌握、方法的理性程度、分析是不是比较彻底，以及对问题的预见性等，这些都是有可比性的。

今天下午讨论的主题是“国学的当代意义”，但从中国当代社会来看，因为现在处在转型时期，各种各样的问题和要求都可能会出现，有些反映的是社会发展的方向性问题，那就要有战略的思考；有些反映的可能只是阶段性、当下性的问题，那只要策略上注意就行了，要做这个区分。我们社会老是在反复，今天往前走，明天往后退，进两步退一步是可以理解的，进两步退三步就不应该了。我个人感觉，这倒是个重要的话题。

主持人：在我们国学四位老师正式回应之前，我有几个问题想问清楚些。第一个就是您(赵汀阳)说的"看法"(中国学问大都是由看法组成),您认为国学里,虽然少但还是有的那些有价值的东西是什么?您能不能具体地举几件出来,再说明一下?

赵汀阳:"看法"之外……

主持人:您认为国学大量都是看法,理论性的东西很少。

赵汀阳:对。

主持人:我就想知道,那些"很少"的东西指的是什么?我就想知道,您眼里那些不是看法的东西,那些"干货"是什么?

赵汀阳:人们刚开始想问题的时候,哪怕是爱因斯坦开始想问题的时候,也只是个看法,还不是科学。关键是如何把这些看法做成理论。比如说,孔子认为"仁"是最好的,这是看法,但如果他能说出必然的理由来……

张曙光:论证它。

赵汀阳:就变成了理论。所以,看法是能够转变为理论的。但中国古代思想已经成为理论的,这还真不太多。

主持人:我就问,既然有,那"小有"是什么?

赵汀阳:"小有"啊……

陈　来:"小有"是客气。

(众人笑)

本来想说没有。

(众人大笑)

赵汀阳:这么说吧,首先有一点要明确,那些还没有转变为理论的看法,未必不值钱。它有可能是一个非常伟大的直观的看法,但是需要把它做成理论。

李德顺:我认为有,而且有大的。

主持人:您(李德顺)上午说了个"和而不同"。

李德顺:那只是其中一个具体的例证。

赵汀阳:除了我做的天下理论,我特别感兴趣比如说《孙子兵法》和老子的《道德经》这两者里面的思想,它们的基本精神是一致的,如果按今天的眼光来看,这是博弈论的起源。

(郭齐勇笑)

现在说的博弈论是20世纪30年代由诺依曼发明的,现在是显学了,得了两次诺贝尔奖。但是博弈论里面一些基本道理和孙子、老子的思想是相通的,当然,孙子和老子思想还不是作为理论的博弈论,需要当代处理。

主持人:这是一个问题……

李德顺:中国文化里头,关于天文、地理、气象,包括历法、医学……

陈　来:中医当然有一套(理论)……

李德顺:有很多很多科学。所以,我说讲中国文化不能光讲儒学……

陈　来:中医肯定是。

主持人:好东西肯定有,但是因人而异,说法不一。我就想弄清楚汀阳兄他看上眼的是什么东西。这是第一个问题。第二个问题,就是您(赵汀阳)刚才讲到"时代"和"学统"的关系。您实际上是讲西方的(学统)来说明您的观点,由一个思想逼出一个思想。

赵汀阳:是由一个问题逼出一个问题。

主持人:一个问题逼出一个问题。西方由问题出发,中国可能从经典、从诠释(出发),"我读六经,六经注我",治学传统不一样。由一个问题逼出一个问题的话,时代是躲在后面的,是真正的逼问者,是这个意思吧?

赵汀阳:对。

主持人:那么,如果讲到时代,不光是西方有时代,中国也有时代。是不是中国的时代,就不能叫(你所说的)"时代"? 如果叫时代的话,它对中国的思想家有没有逼问呢?

赵汀阳:这要两说着,不是说中国的时代没有提出问题,时代有一个压力,时代形成实际上的困难,摆在那儿,思想要去发现和回应。但如果说思想那里没有足够的储备,就麻烦了,没有思想准备,那问题就会在那儿白白烂掉,后来的人们再感叹错过了问题,这种情况是有可能的。

国学很大程度上是一种生命的学问

郭齐勇:曙光刚才讲到《诗经》,不是能够只用文学批评来理解《诗经》。

张曙光:对对,接着说。

郭齐勇:诗学的传统是非常大的一个传统,文学院的老师(对此)专门有研究,我(了解了后)觉得这《诗经》学不得了。整个《诗经》里面包括了很多名物训诂的东西,植物的名叫什么,动物的名叫什么,草木鸟兽之名,有很多植物分类的东西,还有天象、地理、气候、农业栽培等,这就有一个知识系统。诗学传统里还有"兴观群怨",这里有《诗经》的社会学与政治学,有讽刺与批评。

张曙光:我的意思就是要有一个创作与学术评论的区分……

郭齐勇:可以去看看研究《诗经》的专家的书……

张曙光:这些恰恰是后来人从里面引申出来的。

郭齐勇:我觉得今天对我们的经典解释传统还是了解得不够。我们过去的很多学者,如历代儒生有注疏,还有清儒等训诂学家细致的分析,不是没有知识体系,当然没有像汀阳刚才说的,如西方哲学史上的这个问题、那个问题。我们还有很多传统,不只是这一个传统,比如说我们还有"三礼"的传统,有今文经与古文经的传统,诸家不同,有义理、考据、辞章的传统等。有一位西方的诠释学家,我看台湾中研院翻译的,对不起我只能看中文,美国学者韩德森(John B.

Henderson）认为，与其他传统相比，儒家经典的一个特色在于保持开放状态，不断允许新的经典出现，如从五经发展到九经、十三经、二十一经，以及宋代学者尊四书轻五经和清代学者反其道而行之，足见儒家经典的定义从未如基督教那样固定、封闭，对新说不轻易视为异端加以诽诋。韩德森还指出，《旧约》中的上帝残暴不堪，逼得《圣经》注释者常要以"寓言"之说加以掩饰与回护。相形之下，儒学经典以道德为主要考量，在世界各文化中可说独一无二。因此，儒家经师无需费神处理经典内容失当的问题。他比较我们的经典诠释学和《圣经》诠释学，觉得我们的诠释学很了不起，是以人为本位，以道德为中心的。至于讲到哲学问题，陈来兄是大家，先秦、汉代"天人性命之学"，不只是宇宙论，还有本体论，还有信仰层面的。还有他（陈来）研究的宋明"四端七情"、"心性情才"，这些细致的东西，这些辩说，不是没有分析……

张曙光：后来有。

郭齐勇：对，多得很。只是我们没有把它（系统化），只是我们解读不够。其实他（赵汀阳）讲到的西方哲学传统中的一个问题接一个问题，最后知识系统的架构，一方面是西方确实有这个传统，另一方面很大程度上归功于它们的哲学史家，用了功把它来梳理，使它构成这样一个环环相扣的理论体系。

古代学术虽然有弱点，但是我们今人也有问题，没有下功夫去把握住过去古人的知识点和知识系统生长的（路径）。所以乾嘉学派为什么能够整理出那么多东西来，不是说乾嘉学者他们有更高的智力，而是说前期都有，包括宋学里面，都有这种诠释的传统与丰富的成果。只是我们今人还没有接上，解释得不够，我们有很多不够理直气壮或者单薄的方面，只要我们真正深入去了解，深入进去研究的话，那我们的经学、子学、史学、佛学、理学，很多东西，包括历史解释学，包括制度史，包括逻辑学，其实都是可以分析出很细腻的东西的。但是我们对古代了解得太浅，建构得不够，只满足于似是而非、笼而统之的中国如何如何，西方如何如何。西方却有很好的建构，它们有这样的系统。

另外一点，我觉得中国学问和西方学问很大的不同在于，包括儒学，或者说"儒释道"，或者说一些民间的东西，它们很大程度上是生命的学问，有很多东西是立身行事，作为一个个体安身立命来实践的东西。若说我们的学问了悟性很强，体悟性很强，它是在这个层面上来说的。它要求身心一致，要求实践出来。金岳霖先生不是讲中国哲学家和西方哲学家的区别吗？西方哲学家上完课后，屁股一拍（走了），讲的（一回事）做的是另外一回事，而传统中国学者讲的和做的必须是一致的。因此从这个层面上来谈，他的外王学，他的道德实践学，他的人生的智慧，他的身心的合一，这是中国学的长处。所以从这些方面来理解的话，回到德顺老师的问题，我们不认为，我们传统的东西，包括儒家的东西，它是自上而下地被灌下来的，当然有这样的成分。但如果只有这样的成分的话，它不会也不能延续几千年，也不会滋润社会民间、整个东亚，到域外，成为一个（普遍价值）。

中国历代的儒生、历代的士人，包括参政的，也包括像陈白沙，屡试不中，体悟自得之学的，很多人其实都是在参与（政治），在山林的自得之学也是一种参与，也是一种批评。知识人、书院、儒生的存在，乡约，宗族等构成一个弹性结构，构成一个几千年来相对地给小民以喘息，给小民以生存与受教育及参与政治的开明专制（机制）。所以说，这是不容易的，如果说它仅靠强力像国家意识形态一样自上而下地灌输，恐怕还不是。您刚才（上午）讲到您（李德顺）的母亲，我也讲到我的家庭，我的祖父、祖母、父亲、母亲他们文化程度并不高，但是他们耳濡目染，通过一些蒙学读物，通过诸如《朱子治家格言》，很多做人的道理（就传下来了）。我们小时在灶里添柴烧火，老人告诉我们，火要架起来烧，"火要空心，人要忠心"，这就是我小时候祖母、母亲教的，这不是灌输，它是生活智慧。它变成了生活智慧之后就成了很有价值的东西，配合长辈的身教，我们就知道做人做事要忠诚，受人之托，忠人之事，尽职负责。

还有一点，我们民间大量形成的集体无意识的东西，它还是慢慢浸润的结果，它是一种文明，包括一些礼仪。我记得我小时候家里还有"天地君亲师"的牌位，有神龛，供祖宗，小时候初一、十五还要跟着祖父、祖母礼拜……

牟钟鉴：现在还有好多地方都有。

郭齐勇：去进香。那时，家家都有神龛，都要祭祖，纪念英烈与大文人，都还有这些东西，它是一种信仰，是老百姓的一种（生活状态）。我们那时候（幼时）住在武昌城乡接合部，不是很富裕，但有灾荒时老乡讨饭过来，我们小时候就看到，尽管家里不富裕，但有饭有衣赶快给人家，觉得那是应该做的。这是慢慢积淀下来的集体无意识的东西，仁爱之心人皆有之。也许自己并不知道，但是有这么一个传统，诗书传家，教育子弟读书。像我祖父、父亲每天要我写一张大字，写一张小字，要读《论语》，读圣贤书，慢慢积累，这就是一种生活。

我觉得，考虑中国现代化所面临的很多问题，赵老师（赵汀阳）刚才讲到，你要面临现实的一个什么问题（很重要）。我觉得我们现在的问题包括"毒奶粉"事件，所昭示的是我们单维的求强求富的一种心结，弄成现在一个极端的利益挂帅，"物欲化"的，金钱拜物教，唯利是图成了社会的主旋律，这是很危险的一个事情。又由于没有像西方的宗教在这里起作用，因此我觉得一个很重要的问题，就是重建有约束力的信仰系统，中华民族自己的主体性的文化价值系统。我们要完成中华民族的伟大复兴，并把自己的文明贡献给全人类、全世界，还是要有自己的东西。现在的"中西马"已经日益结合起来了。我们现在的（国学）讨论中就有许多不经意间把马克思主义的哲学话语说出来了，不经意间也有很多西方的东西，比如人权意识、个体性意识、主体性意识等，这些东西都有。关键是我们如何真正营建出一个（价值系统），这不是从上而下的灌输，而是接上中华民族的历史记忆，又经过洗汰与吸收，是不是应该再创一个自己的主体性的价值系统,是不是该贡献给天下。贡献给世界的,如你(赵汀阳)所做的“天下系统”、李德顺老师说的“和而不同”(这样的东西)? 这些很好,再比如说,我们的“金律”——“己所不欲,勿施于人”。时代已经把传统文化解构,我们慢慢地把其中的一些内涵变成可以积极参与现代化建设的成分、因素,是不是我们可以做这样的一些工作? 我就说这些。

在中西对话中要考虑差异性

牟钟鉴:我简单地说几句。我赞成赵汀阳说的中西之间在思维模式上、在表述方式上是有差异的,但是哪个高哪个低,这个很难说。包括孔子、老子这些思想家,他们不像西方表述一个哲学体系,用一种逻辑分析的方法,在表述上比较严密,但背后有其逻辑联系。所以我觉得冯友兰先生就想做一个工作,借用西方的逻辑分析方法,把中国哲学背后存在的没有直接表述出来的逻辑关系,用现代语言表述出来,使它能被理解,所以冯先生的“新理学”就是这个目的。所以我觉得差异是有的,但不是哪个更高哪个更低,这是我的一个看法。

还有一个是说关于时代,西方的时代有逼出思想家的问题,所以需要回应,而中国不是这样。其实我觉得全世界都是这样的。中国儒学包括历代的学派,都是要针对那个时代需要提出的问题。比如经学的注经,经有文本,有注有疏,还有集解,其中一部分属于文字训诂,一部分属于义理的阐释,它实际上是想借助于古代的经典文本,建立一个新的体系,或提出一个新的看法,来回应这个时代的问题。比如说,古代天人问题,到魏晋南北朝的时候提出名教和自然的问题,这才有玄学。后来由于佛教进来以后,有一个心性和佛性的问题突出出来,于是儒家求助于孟子,提出自己的心性论,如果不解决这个问题,就不能回应佛教,达到应有的高度,这就是宋明新儒家。到近代以后西学进来,中国面对着西学的问题,进入第二次中西文化融合。西学的挑战,出现了中西两大文化的冲突和关系问题,所以后起的儒学,包括谭嗣同、康有为他们就要回应这个问题,对儒学进行新的解释。时代逼出思想家,我觉得这是普遍现象,并不是我们只单独地在那儿做学问,不呼应时代的问题。我觉得这不是中西文化的差异,主要的差异在表述方式上,这是有差异的。

西方也不都是(完全跟着时代走)。西方有两个传统,一个是理性文化,一个是宗教传统。它是把信仰、道德都交给基督教,把社会发展、自然探索等方面的问题用哲学或者是科学来解决。他们的分工比较清楚,他们的基督教也是这样,他们的文本也不能轻易改变,他们也是不断地在重新解释经典,走的也是这条和中国接近的路,没有太大的差别。但是西方近代有个好处,就是有一个诠释学哲学,中国诠释学的实践(即经学史)极为发达,经学要好好总结,但是没有建立近代的一个诠释学哲学,缺少这一环。这是我们应该向他们吸收和学习的。

中国学问的特点是重视人生价值和意义，儒释道三教都是生命的学问，它们把求道和求学结合在一起，既解决你信仰层面的问题，又解决你知识的问题，把这两者结合起来，兼有西方哲学和宗教的功能，所以中西哲学很难比较。我有一个观点，可能荒谬，不一定大家都同意，我觉得西方有一个相对独立的哲学史，它的传承脉络很清楚，中国并没有独立的中国哲学史，是中国当代哲学家用西方的观点人为地制造出来的。这个制造也有其合理性，中国要和西方对话嘛。中国有一个独立的中国思想史，把哲学和宗教信仰、社会思想都结合到一起。所以这个问题，在中西对话过程中，要考虑到差异性。否则简单地界定，比如问儒学是哲学吗，是宗教吗，有人说亦哲学亦宗教，也有人说非哲学非宗教；佛教也遇到类似的问题，非哲学非宗教，亦哲学亦宗教，就是拿西方观念套不进去。它有中国自己的特点。这是这样一个过程，我不是说我们哲学史不能搞，中国哲学史不搞，那还得了。

（牟钟鉴笑）

中国哲学史已经成了一门学问，但是要注意它的特点。

还有，我简单说一下儒学的现代价值。我个人觉得，中国特色的社会主义理论体系需要融合儒学。要具有中国特色，我觉得有两个方面：一个是和中国现有国情相结合，一个是和中国传统文化相结合。做不到这个结合，就没有中国化，就谈不上中国特色。现在中央领导讲以人为本、和谐社会，来源于何处？当然马克思主义里面说到过，对敌人要狠，对自己内部要和，从这里能找到些根源，但主要的资源来自儒学。这不是我说的，温家宝同志在新加坡国立大学里有一个演讲，就明确地讲到，我们今天所提的“和谐社会”的理论资源，一个重要来源是孔子和儒学。这有什么不好呢？挺好！现在大家欢迎和谐，斗来斗去斗够了，很苦，还要斗吗？所以现在讲和谐，建设和谐社会，讲科学发展观，提倡以人为本、统筹兼顾、可持续发展。这些思想，我觉得和儒家的思想非常吻合。这是带有普遍意义的东西，我们在这方面要做大量的工作。

我们有时候简单地评论，是因为我们对国学的研究不够，中国的学问，也是其深无比，在某种程度上不亚于西方，只是我们研究不够而已。长期以来，不说别的，就我们明代的第一流的思想家我们都没有研究完，更不用说第二流的，它实在太丰富了。说我们中国的哲学思想都没有什么创新，恐怕不能这么讲。自“五四”以来人们有一个基本的理念，即封建文化没什么可值得去挖掘的。在革命时期，大家都比较激情，如刚才赵教授（赵汀阳）说的，那时候坐不下来，不能做一些精心的研究。现在一写就写什么全史，我自己都觉得害怕，我自己也写过宗教史，也是大而化之。就经学这一块，不去研究整个经学的传统，就敢写儒学史啊？所以，从这个角度来说，我觉得我们还有很多的资源没有发掘整理。

还有一个就是现在这个世界，主导潮流的是西方的文化。这一二百年，是什么状态呢？西方文化给世界带来市场经济，带来财富，带来了现代科技，很多的好处。我们说现在现代化，享受的都是西方的东西，当然还带来人权、民主、法制、自由，我愿意接受。现在有人说“没有什么普世价值”，我不赞成。每一种文化都可以给世界提供某一种普世价值。我赞成德顺教授讲的，有的是来自西方的，有的是属于西方的。像自由、民主、人权、法制，是来自西方的，属于人类的。《人权宣言》我们都签了嘛。这是普世价值，没有问题，但是问题在哪里？有两个，第一个就是冯友兰先生讲的，共相寓于殊相之中。你的共相好，但你的殊相我办不了。因为美国模式、英国模式、法国模式，你有你的社会历史背景，这不可能照搬到中国来。那我们中国要建立我们自己的模式来体现这些基本人权，我们现在做得不够，这是第一点。第二点，我们的中国文化还要提供我们的普世价值去补充西方提供的普世价值，这也是我们中国文化应该有的。比如西方现代文明有很大的弱点，一个是基督教的一神教、排他性，这是很深的东西。它的基本教义派（原教旨主义）认定“耶稣以外无拯救”，它要“解放”全人类。第二个，达尔文进化论用于社会生活，根深蒂固的社会达尔文主义，就是弱肉强食，适者生存。把生物学的规则简单搬到人类社会中来，奉行强者为王。所以其根本上来讲，是个大民族主义的东西。美国在国内，很注重不同群体利益的均衡，它的法制、民主等有很多东西值得我们学习。但它在国际上有什么民主、什么自由、什么人权？它死四千个大兵，不得了了。伊拉克死六十多万人，没有多少人做文章。这种大民族主义带来了冲突和灾难，带来核武器、生态等一系列严重危机。

我们中国文化有几条可以贡献给人类。一条就是“天下一家”。中国儒家的“天下”观念是超越种族的，四海之内皆兄弟也。它不太讲种族的民族主义，它有民族主义，我称为文化的民族主义，它强调文化，血统并不重要。再一条就是“和而不同”，刚才讲到的。我觉得它是个普世的东西，而且是现代文明必须要承认、要接纳的东西。你不接纳就是“同而不和”，“同而不和”的结果就是要斗到底。所以冯先生（冯友兰）讲这个世界不能“仇必仇到底”，“仇到底”就不得了了，最后都毁灭了。最后只能是“仇必和而解”。“和而不同”是一条非常伟大的现代文明原则，我们要讲出去，让全世界都认可这个东西。还有一条就是“忠恕之道”，“忠恕”当然要连在一起，“忠恕之道”有两点，一个是“己所不欲，勿施于人”。这基督教也有，就是表述方式不同，基督教《圣经》里面讲你希望别人怎么对待你，你就该怎么对待别人。所以孔汉思办世界宗教会议，其《全球伦理宣言》，孔夫子这条也被列进去了，也认为是带有普遍性的。儒家里面还有一条，“己欲立而立人，己欲达而达人”，张岱年先生在一个会上认为这条比那条（“己所不欲，勿施于人”）还重要，怎么理解呢？“己欲立而立人”就是我要独立于社会，我要有独立的人格，我也尊重别人独立的人格，我要发达，我要富裕，我要成就事业，我也希望别人也成就他的事业，这是尊重人的一种表现。最糟糕的就是“己所欲施欲人”，这就是强加给人，就是要把他自己的价值观强加在别人身上。我感觉到儒家的“己所不欲，勿施于人”和“己欲立而立人，己欲达而达人”，它们体现最可贵的是平等地尊重别人的这种态度。这东西在古代没有完全实现，因为等级制度，没有这个条件，现在有这个条件。我们现在要把这个东西给宣传出去，来补充世界文明的普世价值，这个世界只有一种文明是不行的，许多文明提供的普世的东西加在一起，这个世界才能真正实现文明的转型。我觉得这对我们今天维护世界和平还是有好处的。

主持人：要不要休息一下？

陈　来：好，抽支烟吧。

李德顺：要是（看着张曙光）你这里头可以抽烟的话……

（众人笑）

这样不好。

张曙光：晚饭在这里吃吧。

牟钟鉴：不吃不吃。

（众人笑）

张曙光：吃完晚饭再走吧。

主持人：现在是四点十二分，休息五分钟，时间很宝贵，好吧？

陈　来：好的，我们马上回来。

（众人起身，陈来、郭齐勇等出）

张曙光：反正大家回去也得吃晚饭吧。

牟钟鉴：回去回去。

主持人：一顿饭自然有，第二顿就……

（众人笑，张曙光、牟钟鉴会议间歇对话）

当下“国学热的核心”是一种“主体性建构”

牟钟鉴：一吃晚饭一个多小时就过去了，今天整一天了。

张曙光：这样在一起谈些思想的东西是非常愉快的。虽然有些疲劳，但也很愉快。

牟钟鉴：最近一些学术会议，我都不太愿意参加，每个人五分钟、十分钟，简单评议一下，来不及对话就到时间了。

张曙光：那样的话就没有深度。

牟钟鉴：没有深度。

张曙光：刚才汀阳提的问题、我提的问题，就反映了中西文化的差异性，上升到学术层面，就有许多类型。中国人的问题意识和西方人的问题意识不一样。

牟钟鉴：不一样。

张曙光：咱们中国人的问题意识，反映了中国人重视的是人伦日用，自给自足……

牟钟鉴：它自己生长。（西方）它认识世界，这一方面要分清的问题特别多。我们往往是道德型的，人生追求方面的。

张曙光：大家都讲科学技术迅速发展，日新月异，但是你说道德信仰怎么发展？康德当年就提出这个问题。你（牟钟鉴）上午也提到，我们不能光用进步主义的眼光来看问题……

牟钟鉴：有的东西不会变得那么快。你看电脑，一天就变了。

张曙光：一天就变了。

牟钟鉴：如果人的道德也每天都变化，那可怕不可怕？

（牟钟鉴、张曙光两人笑）

张曙光：技术的东西，不怕它变。

牟钟鉴：可怕的东西。而且我跟你讲，朋友有信，一万年不会变。朋友无信，成了交友之道，那就麻烦了。

（牟钟鉴笑）

张曙光：古人说么，器要维新，人要求旧，感情友谊应当珍惜，应当长久……

牟钟鉴：有些不变的，它只是变换它的形态。

张曙光：所以要把握变中的不变，一以贯之的东西。过去的许多东西，在我们往前走的时候，还会起到推动作用。

牟钟鉴：在学习西方方面，道德方面也有我们要学的。我不赞成说道德是中国的……

（牟钟鉴、张曙光两人出）

（三分钟后，众人陆续回）

主持人：那我们抓紧时间，继续对话。

李景林：其实从上个世纪初以来到现在，我们讨论国学有那么几次。但真正来说有点意义，或者说真正算“国学热”的就两次：一次是上世纪初的那一次，那一次研究国学，整理国故这样一个运动；再一次就是上世纪末到本世纪初出现的国学讨论和活动。

第一次的观念是什么呢？我们看看许啸天编的《国故学讨论集》，就可以看到这一点。基本上当时的学者有一个共同的观念，即把国学作为一种历史上存在的资料。它是一种资料，然后我们再用科学的方法去整理它。那个时期的讨论，叫“国故学”，比叫“国学”更恰当一点。许啸天在他所编的三卷本《国故学讨论集》的“序言”里说，中国的传统里有很多社会学、经济学等各个学科的资料，但是却没有一种科学的方法和系统（他说他对此感到羞耻），所以现在需要借助西方的科学方法和学科模式，对它进行分科的、系统的研究。

最近这一次的国学讨论，我觉得有个核心点，就是刚才各位都提到的“主体性建构”，即中国思想学术的“特色”在什么地方的问题。这问题的提出比较早。我们注意到张光直先生 1986 年发表过一篇文章，题目叫“一个文明起源新说的草稿”(《连续与破裂——一个文明起源新说的草稿》,见《中国青铜时代》,第484—496页),谈文明起源的问题,对依据西方历史和社会科学经验所制定的社会科学法则的普适性提出质疑,强调要回到中国传统的历史经验制定出我们自己的社会科学研究的法则。20世纪末到21世纪初,这个“国学热”的特点,一是它的民间性,即“从下到上”,刚才大家都谈到了;二是大家都注意到了的“主体性”的建构。

我想这两次“国学热”我们应该把它们结合起来,才能比较好地理解“国学”未来究竟应该是怎么回事。

当我们运用西方的分科模式,把传统思想学术当成一种资料来进行研究的时候,实际上它就失去了自己的生命。在这种研究模式中,我们扩展了我们研究的领域,挖掘了很多我们过去没有注意到的资料,使得我们的研究能够和现代意义上的西方学术进行交流,这都是好的地方。但是我们到现在研究中国的哲学,实际上叫中国哲学史,其研究方式与传统有很大的不同。我们回过头来看宋明人——陈老师(陈来)在,他是专家——讨论传统思想学术所采取的方式,他们是直接面对文本,我(宋明人)来建构一套理论,以应对我们当下的现实,并不仅仅是把经典看作属于过去的东西。

从传统上讲,我们传统上没有“国学”之名,但有“国学”之实。有“国学”之实,就因为有它的特色,中国的特色。从这个意义上来讲,每个国家和文化都有自己的“国学”。在一个文化体系里面,学术是整体性的,而这整体是分层次的。过去我们一般讲,学术无国界,这在一定意义上是对的,即不同学术之间有共同性。但是各种不同的学术系统一定有一个基础的东西,譬如说宗教、哲学、艺术,这些是最里层的,这些最里层的其实是一个学术系统中最有自身特色的部分。再往外,是社会科学的层面:经济学、政治学、社会学等,这个层面,它们的特色就少一点。再往外就是自然科学,其特色性就更少。但是从根本上来讲,不管是自然科学还是社会科学,它真正的创造性的本原应该在那最基础有特色的里层。我觉得现在很重要的是,在我们的思想和学术系统中,理论的部分没有建立起中国自身的特色。这理论的部分应该具有一种文化“染色体”的作用,它辐射到各个学科里面,中国的历史、社会学、经济学等,使得它们具有一种自己独特的精神。目前我国学术的现状仍然是,我们把传统的学问当成仅仅存在于过去的东西,当作一种没有生命的资料,我们所用的一套理论的东西和它不相干,没有内在的关系,只是从外面对它进行分割和评价。

张曙光:你说的那套东西,我没有参与多少,我不是处在“中心”而是在“边缘”。我处在边缘可能问题看得清楚一些。

(众人笑)

李景林:不是边缘,你们实质上是核心,我们中国的理论你们还是牵头的,当然比三十年前要弱化很多。这套理论和我们的文化传统缺乏关联性,它自身缺乏中国的学术特色,所以不可能赋予我们整个学术一个体系和生命的意义。我觉得这次“国学热”我们讨论的核心应该是这一点。我们过去,每个时代的学术都经历过重建,它面对文本的同时也面对现实,建立起一个具有历史连续性且属于当下的学术系统。我们当代,中国学术问题的关键,就在于这个系统没有建立起来。

我觉得这两次“国学热”,有联系,又有区别。要把这两次“国学热”的特点综合起来,我们要知道我们的劲要往哪儿使,这样我们的“国学”才能有比较健康的发展。包括马克思主义中国化,像马克思主义这套东西,也有可能成为中国哲学、学术核心的理念的一个部分。我是这么一个意思,也不知道我说清楚了没有。

主持人:谢谢李老师(李景林),由于时间关系,今天暂时就到这儿,我先从个人角度简单做个总结,最后请曙光兄来做总结。

张曙光:不不不,没有后面这句话。

(众人笑)

主持人:今天就我个人来讲,收获很多,我原来是学马哲的,作为以前的我要感谢国学界的几个老师能出席,因为他们从国学角度提出的问题和思考,推进了原来的我对原来学科的认识。作为现在主持“国学”版(《光明日报》)的我呢,要感谢李德顺老师、曙光老师、汀阳兄和张志伟老师,他们从他们自己的学科出发,对国学界提出一些问题。这些问题,可能由于专业的限制,或者出于更深奥的哲学原因,国学界自己没法提出来,或者很难提出来。但是他们提出来了,我就感觉到一种互动,大家都有收获。虽然谁也没有说服对方,但是肯定从对方那里得到了很多启发。我作为编辑,感受也很深。我还有一个很奇特的感觉,就是李老师(李德顺),我 1993 年就和李老师认识,一直是亦师亦友,觉得这人是君子,在人格上是我的楷模。但是一直没好好解读这人格魅力是什么,今天坐在这儿,突然给我一感觉,这不是一场学者的对话,而是儒者的对话。

(众人笑)

李老师(李德顺)身上有很多儒家的优点,据此可以说他就是儒者,比如说忧患意识、问题意识、担当意识、批判意识。

(众人大笑)

李老师这样一来您就麻烦了,您要是接着对儒家思想进行深刻的批判的话,您首先得从自我开始。

(众人笑)

张曙光:你(梁枢)这是种策略。

主持人:今天一天的发言整理出来,文字量大概有十万字。

牟钟鉴:没有那么多吧。

主持人:差不多,有的先生的语速,比如汀阳兄非常快。

（众人笑）

主持人：我说就这么多，您（张曙光）就来做总结吧。

张曙光：不敢总结，既然大家到我们这里来，我也表示个意思，非常感谢各位专家，我本人学到很多东西。通过这次讨论——刚才梁枢兄说可能没有形成共识，但我感觉大家的基本思想和许多观点还是相通的。

主持人：对对。

张曙光：可能有些话说得圆满不圆满啊，到位不到位啊，或者侧重点不一样啊，但实际上还是有许多共同点的。比如刚才讲的"自下而上"和"自上而下"，经过陈来后来又一解释，我们感觉就很全面了。陈来老师这么说了以后，我和德顺老师这些所谓搞马哲出身的也能接受，是吧？能接受吧，李老师？

李德顺：已经有三个人说我是儒家了。不知是抬举我还是抬举儒家。

（众人大笑）

我可能在为人上有些儒家的影子。那么我就更有理由了。今天能不能算我自我批判、自我超越一下呢？

（众人大笑　众人出，会议结束）

（录音整理：罗容海）